Rayk Wieland

Beleidigung dritten Grades

Roman

Verlag Antje Kunstmann

E cortesia fu lui esser villano.
Und höflich war es, an ihm grob zu handeln.

Dante Alighieri, *Göttliche Komödie,* 33. Gesang

Inhalt

Prolog

VOR EINIGER ZEIT erwarb ich auf Ebay einen Koffer voller Steine. Ich gebe zu, es handelte sich bei dem Kauf nicht um ein durchdachtes und wohlerwogenes Vorhaben, sondern um einen dieser Entschlüsse, die spät in der Nacht bei einem Glas Rotwein aufkommen und sich im Nachhinein gern die Aura des Unbegreiflichen geben. In der Anzeige stand *Steinsammlung – Einzigartige Kollektion – Objekte von historischem Rang inkl. Fundstelle und Datum*. Es gab drei Fotos; eines zeigte einen alten Koffer, angefüllt mit großen und kleineren Steinen, die sehr gewöhnlich und sogar etwas schmutzig zu sein schienen; auf einem anderen Bild war ein Klotz in Nahaufnahme zu sehen, er hatte, schätzte ich, die Größe einer halben Faust und war von rötlich-gelber Farbe; auf dem dritten Foto schließlich sah man ein kleines Schild mit dem handgeschriebenen Schriftzug *Uhufelsen, 17. Oktober 1911*.

Ein alter Koffer voller Steine – schwer zusagen, was mich daran faszinierte. Als Kunstobjekt würde er zweifellos zum Sinnbild eines erratischen Nihilismus erklärt werden und Bewunderung erlangen können, aber ich bin kein Künstler, sondern nur Gelegenheitsschriftsteller, und abgesehen von kaputten Lesebrillen und antiken Netzteilen eines längst entsorgten Geräteparks sammle ich nichts. Als ich auf den *Sofort Kaufen*-Button klickte, genoss ich geradezu das Gefühl einer gewissen Gewagtheit und stellte ihn mir vor, jenen unbekannten Geologen oder Mineralogen, wie er an einem Herbstmorgen im Jahr 1911 den Uhufelsen erklomm, um einen herausragenden Stein aufzuklauben und seiner Sammlung beizufügen; eine Sammlung, die ich als Botschafter der Nachwelt nun in Empfang nehmen und bewahren würde. Der Preis betrug 150 Euro, fünf Tage später war der Koffer da.

Er enthielt tatsächlich Steine, genau sechsundfünfzig Stück verschiedenster Art, alle mit kleinen Nummern versehen und dazugehörigen Schildchen, auf denen Ortsnamen und Daten standen. *Paris, 7. Dezember 1841; Sankt Petersburg, 8. Februar 1837; Warschau, 5. März 1766; Weehawken, 11. Juli 1804; Uhufelsen, 17. Oktober 1911* usw. Nebeneinandergelegt, ergaben sie eine Reihe von fast drei Metern; und zudem ergab sich, dass auch ein Golfball da war sowie ein überzähliges Schildchen mit der Aufschrift *Carouge, 28. August 1864.* Zwei Steine hatten keine Nummer und keine Beschriftung. Einer war der bereits erwähnte rötlich-gelbe Brocken, bei dem anderen handelte es sich um die Reste einer grünlich schimmernden Kachel.

Die Orte und Datumsangaben sagten mir nichts. Ich hielt sie für Notizen, betreffend die angesammelten Exponate eines offenbar überlangen, über mehrere Generationen sich erstreckenden Wander- und Sammlerprojektes, bis ich einen der Tage nachschlug und herausfand, dass am *17. Oktober 1911* ein Mann namens Rudolf Ditzen, später berühmt unter dem Namen Hans Fallada, ein Duell veranstaltete. Er war damals achtzehn Jahre alt, und der Ort, an dem dieses Duell stattfand, war der *Uhufelsen* in der Nähe von Rudolstadt. Die Erkenntnis, die etwas von der Enthüllung eines Geheimnisses hatte, veränderte schlagartig meinen Blick auf den Stein. Ich besah ihn genau von allen Seiten, und ich prüfte sogar, ob womöglich Spuren des Ereignisses zu entdecken waren.

Vor mir, wie sich herausstellte, als ich, Stück für Stück, die anderen Orte mit ihrem jeweiligen Datum durchging, lag eine Sammlung von Gedenksteinen, die ein Unbekannter (ich nahm an, dass es ein Mann gewesen sein musste) von den Schauplätzen berühmter historischer Duelle zusammengetragen hatte. Der Golfball dokumentierte stellvertretend das Duell zwischen Ferdinand Lassalle und dem rumänischen Bojaren Janko von Racowitza, an dessen Austragungsort *Carouge*, eines Stadtteils von Genf, sich heute das große *Golf Simulator Studio* befindet.

In den folgenden Tagen und Wochen füllte mich die Beschäftigung mit den verrückten, tragischen, unglaublichen und komischen Zweikämpfen, welche die Steine bezeugten, unerwartet aus. Bis zum Eintreffen des Koffers in meinem Leben hatte ich von jenen mikroskopischen Scharmützeln der Weltgeschichte zwar hier und da manches vernommen, aber ohne jedes Interesse. Nach meiner flüchtigen Kenntnis waren das aufgebauschte opernhafte Szenen, die keine Musik der Welt vor ihrem Untergang in selbst verschuldeter Melodramatik retten konnte. Mir fehlte die Optik, mir fehlte das Gehör, mir fehlte, wie ich heute weiß, auch das Herz.

Wie die meisten Menschen erachtete ich Duelle für obskure, leicht unbegreifliche Antiquitäten, die mit uns so viel zu tun haben wie Epauletten, wie mysteriös geschwungene Schnurrbärte, wie Billetts mit einer in weit ausholenden Linien zerfließenden Handschrift – nämlich nichts. Ein falsches Wort zieht heutzutage keine Forderung nach sich, sondern nur ein weiteres falsches Wort; Beleidigungen, wenn überhaupt, werden vor Gerichten verhandelt; sexuelle Anzüglichkeiten gehören zum Small Talk. Unser Umgangston, 150 Jahre zurück in die Geschichte expediert, würde umfangreiche Fassungslosigkeiten hervorrufen. Die Ehre, zu deren Verteidigung Duelle einst unvermeidlich anberaumt werden mussten, ist eine suspekte Angelegenheit; sie dient als zweifelhafte Währung im Kleinganunermilieu und fristet ihr Dasein als Floskel in öffentlichen Ansprachen.

Das alles soll hier weniger beklagt als festgestellt sein. Ich für meinen Teil sehe die Steine, die inzwischen in einer eigenen Vitrine Platz gefunden haben, nicht ohne gemischte Gefühle. Ich stand fassungslos an der Seite von Natalja Gontscharowa, Puschkins Frau, nachdem er am *Schwarzen Flüsschen* aus zehn Metern Entfernung regelrecht hingerichtet wurde; ich litt mehr als Pein und Langeweile, als ich Tschaikowskis alberne Verkitschung des *Eugen Onegin* zu ertragen hatte; ich fand völlig in Ordnung, dass Tolstoi und Turgenjew, nach siebzehnjährigem Hin und Her, doch davon Abstand nahmen, sich gegenseitig zu erschießen.

Natürlich wollte ich unbedingt wissen, welche Geschichten mit den beiden überzähligen Steinen verknüpft sind, die ohne Orts- und Datumsangabe in dem Koffer lagen. Ich setzte mich noch einmal mit der Verkäuferin in Verbindung, einer reizenden älteren Dame namens Eberlein in Berlin. Sie war es, die mir auch den Kontakt zu den beteiligten Akteuren vermittelte, sodass ich nach und nach mit fast allen sprechen konnte, die noch am Leben sind. Aus den Gesprächen mit ihnen und reichlich verzweigten Recherchen in Archiven ergab sich die Chronik zweier Steine, wenn man so will, zweier sehr verschiedener Steine. Ein Stein, wie ich heute sagen kann, trägt das Datum vom *14. Januar 2012*, der Ort ist *Berlin Friedrichshagen*; bei dem anderen steht der *18. Oktober 1937* und *Hohenlychen*. Rein äußerlich, geologisch und historisch haben sie nichts miteinander zu tun. Allerdings hegte ich schon früh den Verdacht, dass sie zusammengehören könnten, dass sie etwas verbindet, das Echo eines Schusses, die Spuren einer Verwandtschaft, eine gemeinsame Geschichte.

Gemeinsame Geschichte? Das ist die Frage. Ich selbst hatte noch nie davon gehört, und kein Mensch, den ich kannte, wusste mir Einzelheiten über das letzte deutsche Duell zu sagen, das am 18. Oktober 1937, früh sieben Uhr, in der Gegend von Hohenlychen ausgetragen wurde. Zwei hochrangige Nazis richteten dort, mit ausdrücklicher Genehmigung ihrer Vorgesetzten, von etlichen SS-Leuten überwacht, die Pistolen aufeinander. Wer sie waren, warum sie sich duellierten, was aus ihnen wurde – alles schwer zu ermitteln. Kein Historiker arbeitete sich durch die Akten des Adjutanten des Reichskanzlers mit der Signatur *ED 9-1-130*, die im Münchener Institut für Zeitgeschichte lagern. Nach ihrer Lektüre war ich hocherfreut über die zahllosen Perlen des Irrsinns, die noch niemand entdeckt hatte, und zugleich erstaunt über die Verquickungen von provinzieller Posse mit großer Politik. Blutig und desaströs endete das Leben der meisten, die an jenem Oktobermorgen sich zum Duell versammelten. Man könnte auch sagen, zu der an Desastern und Blut so reichhaltigen Epoche, die ihm folgte, sollte dieses Duell das beinahe romantische Vorspiel sein.

So vergessen die Episode ist, so spukhaft, mysteriös sind ihre Nachwirkungen. Fiel der amerikanische Präsident John F. Kennedy 1963 einem Attentat zum Opfer, weil sechsundzwanzig Jahre zuvor ein Mann, früher als geplant vom Manöverbesuch kommend, in seine Schöneberger Wohnung gestolpert war? Soll man glauben, dass Hitler noch Mitte der 1970er-Jahre vor Helgoland gesehen wurde? Und welcher Zusammenhang besteht bitte schön zwischen einem *Orden der Eisernen Krone 2. Klasse*, den sich ein Hochstapler 1921 ans Revers heftet, und einem großen Loch, das knapp hundert Jahre später in der Decke des Berliner Spreetunnels klafft?

Mich interessiert das. Denn einerseits ist, was vergangen ist, eindeutig weg vom Fenster, unwiederbringlich verloren und erledigt; andererseits schleicht es sich auf konfusen Wegen ins Heute. Was gestern normal gewesen ist, kann morgen völlig verrückt sein.

Weil das so ist und weil niemand weiß, welche Kapriolen das Schicksal zu schlagen vorhat, sei hier zuletzt der Bitte meines Anwalts entsprochen, der es für angeraten hält, dem Buch einen Warnhinweis voranzustellen. Jede Zigarettenpackung, jedes Kinderspielzeug, jeder Kinofilm habe heutzutage Warnhinweise; man könne keinen Zahnstocher verkaufen, ohne sich abzusichern. Deshalb sei ausdrücklich erklärt: Dieses Buch enthält Dar-

stellungen von negativen Handlungen und durchaus problemati-
schen Kulturtechniken. Sie waren damals verboten, sie sind es
noch heute. Ihr Vollzug kann tödliche Folgen haben und gesund-
heitliche Schäden verursachen, er wird strafrechtlich verfolgt,
und er erzeugt in der Regel, bei allen Beteiligten, beachtlichen
Kummer.

Der Verfasser

1 *Anhaltspunkte für nichts*

AN EINEM DIESER GLANZLOSEN und deprimierend düsteren Winternachmittage in Berlin, die weder Sie noch ich geschenkt bekommen möchten, betrat ein Mann in mittleren Jahren die Polizeiwache auf dem Alexanderplatz. Genauer gesagt, suchte er eine Weile, an den Schaufensterscheiben entlanggehend, den Eingang, denn die Polizei residierte zu seiner Überraschung nicht in einem wilhelminischen Monumentalbau mit Respekt einflößendem Portal, sondern in einem modernen rundumverglasten Multifunktionscontainer. Der blaue Schriftzug *Polizei* über dem Flachdach bezeugte, dass hier tatsächlich die Polizei war und nicht die City-Toilette, und der Besucher, während er an verschiedenen Türen rüttelte, die irgendwie nicht nachgaben, schaute des Öfteren Hilfe suchend nach oben. Oben schoss in dem Augenblick, wie in Berlin üblich, eine graue Allerweltstaube schräg über den grauen Allerweltshimmel.

Kühn wäre es zu behaupten, man wisse, wohin sie flog. Einige wollen gesehen haben, dass sie zur nahe elegenen Rotunde der Weltzeituhr flatterte, wo sie kurz vor fünf auf Paris schiss. Später soll sie, in einem weiten, reichlich unentschlossenen Bogen, unterwegs zur Glaskuppel des S-Bahnhofs gewesen sein, nicht nach rechts und nach links schauend, auch nicht nach hinten. Als sie in einem letzten Schwenk den Flug verlangsamte, um auf der Kuppel zu landen, stürzte ein Wanderfalke heran, packte sie und raste mit ihr, die in seinen Fängen zuckte, Richtung Rathaus davon. Die Turmuhr schlug dezent und mahnend.

Keine Ahnung, ob das tatsächlich so passiert ist. Auszuschließen ist die ornithologische Räuberpistole nicht, eine Zeitung berichtete darüber, und sie sei hier erwähnt, weil uns im Folgenden noch einige Zeichen und Wunder von der Sorte begegnen werden.

Der Mann hatte in der Zwischenzeit den Eingang gefunden und die Mitte des Foyers erreicht. Mit halb ausgebreiteten Armen drehte er eine Pirouette, die unbeachtet blieb. Eine Gruppe Wartender saß an der Seite, mit dem Handy beschäftigt, Zettel ausfüllend oder in exzessiver Apathie. Auf einem Monitor an der Wand liefen News; Laufschriften meldeten, der DAX habe sein Allzeithoch verlassen, ein Kreuzfahrtschiff sei mit einer Insel kollidiert. Dazu bewegte sich der stumme Mund eines Nachrichtensprechers.

»Guten Tag, ich würde gern Anzeige erstatten.«

Es war nicht so, dass die Ansage des Neuankömmlings die Stimmung in der Wache wesentlich beeinflusst hätte. Immerhin richteten sich jetzt alle Blicke auf ihn, was ihn zur Andeutung eines Kopfnickens veranlasste. Er war um die fünfzig Jahre alt, mittelgroß, schlank. Für einen Besuch im Polizeirevier wirkte er deutlich zu feierlich gekleidet. Er trug einen edlen taubenblauen Zweireiher mit braunen Knöpfen, die in Farbe und Größe seinen Augen glichen, welche dank der Korrespondenz ebenfalls etwas knopfartig wirkten. Das grau melierte Haar umrahmte mit einer gewissen Fliehkraft die Stirn; ein um den Hals geschlungenes Seidentuch kündete von der Bereitschaft zu Wildheit und Romantik. Auf der Visitenkarte, die er dem Polizisten zuschob, stand *Oskar B. Markov, Psychiater und Schlafcoach. Gutachter.*

Der Beamte, jünger als sein Gegenüber, mit einer durch ausdauerndes Herumsitzen im Büro erworbenen Bulligkeit, seinerseits im legeren hellblau-dunkelblauen Dienst-Poloshirt, erhob sich und antwortete auf die Karte blickend: »Kein Problem … Herr Doktor. Diebstahl, Taschendiebstahl, Betrug, Beleidigung oder Erpressung?« Er deutete mit einer Kopfbewegung zu den Wartenden. »Da sind Sie nicht der Erste heute.«

Markov sagte: »Ich wollte …«

»… ich wollte nur kurz die Tasche abstellen. Sagen sie alle. Also, das wäre Ihr Formular. Bitte ausfüllen! Eigentumsdelikte, müssen Sie nicht wissen, haben die Nummer *070*, ich trage sie für Sie ein. Dort an der Wand ein Ticket ziehen und warten, bis ich Sie aufrufe.« Er atmete aus, um die Gültigkeit seines Angebots zu unterstreichen.

Markov, wie man sich vorstellen kann, persönlich und von Berufs wegen eher ein Mann des vertieften Gesprächs über verborgene, nicht so leicht zu benennende und abzuhakende Dinge, wich zurück. »Ich bitte um Entschuldigung, ich würde …«

»… ich würde vorschlagen«, unterbrach ihn der Beamte, »Sie ziehen die Nummer, dann können wir alles Nötige besprechen.«

»Ich wurde nicht bestohlen.«

»Nicht?« Der Mann am Tresen hielt inne. »Das tut mir leid, das müssen wir natürlich ändern. Körperverletzung, sonstige Roheitsdelikte? Auch nicht selten, wem sagen Sie das – Nummer *058*.« Er zog den Kugelschreiber, den er schon in der Brusttasche versenkt hatte, wieder hervor und schaute fragend zu Markov, der jetzt den Kopf senkte und verneinte.

»Keine *058*«, überlegte der Polizist, Markovs Anzug musternd, das Seidentuch. »Wurden Ihnen Rauschmittel angeboten? Ein *116er*?«

»Nein«, sagte Markov knapp.

Möglich, dass Hauptwachtmeister Hensel, der Name stand auf dem Brustschildchen, mit der serienmäßigen Annahme derartiger Anzeigen überfordert oder unterfordert war und sich durch das Auftauchen einer Koryphäe wie Markov herausgefordert fühlte zu einem Pitch in Sachen Menschenkenntnis. Möglich, dass er mit sämtlichen Nummern weitergemacht hätte, die er hatte, *072*, *Einbruch*, *080*, *Falschgeld*, *096*, *Familienstreit*, und all den anderen. Markov stoppte die sich anbahnende Deliktlotterie, indem er, Hensel unterbrechend, erklärte: »Ich fürchte, das haben Sie hier gar nicht.« Um dann, nach einer kleinen Pause, unvermittelt loszuschreien: »Jemand hat mich zum Duell gefordert!«

Das Delikt, sofern man etwas so nennen kann, das nicht existiert, hatten sie tatsächlich nicht. Mehrere hinzugerufene Beamte, nachdem sie erfuhren, worum es ging, fielen in vielsagendes Schweigen. Die Wiederholung der immer gleichen Wörter *Duell*, *gefordert* und *jemand* in verschiedener Betonung und sich steigernder Lautstärke brachte wenig Licht in die Sache. Markovs Wunsch, einen Vorgesetzten zu sprechen, wurde erfüllt, führte aber letztlich dazu, dass nach dem Vorgesetzten der Vorgesetzte des Vorgesetzten geholt werden musste.

Eine halbe Stunde später befand sich der Psychiater in einem Büro, gegenüber einem Rechner, einer Zimmerpflanze und dem numinosen Porträt eines Fisches an einer Wand, der ihn fixierte. Unter dem Fisch saß Oberkommissarin Tannenschmidt, die Chefin der Wache auf dem Alexanderplatz. Das heißt, sie saß nur kurz, stand auf, ging hinaus und kam mit einem Zettel wieder rein, setzte sich. Sie war eine agile, schmale Frau um die vierzig, mit blondiertem, streng nach hinten gekämmtem Haar, ernstes, etwas übermüdetes Gesicht, ein paar kleine Fältchen an den Augen und Mundwinkeln und ein schwarzes Jackett zur violetten Bluse tragend. An ihrem Handgelenk klapperte eine Uhr am Edelstahlarmband, an dem sie gedankenlos herumspielte.

»Herr Markov?«, fragte sie, mit Blick auf den Zettel. »Haben Sie sich etwas beruhigt? Oder schreien Sie gleich wieder?«

Markow nickte und schüttelte den Kopf.

»Der Herr Markov?«

»Gibt es noch einen anderen?«, fragte der Psychiater.

»Nein, ich meine, sind Sie der Markov von *Im Schlafwandel zum Erfolg*?«

»Ja, richtig.« Markov schenkte der Kommissarin, aber auch dem Fisch und der Zimmerpflanze ein verlegenes Lächeln.

»Ach, ich habe Ihr Buch studiert und bin tatsächlich eingeschlafen beim Lesen.« Sie lächelte etwas verlegen. »Ich weiß nicht, ob das Ihre Absicht war, aber es hat funktioniert.«

»Wenn es funktioniert, funktioniert es«, gab Markov entspannt zurück.

»Gut, dann danke ich Ihnen. Kommen wir zur Sache. Sie geben an, jemand hat Sie zu einem Duell aufgefordert?«

»So ist es.«

»Wie soll ich mir das vorstellen bitte?«

»Ich weiß es leider auch nicht«, sagte Markov. »Im Brief steht, dass es ein Duell mit Pistolen sein soll, ein Pistolenduell.«

»Im Brief steht, es soll ein Pistolenduell sein. Haben Sie eine Pistole? Einen Waffenberechtigungsschein?«

»Nein.«

»Nicht. Und wo und wann soll dieses Duell stattfinden?«

»Das weiß ich nicht.«

»Das wissen Sie nicht.« Tannenschmidt dachte nach. »Die Person, die Ihnen diesen Brief überbracht hat – kennen Sie die?«

Markov verneinte. »Nein, das war ein Unbekannter. Nie gesehen.«

Die Oberkommissarin fasste zusammen: »Ein Unbekannter hat Sie zu einem Duell an einem unbekannten Ort zu unbekannter Zeit aufgefordert? Was genau hat der Unbekannte zu ihnen gesagt?«

»Er sagte, er sei der Sekundant.«

»Er sagte, er sei der Sekundant.« Tannenschmidt wiederholte die Worte leise, als wollte sie sich vergewissern, dass sie sie gehört hatte. Ein Duell, mitten in Berlin, dachte sie, wenn es das wirklich geben sollte, gab es lange nicht. Aber Schiffsuntergänge waren auch wieder in den Nachrichten. Erst kürzlich hatte sie nach Wettmanipulationen bei Pferderennen gegen einen Baron zu ermitteln, der sich nicht nur *Edelbeck Eckherr Baron zu Kap-fenhausen* nannte, sondern laut Personaldokumenten wirklich so hieß. Und der Brandanschlag auf die Windkraftanlage in Pankow letzte Woche? Dem lag das Bekennerschreiben einer Guerilla-truppe bei, einer *Ritterschaft Windwahn*. Sehr retro war das alles, total retro.

»Kam er zufällig mit einem Pferd angeritten und hatte einen Zylinder auf dem Kopf?«, fragte sie.

»Nein«, sagte Markov, »er kam mit dem Fahrrad. Er sagte, er sei der Sekundant. Dann verschwand er wieder.«

Noch am Vormittag desselben Tages, beim Friseur sitzend und wartend, war Markov weit davon entfernt gewesen, zur Polizei zu gehen und Anzeige zu erstatten. Er hatte aus Langeweile in einer Zeitschrift geblättert, deren Spaltenhoroskop er entnahm, dass dem *Wassermann* Mitte Januar ein *singuläres Ereignis* be-vorstehe, für das er sich wappnen müsse. Es wird niemanden überraschen zu erfahren, dass Markov nicht der Mann war, der dem Hokuspokus der Horoskope in irgendeiner Form Glauben schenkte, aber der Satz, welcher der Warnung folgte, verblüffte ihn dennoch. Auf das *Schweigen einer ihm nahestehenden Person*, war dort zu lesen, könne er sich verlassen, aber es werde ihm keine Hilfe sein. Markov musste lächeln über die blinde Treff-sicherheit des Zufalls, denn es stimmte ja, Constanze, seine Freundin, hatte sich am Tag zuvor zu einem einwöchigen Medi-tationskurs zurückgezogen, in ein Schweigekloster, sie würde tat-sächlich schweigen.

Als er auf dem Friseurstuhl saß, gegenüber dem großen Spie-gel, mit dem vom Hals herabhängenden Umhang wie ein körper-loses Wesen wirkend, das nur aus einem Kopf bestand und aus Haaren, kam das Gespräch wie von selbst auf Astrologisches. Die Friseurin, eine dominante Person mit aufgetürmten schwarzen Haaren und klimpernden Ohrringen, teilte mit, dass sie persönlich zwar nicht an Sternzeichen und Schicksal glaube, aber natürlich wisse, dass es trotzdem wirke. Einmal sei ihr ein Wiedersehen mit einem alten Bekannten vorhergesagt worden und dreimal könne er, Markov, raten, was passiert sei?

Markov hob die Schultern, es sah aus, als hätte sich ein Tier unter seinem Umhang bewegt.

»Ich bekam Post, eine Nachricht vom Tod meines Vaters. Aber das Verrückte war ja gewesen, dass er mich, als ich noch Kind war, verlassen gehabt hatte. Ich war dem Mann seitdem nicht mehr begegnet.« Sie schnitt ohne Unterbrechung weiter, die Schere klang scharf und eigenwillig, kleine graue Spitzen rieselten herab wie schmutziger Schnee.

»Mein herzliches Beileid«, sagte Markov.

»Nicht nötig … Ist schon länger her. Aber wissen Sie was? Ich bin ja nicht blöd, ich habe mir gleich eine andere Zeitschrift besorgt und das Horoskop verglichen. Dort stand etwas völlig anderes, nämlich: Es könnte sein, dass ich in den nächsten Tagen etwas sehr Wertvolles verliere.«

Sie nickte dem Markov im Spiegel bedeutungsvoll zu.

»Ah ja, verstehe, stimmt ja … auch wenn Ihr Vater für Sie nicht so wertvoll gewesen sein sollte«, sagte er.

»Das dachte ich auch. Aber als ich am nächsten Tag nach einem Onenight in den Spiegel schaute, vermisste ich etwas anderes.«

Jetzt streckte sie ihre Zunge heraus. Markov wich zurück und musterte den ihm dargebotenen offenen Mund der Friseurin.

»Ich sehe nichts«, bemerkte er wahrheitsgemäß.

»Ebend. Aber hier, wo das kleine Loch ist, war ein Zungenpiercing, 18 Karat Echtgold. Der Typ muss es verschluckt haben. Er hat ja fast meine komplette Zunge verschluckt.«

»Ist nicht wahr«, murmelte Markov anerkennend und richtete den Blick fest auf sein Gegenüber, das er selbst war.

»Er hat gesagt, dass er versucht hat, es noch zu finden, Sie wissen schon, später irgendwie, aber Fehlanzeige, hat er behauptet.«

Sie hatte den Föhn angeschaltet, um Markovs Haare zu trocknen. »War mir jedenfalls eine Lehre gewesen. Ich schaue jetzt nicht mehr rein, in die ganzen Astrogeschichten, weil, passieren tut es ja trotzdem.«

Markov bestätigte die Richtigkeit der Erkenntnis mit einem vorsichtigen Kopfnicken und nahm Abstand, seine eigene aktuelle Prognose ins Gespräch einzubringen. Er, der im Studium ein Semester lang alles über C. G. Jungs astrologische Psychologie der Archetypen gelesen, aber so gut wie nichts behalten hatte, befürchtete, nicht zu Unrecht, dass die Friseurin bei der Deutung seiner Angelegenheiten eine allzu erfrischende Drastik an den Tag legen könnte. Bevor er ging, wollte er doch einen Blick in eine der anderen Zeitschriften werfen. Er blätterte sie auf. Erst blieb sein Auge in der Legende des Kreuzworträtsels hängen, wo eine *groß angelegte Aktion* mit sieben Buchstaben zu lösen war. Dann aber, unter *Wassermann*, fand er den bestürzenden Satz: *Sie stehen vor einem Herausforderer.*

Er las ihn dreimal. Wenn es ein Druckfehler war, und alles spricht dafür, war er von großer astrologischer Präzision.

Die Kommissarin hatte noch Fragen, und Markov beantwortete sie, so gut er konnte, aber das Gespräch verlagerte sich von Duellen, Pistolen und Sekundanten auf Fahrrädern hin zum aktuellen Befinden des Anzeigeerstatters. Sie wollte wissen, ob es Stress gebe in der Praxis oder in der Beziehung oder mit dem Finanzamt, man dürfe das, wie er ja wisse, nicht unterschätzen, was alles bei Markov für erheblichen Unmut sorgte.

»Hören Sie bitte auf mit so einer Küchenpsychologie«, erklärte er, »verschonen Sie mich damit. Sie können sich denken, dass das in meinem Fall – ich bin schließlich Psychiater und weiß das – ganz albern ist, alberner Quatsch.«

Das Wort *Quatsch* konnte in dem kleinen Containerbüro nicht nachhallen, aber es hinterließ eine Lücke im Gespräch.

»Herr Markov, bitte: Ein unbekannter Sekundant, der mit dem Fahrrad durch die Stadt fährt, um Sie zu einem Duell zu fordern. Und wenn Sie sagen, dass Sie Psychiater sind ...«

»... allerdings ...«

»... dann scheint mir das eher in Ihr Ressort zu fallen als in unseres. Es gibt keine Duelle, seit hundert Jahren nicht. Solange Sie niemand bedroht, wüsste ich nicht, was wir da machen sollen. Ich sage es Ihnen gern, wenn es Sie beruhigt, Duelle sind verboten. Richten Sie das gern dem Sekundanten aus, falls er wieder aufkreuzt, mit schönen Grüßen von der Polizei. – Sprachen Sie nicht von einem Brief?«

Markov erhob sich und kramte in seinen Taschen. »Frau Kommissarin, ich verstehe, das mag abstrus in Ihren Ohren klingen. Kann sein, da macht sich jemand einen Scherz, aber ich meine doch, das ist nicht die Art von Scherzen, die ich in einer zivilisierten Gesellschaft hinnehmen muss. Duelle sind verboten, sagen Sie? Kein Grund zur Sorge? Ich gratuliere. Sagen Sie das auch zu einem Bankräuber? Bürger, hören Sie mal, Sie müssen diesen Geldtransporter nicht überfallen, denn, das wissen Sie vielleicht nicht, das ist bei uns verboten? Also, wenn sich das rumspricht, Ihre Methode der Polizeiarbeit, dann sehe ich schwarz für die Kriminalität. Dazu kommt ...«

Die Kommissarin hörte dem Psychiater aufmerksam zu.

»... in meinem Beruf, was glauben Sie, was passiert, wenn sich das herumspricht? Oskar B. Markov, der Psychiater mit der Duell-Paranoia? Sie können davon ausgehen, dass ich in dem Fall bald nur noch einen einzigen Patienten hätte, und das wäre ich selbst. Also, ich bitte um Verständnis, das würde ich gern vermeiden wollen.«

»Tut mir leid«, erwiderte Tannenschmidt, »ich weiß wirklich nicht, was wir hier tun sollen. Wir können zwar gegen unbekannt ermitteln, aber gegen unbekannt mit Verdacht auf Unbekanntes, das können wir nicht. Bisher, das sage ich Ihnen ganz offen, haben wir Anhaltspunkte für nichts.«

»Moment, Sie vergessen den Brief des Sekundanten. Warten Sie …«, er durchwühlte jetzt die Innentasche seines Jacketts, »…er stammt von einem Mann, der Schill heißt, Alexander Schill.«

»Alexander Schill?«

»Er sagt, ich hätte ihn beleidigt.«

»Und? Haben Sie?«

»Was weiß denn ich? Ich habe den Mann einmal kurz gesehen. Ich weiß nur, dass er früher mit meiner Freundin zusammen war. Er schreibt etwas von *Verführung einer Frauensperson.*«

»*Verführung einer Frauensperson.*« Die Mundwinkel der Kommissarin zuckten. »Was heißt das denn bitte?«

»Das müssen Sie ihn fragen. Ich weiß es nicht.«

Die Kommissarin drehte an ihrem Uhrenarmband. »Sie wissen es nicht. Wo ist denn nun der Brief?«

Markov nestelte in allen Taschen gleichzeitig.

»Wissen Sie was?«, sagte sie. »Ich überprüfe einmal diesen Herrn. Alexander Schill sagten Sie? In Berlin? Vielleicht ist er ja im Jahr 1712 verstorben, und Sie können beruhigt nach Hause gehen.«

Sprach's und verließ das Büro, einen düpierten Psychiater zurücklassend, der den Fisch an der Wand betrachtete. Er erinnerte ihn an einen lachenden Alien, mit seltsamen Tentakeln und Antennen am Kopf. Der Brief war weg. Er stulpte die Jackentaschen nach außen und legte alles, was er fand, nebeneinander auf den Tisch: einen Füllfederhalter, sein Visitenkarten-Etui, ein paar zerknitterte Banknoten, Schlüsselbund, sein Handy und einen Zettel, bei dem es sich aber nicht um den Brief handelte, den er suchte, sondern, etwas pikant hier, ein Anhörungsbogen der Polizei wegen überhöhter Geschwindigkeit.

Markov faltete ihn gerade zusammen, als die Kommissarin zur Tür hereinkam, den ausgebreiteten Tascheninhalt auf dem Tisch mit gehobenen Augenbrauen musternd. »Zwei schlechte Nachrichten, Herr Markov. Erstens, er lebt wohl doch in unserem Jahrhundert, in der Jablonskistraße. Zweitens, keine Vorstrafen, kein Eintrag. Nicht mal Punkte in Flensburg. Eingetragenes Geschäft: Antiquariat. Der Mann ist ein unbescholtener Bürger. Soweit bekannt ist, hat er bisher keine Gewalt angewendet, weder gegen Sie noch sonst jemanden. Waffenbesitz: keine Angaben.«

Markov schloss die Augen.

»Eine gute Nachricht gibt es auch: Wir müssen da nicht eingreifen, es liegt nichts vor, abgesehen von äußerst fragwürdigen Dingen, von Eventualitäten, die, wenn Sie meine Meinung wissen wollen, nicht sehr eventuell sind, sondern höchst uneventuell. Ich würde sagen, freuen Sie sich darüber.«

Der Psychiater zuckte mit den Achseln.

»Und war es nicht so, Herr Markov, dass bei Duellen die Duellanten – ich weiß nicht, ob das die richtige Bezeichnung ist für diese ausgestorbene Sorte Mann – immer freiwillig mitmachten? Also bitte, wo ist denn Ihr Problem? Sagen Sie dem Herrn Schill, dass Sie keine Zeit haben zum Totgeschossenwerden. Jetzt passt es gerade nicht, nicht in diesem Jahrhundert und später auch nicht. Das können Sie doch antworten, und wenn Sie dazu einen Sekundanten brauchen, mit Fahrrad oder ohne, bitte, dann nehmen Sie sich einen!«

»Der Brief«, sagte Markov, »es tut mir leid, ich finde den Brief nicht. Ich muss ihn zu Hause vergessen haben, ausgerechnet den Brief.«

Die Kommissarin schien das nicht zu überraschen.

»Ich kann es erklären, aber ich weiß ja, es nutzt natürlich nichts. In der Psychologie nennen wir das *motiviertes Vergessen*, der Laie sagt gern *Verdrängung* dazu. Ich bitte um Entschuldigung. Im Brief steht alles, was Sie nicht wissen können. Der Brief ist der Beweis. Glauben Sie, ich habe im ersten Moment auch nur den Kopf geschüttelt. Ich hätte den Brief beinahe weggeworfen. Aber das ist kein Witz. Das werden Sie sehen, wenn Sie ihn lesen.«

»Ein verschwundener Brief.« Tannenschmidt nahm es zur Kenntnis.

»Depesche. Er nannte es Depesche.« Markov sagte das in arglosem Ernst, in nüchterner Korrektheit, als wäre die zutreffende Benennung des Schreibens eine Form der Anerkennung, ein Teil der Wahrheit, der man sich, ob sie einem gefällt oder nicht, zu stellen habe. Aber wie es so ist, manchmal haben gerade die aufrichtig gemeinten und unvoreingenommensten Äußerungen tückische Wirkungen. Und es war interessant, zu beobachten, wie ein einzelnes Wort, das an sich keine besondere Sprengkraft besitzt, sondern eher museale, nostalgische Gefühle weckt, der Kommissarin den Stecker zog. Sie nickte wissend, sie lachte oder wollte jedenfalls lachen, aber irgendetwas sorgte dafür, dass sie erstarrte und ihre Mimik zu einer Maske der Ratlosigkeit einfror.

2 Ein Los, wie es ist

AUF DER ANDEREN SEITE des Alexanderplatzes, in der Münz-
straße, fand zur gleichen Zeit die vierteljährliche Militaria-
Auktion statt, zu der das renommierte Auktionshaus *Meerbusch &
Meerbusch* geladen hatte. Im Foyer des Gründerzeithauses, zwischen Vitrinen voller Kostbarkeiten, Torsi von Engeln und Podes-
ten mit Biedermeier-Kanapees, saßen dicht gedrängt auf klappri-
gem Plastikgestühl fünfundzwanzig oder dreißig Leute. Ganz
vorn am Pult stand Madame Meerbusch, Chefin des Hauses, flan-
kiert von Mitarbeitern mit Telefon und Handy am Ohr, die Gebote entgegennahmen und Handzeichen machten. Versteigert wurden bayerische Prunksäbel, ein Prager Steinschlossdrilling, die
komplette Paradeuniform eines Hauptmanns des K.u.k.-Landes-
schützenregiments und dergleichen sonderbares Equipment, dessen Haltbarkeitsdatum seit Jahrhunderten abgelaufen war.

Die Preise bewegten sich im oberen vierstelligen Bereich.
Eine mit schwarzem Pferdehaar bezopfte und einem Adler aus
Blattgold bestückte Ulanen-Tschapka aus dem Nachlass eines gewissen Generalmajors Rudolf Steffek, Anfang 20. Jahrhundert,
mit einem Einstiegspreis von 5.000 Euro, ging nach kurzem Bie-
tergefecht am Telefon für 6.800 Euro nach Übersee weg. Für
46.000 Euro wurde ein russischer Husarensäbel aufgerufen, und
Alexander Schill, in der fünften Reihe sitzend, musste den albernen Reflex unterdrücken, die Hand zu heben, nicht weil er den
Säbel gern gehabt hätte, sondern weil er sich diese absurd hohe
Geldsumme nur als Versehen erklären konnte.

Der Antiquar war ein magerer Mensch mit großem Schädel und hoher Stirn, welche von einer nach oben geschobenen, bei Drehungen des Kopfes verrutschenden Lesebrille wackelig überdacht wurde. Alles an ihm wirkte blass: die Gesichtsfarbe, die hellblauen Augen, das kurze dunkle Haar, die blutleeren Lippen, was angesichts des Entschlusses, den er in den letzten Tagen gefasst hatte, nicht überrascht. Einen dunklen Trenchcoat über den Schultern, verfolgte er leicht vornübergebeugt den Fortgang der Auktion. Zwar war er mit skurrilsten Sammelleidenschaften durchaus vertraut, aber der Buchhandel operierte im Vergleich dazu mit mikroskopischen Summen. Auch bedeuteten dort kleine Wasserflecken auf dem Vorsatzpapier oder ein leicht beriebener Buchrücken einen erheblichen Preisabschlag, während hier Patina, Beulen, historische Siedlungsgebiete von Motten die Echtheit garantierten und den Wert noch steigerten.

»Der Herr in der fünften Reihe ganz außen hat sich gemeldet?« Madame Meerbusch wies mit der Hand in seine Richtung, sämtliche Köpfe drehten sich neugierig zu ihm.

Schill hob erschrocken und abwehrend beide Hände.

»Nein? Dann sind wir immer noch bei 46.000. 46.000 Euro für diesen russischen Husarensäbel aus dem 18. Jahrhundert, 84,5 cm lange gebogene Rückenklinge, mit einer Gravur des Barons Kiprian Antonowitsch Krenz, Goldbeschlag und Goldintarsien am Griff, sehr guter Erhaltungszustand.«

Im Publikum hatten überwiegend ältere Männer Platz genommen, die meisten von ihnen gekleidet wie bei einem Treffen altadeliger Waldbesitzer oder zumindest so, wie man sich den Personenkreis gern vorstellt – Männer im Lodenmantel, Tweed, in gesteppter Burberry-Jacke, Männer mit Uhrenketten, Umschlagmanschetten und Krawattennadeln, die Krawatten gern in Rostbraun und Grün. Dazwischen auch Lederjacken, eine etwas speckige sogar, eine Weste, es gab Damen in Kostüm und Blazer und einige jüngere Geschäftsleute in den üblichen hellblauen Hemden, von denen einer jetzt die Hand hob.

»46.500 der junge Mann links«, vermerkte Madame Meerbusch, »gibt es weitere Gebote?«

»47..., nein: 50.000 der Herr daneben«, ein gedämpftes Raunen ging durch den Saal.

»50.000! Wer bietet mehr, 50.000 zum Ersten, zum Zweiten ...«

Da hob eine junge Mitarbeiterin mit Telefon ganz vorn die Hand, senkte sie wieder halb, flüsterte etwas Russisches ins Gerät und nickte dann der Auktionatorin zu, die den Vorgang im Auge behalten hatte.

»60.000, der Bieter 172 am Telefon«, rief sie, und das Raunen steigerte sich in allgemeine Unruhe, »60.000 zum Ersten, 60.000 zum Zweiten und – zum Dritten.«

»Total überteuerter Brieföffner«, hörte Schill jemanden sagen. Und einer der beiden Geschäftsmänner, der eben leer ausgegangen war, meinte schulterzuckend zum anderen: »Wenn die Russen etwas zurückhaben wollen ... keine Chance.«

Geplant war Schills Besuch hier, nach allem, was bekannt ist, nicht. Wie überhaupt gesagt werden kann, dass es nicht *eine* Entscheidung gab, die ihn bewogen hätte, sich ein paar Pistolen zu besorgen. Am Ende war es womöglich nicht einmal sein eigener Entschluss, sondern das zwangsläufige Ergebnis einer Kaskade von, sagen wir, sich durchkreuzenden Entwicklungen.

Eine betraf das Geschäft, das Versandantiquariat. Seit Jahren war hier nicht mehr viel los; das Internet hatte den Handel nur kurz aufblühen lassen und dann endgültig massakriert. Die Leute lasen immer weniger, und das wenige, das sie lasen, lasen sie im Netz. Hatte sich Schill am Anfang noch geweigert, Bücher nach Gewicht oder Kubikmetern aufzukaufen, und hatte er es schließlich doch getan, begeistert und fassungslos, weil sich herausstellte, dass in den Kartongebirgen, die er sichtete, wertvolle Gesamtausgaben von Stifter oder Gutzkow oder Friedrichs des Großen für lächerliche Cent-Beträge enthalten waren – so ergab sich bald, dass er auf all den schönen Erwerbungen sitzen bleiben würde. Selbst geschenkt, stellte sich heraus, würde niemand das mehr nehmen wollen, es sei denn, er bezahlte die Transportkosten, was er irgendwann, um Platz zu schaffen, tatsächlich tat.

Am Ende schlussfolgerte er richtig, dass ihm nichts anderes übrig bleiben würde, als sich auf internetferne und digital inkommensurable Gebiete zu spezialisieren, und nach ein paar kurzen und erfolglosen Versuchsreihen auf dem Feld der Esoterik und Astrologie (er hatte die rare Enzyklopädie von *Klöckler* im Bestand ebenso wie den vergessenen Himmler-Astrologen Wulff) musste er einsehen, dass dieser Markt längst aufgeteilt und er zu spät gekommen war.

Er stieß erneut alles ab und kam aufs Duellwesen beziehungsweise blieb darauf sitzen, da zwei Kisten, aus einem österreichischen Erbschaftsaufkauf stammend, sich als absolut unveräußerlich, ja unverschenkbar erwiesen. Er las, mehr aus Langeweile als aus Interesse, in den seltsamen Broschüren des Grafen Chatauvillard, eines Mitglieds des Pariser Jockey-Clubs, außerdem *Die Regeln des Zweikampfs* von Louis Chappon, Armand Croabbons *La science de point d'honneur* und weitere richtungsweisende Werke, in denen *echte Ritterlichkeit* und *edle Menschlichkeit* keine hohlen Worte waren, sondern offenbar Grund genug, aus dem Leben zu scheiden. Wo genau und an welcher Stelle seiner Lektüren er abdriftete, ist nicht mehr aufzuklären. Er wurde jedenfalls, wie bei Süchtigen oft zu beobachten, sein bester Kunde. Die Duellbibliothek schwoll an, und er verkaufte naturgemäß so gut wie nichts davon, auf eine Zukunft hoffend, die dieses spannende und vernachlässigte Feld der Kulturgeschichte dereinst entdecken und bei ihm ordern würde.

Parallel zu dieser rein geschäftsmäßigen Transformation seiner Interessen ging eine gravierende soziale Entkopplung einher.

Die wenigsten seiner Freunde vermochten Interesse aufzubringen für den Quatsch. Duelle als das nächste große kommende Ding – niemandem leuchtete das ein. Für das Lektüremodul *Duelle – gestern, heute, morgen?*, das er in einem Anflug von Mitteilungsbedürfnis an der Volkshochschule Friedrichshain einreichte, meldeten sich null Interessenten an. Rückschläge waren das, die ihn in seiner neu erwachten Leidenschaft trotzig bestärkten.

Als er von einer *Studienreise*, wie er es nannte, zu Schauplätzen historischer Duelle in Paris und Warschau zurückkehrte, fand er auf dem Küchentisch einen Zettel, auf dem seine langjährige Freundin Constanze einen knappen Abschiedsgruß notiert hatte. Es reiche, schrieb sie, ihr schon lange, wie er wisse, sie habe definitiv genug davon, ihre Zeit mit einem Junkie zu verbringen, der ständig trostlose Lichtungen aufsuche, anstatt mit ihr in den Süden zu verreisen. All seine Versprechen, damit aufzuhören, seien nicht viel wert gewesen, genau genommen nichts. Das Einzige, was sie noch sagen könne, sei *sorry*, und das sage sie jetzt. Sie ziehe nämlich die Leidenschaften der Gegenwart denen der Vergangenheit vor und würde sehr schätzen, wenn er das respektierte und sie mit Anrufen oder was auch immer verschone.

Den Brief und den Hausschlüssel, den sie dazugelegt hatte, schaute Schill ernst und schuldbewusst an. Dann griff er zu seinem Telefon, um sie anzurufen, besann sich aber, eingedenk ihrer Worte, und saß einfach da, unfähig etwas zu tun.

Später rauchte er eine Zigarette und sah der Dunkelheit bei ihrem Eintreten in seine Küche zu. In der Hand hielt er jetzt nicht mehr das Telefon, Zettel und Hausschlüssel waren beiseitegeschoben, und vor ihm lag ein kleiner Stein auf dem Tisch, den er im Warschauer Stadtteil Młociny aus der Weichselböschung geborgen hatte. Hier hatten sich 1766 Giacomo Casanova und der polnische General Franciszek Ksawery Branicki duelliert; es ging um eine Primaballerina namens Anna Binetti, die Casanova zugunsten einer anderen Tänzerin vernachlässigt hatte. Der General, ebenfalls Liebhaber der Dame, nannte ihn daraufhin einen *venezianischen Feigling*, und das daraufhin unvermeidliche Duell, bei dem Branicki einen an allen lebenswichtigen Organen glücklicherweise vorbeirauschenden Bauchschuss erlitt und Casanova einen Schuss durch die Hand, erregte in ganz Europa großes Aufsehen, nicht zuletzt wegen der formvollendeten und höflichen Dialoge, mit denen die Kontrahenten sowohl vor als auch nach dem Duell, kurz nach drei Uhr nachmittags im Brühlschen Garten, Konversation machten. Als der General, nach ein paar Tagen, außer Lebensgefahr war, besuchte ihn Casanova am Krankenlager.

»Ich bin gekommen, um Eure Durchlaucht um Verzeihung zu bitten, dass ich eine kleine Beleidigung nicht einzustecken verstand, auf die ich vernünftigerweise nicht hätte achten sollen. Ich bin gekommen, um Ihnen zu sagen, dass die mir von Ihnen erwiesene Ehre die Beleidigung weit überwiegt, und bitte Sie für die Zukunft um Ihren Schutz gegen Ihre Freunde, die Ihre Großmut nicht kennen und glauben, meine Feinde sein zu müssen.«

Der General antwortete*: »Ich gebe zu, Sie beleidigt zu haben, doch werden Sie zugeben, dass ich dafür mit meiner Person vollauf bezahlt habe. Was Ihre Bitte angeht, so werde ich der erklärte Feind all jener sein, die Sie nicht achten. Nehmen Sie Platz und lassen Sie uns in Zukunft gute Freunde sein. Man bringe Monsieur eine Tasse Schokolade.«*

Casanova überreichte bei der Gelegenheit sogar ein Souvenir.

»Ihre Kugel hat mir den ersten Fingerknochen zerschlagen, Durchlaucht. Hier ist sie, abgeplattet durch meinen Knochen. Gestatten Sie, dass ich sie Ihnen zurückgebe?«

Casanova konnte nach dem Duell sich vor Bewunderungsbekundungen und Einladungen kaum retten, alle Welt wollte ihn kennenlernen, und Schill bedauerte sehr, durch die Umstände seiner Anwesenheit im falschen Jahrhundert daran gehindert zu sein, mit dem Mann eine Tasse Schokolade zu nehmen, und mit den von ihm überlieferten Schilderungen in der Novelle *Das Duell oder Versuch über das Leben des Venezianers G.C.* vorliebnehmen zu müssen, die er nach der Lektüre zurück in die Sammlung stellte.

Eine Zeitlang gelang ihm noch, seinen alten Freund Jan Vogler für gedankliche und tatsächliche Exkursionen zu historischen Duellschauplätzen zu begeistern, bevor der enerviert die Notbremse zog und sich jede weitere Erwähnung der Thematik verbat. Während eines gemeinsamen und ansonsten perfekten Wanderurlaubs in den Alpen nutzte Schill die räumliche Nähe zum Kurort Davos, um für beide einen *Literarischen Sommerspaziergang* auf der Schatzalp zu buchen. *Auf den Spuren Thomas Manns am Zauberberg* sollte es zu den Schauplätzen des Romans und des Dichters gehen. Zusammen mit einem Dutzend Touristen besichtigten sie den Speisesaal des Berghotels (*alles noch im Originalzustand, nur das Geschirr wurde zwischenzeitlich abgewaschen*), liefen durch das Tälchen des Guggerbachs, wo der hochberühmte Schriftsteller ebenfalls gewandert sei (*täglich 25 Minuten*), und kamen auch zu der Lichtung, auf der am Ende des Buches das Duell zwischen den beiden Romanfiguren Lodovico Settembrini und Leo Naphta eskaliert sein sollte.

Geführt wurden sie von einer jungen Studentin, die auf unschuldige und charmante Art ein paar Kleinigkeiten durcheinanderbrachte, was dazu führte, dass einer der mitlaufenden Herren, ein kleines, dickes, mit greller Windjacke und Nordic-Walking-Stöcken ausgerüstetes Deutschlehrergespenst, sie unterbrach und onkelhaft korrigierte.

Sie alle, sagte er, würden ja hier, versammelt am Genius Loci, an diesem Wurmloch zwischen Literatur und Leben, der Schauder des quasi Realen ergreifen, keine Frage. Ob es aber nicht eventualiter so sei, dass Thomas Mann statt im Jahre 1910, wie sie glaube, erst 1912 auf der Schatzalp eingetroffen sei? Ob man nicht sagen müsse, konziserweise, dass nicht er, der Dichter, im Davoser Sanatorium gewesen sei, sondern lediglich seine Frau, der er einen dreiwöchigen Besuch abgestattet habe? Und ob diese Lichtung, auf der sie sich befinden, heute eo ipso so aussehe wie im Roman beschrieben, wenn man doch wisse, dass das Duell im tief verschneiten Winter stattgefunden habe und nicht auf hochsommerlich begrünter Wiese?

Beschämt entschuldigte sich die zurechtgewiesene Studentin, bedankte sich für die Richtigstellung, und der Mann, in vermeintlicher Bescheidenheit, hob abwehrend seine Hände, an denen in Schlaufen die Stöcke baumelten, sodass er aussah wie eine von unsichtbarer Macht dirigierte Puppe. Wenn er möge, sagte sie, da er doch so viel mehr wisse als sie, könne er an ihrer Stelle die Führung übernehmen, sie habe nichts dagegen, etwas dazuzulernen.

Der Mann an den Stöcken seufzte theatralisch und legte sofort los. Hier also, nicht dort, direkt unter der Fichte, bei der sie stehen, müsse sie ja wohl gewesen sein, die berühmte Bank, wo Naphta noch eine letzte Zigarette geraucht habe, die Zigarette davor, wenn man so wolle, vor dem letzten Duell der deutschen Geistesgeschichte, bei dem bekanntlich zwei Schüsse gefallen seien, einer in die Luft und einer in die falsche Richtung, weshalb man nicht von einem Duell im engeren Sinne sprechen könne, nein, ganz und gar nicht. Bei Thomas Mann selbst sehe es ähnlich aus, er sei zwar in seinem Leben keiner Duellforderung aus dem Weg gegangen, aber nur deshalb, weil es keine gegeben habe, nicht wahr.

Schill klatschte jetzt etwas zu demonstrativ Beifall, der Mann, in einer tragischen Fehleinschätzung der zweifellos höhnisch gemeinten Geste, nahm es als Zustimmung und sprach weiter.

So leider seien sie nun einmal, unsere Dichter, Fremde im Vertrauten, Vertraute in der Fremde. Wer wolle es ihnen verübeln? Naphta also habe als Erster Aufstellung genommen, ungefähr dort, und Settembrini etwas später, fünfzehn Schritte entfernt von ihm. Alea iacta est, anders könne er es nicht sagen. Hier sei ein Mensch verendet, der kein Mensch gewesen sei, sondern mehr und weniger zugleich, ein Gedanke, ein Hirngespinst, cum grano salis, Triumph des Irrsinns! Er sagte noch mehr derartige Dinge und zeigte mit den Stöcken rudernd die Positionen, ergriffen und andächtig abwartend, als würde vor dem inneren Kino aller jetzt die Romanszene ablaufen.

»Man muss etwas tun.« Schill, der das geschraubte Gefasel mit einer gewissen Fiebrigkeit verfolgt hatte, sagte das leise zu Vogler, der nicht verstand, was er damit meinte. Ein paar tumultuöse Szenen später stand er zusammen mit allen anderen um Schill und den Dicken herum, die sich mit den Stöcken einen ebenso absurden wie verbissenen Fechtkampf lieferten. Dabei versetzte er, Schill, seinem überrascht zurückweichenden, zurückstolpernden Gegner einen spitzen Stich nach dem anderen ins Futter der Funktionsjacke, den Stock wie einen Degen schwingend, wobei der andere mehr schlecht als recht parierte; augenscheinlich beherrschte er die Technik nicht, woher auch, und fuchtelte panisch herum.

Wie es geschah und vor allem warum – man wüsste es gern! Irgendwie hatte sich Schill hinter den Mann geschlichen, eines der albernen, lose am Handgelenk baumelnden Wandergeräte geschnappt und hatte sich dann mit einer schnellen Drehbewegung ihm entgegengestellt und »Stopp!« gerufen. Alle erstarrten. Vogler ergriff Schills Arm, er wurde abgeschüttelt.

»Thomas Mann kannte sich sehr wohl aus in Duellfragen, sogar im richtigen Leben, weil er nämlich selbst einmal gefordert wurde, und zwar von seinem Kollegen Theodor Lessing. Es war wirklich nur ein Zufall, dass er dabei nicht draufging, denn er konnte die Sache wegen eines Formfehlers abwenden, Sie Komiker!« Schill tippte dem Angesprochenen mit dem Stock auf die Brust. Der wich nach hinten und sagte empört schnaufend: »Ich darf doch wohl bitten!«

»Nein! Thomas Mann beschreibt nirgends genau, wer wo

stand. Niemand weiß es. Sie hier schon gar nicht.« Ein weiterer Stich, diesmal Richtung Schulter, erfolgte.

»Und: Es war ganz sicher auch nicht das letzte Duell«, Schill tänzelte mit dem Stock hin und her. »Und wollen Sie wissen, warum?« Mit diesen Worten schlug er dem perplexen Dicken die zur Abwehr erhobene Hand weg, wobei sein Stock gefährlich abgelenkt wurde und eine blutende Wunde auf dessen Kinn hinterließ. Der Mann schnappte nach Luft, stürzte auf Schill zu; es kam zu einem grotesken, nicht ungefährlichen Fechtkampf; Schill höhnte, der andere schrie. Von allen Seiten rannten die anderen Spaziergangsteilnehmer, Vogler voran, hinter den beiden her und versuchten sie festzuhalten und abzudrängen.

Die Polizei, herbeigerufen, nahm leichte Verletzungen und eine Anzeige wegen *Tätlichkeit* auf, die später wegen Geringfügigkeit eingestellt wurde.

Vogler, dem Freund einen kolossalen Dachschaden attestierend, reiste vorzeitig ab.

Wenn nicht alles täuscht, war Schill hastig zum Auktionshaus aufgebrochen, nachdem er im Internet auf der Suche nach alten Pistolen vor einem unerwartet vielfältigen und in vielen Details schwer einzuordnenden Angebot zunächst kapituliert hatte. In einem Militariaforum erblickte er die Ankündigung der für den Nachmittag anberaumten Veranstaltung, auf der zu seiner Überraschung gleich mehrere Duellpistolenpaare zur Versteigerung kommen sollten, darunter auch *Legendäre Waffen aus den Beständen der Wehrmacht*, wie es hieß, und saß nun mit der vagen Hoffnung, hier fündig zu werden, abwartend unter den Zuschauern.

Als Nächstes wurden die Schulterklappen eines namentlich nicht für erwähnenswert befundenen Sergeanten der Feldartillerie aus der Zeit des Ersten Weltkrieges angeboten, für die eine Dame in der zweiten Reihe beim Stand von 150 Euro den Arm hob. Ein französisches Nadelbajonett ging für 100 Euro an einen weißhaarigen Alten, und das garantiert rostfreie, wie annonciert wurde, Exemplar eines Ritterkreuzes mit eisernem Eichenlaub für 7.500 Euro an den Herrn neben Schill, der die ganze Zeit unbeweglich mit verschränkten Armen dagesessen und nur leicht mit dem Kopf genickt hatte.

Schill wartete ungeduldig auf die Pistolen. Die bizarre Parade der Überbleibsel toter Zeiten, die hier stattfand, befremdete ihn keineswegs. Er fühlte sich vielmehr verstanden und auf seltsame Weise getröstet von dem Gedanken, dass alle früheren Epochen Bewahrenswertes hervorgebracht hatten, das seine eigene Würde und Wahrheit behielt, wenn ihm auch für den überaus eindrucksvollen, gut erhaltenen Helm eines römischen Zenturio aus dem ersten nachchristlichen Jahrhundert, der bei 35.000 Euro startete, absolut keine Verwendungsmöglichkeit einfallen wollte.

War es das Alter an sich, das die einstmals profanen Gegenstände derart veredelte? War es ihre oft mit Tod und Verderben einhergehende martialische Geschichte, ihre mit dem Blut des Nihilismus eingefärbte Biografie? Oder war da noch mehr, ein verborgener, in sie eingeschriebener Sinn, der sie für die Gegenwart überhaupt erst interessant machte?

Hübsch, sich vorzustellen, mit welcher Perplexität der einstige Besitzer des römischen Helms, wenn er, barhäuptig und auf der Suche nach seiner Kopfbedeckung, in die laufende Auktion geraten wäre, wohl die versammelte Runde gemustert hätte. Noch skurriler müsste eine Auktion ein paar Hundert Jahre später in der Zukunft sein, auf der etwa ein Motorradhelm oder, sagen wir, das Basecap des Mannes zwei Reihen vor ihm zur Versteigerung käme. Warum, fragte sich Schill, sollte sich jemand jemals dafür interessieren? Aus den gleichen Gründen etwa, aus denen der Herr im Lodenmantel gerade für Pickelhaube, Schirmmütze und Epauletten aus dem Nachlass irgendeines kaiserlichen Senatspräsidenten des Reichsmilitärgerichts der vorletzten Jahrhundertwende 10.000 Euro bezahlte?

Beim Anblick des Käufers, der jetzt die Lippen spitzte, wie um eine Kussbewegung für sich selbst anzudeuten, war Schill nicht sicher, ob er das wirklich wissen wollte, zumal es jetzt losging. Aufgerufen wurde ein Paar französische Kavallerie-Pistolen, Kaliber ca. 15 mm, mit Kimme, ohne Korn, in mit grünem Samt ausgelegtem Aufbewahrungkasten. 18.500 Euro sei der Einstiegspreis, verkündete Frau Meerbusch. Schills Nachbar bewegte sich nicht, und Schill, dem inzwischen klar war, dass er sich bei dem Preis, so fantastisch er war, nicht verhört haben würde, bewegte sich ebenfalls nicht. 18.500 Euro hatte er, wenngleich sicher der Einzige im Saal, womöglich weltweit, der die Pistolen wirklich gebrauchen konnte und wollte, nicht zur Verfügung. Dennoch freute er sich, als Frau Meerbusch nach einer Kaskade von Handzeichen, Kopfnicken und Telefoninterventionen ein Gebot von 24.000 Euro zum Ersten, zum Zweiten ausrief und, nach der üblichen Pause, auch zum Dritten. Niemand wäre irritiert, wenn er hier heute zuschlüge, er würde einer von vielen sein.

»Ein Jammer«, meldete sich Schills Nachbar, ohne sich umzuwenden, aber offenkundig zu ihm sprechend, »wenn die Dinger wenigstens beschussfähig wären.«

Schill nickte verständnisvoll, verstand aber nichts. »Beschussfähig sollten sie schon sein«, sagte er, und jetzt bewegte der Mann neben ihm den Kopf und sah ihn an.

Keine Ahnung, was passiert wäre, wenn Schill an diesem Nachmittag tatsächlich ein Paar originale historische Duellpistolen erworben hätte. Drei Lose kamen noch zur Versteigerung, aber ihm war wohl klar geworden, dass die angebotenen Waffen für seinen Zweck ganz untauglich waren, nicht nur ihres Preises wegen. Sollte man eine Pistole mit glattem Lauf bevorzugen anstelle einer mit gezogenem Lauf? Eine folgenschwere Entscheidung, weil die Zielgenauigkeit bei Ersterer zwar ungenauer sein sollte, aber eben genau deshalb mehr mit der klassischen Vorstellung von einem Duell als Schicksal und Gottesgericht übereinstimmte. Lächeln musste er, als ein Konvolut mit kanonenförmigen Läufen zum Gebot kam, denn so, wie die streuten, brauchte man gar nicht mit dem Zielen anzufangen. Dazu kamen praktisch unlösbare Fragen der Munition: Steinschloss oder Perkussionsschloss mit Anzündhütchen, Vorderlader oder Revolver, Kugelguss und Kugelzange, ja oder nein? Es gab Gussformen für bleierne Rundkugeln und für konische Kugeln. Sehr verwirrend das alles, sehr aparte Fertigkeiten und Kenntnisse voraussetzend und vor allem Zeit, die Schill nicht hatte.

Auch die wieder mit der größten Selbstverständlichkeit von Madame Meerbusch in den Saal hineingerufenen Startpreise, von 11.000 bis 30.000 Euro, erschienen ihm angesichts der vielen Unwägbarkeiten als zu unseriös, zu windig. Garantien dafür, dass die Pistolen auch funktionierten, gab es nämlich keine, musste es nicht geben, denn niemand wollte sie benutzen. Womöglich lag das auch an der von seinem Nachbarn vermissten Beschussfähigkeit, womit der entscheidende Grund genannt ist, den Schill hatte, sich beim Bieten zurückzuhalten. Denn der Mann neben ihm hatte bei den drei Angeboten jedes Mal den Kopf geschüttelt, wenn man die für die Umgebung kaum evidente, aber für Schill wahrnehmbare Bewegung des Kopfes so deuten wollte. Einmal, bei einem Paar deutscher Perkussionspistolen mit gerilltem achteckigen damaszierten Lauf, hatte er Schill sogar leicht am Ellenbogen berührt und, nachdem er herübersah, so eine Art Gottbewahre-Geste gemacht, allein mit seinen aufgerissenen Augen und zusammengepressten Lippen, wie sie eindeutiger nicht sein konnte.

Groß und beunruhigend sind die Mysterien des Waffenhandels. Den Mann, so wie er da neben Schill saß, mit verschränkten Armen, provozierend abwartend, umgab fraglos eine Aura von Kapazität und Geheimwissen, und das fraglos zurecht. Sein Name war Nikolai Lorenz. Im zivilen Leben Hausmeister einer Berufs-schule, bekannte er sich auch rein äußerlich zu dem Beruf, mit Lederweste über dem karierten Hemd, getönter Brille und dem verschwitzten welligen Haar. Zugleich betrieb er, und deshalb war er hier, einen gut laufenden Internetshop für Militaria und Orden des 20. Jahrhunderts, eine Epoche, die Schill für Sammel-zwecke eher für ungeeignet gehalten hätte. Denn welche nostal-gischen Emotionen sollten Maschinengewehre oder Fliegerab-wehrkanonen bitte schön zu wecken vermögen?

So dachte er jedenfalls, bevor er wusste, dass er sich irrte.

»Hier bieten Sie auf eine Granatbüchse 39«, wurde ausgeru-fen, »eine Panzerabwehrwaffe aus den deutschen Gustloff-Wer-ken, originalverpackt, neuwertig, da nie im Einsatz gewesen, der Einstiegspreis liegt bei 8.000 Euro. Wer möchte bieten?«

Madame Meerbusch blickte mehrmals suchend in die Runde, Schills Nachbar nickte sehr ernst.

»8.500 der Herr in der Weste?« Er nickte erneut.

»8.500«, bestätigte sie weitersuchend, »9.000 der Mann hier vorn mit Basecap … 10.000 am Telefon …« Eine Assistentin nick-te, und nun schüttelte Lorenz den Kopf.

»*Chemu byt, togo ne minovatj*«, murmelte er zwischen den Zähnen, »was sein soll, ist nicht zu vermeiden«, und hob zum ers-ten Mal an diesem Nachmittag die Hand.

»11.000 der Mann in der Weste.«

»12.000 hier vorn rechts.« Vorn rechts, ein Herr im dunkel-blauen Einreiher, drehte sich zu Lorenz um, der wieder die Hand hob, diesmal mit drei Fingern.

»15.000 der Mann in der Weste.« Nun drehten sich alle um, nicht nur zu Lorenz, sondern auch zu Schill, die anscheinend in-zwischen als eine Art Einheit betrachtet wurden.

»15.000 zum Ersten, zum Zweiten …«, Meerbusch blickte zur Assistentin an der Seite, die den Kopf schüttelte, »und zum Drit-ten.«

Eine sozusagen nagelneue Nazi-Panzerabwehrbüchse bei einer Versteigerung im Kunstauktionshaus zu erwerben – Schill war nicht einverstanden. Diese moderne, in hoher Stückzahl produzierte Waffe, die nicht einmal über eine sogenannte Patina verfügte und sicher auch alles andere als selten war? Bei der von Kunsthandwerklichem nicht gesprochen werden kann, keine Arabesken-Gravur nirgends, keine goldeingelegten Initialen. Wer bitte sammelte das? Er nahm sich vor, die Frage für später aufzuheben.

Ebenfalls aus dem Zweiten Weltkrieg erwarb Lorenz noch einen, allerdings gebrauchten, Luftwaffen-Drilling M 30 der Firma Sauer Sohn. Das, verkündete Madame Meerbusch bei der Vorstellung in einem Tonfall, dem Bewunderung, ja Verzauberung anzumerken waren, sei das Gewehr der Fernaufklärer gewesen, es habe der Selbstverteidigung gedient im Fall einer Notlandung hinter feindlichen Linien. Es kostete 11.500 Euro.

Dann kam die Kiste. Sie wurde von einem Angestellten auf den Tisch gehievt, ein schweres Monstrum, zerbeult und ramponiert, mit alten Brandspuren.

»Wir kommen zum letzten Los«, rief Madame Meerbusch, »eine Offizierskiste der SS mit Zinkbeschlägen, den Dokumenten zufolge aus dem Bestand der berühmten Heilanstalten Hohenlychen.«

Im Saal herrschte absolute Stille. Sie klopfte auf das Holz, es klang dumpf. Dann öffnete sie den Deckel, während sie, mit der Hand einen Gegenstand nach dem anderen hochhaltend, weitersprach. Zum Vorschein kamen eine Pistole, die sie aus einer alten Zeitung wickelte und wie alles, was folgte, vor sich ablegte, mehrere Magazine, ein verschnürtes, leicht verkohltes Paket mit Papieren, eine weitere Pistole, ein Blechkassette, in der ein paar Orden schimmerten, sowie ein Kinderpantoffel, den sie irritiert musterte.

»Die Kiste«, sagte sie, mit dem Schuh gestikulierend, »wie Sie

sie hier sehen, ist in dem Zustand, so wie sie 1945 nach der Erobe-
rung durch Angehörige der Roten Armee beschlagnahmt und aufbewahrt wurde. Es sind sicher nicht die einzelnen Stücke an sich,
aber ihre Herkunft macht sie so einzigartig und bedeutend. In den
Heilanstalten fand 1937 ein Duell zwischen zwei SS-Angehörigen
statt. Wir wissen nicht viel darüber und verkaufen daher dieses
Los, *wie es ist.* Das heißt, wir geben ausdrücklich keine Versicherung ab, dass es sich um Originalobjekte handelt, wenn auch alles...«, sie bemerkte jetzt den Schuh in ihrer Hand und legte ihn
schnell ab, »... fast alles dafürspricht. Wir beginnen bei 25.000.«

Schill, der die ganze Zeit wie in Trance in sich hineingenickt
hatte, hob langsam die Hand.

»Der Herr im Trenchcoat diesmal wirklich?«, scherzte Frau
Meerbusch, aber im gleichen Moment hoben sich vorn zwei weitere Hände, eine Assistentin am Telefon machte Handzeichen,
und innerhalb weniger Augenblicke hatte sich der Preis verdop-
pelt. Das war sehr viel mehr Geld, als Schill zur Verfügung hatte,
aber entweder war ihm gar nicht bewusst, dass er seinen Arm immer noch hob, oder er war zu abgelenkt durch die Erwähnung
des Duells in Hohenlychen. Die Angebote flogen hin und her,
auch Lorenz neben ihm bot mit.

»Familienerbstück, muss sein ...«, sagte er leise zu Schill, der
Verständnis signalisierte, wobei er wiederum nichts verstand.

»76.000 zum Zweiten und zum ...«, hier folgte wieder die ob-
ligatorische Kunstpause, in der Madame Meerbusch prüfend zu
Schill herübersah, dessen Arm jetzt langsam nach unten sank,
und dann zu seinem Nachbarn, der mit Handzeichen bestätigte.

»76.000 zum Dritten! Das Los geht an den Herrn in der Weste.«

Nach dem Ende der Auktion zerstreuten sich die Leute langsam.
Schill stand noch wie betäubt bei einer Gruppe um Meerbusch,
wo gerade die Frage aufkam, ob jener unbekannte Telefonbieter,
der Bieter 172, der so stark an dem Husarensäbel interessiert war,

ein Nachfahr des einstigen Besitzers sein könnte, was allgemein als möglich, als wahrscheinlich, aber letzten Endes als nicht aufzuklären erachtet wurde. Eine Pause nutzte Schill, um sich zu erkundigen, wer, wenn sie das sagen könne, die Kiste aus Hohenlychen eingeliefert habe. Die Frage ließ die Runde verstummen, und Madame Meerbusch schüttelte mit routiniertem Bedauern den Kopf. Nein, das sei, wie bei derartigen Geschäften üblich, anonym passiert, hier sei eben Deutschland und nicht Bulgarien oder Albanien, sie käme in Teufels Küche, wenn sie kontrollieren müsste, Waffenbesitzkarten, rote, gelbe, grüne, Verwahrungskontrollen und so weiter, ihr persönlich reiche die Bürokratie jetzt schon. Plötzlich redeten alle durcheinander, es ging um Gesetze, Ausnahmeregelungen für Sammler, amtliche Kontrollen, und das war der Moment, in dem Lorenz, der sich abseits gehalten hatte, Schill mit einer Kopfbewegung aufforderte, ihm zu folgen.

Schill folgte ihm eine ganze Strecke, denn nach einem Austausch, der hauptsächlich aus gegenseitigem Zunicken bestand, im Verlauf dessen Lorenz knapp versicherte, dass man ins Geschäft komme, hatten sie das Auto bestiegen, um zu Lorenz' Haus im Süden Berlins zu fahren, wo Schill alles in Augenschein nehmen und weitersehen könne. Während der halbstündigen Fahrt durch das dunkle Berlin mit seinen erleuchteten Fenstern, hinter denen es von Degen, Säbeln, Pistolen und Pickelhauben an den Wänden nur so wimmeln musste, dachte Schill an die Panzerabwehrbüchse, an das Ritterkreuz, an die Kiste aus Hohenlychen und daran, dass er gerade zu einem unbekannten Nazi ins Auto gestiegen war, um mit ihm an einem unbekannten Ort über ein Waffengeschäft zu reden.

»Ich habe gleich gemerkt, du bist kein Händler«, sagte Lorenz gut gelaunt. »Du suchst etwas für dich selbst. Und weißt du, warum?«

»Nein«, sagte Schill mit aufrichtigem Interesse.

»Ganz einfach. Wenn bei Auktionen dein Nachbar sagt *Nicht*

kaufen!, dann kaufen Profis. Das ist ein Haifischbecken, jeder gegen jeden. Wirklich nur Leute, die sich nicht auskennen, hören auf Leute.«

Dabei lachte und strahlte er gutmütig. Schill nickte beklommen.

»Ich weiß noch mehr über dich«, setzte Lorenz die Art der Konversation fort, »ich weiß, du glaubst, ich bin ein Nazi. Aber im Gegenteil, ich bin Russlanddeutscher, aus Saratow. Hört man ein bisschen. Der Letzte, der gesagt hat, wir sind Nazis, war Stalin. Das war ein Irrtum. Ich bin Geschäftsmann. Ich verkaufe alte Naziwaffen, ja. Aber nur an Alliierte in den USA. Die sind verrückt danach, nach allem, Hauptsache Hitler.« Lorenz kam ins Schwärmen. »Das ist Geschäft. Sonst nichts. – Rauchst du?«

Er kramte aus seiner Weste eine Packung Zigaretten und bot sie Schill an, dessen Bedenken sich allmählich zerstreuten. Kurz darauf rauchten beide schweigend und ihren Gedanken nachhängend vor sich hin.

»Eine Sache weiß ich nicht«, meldete sich der Fahrer nach einer Weile, »was wolltest du mit der Kiste aus der Heilanstalt von Hohenlychen?«

»Ich? Mit der Kiste? Nichts.« Schill war mit den Gedanken weit weg.

»Komm, du hast geboten bis zum Schluss 75.000. Das ist viel für nichts.«

»Ich weiß es wirklich nicht. Das war ein Reflex. Ich habe lange versucht, etwas herauszufinden zu diesem Duell. Kein Mensch weiß etwas darüber. Es gibt kaum Dokumente. Na ja, und da taucht diese Kiste heute auf, und ich dachte, das ist die Gelegenheit, verstehst du?«

»Ich kann dir ein bisschen erzählen vielleicht, es gibt Geschichten in der Familie, weißt du. Und wenn du sie anschauen willst, sie wird später geliefert vom Auktionshaus.«

Der Wagen hielt an einem zweistöckigen Einfamilienhaus in

der Nähe des Flughafens. Es war hell erleuchtet. Schill schaute sich um.

Kaum waren sie ausgestiegen, kläffte ein Hund. Eine Frau steckte den Kopf zum Fenster heraus:

»Kolenka, du hast einen Gast? Warum so spät? Das Essen ist kalt.«

Lorenz erwiderte etwas Russisches, das Fenster wurde zugeknallt. Er bat seinen Begleiter zum Seiteneingang, es ging vorbei an den spitzen Auswüchsen irgendwelcher Vorgartenpflanzen und von dort ein paar Stufen hinab zu einer Stahltür, die mit einem Verriegelungssystem gesichert war, für das drei Schlüssel eingeführt werden mussten.

»Muss sein«, sagte Lorenz, »vermeidet Ärger mit Kontrolle. Für so eine Sammlung brauchst du eine Mauer mit Beton und Weltraumtür.«

Als sie eingetreten waren, schaltete er das Licht ein und schloss wieder umständlich ab. Sie befanden sich im Souterrain des Hauses, in einem großen Raum, an dessen Wänden überall Metallregale standen, vollgestopft mit Kisten und Kartons. In der Mitte stand ein quadratischer Tisch mit einem Haufen Katalogen.

Schill blickte sich um, viel gab es nicht zu sehen.

Lorenz lief in eine Ecke, kramte herum und erklärte dabei Dinge.

»Du brauchst Pistolen, ich habe Pistolen. Aber wenn du verkaufst Pistolen, musst du aufpassen. Sie müssen unbrauchbar sein, wegen der Gesetze. Nicht beschussfähig, du weißt. Oder mit Waffenscheinkarte. Hat aber niemand. Deshalb müssen wir Händler ein Loch bohren in die Pistole oder etwas kaputt schweißen oder ein Teil ausbauen, verstehst du. Damit niemand schießen kann.«

Schill, in der Mitte des Kellers stehend, signalisierte Zustimmung und fügte altklug hinzu, dass das sehr albern sei und man sich frage, wozu eine Pistole gut sei, wenn nicht mit ihr geschossen werden könne.

»Wer weiß«, antwortete Lorenz, einen Stapel Kisten vor ihm aufbauend, »heute schießt du nicht, morgen schon. Ich verkaufe alle Teile extra. Also hier hast du...«, er klopfte auf einen Karton, »... eine Waffe ohne Magazin und Hahn. Kannst du legal kaufen und an Wand hängen. Magazin und Hahn verkaufe ich extra über einen Freund mit anderer Firma, alles klar? Die Polizei kann kommen und kontrollieren.«

»Alles klar«, sagte Schill, dem alles neu war. »Wie ist das bei den alten Duellpistolen? Sind die nur Dekoration?«

»Alte Duellpistolen? Da brauchst du Schwarzpulver, Ladestock. Blei für Kugeln. Wie lange soll das dauern, bis du fertig bist. Willst du das?«

»Ich bin nicht sicher. Aber das wäre natürlich, wie soll ich sagen, traditionell angemessener.«

Lorenz schüttelte den Kopf. »Willst du schießen oder willst du einen Film drehen? Musst du wissen.« Die obere Kiste des Stapels war jetzt geöffnet, und Schill erblickte darin eine Pistole, die ihm wie Spielzeug erschien. Es war eine Makarow aus den Beständen der ehemaligen Volkspolizei der DDR.

Im Schnelldurchlauf ging es durch Jahrhunderte und Schießereien. Es war eine beeindruckende private Weltwaffenschau, die der russlanddeutsche Hobbywaffenhändler hier veranstaltete. Hätte jemand Schill dabei beobachten können, wie er eine Pistole nach der anderen in der Hand wog und auf imaginäre Ziele richtete, er wäre erstaunt gewesen, wie widerstandslos ein eben noch unsicherer, weltentrückter Antiquar sich in einen abgeklärten Todesengel zu verwandeln bereit war. So unfassbar es für Schill anfangs gewesen sein mochte, dass die Waffen alle einst, in den Händen von wem auch immer, Tötungszwecken gedient haben dürften, ja höchst wahrscheinlich getötet hatten, so folgerichtig erschien es ihm mit der Zeit, sich selber eine zuzulegen. Lorenz, selbst berauscht von seinen Möglichkeiten, rannte von einem Karton zum anderen, zog hier eine Luger-Pistole hervor, im nächsten eine Mauser, er präsentierte Glocks, Berettas, Borchardts, Walthers, und er hatte zu jeder Einzelnen von ihnen ihre spezifischen Vorteile und Nachteile parat.

»Makarow ist Nachfolger von Tokarew, musst du wissen, auf Entfernung fehlt die Genauigkeit«, sagte er.

Als Schill, so wie es in den alten Duell-Kodizes stand, auf zwei völlig baugleichen Ausführungen beharrte, die der Fairness halber für beide Partner vorhanden sein müssten, meinte Lorenz zwar, das sei kein Problem, weil seit der industriellen Produktion sowieso die jeweiligen Baureihen absolut gleich seien, aber irgendetwas daran passte ihm nicht. Er bezweifelte, dass das heute noch eine Rolle spiele.

»Vergiss die Regeln. Früher, weißt du, sie hatten Einzelwerkstatt. Wie war der Name? Büchsenmacher. Da war jede Pistole ein Unikat. Einzigartig. Deshalb war es so wichtig, dass die Waffen gleich waren.«

Hier stimmte Schill zu. Er wusste, dank seiner Lektüren, dass nicht selten per Los entschieden wurde, wer welche Waffe bekäme.

»In Amerika hatten sie immer die eigene Waffe«, sagte Lorenz.

»Ja, um sich selbst umzubringen. Das amerikanische Duell ist eine ganz andere Nummer. Da gibt es zwei Kugeln, eine ist schwarz, die andere weiß. Die werden verdeckt, und dann wird gezogen. Wer die schwarze zieht, hat sich innerhalb von vierundzwanzig Stunden selbst das Leben zu nehmen.«

»Wie russisches Roulette.«

»Ja. Das ist aber kein Duell, das ist Glücksspiel«, sagte Schill, der, was die Amerikaner betraf, unsicher war. Er hatte einen Roman gelesen über das legendäre Duell von Alexander Hamilton gegen Aaron Burr, das am Anfang des 19. Jahrhunderts stattfand, und vor vielen Jahren, bei einem Besuch in New York, zufällig einmal vor den Exponaten beider Waffen in der Chase Manhattan Bank gestanden. Waren das baugleiche Pistolen gewesen, die er da gesehen hatte? Er interessierte sich damals nicht für Details, erinnerte sich aber der Faszination, die er empfand beim Anblick der beiden Waffen, die friedlich wie Brüder nebeneinander im Samt lagen und sich mit ihren Mündungen berührten.

»Ohne Regeln kein Duell.« Schill wog eine Beretta Jetfire in der Hand, die Lorenz ihm präsentiert hatte. »Bei einer Beleidigung dritten Grades, so ist festgelegt, kann der Herausforderer die eigene Waffe wählen. Er muss das allerdings auch dem anderen zugestehen. Aber wer hat denn heutzutage noch ...«

Sein Vortrag wurde unterbrochen von einem lauten Klingelalarm. Schill wurde kurz bleich, aber Lorenz rief fröhlich: »Schulklingel, altes Modell, perfekt zum Hören an jeder Stelle vom Haus! Das wird die Anlieferung sein.«

Er eilte zur Tür, die Schlösser fuhren herum mit metallischem Schnappen und Rasseln, und verschwand, und Schill blieb zurück, die Beretta in der Hand, im Raum stehend wie ein Verbrecher, der am Tatort die Orientierung verloren hat.

Wenig später, Schill verbarg die Pistole hinter dem Rücken, erschienen zwei Männer in der Tür, jeweils einen großen Karton auf dem Boden abstellend, hinter ihnen Lorenz, der mit einem dritten Gehilfen die Offizierskiste hereintrug. Ohne viele Worte wurden die Kartons geöffnet, der Inhalt auf herbeigeholten Decken ausgebreitet und Stück für Stück mit den Lieferlisten abgeglichen. Und während Lorenz Granatbüchse und Luftwaffen-Drilling und das Zubehör aus dem Ölpapier schlug und untersuchte, bat er Schill, ihm einen Zettel reichend, sich um das Paket aus Hohenlychen zu kümmern.

»Ich weiß, du willst wissen. Sieh nach, was fehlt.«

Schill starrte auf den olivgrünen Kasten, auf die abgenutzten

Lederriemen an der Seite und das offene Schloss, und tat nichts.

»Was ist?«, fragte Lorenz nach einer Weile. »Hast du Angst?«

»Angst? Ich wusste bis heute nicht, dass es so eine Kiste gibt.« Lorenz klappte den Ständer der Granatbüchse ein und wieder aus, stellte sie auf den Boden und ging zu Schill hinüber. Er beugte sich nach unten zum Deckel und hob ihn langsam hoch. Es war fast so, als wollte er die Dinge, die seit Jahrzehnten dort ruhten, nicht zu sehr erschrecken. Als Erstes griff er nach dem Schuh, der an der Seite lag, ein Kinderpantoffel. Er hob ihn heraus und besah ihn von allen Seiten.

»Kein Durchschuss, wie ich mir dachte«, murmelte er und reichte ihn an Schill weiter, der ihn betrachtete.

»Was soll das bedeuten? Was bedeutet dieser Schuh?«

Statt einer Antwort griff Lorenz sich das verschnürte Paket mit den Schriftstücken und legte es auf den Boden. Oben, auf dem verblassten schmutzig grauen Papier, waren die Reste eines Briefkopfs vom *Reichssicherheitshauptamt* zu erkennen. Dann reichte Lorenz Schill die Blechkassette, einen kleinen Riegel beiseiteschiebend und sie öffnend.

»*Orden der Eisernen Krone 2. Klasse!*« Er hielt ein blinkendes Ding ins Licht und zeigte es den wartenden Männern vom Auktionshaus wie ein Beweisstück. »Schätze 5.000 Euro, wenn du verkaufst an Sammler.«

Zuletzt kamen die zwei sorgfältig in Zeitungen verpackten Pistolen, in russische Zeitungen verpackte Pistolen, wie sich beim Auswickeln herausstellte. Es dauerte, bis Lorenz alles auseinander gefummelt hatte und sie vor ihm lagen, ölig glänzend, braun und schwarz.

»Hier kannst du sehen«, sagte er, »Parabellum 08, Kaliber neun Millimeter, und hier Walther PPK, die hat Kaliber 7,65. Mein Opa hatte die Kiste mitgebracht aus dem Krieg als Souvenir. War 1945 in Deutschland als Soldat, musst du wissen. Später gab er sie ans Museum, aber dort ist sie verschwunden nach dem Ende der Sowjetunion.« Er schaute auf die Liste, verglich noch einmal alle Positionen und unterschrieb, das Knie als Unterlage für den Zettel benutzend, den Empfangsbeleg. Die drei Männer vom Auktionshaus, die kein Wort gesprochen hatten, wandten sich zum Gehen. Wieder rasselten und klackten die Türschlösser, und der zurückkehrende Lorenz fand Schill, in sich versunken neben der Kiste stehend, auf eine Pistole starrend, die in seiner Hand wie ein klobiges Insekt wirkte, wie der Botschafter einer anderen Welt.

»Strunks Waffe, würde ich denken«, sagte Lorenz. »Roland Strunk. Hauptsturmführer. Hat sie vielleicht genauso wie du gehalten damals. Also, nicht hier im Keller, auf einer Lichtung in Hohenlychen. Kennst du?«

Schill kannte es nicht. Und während Lorenz weiter berichtete, was er von seinem Großvater wusste, machte Schill mit der Pistole in der Hand einen Schritt nach hinten. Er drehte sie herum und betrachtete sie, ein fremdes Wesen, eine eigene Persönlichkeit, die nach ihren Regeln handelt, sehr klaren Regeln. Das Licht, das sich auf ihrem Lauf spiegelte, fiel ihm auf, es schimmerte wie das Licht am Ende von Tunneln. Was für Tunnel? Er musste den Kopf schütteln. Die Art Romantik hatte ihm noch gefehlt. Er holte tief Luft, stellte sich seitlich, um die Trefferfläche so klein wie möglich zu halten, dann hob er langsam den Arm, bis er waagerecht war, und zielte.

3 Die unerklärliche Zärtlichkeit des Todes

D AS KOMMANDO *Feuer!* ertönt, es knallt zweimal kurz hintereinander. Ein paar Krähen, die unbemerkt oben in den Buchen gehockt haben, fliegen kreischend auf.

Strunk schaut an sich herab und stellt erleichtert fest, er ist unversehrt. Krutschinna, fünfzehn Meter von ihm entfernt, tut das gleiche. Sein weißes Hemd unterhalb der Brust ist zerfetzt, mehr nicht. Die Kugel hat ihn gestreift.

Nun richten sich aller Blicke auf SS-Obergruppenführer Krüger, der als Unparteiischer in der Mitte steht, etwa zehn Meter abseits der Feuerlinie. Der wiederum blickt nach rechts und links zu den beiden Sekundanten, die auf Höhe der Schützen, einige Meter entfernt, warten. Hinter Krüger hat für jede Partei noch ein Arzt Aufstellung genommen, und noch etwas weiter hinter ihm ist der *große Schiedhof* mit den Protokollführern versammelt, der das Geschehen seinerseits verfolgt, insgesamt zehn Männer, eine Kohorte schwarzer und brauner Uniformen, bedrohlich in Wartestellung. Gesprochen wird kein Wort.

Spukgrund nennen die Einheimischen die kleine Senke, wo sich am Morgen erstaunlich viele Blicke kreuzen. Er liegt etwas abseits, in dem düsteren Waldgebiet, hinter dem Gelände der berühmten Heilanstalt Hohenlychen, eine gute Autostunde nördlich von Berlin. Es regnet nicht, aber die Sonne hält sich sehr bedeckt an diesem 18. Oktober 1937, kurz nach sieben Uhr, und noch ist offen, für welchen der beiden Duellanten sie jemals wieder etwas anderes tun würde.

Vom Sanatorium wehen die Geräusche des beginnenden Tages heran. Eine Trillerpfeife ruft zum Frühsport. Auf der Baustelle der neuen Apotheke hämmern Arbeiter. Ein dezentes Brummen kommt von zwei Krankenwagen, die am Straßenrand mit laufendem Motor warten.

Roland Strunk, Hauptsturmführer der SS, Kriegsreporter des *Völkischen Beobachters*, Hitlers Lieblingskorrespondent, steht auf der linken Seite des *Kampfplatzes*, wie das Protokoll die kleine Lichtung bezeichnet. Horst Krutschinna, Gebietsführer der HJ und persönlicher Adjutant des Reichsjugendführers Baldur von Schirach, mit achtundzwanzig Jahren der Jüngste der Anwesenden, steht rechts. Die Mäntel, die sie ausgezogen haben, liegen zusammengekrümmt auf dem Boden, als wären sie schon tot. Vereinbart ist Schießen bis zur Kampfunfähigkeit.

Dem Hauptsturmführer, schneidige Erscheinung, perfekte Frisur, streng nach hinten gekämmte Haare, maßgeschneiderte Uniform, ist nicht die geringste Verunsicherung anzumerken. Dass er gleich sterben soll, übersteigt seine Vorstellungskraft, nicht nur, weil er ein ausgezeichneter Schütze ist, sondern, weil es einfach ein Unding wäre, das ihm noch nicht untergekommen ist. Fünfundvierzig Jahre ist er alt und hat schließlich bisher alles überlebt. Als Dragoner der K.u.k.-Armee in Sibirien, wegen eines versuchten Sprengstoffanschlags auf die Transsibirische Eisenbahn zum Tod verurteilt, kann er am Tag der Hinrichtung fliehen, weil die Februarrevolution ausbricht in Russland. Das ist nur eines der Abenteuer, die er gern erzählt, stets mit ihm als Mann des Augenblicks. Wie es wirklich war, beim Aufstand der Rifkabylen, mit den Japanern in der Mandschurei, in Abessinien mit Mussolini, der ihm die Tapferkeitsmedaille verlieh, und mit Franco vor Madrid, weiß natürlich keiner, vor allem keiner besser als er – die Weltgeschichte hat ohne ihn nicht stattgefunden. Der Mann ist seine eigene Legende. Wer, wenn nicht er, kennt den Tod? Und wer wird ihn jetzt kennenlernen, wenn nicht der

Hallodri ihm gegenüber, der die Unverschämtheit besaß, sich ausgerechnet von ihm im Bett seiner Frau erwischen zu lassen.

Von Horst Krutschinna, einem Rotschopf, wird sein Chef, Baldur von Schirach, in seinen Erinnerungen sagen, er sei *ein sehr gut aussehender und lebenslustiger Ostpreuße* gewesen. Viel ist nicht bekannt über ihn. Als Kreisführer der NS-Studentenschaft organisiert er die Bücherverbrennung am 10. Mai 1933 in Königsberg, Berichten zufolge, generalstabsmäßig. Die Bücher werden aus Bibliotheken und Privathäusern geholt und anschließend zum Trommelplatz geschafft, wo ein *Schandpfahl* aufgestellt worden ist, ein über zwei Meter hoher Baumstamm, umwickelt mit der schwarz-rot-goldenen Fahne und ans Holz genagelten *undeutschen Schriften*. Krutschinna hält die *Feuerrede*, den Akt der Verbrennung als Akt der Reinigung begrüßend. Unmittelbar danach dürfte er, in Anerkennung solcher Verdienste, zum Stab des sich gern kulturvoll gebenden Schirachs gekommen und sein Adjutant geworden sein. Sein Dienstrang in der HJ ist Obergebietsführer, das entspricht, im Vergleich zu militärischen Dienstgraden, einem Generalleutnant oder Vizeadmiral – für einen Achtundzwanzigjährigen, zumal ohne beruflichen Abschluss, eine bemerkenswerte Karriere.

In fünfzehn Metern Entfernung stehen sich die beiden gegenüber, mit der Pistole aufeinander zielend.

Krüger nickt den Sekundanten so ernst zu, wie es überhaupt nur geht, wartet, bis sie zurücknicken, schaut dann geradeaus in die Mitte, wo genau genommen nichts zu sehen ist, und ruft zum zweiten Mal: »Feuer!«

Beide schießen gleichzeitig. Niemand fällt. Ins Echo des Knalls mischt sich diesmal das Geschnatter von Enten, die im nahe gelegenen Zenssee Protest einlegen.

Krutschinna fährt sich durchs rötliche Haar und betrachtet seine Hand. Kein Blut zu sehen, es war wieder nur ein Streifschuss, nur ein Luftzug, der ihn streichelte. Es fühlt sich an wie die sanfteste Berührung. Sehr interessant, vor allem in Kombination mit dem lauten Knall. Er staunt über diese unerklärliche Zärtlichkeit des Todes, er lächelt, was Strunk entgeht, der grade den Blick nach oben richtet.

Eine kleine Böe fegt durch die blattlosen Baumkronen.

Krüger, nachdem sich erneut alle reihum angeblickt und zugenickt haben, will zum dritten Mal »Feuer!« rufen, als plötzlich ein Wasserflugzeug dicht über ihre Köpfe hinwegbraust, mit aufheulendem Motor eine Kurve dreht und rauschend im Zenssee landet. Wer könnte das sein? Von Tschammer? Heß? Der Reichsführer? Krüger hebt gebieterisch die Hand und wendet sich nach hinten zum Chef der SS-Personalkanzlei Schmitt, der den Schiedhof anführt. Der General schaut auf die Uhr und schüttelt den Kopf.

Einen Moment wird noch gewartet auf etwas, das nicht passiert, und schließlich wenden alle, die eben noch die Köpfe zum Himmel gereckt und dann in die Mitte zum Unparteiischen geblickt haben, ihre Aufmerksamkeit dem Kampfplatz zu. Dort, als hätte man sie vergessen, stehen immer noch die beiden Duellanten, die erhobenen Pistolen aufeinander gerichtet.

Abermals Blicke, Kopfnicken, erneut das Kommando.

Es knallt, einmal.

Krutschinna lässt langsam den Arm sinken, die Pistole gleitet ihm aus der Hand, aber er bleibt stehen.

Strunk, auf der anderen Seite, stürzt lautlos nieder.

So könnte es gewesen sein. Man ist auf Spekulationen angewiesen; Augenzeugenberichte über das Ereignis, Protokolle, Schilderungen haben sich nicht erhalten, was ungewöhnlich ist. Schließlich beschäftigte das Duell höchste Parteikreise; Adolf Hitler kommt noch Jahre danach in seinen *Tischgesprächen* auf das Thema; Heinrich Himmler nimmt Stellung in einer Reihe von Reden; Joseph Goebbels notiert in seinem Tagebuch: *Das heißt sich germanische Ehrauffassung. Na, prost!* Die *New York Times* meldet ein paar Tage später: *Slayer of Nazi Reporter Is Declared a Suicide.* Es gibt Aktenvermerke, es gibt ein paar dürre Erwähnungen in den Lebenserinnerungen hochrangiger Nationalsozialisten, mehr nicht.

Was es immerhin gibt, in den Akten der Adjutantur der Reichskanzlei, ist eine *Skizze vom Kampfplatz*, gegengezeichnet von SS-General Krüger, Friedrich Wilhelm Krüger, der als *Unparteiischer* den Zweikampf überwacht.

Sein Name – wie auch der Name der anderen Militärs, die an diesem Duell mitwirken, um seinen *ordnungsgemäßen Verlauf* zu garantieren – wird dem Publikum von heute nichts sagen. Er ist vergessen, sie sind vergessen, und wenn jemand verdient hat, vergessen zu werden, dann sie. Karrieristen des Todes waren sie alle, Kapazitäten des Todes, mit Biografien wie schlechte Witze mit schlechten Pointen, es wird einem schlecht dabei. Will man das wissen, muss man das wissen?

Krüger zum Beispiel, er wird genau zwei Jahre nach dem Duell im Spukgrund zum Höheren SS- und Polizeiführer in Polen ernannt, zum mächtigsten Mann im Generalgouvernement. In der Folge ist er verantwortlich für die Vernichtungslager, für die Zwangsarbeitslager, für den Einsatz von Polizei und SS bei den Räumungen der Gettos, für die Niederschlagung des Warschauer Aufstands, für die fast vollständige Vernichtung der Juden insbesondere im Distrikt Galizien, für den Terror gegenüber der Bevölkerung im sogenannten Generalgouvernement. Verschiedenen Quellen zufolge wird ihm im Mai 1945 das Kunststück gelingen, an gleich zwei Orten Selbstmord zu begehen: am 9. Mai im lettischen Libau und am 10. Mai im österreichischen Gundertshausen.

Krügers Skizze sieht aus wie eine Geometrieaufgabe für Drittklässler: *Gegner A* und *Gegner B* stehen fünfzehn *Sprungschritte* voneinander entfernt, sie verbindet eine gestrichelte Linie; sechs Schritte ist jeweils der *Sekundant A* vom *Gegner A* und der *Sekun-*

dant B vom *Gegner B* entfernt; dazu kommen zehn Schritte auf einer rechtwinkligen Achse in der Mitte, auf welcher der Unparteiische sowie zwei Ärzte markiert sind und, zehn gestrichelte Schritte weiter, der große Schiedhof mit den Protokollführern. Nicht nur auf diesem Blatt sind die Schritte eines jeden von ihnen gezählt.

Im Herbst 1937 hatten sie alle eine große Zukunft oder das, was sie dafür hielten, vor sich. Sie beginnt gerade erst. Heinz-Hugo John zum Beispiel, der Sekundant Krutschinnas, Obergebietsführer der Hitlerjugend, Leiter des Personalamtes in der Obersten Reichsbehörde, Reichstagsabgeordneter, seit 1943 Angehöriger der Waffen-SS, wird versetzt werden zur 12. SS-Panzerdivision *Hitlerjugend*, als Batterieführer für die Sturm-Geschütz-Abteilung 12. Dass er am 9. Juni 1944 in der Normandie bei einem Angriff der Alliierten *fallen* wird, wie in seiner Biografie steht, ist nicht ganz korrekt; er flog vielmehr, nach dem Einschlag einer 163 Kilogramm schweren Granate in seinen Gefechtsstand, abgefeuert von einer amerikanischen *black dragon*-Haubitze, zwanzig Meter in die Luft, und was dann fiel, war nicht mehr Heinz-Hugo John, sondern etwas, das nicht mehr er selbst war.

Oder, auf der anderen Seite, als Sekundant von Strunk, steht Herbert von Obwurzer, ein österreichischer Landsmann, Freikorpsmann der ersten Stunde. 1937 ist er Major der Wehrmacht, später wird er Obersturmbannführer und am Ende Standartenführer der Waffen-SS sein. Er wird gleich mehrere der berüchtigtsten Einheiten des Krieges kommandieren, darunter die *SS-Division Handschar*, die brutale Verbrechen an der serbischen Zivilbevölkerung in Bosnien begeht, und die 1. SS-Infanteriebrigade, verantwortlich für zahllose Morde an der sowjetischen Zivilbevölkerung. Am 26. Januar 1945 wird er sich auf eine Aufklärungsfahrt begeben, unter Beschuss geraten und seitdem vermisst sein. Seine Karriere endet damit aber nicht. Vier Tage danach befördert man in Abwesenheit eine irgendwo im Straßengraben im Großraum Nakel in Schlesien verwesende und von Wildschweinen und Rabenvögeln benagte Leiche zum SS-Brigadeführer.

Einer der Schiedhelfer ist Horst Bender, Ostpreuße, Jahrgang 1905, und Jurist, der nach 1941 Oberster SS- und Polizeirichter im Persönlichen Stab des Reichsführers wird. Ein Entnazifizierungsverfahren wird ihn 1948 als harmlosen Mitläufer, Gruppe IV, einstufen. Simon Wiesenthal, Überlebender des Holocaust, stellt Anfang der 1970er-Jahre Strafanzeige gegen Bender und legt ein Dokument vor, in dem Bender die Durchführung eigenmächtiger Judenerschießungen aus rein politischen Motiven ausdrücklich nicht als Verbrechen klassifiziert. Außerdem ist Bender einer der Teilnehmer des berüchtigten Treffens zwischen Himmler und Otto Georg Thierack, Reichsjustizminister, am 18. September 1942 in Shitomir. Dort wird die *Auslieferung asozialer Elemente aus dem Strafvollzug an den Reichsführer SS zur Vernichtung durch Arbeit* verabredet. *Es werden restlos ausgeliefert die Sicherungsverwahrten, Juden, Zigeuner, Russen und Ukrainer, Polen.* Das Treffen, erinnert sich Bender nach Kriegsende, habe *in zwangloser Form* stattgefunden, aber zu den Details könne er nichts sagen, weil er sich nicht an sie erinnere. Eine Formel wie *Vernichtung durch Arbeit* halte er für ausgeschlossen, er würde sich an sie erinnern, aber da er sich nicht erinnere, könne er das ausschließen. Die deutsche Staatsanwaltschaft stellt 1977 das Verfahren gegen ihn trotz erdrückender Beweise ein. Er stirbt 1987, immerhin an den Folgen einer Presbyphagie, im Bett.

Tote in spe sind alle Menschen, aber die, die sich hier im Oktober 1937 versammelt hatten, um das bis dahin letzte Duell auf deutschem Boden zu eskortieren, waren Voyeure des Todes, die gern zusahen, wenn andere starben, und die auch zusahen, wenn ihre eigenen Leute starben. Sie hatten sich an das große Sterben schon gewöhnt, bevor es begann, und als es vorbei war, war es für sie, wenn sie es überlebten, wie nicht gewesen.

Als Erster tritt von Obwurzer heran, der als Sekundant am nächsten steht. Er ergreift Strunks Schulter, um ihn aufzurichten, doch er wird beiseitegeschoben von Karl Gebhardt, einem der beiden Ärzte, die das Duell beobachten. Er legt Strunk auf die Seite, tastet Hemd und Hose nach der Einschussstelle ab, misst gleichzeitig den Puls mit der anderen Hand. Inzwischen sind auch alle anderen zum Getroffenen geeilt, außer Krutschinna, der niederkauert und mit gesenktem Kopf abzuwarten scheint, was geschieht.

»Einschuss rechte Hüfte, wir operieren«, ordnet Gebhardt ohne aufzublicken an.

Der Professor, neununddreißig Jahre alt, Chefarzt der Heilstätten, ein dicker Mann mit runder schwarzer Brille, hat als Assistent von Ferdinand Sauerbruch Karriere gemacht und machen wollen. Erst seit Mai 1933 NSDAP-Mitglied, ist er ein halbes Jahr später Chefarzt der Heilstätten, durch Protegierung Heinrich Himmlers, mit dem er befreundet ist und dessen Begleitarzt er bald sein wird. Gebhardt baut die Heilstätten in Hohenlychen um von einer Lungenheilanstalt zum modernsten chirurgischen Krankenhaus Europas und Reichssportsanatorium. Er hat hier Rudolf Heß nach seiner Skiverletzung operiert und Jesse Owens am Meniskus, ebenso King George, sogar einen Schwager des Tennos. Alfred Rosenberg kam gern, auch Leni Riefenstahl, die allerdings keine Schulterprellung hatte, wie Gebhardt bald merkte, sondern wegen der gleichfalls gerade anwesenden Fußballer der Nationalmannschaft angereist war. Die Mannschaft heißt spaßeshalber *Hohenlychener Nationalmannschaft*, weil so viele Spieler sich bei Gebhardt auskurieren.

Bis zum Kriegsbeginn werden hier Sport- und Arbeitsunfälle behandelt, neue Prothesen entwickelt. Gleichzeitig wird Hohenlychen zum beliebten Kurort der Naziführung. Himmler und Heß sind Dauergäste, es kommen Reichsleiter, Reichssportführer, Staatssekretäre, Stabsärzte, auch der Reichsapothekenführer, mit einem Tross von 120 ausgesuchten Apothekern, zu Kur und Erholung. Nicht aufzuzählen die Könige und Kronprinzen aus aller Welt, Delegationen aus Italien, England, Frankreich, Portugal, Argentinien, Chile und Peru. Der internationale und nationale Jetset, gern mit dem Wasserflugzeug aus Berlin anreisend, gibt sich die Klinke in die Hand; Hohenlychen ist das Davos der Nazis, und Karl Gebhardt Star und Zeremonienmeister der Heilstätten. Am 2. Juni 1948 wird er in Nürnberg, an Händen und Füßen gefesselt, eine Kapuze über dem Kopf, in einen zwei Meter tiefen Kasten fallen, einen Strick um den Hals, der ihm das Genick bricht.

Rufe ertönen, sofort ist der Krankenwagen zur Stelle, zwei Sanitäter und Gebhardt heben den Verletzten auf eine Trage und schieben sie in den dunkelgrünen Opel-Blitz, Türen schlagen, und wenige Minuten nach dem letzten Schuss ist Strunk auf dem Weg zum OP-Saal. Zurück bleibt sein Mantel auf dem Boden, umstanden von sechzehn uniformierten Männern, denen die Maske der Dienstlichkeit nur vereinzelt aus dem Antlitz gewichen ist.

SS-Gruppenführer Walter Schmitt, als Ranghöchster und Schiedmann, ergreift das Wort. Auch er ein Militär alter Schule, 1899 kommt er zur Infanterie. 1937 ist er Chef der SS-Personalkanzlei, Referent des Reichsführers. Ab Mai 1943 rückt er, weil erkrankt, als Abgeordneter im Reichstag ein, für den Wahlkreis Chemnitz-Zwickau, mit dem er nichts zu tun hat, denn er ist Hamburger. Im September 1945 wird er seiner Frau schreiben: »Ich habe nichts Schlechtes getan.« Zwei Stunden später hängt er kalt am Strang, zu dem ein tschechisches Volksgericht ihn verurteilt hat. Was wird er, Schmitt, jetzt achtundfünfzig Jahre alt, im Spukgrund von Hohenlychen gesagt haben, mit seiner ruhigen festen Stimme und norddeutschem Zungenschlag?

»Meine Herren«, beginnt er, »Kameraden! Hiermit erkläre ich den Zweikampf für beendet.« Er nickt kurz, die Tatsache, die er gleich verkünden wird, vorab bestätigend.»Und zwar aufgrund von eingetretener Kampfunfähigkeit des Kameraden Hauptsturmführer Strunk. Ich wünsche ihm – das ist jetzt nicht fürs Protokoll, sondern bleibt unter uns Männern –, dass er schnell wieder auf die Beine kommt. So. Ich bitte beide Sekundanten, Obergebietsführer John und Hauptmann von Obwurzer, hier vor der Versammlung des großen Schiedhofs um die Bezeugung der ordnungsgemäßen und ehrenhaften Durchführung des Waffengangs.«

Die beiden Angesprochenen nehmen Haltung an und sagen nacheinander:»Ich bezeuge es.«

»Ich bitte den Unparteiischen, SS-Obergruppenführer Krüger, den Ablauf des Zweikampfes als ordnungsgemäß und ehrenhaft gemäß unserer Schieds- und Ehrengerichtsordnung ebenfalls zu bezeugen.«

Auch Krüger bezeugt es.

»Dann bitte ich die Sekundanten und den Unparteiischen, jetzt im Anschluss die Prüfung der Waffen vorzunehmen und entsprechend ins Protokoll zu geben. Und ich bitte zum Schluss die Protokollführer, die Kameraden Weber und Luer, das alles ordnungsgemäß aufzunehmen und zusammen mit der Skizze des Kampfplatzes heute Mittag der Personalkanzlei zu überstellen.«

Schmitt macht eine Pause.

»Gebietsführer Krutschinna!«

Der Gerufene, während der Ansprache abwesend am Boden sitzen geblieben, schreckt hoch und tritt heran. Schmitt betrachtet ihn lange, deutlich länger, als er normalerweise Menschen betrachtet, und sucht nach Worten, die geeignet sind, den historischen Vorgang, der gerade zu Ende geht, zu einem quasi versöhnlichen Ende zu bringen.

»Sie trinken am besten einen Kaffee, min Jung. Und lassen sich einen Schnaps dazu geben. Ich glaube, den können wir alle jetzt vertragen.« Er lacht, aber es ist mehr ein Krächzen, das herauskommt. »Halten Sie sich bis auf Weiteres zur Verfügung des Reichsjugendführers! Verstanden?« Krutschinna salutiert, im zerrissenen Hemd, den schmutzigen Mantel über dem Arm, der einzige Mensch in Zivilkleidung in der Runde. Schmitt wendet sich ab und beschließt die denkwürdige Zusammenkunft mit dem Kommando:

»Meine Herren! Wegtreten.«

Synchron drehen die Männer ab und verschwinden in kleinen Gruppen Richtung Heilanstalt zum Gasthaus *Schützenhaus*, wo ein Tisch bestellt ist für das Frühstück *in geselliger Runde*.

Krutschinna, von seinem Sekundanten halb begleitet, halb gestützt, wirkt verloren, entrückt. Am Rand des Waldes passieren sie eine kleine Kapelle. Der schmale Pfad, der zu ihr führt, ist gesäumt von einem Spalier dürrer, schwankender Kiefern. Krutschinna steckt sich eine Zigarette zwischen die Lippen und fragt flüsternd seinen Begleiter: »Feuer?«

Mit Blaulicht rast der Krankentransport vom Kampfplatz zurück nach Hohenlychen; Waldweg und Pflasterstraße lassen den Wagen etwas holpern, was dem halb erwachten, stöhnenden Strunk nicht zu passen scheint. Noch hofft Gebhardt, den Verwundeten retten zu können; schließlich war die Nähe der Heilstätten und war seine Anwesenheit der Grund gewesen, warum der Reichsführer das Duell genau hier und nirgendwo anders anberaumt wissen wollte. Es galt, Aufsehen zu vermeiden, und es galt, einen Toten zu vermeiden. Er verlasse sich da ganz auf den kommenden Oberführer Gebhardt, hatte Himmler gesagt, und die Verknüpfung mit der in Aussicht gestellten Beförderung, die dem Chefarzt zunächst schmeichelte, ist es, die jetzt Unbehagen in ihm auslöst. Dass am kommenden Samstag im Festsaal auch noch der Manöverball steigen soll, für den sich Prominenz aus dem Reich angesagt hat, fällt kaum ins Gewicht. Was das betrifft, würde er unter Umständen noch umdisponieren können, umdisponieren müssen. Doch wenn Strunk stürbe, würde sich sein Tod nicht verheimlichen lassen. Und wenn herauskäme, dass er auf seinem, Gebhardts, OP-Tisch gestorben ist, dann wäre das alles andere als erfreulich.

Die Stimmung im Operationssaal ist angespannt. Trotz Geheimhaltung hat sich die Nachricht von einem Pistolenduell vor den Toren der Heilstätten schnell verbreitet. Es passiert sehr viel in diesen Jahren, was man nicht für möglich gehalten hätte – aber ein Duell? Als Gebhardt nach dem Desinfizieren im OP eintrifft, liegt Strunk bereits betäubt und entkleidet auf dem Tisch, umgeben von drei Schwestern und zwei Assistenzärzten.

Gebhardt beginnt mit der äußeren Befundung, halblaut murmelnd, während er Strunks Körper betastet. »Das Projektil ... Eintritt oberhalb der rechten Hüfte und ...«, er geht auf die andere Seite, »... gegenüber wieder ausgetreten ... ein Durchschuss ... äußerlich keine weiteren Auffälligkeiten ...«, er betastet den Bauchraum, »... Blutverlust, vermutlich, nicht gravierend.«

Er lässt sich das Skalpell reichen und richtet das Wort noch kurz an die Mitarbeiter und Schwestern: »Ich muss Sie anweisen, dass alles, was diese Operation und diesen Patienten betrifft, der Geheimhaltung unterliegt, strengster Geheimhaltung.«

Alle nicken.

»Wenn jemand Sie danach fragt, Sie wissen nichts.«

Betretene Zustimmung.

Er wendet sich an seinen Assistenten Dr. Martin: »Martin, Sie wissen, wer da liegt?«

»Herr Professor, ich weiß wirklich nicht, wen Sie meinen«, lautet die richtige Antwort.

Gebhardt nickt väterlich und sagt dann: »Ich sehe, wir verstehen uns. Dann legen wir mal los.«

Er führt den Schnitt vom Brustbein abwärts: »Hat irgendjemand von euch eine Ahnung, wer da eben mit dem Flugzeug gewassert ist?«

»Es heißt, der Bernd Rosemeyer mit Frau soll's gewesen sein«, meldet eine OP-Schwester von hinten. »Die kommen sicher zum Manöverball.«

»Viel zu früh«, antwortet Gebhardt, »jetzt erkennt sie doch jeder!«

Es wird gelacht.

Nach Öffnung der Bauchdecke hält Gebhardt inne. Es reicht ein Blick, die Aussichtslosigkeit des Falles zu erkennen. Das Projektil hat den wie eine Ziehharmonika gefalteten Darm auf dem Weg durch den seitlich gedrehten Körper regelrecht gepflügt und gleich sieben Mal durchlöchert. Die Perforationen aber, wird Gebhardt schnell klar, sind nicht Strunks Hauptproblem. Am Übergang zum Dickdarm ist der Dünndarm stark eingeengt – Strikturen, umrandet von großen und kleinen Geschwüren und eitrigen Wanddefekten. Er sieht überall Pakete walnussgroßer käsiger Lymphknoten. Strunk leidet an fortgeschrittener Darmtuberkulose. Aussichtslos. Da ist nichts zu machen.

Das Duell mit Krutschinna hätte er vielleicht überleben können, im Duell mit dem Tuberkel hat er keine Chance. Nur ein paar Tage wird die Infektion noch brauchen, um ihn zu erledigen, weiß Gebhardt, wenn das Morphin, das sie geben werden, nicht vorher die Atmung lahmlegt. Die Zeit sollte ausreichen, um sich zu wappnen für den Sturm, der kommen wird. Er gibt Dr. Martin, dem er das Zunähen überlässt, die nötigen Anweisungen.

Als er gehen will, fällt sein Blick auf den kleinen Pantoffel eines Kindes, der auf der Spitze von Strunks Habseligkeiten abgelegt ist.

»Was hat das hier zu suchen?«

»Den fanden wir in der Hose, der ist von seiner Tochter«, erläutert eine Schwester. »Sollte wohl ein Talisman sein.«

»Wenn das so ist«, Gebhardt hebt ihn auf, dreht ihn ratlos und legt ihn wieder zurück, »hat der jedenfalls nicht geholfen.«

Auf dem Weg ins Ärztehaus, noch in seiner OP-Kluft, in der er von Weitem so aussieht wie ein Gespenst, das versucht hat, sich als Arzt zu verkleiden, hastet Gebhardt an einer Übungsgruppe von Einbeinigen vorbei, die mit ihren Krücken zur Gymnastik auf dem Sportplatz unterwegs sind. Die Arbeitsunfälle beim Autobahnbau im Reich werden jetzt ebenfalls hier versorgt. Er übersieht die respektvollen Grüße, die ihm entgegengebracht werden, er weiß, er muss jetzt als Erstes Heinrich Himmler informieren, Heini, den alten Schulfreund.

Und erst jetzt, als er die Treppen zur Wohnung hinaufläuft, die Tür hinter sich schließt und zum Telefon geht, wird ihm klar, dass niemand, wirklich niemand, auch er selbst nicht, wie er zugeben muss, damit gerechnet hat, dass am Ende jemand tot sein könnte. Das war nicht vorgesehen. Sicher, die Krankenwagen waren da, die Sanitäter, er als Arzt war da, die nötigen Vorbereitungen waren getroffen worden, aber das alles war geschehen, um sicherzustellen, dass, selbst wenn etwas passieren sollte, nichts passieren würde. Auf die Leute muss man sich dabei natürlich verlassen können. Wenn ich eine unheilbare Darmtuberkulose habe, das merke ich doch, da veranstalte ich kein Duell, denkt Gebhardt. Oder?

Oder ich tue es genau deshalb.

Er nimmt den Hörer ab und sagt, als die Vermittlung sich meldet: »Verbinden Sie mich mit Berlin, die Adjutantur in der Prinz-Albrecht-Straße.«

Das Gespräch mit dem *Reichsführer SS* ist kurz und unerfreulich. Im Hintergrund heulen die Polizeisirenen.

4 Beleidigung dritten Grades

WISSEN SIE EIGENTLICH, seit wann Polizeifahrzeuge in Deutschland mit Blaulicht fahren?«, fragte die Kommissarin, während ihr junger Assistent, Polizeimeister Sandler, ein freundlicher, unauffälliger Mensch mit bekümmertem Gesicht und kurzen hellen Haaren, den Wagen lenkte.

Markov wusste es nicht. Er saß schräg hinter der Kommissarin im Fond, den Kopf an die Scheibe gelehnt, das um den Hals geschlungene Tuch gelockert. Sein Blick war auf den schwankenden Straßenhorizont hinter der Frontscheibe gerichtet. Ihm war nicht nach Konversation und Ratespiel zumute. Noch während des unerfreulichen Dialogs auf dem Revier hatte er mehr und mehr gespürt, wie idiotisch und unglaubwürdig die Situation war, in der er sich befand, was nicht heißt, dass er das nicht vorher schon gewusst hätte. Aber im Dialog mit anderen Personen, speziell mit diesen Polizeileuten, gewannen Dinge leicht eine völlig neue Brisanz und Bedeutungsschwere, nur leider, in seinem Fall, ganz anders, als ihm das vorgeschwebt war. Lächerlich hatte er sich gemacht mit seinen zwar wahrheitsgemäßen, aber geradezu närrischen Erklärungen von der *Verführung einer Frauensperson.* Wenn er jetzt noch den Brief hervorholen würde, was anderes als Spott und Gelächter sollte dabei herauskommen? Und was bitte schön hatte es zu bedeuten, dass sie jetzt mit Blaulicht zu ihm bis vor die Tür rasten? Verhöhnten sie ihn? Wollten sie ihm zu verstehen geben: Sieh her, das passiert, wenn du die Polizei mit solchen Bagatellen behelligst.

Tannenschmidt, unbehelligt von den Gedanken des Psychiaters, war ganz in ihre historischen Blaulichtkenntnisse versunken. Falsch war es nicht, zu vermuten, dass sie ihren Fahrer gebeten haben könnte, die Sirene anzuschalten, um Markov einen Schrecken einzujagen. Wer den Feierabendverkehr in Berlin kennt, weiß allerdings auch, dass jedes Motiv hier willkommen ist, das Raumgewinn in den heillos zugestauten Straßen verspricht.
»Hitler hat das eingeführt, gleich 1933, und raten Sie mal, warum?« Tannenschmidt wandte sich halb nach hinten, doch von hinten kam keine Reaktion.
»Weil er schon an den Luftkrieg dachte. Blaues Licht streut in großen Höhen. Feindliche Bomber können es von da oben nicht sehen. Das war der Grund. Muss man sich mal vorstellen. Deshalb fährt die deutsche Polizei heute immer noch so herum. Wegen Hitler. Und Luftkrieg.«
»Na, das hat ja wunderbar geklappt damals«, erwiderte Markov, »aber Sie können es jetzt vielleicht abschalten. An der nächsten Ecke wären wir da.«
Reinhardtstraße, Ecke Luisenstraße, die Adresse der Praxis, der Wagen hielt. Die schwarzen Skelette zweier Pappeln bildeten ein unheimliches Begrüßungsspalier am Karlplatz. Passanten drängten sich auf den Straßen, die Läden waren voll, die Stadt pulsierte am Abend – der Asphalt, die Fassaden der Häuser, die Fenster, die Autoscheiben, sogar die Brillengläser der Leute, das alles pulsierte außerordentlich, und zwar in blauem Licht. Tannenschmidt hatte es mit dem Hinweis, man parke in zweiter Reihe, eingeschaltet gelassen.

Ungeduld und Verärgerung zogen auf in Markov, als sie vor der Haustür standen. Sicher, die Situation würde sich gleich aufklären, aber ihm war gleichzeitig klar, dass das die Beruhigungsformel war, die gern genommen wird, bevor einem alles um die Ohren fliegt. Das Messingschild *Psychiater und Schlafcoach. Pri-*

vatpraxis. Termine nach Vereinbarung blinkte neben seinem Kopf wie eine Störungsmeldung. An der Straßenecke gegenüber war das *Café Reinhardts*, es gab sogar im Januar ein paar überdachte Tische und Stühle davor. Ob die Polizisten, freundlicherweise, dort warten könnten, bis er mit dem Brief wiederkomme? Sie waren einverstanden.

Lange blieben sie nicht. Aber was heißt schon lange? Seit der Relativitätstheorie wissen wir, dass es keine absolute Zeit gibt. Sie dehnt sich, je weniger passiert, umso furchtbarer aus und schrumpft im umgekehrten Fall zusammen. So kam es, dass die Zeit dahinkroch, während die Kommissarin und sein Assistent einen Kaffee zu sich nahmen, mit dem Kellner oder Chef plauderten, der über Markov, in einer improvisierten Befragung, einiges zu sagen wusste. Jeden Freitag esse er hier mit Freunden in größerer Runde, das *Mittagstischkolloquium* genannt, alles High Society, Fernsehen und Politik und so weiter, eine Zeit lang habe er jede Woche eine neue Freundin mitgebracht, aber jetzt mit neuester Dame, Constanze, sehr charmant übrigens, käme man auch zu zweit zum Essen. Tannenschmidt notierte sich das alles und weitere Dinge und Unwichtigkeiten dieser Art, die sich kein Mensch merkt, dazu den Namen des Mannes, Kolocsey, Koloczkay oder so ähnlich, Herr K. reiche, sagte Herr K., alle würden ihn so nennen. Tannenschmidt bedankte sich freundlich und überreichte Herrn K. ihre Karte, für den Fall, ihm fiele noch etwas ein.

Einmal gab es ganz in der Nähe einen kleinen Knall, der die Polizisten innehalten ließ. Sie blickten kurz hoch zu Markovs Fenstern im ersten Stock, konnten aber nichts Ungewöhnliches feststellen. Aber während auf Tannenschmidts Armbanduhr in der Zeit eine halbe Stunde verstrich, dauerte in Markovs parallelem Universum, in seinen Praxis- und Wohnräumen im ersten Stock, die haargenau gleiche Zeitspanne nur Sekunden.

Es begann damit, dass der Psychiater beim Öffnen beinah den

Schlüssel abgebrochen hätte. Er stürmte durch die Tür, lief durch den langen Flur in die Praxisräume und schaltete dabei überall das Licht an. Zusammen mit seinen Privaträumen waren es vier Zimmer, dazu Bad, Küche, Gäste-WC.

Die Post des Tages, Zeitungen, Zeitschriften, der ganze große Haufen von Prospekten, die man als Arzt zugeschickt bekommt, lagerte auf dem Biedermeier-Sekretär, der aus Repräsentationsgründen im Empfangszimmer stand. Bedenkt man die relativ kleine Fläche der Schreibtischplatte, nicht viel größer als ein Frühstückstablett, muss man sagen, dass sich im Laufe der Jahre dort eine statisch anspruchsvolle Konstruktion von Schriftstücken, Patientenakten, Kalendern, Rechnungen, Mitteilungen verschiedener Kassen und Notizzetteln hochgestapelt hatte. Obenauf lag eine bunte, mit Fratzen versehene Einladung zum *Maskenball der Ärzte*, die Markov ergriff, anstarrte und fallen ließ.

Auch in den tiefer darunterliegenden Schichten, die er mit fliegenden Händen in alle Richtungen auseinanderschob, war der Brief nicht zu entdecken. Er fand Einladungen zu Vernissagen, Postkarten mit Urlaubsgrüßen, Dankesbriefe, Opernprogrammhefte, Eintrittskarten für Theateraufführungen oder Konzerte, die seine Patienten ihm gern zukommen ließen und die er beiseitelegte, wenn er keine Zeit oder keinen Sinn dafür hatte. Als Arzt mit eigener Praxis hätte Markov einen florierenden Geschenkehandel als Zweitgeschäft betreiben können – mit all den Kunstbänden, Alkoholika und Zimmerpflanzen, die er zugesteckt und zugeschickt bekam.

Zuerst waren es nur zwei, drei Zettel, die vom Tisch fielen und die er wieder aufhob und an ihren Platz zurücklegte, aber bald kamen größere Stapel ins Rutschen; irgendwann wirbelten die Papiere wie bei einem kleinen Bürotornado in alle Richtungen. Es war ein Rausch, immer tiefer, immer schneller grub sich der Mann im taubenblauen Anzug in den weißen Papierstapel. Auf dem Grund angekommen, entdeckte er ein rätselhaftes Dokument, das ihm wie der Schnappschuss eines seltsamen eulenartigen Wesens vorkam. Es war die seit Langem in Vergessenheit geratene Kopie der Röntgenaufnahme seines Thorax. Er zerknüllte sie und warf sie hinter sich.

Sechs kleine Schubfächer hatte der Sekretär, und obgleich Markov sehr sicher war, dass der Brief dort nicht sein konnte, riss er sie unbarmherzig auf. Zum Vorschein kamen ein altes Vorhängeschloss, ein Haufen zerfledderter ausländischer Geldscheine, die von Urlaubsreisen zurückgeblieben waren, Visitenkarten, die Bedienungsanleitung für ein Telefon mit PIN-Nummern und Kennwörtern sowie eine Handvoll Sahnebonbons, verklebt, womöglich bereits versteinert. Markov packte sie, schleuderte sie auf den Boden, sprang mit beiden Füßen darauf herum, wobei er ausrutschte und, Halt suchend, an eine unbeteiligte Stehlampe geriet, die schwankte, um ihn herumschwenkte und auf dem Boden aufschlug. Das war der Moment, in dem die Glühbirne mit eben jenem Knall explodierte, den die Polizei vor der Tür, in ihrem Universum, gehört hatte.

Er sah sich um. Hinter den Fenstern zuckte das Blaulicht, es schien sich mit seinem Puls zu synchronisieren. Hinunterzugehen ohne den Brief und zu sagen, so leid es ihm tue, er finde ihn nicht, wäre, versteht sich, der Offenbarungseid gewesen. Einfach oben zu bleiben und abzuwarten, war ebenfalls keine Lösung. Er hatte keine Wahl, er musste den Brief haben, er musste ihn finden.

Die gesamte sich anschließende Wohnungsdurchsuchung verlief rasant und äußerst sprunghaft. Je länger sie sich hinzog, um so unvorhersehbarer wurden Markovs Richtungswechsel. War er eben noch im Bad, um den Zeitschriftenturm neben dem Klo per Fußtritt umzulegen, stoppte er, um sich einer im Flur postierten Zimmerpflanze zuzuwenden, einer Efeutute, die er aus dem Topf riss, an den Zweigen packte und würgte, und kurz darauf marschierte er mit entschlossenem Schritt Richtung Schlafzimmer. Dort schaute er als Erstes unter das Bett, rutschte unter das Gestell und kam wieder hervor mit einem Papiertaschentuch in der Faust und unzähligen Staubflocken auf Jacke, Hose und Haaren. Beim Abklopfen spürte er etwas in der Seitentasche, was sich als Irrtum erwies, aber zur Folge hatte, dass er alle Taschen nach außen stülpte, dann die Jacke auszog, umdrehte und kräftig schüttelte. Das Einzige, was herausfiel und auf die Dielen bollerte, war sein Handy. Er ließ es liegen und warf die Jacke hinterher. Warum er sich bei der Gelegenheit auch die Hose auszog? Schwer zu sagen, vielleicht ein gewohnheitsbedingter Reflex.

Als Markov, nach einer erfolglosen Expedition in die Garderobe, in der Küche aufkreuzte, war klar, dass die Küche keine guten Karten hatte. Postkarten zum Beispiel, mit kindischen Magneten an den Kühlschrank geklemmt, segelten eine nach der anderen diagonal durch den Raum. Die Kühlschranktür öffnete er mit Schwung, als könnte er den Überraschungsmoment nutzen, den zufällig auf der Butterdose dösenden Brief zu überführen. Es folgten intensive Stichproben hinter Parmaschinkenscheiben und eine Kontrolle der Tiefkühlpizza. Eine Packung Scheibenkäse warf Markov in die Luft, und erstaunlich kurze Zeit und einige resolute Armbewegungen später waren der Kühlschrank leer gefegt, der Toaster auf den Kopf gestellt, die Schubladen durchwühlt und das Regal, in dem sich Gewürze und Kochbücher aufhielten, durch den Einschlag eines Gurkenglases verwüstet. Verstreut auf dem Boden lagen Joghurtbecher, Fischkonserven, Senf, Schokolade, Oliven, Hustensaft. Zwiebeln, Kartoffeln, Äpfel rundeten das Stillleben ab, und mitten im Chaos, an die Tischkante gelehnt, thronte Markov, schnaufend und an einem Tetrapack Milch zuzelnd.

Weshalb ausgerechnet das Therapiezimmer als einziges vom Furor unangetastet blieb? An ihm lag es nicht. Der Psychiater stand bereits im Türrahmen wie einer, der nur auf die falsche Bewegung eines Möbelstücks lauert, um sofort loszuschlagen, als es klingelte. Eine plötzliche Klarheit senkte sich in Markovs Gemüt, seine

Wut ließ nach, er atmete aus. Und es spricht für seinen Mut zur Wahrheit, vielleicht auch für ein gesundes Selbstbewusstsein, dass er sich dem Unvermeidlichen fügte und zur Tür begab. Draußen, wie zu erwarten, standen Tannenschmidt und Sandler. Als sie den Psychiater erblickten, in Unterhose und Hemd, einen verschmierten Milchbart um den Mund, den Kopf bedeckt mit Staubflusen, sagten sie nichts. Markov sagte etwas, das keiner verstand, aber es klang nach einem besser unverständlich bleibenden Fluch.

Das klassische Setting: eine Liege, zwei zwanglos vis-à-vis gestellte bequeme Sessel mit Armlehnen, dazwischen ein Glastisch, darauf Notizblock und Bleistift. An der Seite, auf einem beleuchteten Bücherbrett, standen, sorgfältig nebeneinander aufgestellt, die Ausgaben seiner Bücher: *In Topform durch Topschlaf, Der kleine Hosentaschentherapeut, Im Schlafwandel zum Erfolg, Wege in die Nacht.* Wände, Vorhänge, Teppich – alles in warmen roten und orangen Farbtönen gehalten, die eine beruhigende, entspannende Wirkung erzielen sollten und dies offenbar auch taten. Markov, ausatmend, einatmend, wie nach einer Trainingseinheit, jetzt in einem Morgenmantel aus grau glänzendem Satin und dazu passenden grauen Sandalen, saß der Kommissarin gegenüber, die den Brief in einer Hand hin und her wendete und begutachtete.

»Wie? Wo war er? Wo haben Sie ihn gefunden?«, fragte der Psychiater mit vorwurfsvoller Stimme. »Hier etwa, im Therapiezimmer?«

»Beruhigen Sie sich«, sagte Tannenschmidt, »hier war alles clean.«

»Ich habe überall nach ihm gesucht.«

»Ja«, sagte Tannenschmidt, »das stimmt, Sie haben überall nach ihm gesucht. Jedenfalls überall, wo Sie in Ihrer Wohnung nur suchen konnten.«

Markovs Gereiztheit schien kurz vor einem erneuten Ausbruch zu stehen.

»Es war eigentlich ganz einfach. Es gab ja nicht so viele Möglichkeiten.«

»Sie scherzen. Aber scherzen Sie ruhig.«

»Nein, nein, überhaupt nicht. Nachdem Sie uns so freundlich hereingebeten hatten und im Schlafzimmer verschwunden waren, nutzte ich die Gelegenheit, mich etwas bei Ihnen umzusehen in dem Chaos, das Sie hier angerichtet haben.«

»Ja, bitte entschuldigen Sie die Unordnung. Ein Wutanfall, stolz bin ich nicht darauf, wirklich nicht. Aber manchmal geht es nicht anders. Wut zulassen, Aggressionen abbauen. Wenn wir das nicht schaffen, passiert nur Schlimmeres.« Er strich über seinen Morgenmantel. »Wissen Sie, lieber kaufe ich einen neuen Blumentopf, als dass ich mir einen Krebs einfange oder eine Herzattacke. Dieser verdammte Brief, wo war er?«

»Also, mir wurde schnell klar, dass Sie wirklich gründlich und kompromisslos gesucht hatten. Ich meine, jemand, der eine Zimmerpflanze aus dem Topf reißt, um nachzusehen, ob vielleicht ganz unten, bei den Wurzeln, ein Brief sein könnte, der ist wirklich sehr gründlich.«

Markov presste die Lippen aufeinander, offenbar zustimmend.

»Sagen Sie selbst, was hätte ich tun können, um Sie zu übertreffen? Gut, ich hätte den Fußboden aufbohren oder die Tapeten von der Wand abziehen können. Aber mir fiel kein Grund ein, warum Sie den Brief dort versteckt haben sollten? Warum Sie überhaupt den Brief versteckt haben sollten? Ich ging davon aus, dass Sie ihn verlegt haben. Und ich musste nur herausfinden, an welchem Ort Sie nicht gesucht haben, weil Sie ihn gar nicht in Betracht gezogen haben.«

»Ich habe überall gesucht. Sogar da, wo er nicht sein konnte.«

»Haben Sie, haben Sie. Bewundernswert konsequent übrigens.« Der Kommissarin gefiel die Art des Dialogs. »Kennen Sie die berühmte Geschichte von Edgar Allan Poe, *Der entwendete Brief*?«

Markov wehrte genervt ab.

»Dort geht es auch um die ergebnislose Suche nach einem Brief, der nirgendwo zu finden war, obwohl man alles abgesucht hatte. Nur eine einzige Stelle hatte man übersehen, weil niemand es für möglich gehalten hatte, dass er dort sein könnte. Und wissen Sie, welche? Mitten in der Wohnung, wo er ganz offen und für alle sichtbar abgelegt war.«

»Sehr scharfsinnig von Edgar Allan Poe, Frau Kommissarin, sehr scharfsinnig, wirklich, aber verraten Sie endlich, was habe ich übersehen?«

»Sich selbst. Sich selbst haben Sie übersehen.«

Markovs Augen waren jetzt nur noch ein kleiner Spalt.

»Kommen Sie, kommen Sie, tun Sie nicht so. Sie sind Psychiater. Und was machen Psychiater? Sie sprechen mit Menschen. Sie beobachten dabei das, was sie sagen, und vergleichen es mit dem, was sie tun. So versuchen sie, dem Unterbewusstsein auf die Schliche zu kommen. So ist es doch, nicht wahr? Freudsche Versprecher …«

»Bitte«, unterbrach Markov hier, »erzählen Sie mir nicht, was ich mache. Was hat das mit dem Brief zu tun?«

»Mit dem Brief?« Die Kommissarin drehte den Umschlag in der Hand. »Wohl nichts. Aber mit dem Ort, wo er sich befinden musste.«

»In meinen Unterlagen jedenfalls nicht.«

»Nein. Dort haben Sie wirklich ganze Arbeit geleistet. Die Frage war, um es kurz zu machen: Welchen Ort würde jemand wie Sie als nicht zu seiner Wohnung gehörig betrachten, obwohl er in der Wohnung ist. Verstehen Sie? Es war übrigens relativ einfach, das herauszufinden.«

Der Psychiater schien sich jetzt zu erinnern. Er richtete sich auf und legte die Hand ans Kinn. Aber er kam nicht weiter.

»Ich will Sie nicht quälen. Sie selbst haben bei Ihrer Verwüstungsaktion eine unübersehbare Spur zum Aufbewahrungsort des Briefes gelegt. Sie haben eigentlich alles in einen großen Müllhaufen verwandelt, alles, bis auf dieses Zimmer hier und einen einzigen Punkt, den Sie sehr auffällig gemieden haben, den Sie ignoriert haben, obwohl Sie dort zuerst hätten suchen müssen. Ich spreche vom Mülleimer. Er ist, selbst im Chaos Ihrer Küche, wie Sie zugeben müssen, nicht schwer zu finden. Schwarz wie eine Schatztruhe steht er direkt neben dem bedauernswerten Kühlschrank, gegen den Sie in die Schlacht gezogen sind, und alles, was ich machen musste, war, das Fußpedal zu betätigen, um die Klappe zu öffnen. Da lag er, fein säuberlich, ganz oben, als wäre er eigens dort abgelegt worden.«

Der Psychiater öffnete jetzt den Mund, wie es Menschen tun, die etwas nicht glauben können, von dem sie wissen, dass es stimmt. Tannenschmidt schaute auf ihre Armbanduhr, drehte sie etwas hin und her und wartete.

»Erinnern Sie sich, wie Sie vorhin bei unserem Gespräch im Revier den Brief suchten? Sie griffen in alle Jackentaschen und erzählten wortwörtlich, dass Sie die Sache im ersten Moment selbst ganz absurd gefunden und den Brief beinahe weggeworfen hätten. Erinnern Sie sich? Sie haben ihn nicht beinahe weggeworfen. O nein, gute alte Selbsttäuschung! Sie haben ihn weggeworfen. Und dann haben Sie es sofort verdrängt, so wie Sie gern alles verdrängen würden in dieser Angelegenheit. Aber da kennen Sie sich besser aus als ich. Meinen Sie nicht auch?«

Markov meinte nichts.

Sandler, während der denkwürdigen Szene außerhalb des Zimmers beschäftigt, trat ein mit der in ihren Kübel zurückgetopften Efeutute in den Händen und stellte sie verlegen lächelnd neben den Tisch.

»Um die Wahrheit zu sagen, als Sie im Revier vorhin einen Brief erwähnten, war meine Neugier nicht überaus stark. Nach allem, was hier vorgefallen ist«, sie deutete mit dem Arm in die Wohnung hinein, »interessiert er mich doch. Das muss ein ungewöhnlicher Brief sein. Ich denke, wir sollten ihn lesen.«

Sie rückte sich auf dem Stuhl zurecht, nahm den Bogen aus dem Umschlag und begann, das eine und andere Wort halblaut mitmurmelnd, zu lesen.

Herrn Oskar B. Markov, Reinhardtstr. 22, 10117 Berlin.

Mit dieser Ihnen persönlich per Sekundant zugehenden Depesche fordere ich Sie auf, mir Genugtuung zu geben. Eine andere Möglichkeit zur Wiederherstellung meiner Ehre, die durch Ihre geschmacklose Verführung von Constanze Kamp verletzt wurde, besteht leider nicht. Konkret heißt das, dass ich Sie bitten muss, sich zum nächstmöglichen Termin von mir erschießen zu lassen. Falls Sie etwas dagegen haben, können Sie auch versuchen, mich zu töten (wobei Sie sich da mal nicht zu viele Hoffnungen machen sollten). Man nennt das Duell, und es macht nichts, wenn es inzwischen etwas aus der Mode gekommen ist. Neulich flog hier ein Heißluftballon übers Dach, niemand hat sich gewundert. Denken Sie also nicht, ich scherze, und ersparen Sie uns den Hinweis, Duelle seien gesetzlich verboten. Das waren sie immer. Das heute noch gültige Duellverbot in Deutschland stammt von Hitler, schlagen Sie's nach. Sie haben nichts weiter zu tun, als

1. sich in den nächsten Tagen zu einem Duell einzufinden. Die Sekundanten werden festlegen, an welchem Ort und um welche Zeit das sein wird.

2. einen Sekundanten zu benennen, der sich umgehend mit meinem Sekundanten in Verbindung setzt. Dieser ist unter der Nummer 0151 – 0610 0611 zu erreichen. Sie selbst dürfen die Nummer übrigens nicht anrufen, denn nach allgemein anerkanntem Kodex dürfen Sekundanten nie mit dem Gegner, sondern nur mit dessen Sekundanten verkehren.

3. Zur Kenntnis zu nehmen, dass ich der Beleidigte bin, dem die Wahl der Waffe obliegt. Da es bei der Verführung von Frauensper-

sonen sich um den klassischen Fall einer Beleidigung dritten Grades handelt, wähle ich, wie erwähnt, Pistolen. Die Waffen werden üblicherweise vor dem Duell von den Sekundanten beschafft, unmittelbar davor geprüft und ausgehändigt.

4. in Folgendes einzuwilligen. Eine Beleidigung dritten Grades gibt dem Beleidigten das Recht, über die Art des Duells zu entscheiden. Auch hier haben die Sekundanten das letzte Wort. Viel werden sie nicht zu verhandeln haben, da in unserem Fall alles klar und unmissverständlich auf der Hand liegt. Sie werden sich demzufolge einem Pistolenduell mit festem Standpunkt stellen, ein Schuss für jede Seite, auf die Distanz von fünfzig Metern.

Ich kann mir denken, dass Sie jetzt einige Fragen haben. Falls Sie die verbleibende Zeit dazu verwenden wollen, empfehle ich dringend nachfolgend angeführte Werke zur Lektüre: den »Essai sur le duel« (Paris 1836) des Grafen Chatauvillard, Louis Chappons »Die Regeln des Zweikampf« (Pest 1848) sowie die interessante Studie »Noveau Code du duel« (Geneve 1879) eines Mannes namens Du Verger de Saint-Thomas. Im Internet finden Sie ebenfalls prägnante Darlegungen von Franz von Bolgár (Wien 1880) oder Gustav Hergsell (Leipzig 1897). In allen diesen sehr verschiedenen Werken von sehr verschiedenen Leuten aus sehr verschiedenen Ländern werden Sie auf eine übereinstimmende Grundtatsache stoßen, die Ihnen und allen anderen besagt, wie berechtigt mein Verlangen nach Genugtuung ist und wie aussichtslos für Sie, sich dem zu entziehen. Ich werde nicht an Ihre Ehre appellieren, von der Sie nichts wissen, sondern ich gehe davon aus, dass Sie sich stellen werden, weil Sie es nicht mehr ertragen, keine zu haben.

> *Mit vorzüglicher Verachtung,*
> *Alexander Schill*

»Hitler, schon wieder«, sagte die Kommissarin nur, als sie die Lektüre beendet hatte.

Dann schwiegen alle.

Die ewig an und aus gehenden Morsezeichen des Blaulichts vor dem Fenster illuminierten den Raum.

Als Erstes schickte Tannenschmidt Sandler auf die Straße, der den Wagen umparken und die Nazileuchte endlich ausschalten sollte. Danach rief sie im Büro an und bat um die Überprüfung einer Telefonnummer. Aus der Tasche fischte sie eine Klarsichtfolie, schob vorsichtig den Brief hinein und wandte sich an Markov, der alles stumm und demütig verfolgt hatte.

»Wenn die Handynummer nicht gewesen wäre, ich hätte gedacht, der Brief kommt aus dem vorigen Jahrhundert. Verrückt. Der Mann scheint etwas gegen Sie zu haben. Warum will er Sie erschießen, helfen Sie mir!«

»Wenden Sie sich an ihn. Ich kenne ihn nicht, wie gesagt. Er ist der frühere Partner meiner Freundin, mehr weiß ich nicht. Sie können sie gern fragen, aber sie ist gerade nicht da.«

Die Kommissarin wartete geduldig, ob Markov seinen Worten weitere Worte folgen lassen würde.

»Ist ja nicht selten, so ein Ex-Freund, der durchdreht«, sagte Markov schließlich.

»Eifersucht vielleicht?«

Markov winkte ab. »Kann sein. Aber Eifersucht ist doch kein Grund, mich zur Erschießung zu bestellen.«

»Ein Grund ist das nicht, Herr Markov, aber ein Motiv. Eifersucht ist immer ein Motiv. Und bevor wir etwas unternehmen können, müssen wir natürlich wissen, worum es geht.«

»Der Typ ist verrückt, eindeutig plemplem, würde ich sagen, und mit welchem Motiv er mich erschießen will, ist mir persönlich herzlich egal. Wenn es Sie interessiert, fragen Sie doch ihn.«

Die Kommissarin sah sich im Zimmer um, als gäbe es dort

sachdienliche Hinweise zu entdecken, und antwortete, ohne Markov den Blick zuzuwenden:

»Wenn es Sie interessiert, kann ich Ihnen sagen, dass mich das überhaupt nicht interessiert.« Die Kommissarin schaute zur Decke. »Aber sehen Sie, für einen Richter, der einen Durchsuchungsbefehl oder die Überwachung einer Person genehmigen soll, spielt es eine Rolle, ob es nur einen Verdacht gibt oder einen begründeten Verdacht. Ihre Sache, ich sag's nur.«

Markov hob die Hände. »Ich will nur, dass Sie tun, was Sie tun können, um einen Mord zu verhindern. Genauer gesagt, meine Ermordung. Sonst nichts weiter.«

»Haben Sie eine Ahnung, woher die Pistolen kommen sollen?«

Markov verneinte.

»Gut, Sie unternehmen bitte vorerst gar nichts. Sie haben ja auch«, die Kommissarin deutete maliziös in die Wohnung, »genug zu tun. Hier meine Karte, wenn sich der Sekundant wieder bei Ihnen meldet, rufen Sie uns bitte an.«

Markov schob die Karte mit einer mechanischen Bewegung in seinen Morgenmantel.

»Eine Verabredung zu einer Straftat liegt übrigens nur dann vor, wenn Sie mitmachen. Ich nehme nicht an, dass Sie das vorhaben?«

Markov verneinte erneut.

»Ansonsten, viel können wir nicht machen. Gegen den Mann liegt ja nichts vor, abgesehen von diesem Brief ...«, sie erhob sich, um zu gehen, »ich meine, von dieser *Depesche*. Ich denke aber, im Sinne der Gefahrenabwehr spricht nichts dagegen, dem Mann einen Besuch abzustatten.«

Markov stand ebenfalls auf. »Danke, dass Sie sich hierher bemüht haben, Frau Kommissarin. Und, bitte, entschuldigen Sie die Umstände. So einen Brief erhält man ja nicht alle Tage.«

Sie gingen Richtung Ausgang, über den Parcours aus Gegenständen, Klamotten, desolaten Lebensmitteln, Papieren. Vor der Wohnung wendete sich Tannenschmidt noch einmal um. Ihr war noch etwas eingefallen.

»Sagen Sie, was heißt das eigentlich, Beleidigung dritten Grades?«

Aber Markov hatte bereits die Tür ins Schloss fallen lassen, sodass die Oberkommissarin sich mit einem nicht nur akustisch unbefriedigenden Klacken des Schlosses abgespeist fand.

5 Tolstois Dackel

ERST BELLTE DER HUND, als würde er gleich vor Empörung kollabieren, im nächsten Augenblick war er damit beschäftigt, sich am Ohr zu kratzen, dann lag er flach auf dem Boden und gähnte. Das war die Begrüßung, die Schill von Quiz zuteilwurde, dem Rauhaardackel der Familie.

»Quiz«, erklärte ihm Palina Lorenzowa, nachdem sie zuvor mehrfach »Maltschatj!« und »Sidetj!« gerufen hatte, weil man ja immer raten müsse, was er grade im Schilde führe.

»Stimmt's, Quiz?«

Schill, in Gedanken noch bei den Pistolen im Keller, fragte verwundert: »Er spricht Deutsch und Russisch?«

»Wenn er will, aber nur dann«, antwortete sie fröhlich. »Ich bin Palina, sagen Sie Palina zu mir! Und Sie?«

»Alexander Schill. Alexander.«

Sie begutachtete ihn prüfend, herzlich lachend mit rot geschminkten Lippen, den blonden geflochtenen Zopf auf dem Kopf verknotet. Einfach alles war lehrbuchartig russisch an ihr, falls irgendwo noch Lehrbücher für nationale Klischees existieren, und, trotz Kittelschürze über der Jogginghose, von diffuser Eleganz. Sie führte den Gast an der Küche vorbei ins Wohnzimmer. Lorenz hatte ihn, nach Privat-Waffenschau und Hohenlychen-Exkurs, eingeladen, zum Abendessen zu bleiben, da brauche er nicht abzuwehren, das sei nichts Besonderes, das sei Teil des Geschäfts. Außerdem habe er unten jetzt genug gesehen, reden könne man oben genauso.

79

»Du musst nicht sehen, du musst entscheiden«, sagte er und hatte völlig recht damit.

Schill, als künftiger Pistolenträger, hatte genau das vor, er war sowieso in eine neue Phase seines Lebens getreten, eine Phase, in der Entscheidungen nicht fallen, sondern getroffen werden, in der Entscheidungen gesucht und nicht gescheut werden. Er hatte Abschied genommen von sich selbst, vom Privileg der Zurückhaltung, von der Kunst der ausweichenden Dialektik, bei der man vermeidet, sich unnötig früh festzulegen, um sich später nicht mehr festlegen zu müssen, weil sich alles von selbst erledigt hat. Das war ja das Schöne, das Befreiende an Duellen. Seitdem er sich mit ihnen beschäftigte, faszinierte ihn vor allem dieser Mut zur Endgültigkeit, vielleicht auch die Verzweiflung zur Endgültigkeit. Es wird nicht mehr geredet, denn es gibt nichts mehr zu sagen. Man versucht nicht mehr zu verstehen, weil man genug verstanden hat. Worte erhalten überhaupt erst eine Bedeutung, wenn klar ist, dass ihretwegen geschossen werden kann. Nur durch die Möglichkeit des Todes kommt der Ernst in die Welt. So ein Duell, dachte Schill, ist nicht mehr und nicht weniger als eine ernsthafte Unterhaltung, und selbst dann, wenn es nicht stattfindet, erhöht die Option, dass es stattfinden könnte, die Aufmerksamkeit auf allen Seiten. Mit anderen Worten, Schill, seit er entschlossen war, sich zu duellieren, musste es fast nicht mehr tun. Seine Lebensenergie war seiner Lebensmüdigkeit zum Trotz gestiegen.

»Kolja, du musst unserem Gast etwas anbieten«, rief Palina nach hinten.

Das Wohnzimmer, wie oft in russischen Häusern, war von erdrückender Gemütlichkeit. Schwere Gardinen und Übergardinen hingen an den Fenstern, zusammen mit Teppichen, bestickten Tischdecken, Sofakissen teilten sie sich die Vorherrschaft über die Möbel, die mit abgerundeten Ecken, geschwungenen Lehnen und gedrechselten Füßen versuchten, sich dazwischen und dagegen zu behaupten. Ein altes Klavier stand, selbstverständlich mit Deckchen versehen, an der Wand. Daneben wachte eine Standuhr aus Eichenholz, deren idiotisch langsames Ticktack einen fast hypnotisierte. An einem dunklen runden Tisch saß ein weißhaariger und weißbärtiger Mann im zerschlissenen Anzug, um die siebzig Jahre alt, hager, mit großen, gutmütigen, gleichwohl müden Augen, der sich jetzt würdevoll erhob und etwas altmodisch und melodiös sagte:»Gestatten, Wenzeslaus Wladimirowitsch.«

»Das ist Onkel Wenzel«, sagte Palina.»Er wohnt bei uns. Das ist Alexander, ein Kunde von Kolja, du weißt schon, Onkel.«

»Sehr angenehm, Herr Alexander«, sagte dieser, und Schill verspürte das Bedürfnis, sich zu verbeugen, was er auch tat. Palina lachte wieder, und Lorenz, der mit einer Glaskaraffe in der einen und mehreren kleinen Gläsern in der anderen Hand hereinkam, rief:

»Samagonka für alle, zum Kennenlernen!«

Samagonka, erfuhr Schill auf vorsichtige Nachfrage, war Selbstgebrannter.»Ihr nennt es Aperitif«, erklärte Lorenz beim schwungvollen Einschenken.

»Wer macht den Trinkspruch?«, fragte Palina, nachdem alle ihr Glas in der Hand hielten.

»Ich werde«, sagte Onkel Wenzel mit bedächtiger Feierlichkeit,»trinken wir auf Kummer, wo nicht mehr sein soll als die Tropfen im Glas, die übrig, wenn wir ausgetrunken haben!«

Alle tranken, Schill beäugte anschließend als Einziger sein Glas, um zu prüfen, was da noch zu sehen war. Der Samagonka schmeckte betörend weich und ansonsten eher nach nichts, nach einem, um es auf den Punkt zu bringen, erstaunlich weichen Nichts.

Dann wurde aufgetischt, es gab *Schuba*, Hering im Pelzmantel, ein köstlicher Salat mit Fisch, der aus einer kleinen Schüssel gelöffelt werden musste.

Lorenz, der als Erster damit fertig war, sagte: »Alexander, wir kennen uns seit heute Nachmittag. Ich habe dir alles gezeigt. Du musst sagen, was du haben willst. Ich kann dir die Makarow-Pistolen für 1.000 Euro geben, zwei Stück, 2.000 Euro. Funktionieren einwandfrei, kein Problem. Zum Zielen nicht so gut, du weißt.«

Schill nickte: »Ja, wenn du zwei davon hast. Das klingt vernünftig.«

»Kein Fehler«, sagte Lorenz. »Magazin kommt über einen Freund. Patronen auch. Wie viele brauchst du? Es gibt 50er-Packung, 100er. Oder mehr, wie du willst. Zum Einschießen wäre es gut, du hast mehr.«

»Nein, zwei Stück reichen.«

»Entschuldigen Sie bitte sehr«, mischte sich Onkel Wenzel hier ein, »ich nicht müssen wissen, aber Sie wollen zwei Pistolen und zwei Kugeln?«

»Genau«, sagte Schill, »ich will ja kein …«, er suchte nach dem passenden Wort. Massaker machen? Veranstalten? Durchführen? »… Massaker verüben.«

Die Runde nickte verständnisvoll, Lorenz goss Samagonka in die Gläser.

»Dann ich nehme an«, sagte Onkel Wenzel, »Sie planen Duell?«

»Ja, richtig.«

Jetzt war es an Onkel Wenzel, aufzustehen und sich vor Schill zu verbeugen.

»Gestatten«, sagte er, »wir haben in Russland reiche Erfahrung mit Duell. Zufällig ich weiß guten Trinkspruch.« Er hob das Glas: »Trinken wir auf Zeit, die vergeht und in zehn, zwanzig Jahren unwichtig macht, was heute uns quält!«

Alle tranken.

»Das ist Tolstoi«, erläuterte der alte Mann, nachdem er wieder auf seinem Platz saß. »Der würde Ihnen ausreden Duell.«

»Sie haben völlig recht«, sagte Schill, der sich herausgefordert fühlte, »gegen Duelle ist aber jeder. Jeder würde sie einem ausreden. Das war immer schon so. Das Unglaubliche ist, wenn es darauf ankommt, wenn es einen selbst betrifft, ist jeder dabei. Jeder halbwegs kluge Kopf, der sich duellierte im 19. Jahrhundert und in der Zeit davor, lehnte Duelle ab. Wissen Sie, wie Lassalle über das Duell dachte? Er hielt es für das *unsinnige Petrefakt einer überwundenen Kulturstufe.*«

»Petrefakt?«, fragte Palina.

»... wusste ich auch nicht. Versteinertes Fossil. Das Duell ein versteinertes Fossil ... Aber so ganz überwunden als Kulturstufe doch nicht, jedenfalls nicht von ihm, denn er wurde selbst zum Herausforderer. Oder Lermontow in Russland, er nennt es kaltblütigen Mord, stellt sich trotzdem und wird erschossen. Oder Heinrich Heine in Frankreich, was glauben Sie, wie der Duelle verachtet hat, und was glauben Sie, was er getan hat bei erstbester Gelegenheit? Sich duelliert, selbstverständlich. Oder Alexander Hamilton in Amerika, soll Präsident werden, lehnt Duelle aus religiösen Gründen strikt ab, und einmal können Sie raten, wie er ums Leben kommt. Also, Sie werden große Mühe haben, jemanden zu finden, der es nicht tat. Sagen Sie jetzt nicht Karl Marx, denn der hat einen anderen für sich schießen lassen.«

»Ich sagte Tolstoi«, sagte Onkel Wenzel höflich.

»Sagen Sie auch nicht Tolstoi. Sicher war er ein dezidierter Gegner des Duellwesens, von Gewalt überhaupt. Trotzdem hat er einen Mann an einem einzigen Tag sogar zweimal zum Duell gefordert.«

»Das kann nicht sein.«

»Sie wollen wetten?«, fragte Schill, dem der Schnaps die blassen Wangen rötete. »Was würden Sie setzen? Ich«, er überlegte kurz, »setze die Gesamtausgabe seiner Briefe, 1928 im Malik Verlag erschienen. Dort könnten Sie es übrigens auch gleich nachlesen.«

Onkel Wenzel schüttelte den Kopf. »Nein, lieber Herr Alexander, ich merke, Sie wissen. Zufällig ich habe Opernkarten, zwei Stück, für übermorgen in Deutsche Oper ... *Eugen Onegin* von Tschaikowski. Das passt, ich finde, ausgezeichnet. Wenn Sie mögen, ich schenke sie Ihnen gern als Dank für Geschichte. Bitte sind Sie so freundlich, uns zu sagen. Wir sind sehr neugierig.«

Lorenz stimmte seinem Onkel zu, sagte etwas wie »guter Deal«, und Palina, die in die Küche verschwunden war, rief von dort: »Alexander, erzählen Sie ruhig, aber rauben Sie dem Onkel nicht seinen Glauben an Tolstoi!«

»Skurrile Geschichte«, begann Schill, »die sich über siebzehn Jahre hinzog. Der andere Mann, das war Turgenew, der berühmte Iwan Turgenew.«

Onkel Wenzel hielt eine Hand hinter das Ohr, um besser hören zu können.

»Sie waren auf dem Gut eines befreundeten Dichters und unterhielten sich angeregt, aber plötzlich entstand ein Streit zwischen ihnen, die ja befreundet waren, der Grund war absolut nichtig, so nichtig, dass niemand sich später erinnern konnte, worum es ging. Der Streit steigerte sich, und irgendwann sagte Turgenew zu Tolstoi: *Ich werde Sie mit einer Kränkung zum Schweigen bringen.* Damit war eine Kränkung gemeint, die zwingend zu einem Duell führen musste. Und Tolstoi? Er war nicht sonderlich beeindruckt, eine Kränkung war für ihn kein Grund, ein Duell zu veranstalten.«

»Ja«, flüsterte Onkel Wenzel, eher zu sich selbst als zu den anderen.

»Aber er forderte am nächsten Tag eine schriftliche Entschuldigung von Turgenew, die dieser auch sofort abgab. Leider war Turgenews Schreiben falsch adressiert, es kam nie an beim Grafen. Und der war über das Ausbleiben einer Antwort so erbost, dass er Turgenew am nächsten Tag, wie gesagt, gleich zweimal zum Duell forderte.«

»Zweimal? Das ist Unsinn«, unterbrach Lorenz den Vortrag.

»Vielleicht er wollte sichergehen«, sagte Onkel Wenzel.

»Oder seinen Gegner verhöhnen«, sagte Schill. »Denn zum zweiten Duell kann ja nur kommen, wer das erste überlebt. Ich glaube, er wollte, den toten Turgenew noch einmal töten.«

»Erzählen Sie weiter. Was passierte?«

»Nun, jetzt machte Turgenew einen Rückzieher und zögerte. Als Tolstoi das merkte, schickte er ihm ein Billett mit einem einzigen Satz. Den habe ich mir gemerkt für den Fall, dass ich ihn mal brauchen könnte. Er schrieb: *Sie fürchten mich, und ich verachte Sie und will niemals wieder irgendetwas mit Ihnen zu tun haben.* Es war natürlich klar, was als Nächstes passierte. Nach diesem Satz sah sich Turgenew als Feigling bloßgestellt, sodass er seinerseits gezwungen war, von Tolstoi Genugtuung zu verlangen. Genau das tat er auch. Er forderte Tolstoi schriftlich zum Duell. Der Briefwechsel zog sich über Monate hin. Zum Glück wurde Tolstoi der Sache irgendwann überdrüssig, er lehnte ab und bot Turgenew die Versöhnung an. Turgenew war erleichtert, antwortete aber nicht mehr, und zwar siebzehn Jahre lang nicht. Doch dann war es wirklich genug und sie versöhnten sich wieder.«

»Ich bin sehr beeindruckt«, sagte Onkel Wenzel, »das wusste ich nicht. Aber Wette hätte ich gewonnen. Tolstoi hat nicht duelliert. Er hat sogar sich selbst das Duell ausgeredet. Und er würde Ihnen ebenfalls ausreden, glauben Sie mir.«

Palina kam aus der Küche mit einem großen Tablett voller Kaviar-Butterbrote, hinter ihr Quiz, der den nächsten Gang freudig kläffend ankündigte.

Der Onkel lachte. »Sie sehen, Hund gibt recht.«

»Ist das Tolstois Dackel?«, fragte Schill.

»Ich finde, beide verdienen Gewinn«, sagte Palina, »ihr sollt tauschen, Briefe gegen Karten für Oper, das ist gerecht.«

Niemand widersprach, wieder wurden die kleinen Gläser gefüllt, und Lorenz, diesmal mit einem Trinkspruch an der Reihe, erhob das Glas darauf, wie schön es sei, dass sich alle hier versammelt haben, und wie schöner es wäre, sie würden sich öfter treffen.

Schill, einmal in Fahrt, wollte sich von einem wie Tolstoi keineswegs in die Defensive drängen lassen. »Es gab, verehrter Herr Wenzeslaus, sogar einmal ein klassisches Duell mit einem Hund, der womöglich ebenfalls zu denen gehörte, die das Duell kritisch sehen.«

»Mit Hund?«, riefen Palina und Lorenz erschrocken im Chor, und Palina, die sich Quiz auf den Schoß angelte, ergänzte: »Du machst Witz.«

»Niemals. Kein Witz. Eine bekannte Geschichte, schon etwas länger her, 14. Jahrhundert, unter dem französischen König Karl V., sie steht in vielen Chroniken.«

»Ich glaube kein Wort«, sagte Palina.

»Zugegeben, dabei war ich nicht. Die Stadt, in der es passierte, heißt Montargis, hundert Kilometer südlich von Paris. Dort war ein Mord geschehen, keine Zeugen. Nur ein Hund, der zum Toten gehörte, attackierte immer wieder einen Mann namens Berthaud, wenn der in seine Nähe kam. So fiel ein Verdacht auf ihn, aber es gab keine Beweise. Im Magistrat war man hilflos und fragte in Paris an. Die Behörden dort wussten auch nicht weiter und wandten sich an den König, das war Karl V., Karl der Weise genannt. Der fällte ein weise Entscheidung, indem er sagte: Der Rechtsfall soll durch ein Duell entschieden werden. Mann gegen Hund. Der Mann, nur mit einem Stock bewaffnet, sollte gegen den Hund kämpfen. Die Dauer des Zweikampfs wurde auch festgelegt, zehn Minuten, und ein Ort, das war eine eingezäunte Wiese, um die sich die ganze Stadtversammlung aufstellte.«

»Nein«, sagte Palina, ein Kaviarbrot in der Hand balancierend.

»So ist es überliefert. Gottes Fügung, sagte Karl V., soll erweisen, wer stärker ist, der Arm eines Mannes oder die Zähne eines Hundes.«

»Aber welche Sorte war der Hund«, erkundigte sich Palina, die immer noch nicht vom Brot abgebissen hatte.

»Tut mir leid, ist nicht erwähnt. Aber nach fünf Minuten war das Duell entschieden. Der Hund hatte Berthaud auf den Boden geworfen und die Zähne an seinem Hals. Der Mann begann zu schreien, er gestand alles, bekannte das Verbrechen und bettelte um Gnade.

»Und dann, Alexander, was passierte dann?«, fragte Palina.

»Dann befreite man ihn. Aber nur um ihn anschließend vor Gericht zu stellen.«

»Und?«

»Und zu hängen.«

»Ich nehme nicht an«, meldete sich Onkel Wenzel, »dass der Hund noch machen musste Aussagen vor Gericht als Zeuge.«

Palina rollte mit den Augen und sah sich um nach Quiz, der sich auf eine Decke am Fuß der Standuhr zurückgezogen hatte und leise schnarchte.

Etliche Trinksprüche später lagen etliche Männer quer durch die Jahrhunderte tödlich getroffen am Boden, quälten sich schwer verletzt durch den banalen Rest ihres Lebens oder waren noch einmal davongekommen, aber das Gespräch im Wohnzimmer, von der Standuhr mit einer meditativen Hintergrundtaktung begleitet, kreiste immer noch um Duelle. So irrsinnig und so abstrus sie auch jeweils erschienen, so beklagenswert sie zuweilen auch endeten, so unterhaltsam waren sie doch.

Und die meisten von ihnen, warf Schill beschwingt in die Runde, endeten, ohne dass jemandem ein Haar gekrümmt worden wäre; irgendwer habe mal ausgerechnet, dass Pistolenduelle zu 71 Prozent nicht tödlich verlaufen würden. Sicher, manchmal werde auch nachgeholfen, das beste Beispiel sei Bismarck, der sich mit seinem Erzrivalen schoss, einem Politiker namens Vincke. Beim vereinbarten Treffen am Tegeler See sei beim Laden der Pistolen aber erst die eine beschädigt worden, dann sei bei den Ersatzpistolen ein Ladestock zerbrochen, sodass man schließlich auf sehr kleine Pistolen habe ausweichen müssen, mit denen, was niemanden verwunderte, keiner traf, weil keiner getroffen werden sollte. Sehr viele Zufälle bei so vielen Pistolen … Das sei ein eingefädeltes Spiel gewesen, sagte Schill, wohl nicht von den beiden Schützen, aber von denen, die dabei waren, den Sekundanten, wahrscheinlich sogar vom König selbst, dessen Protegé Bismarck bekanntlich gewesen sei.

»Für die, welche schießen aber«, sagte Onkel Wenzel nachdenklich, »kein Unterschied, ob Waffe geladen oder nicht, sie rechnen mit Tod.«

»Das ist wahr«, erwiderte Schill, »aber sollte man das nicht immer tun?«

»Kommen Sie, Alexander, mit Tod rechnen nicht nötig, Tod rechnet besser. Aber was ist Ihr Lieblingsduell, sagen Sie!«, bat Palina.

»Oh, schwer zu sagen. Ich weiß eher, welche ich nicht mag. Die brutalen Duelle, bei denen man aus kürzester Nähe aufeinander einschießt, zum Beispiel. Sachen wie Übers-Sacktuch-Schießen oder Mantel-Schießen, da ist die Entfernung zwischen den Schützen die Länge des Mantels, der auf dem Boden ausgebreitet wird. Glücksduelle, bei denen nur eine Pistole geladen ist, und niemand weiß, welche. In Amerika gab's unter Siedlern ein *Pulverspiel*, da saßen die beiden Gegner auf Pulverfässern mit Lunten von gleicher Länge. Die zündete man gleichzeitig an. Die Duellanten mussten sitzen bleiben und warten, bis ein Fass explodierte und der Verlierer in die Luft flog. Der andere konnte schnell herabspringen und die Lunte aus dem Fass ziehen, wenn er das noch schaffte.«

»Ich denke, oft waren dann beide tot«, sagte Lorenz. »Was ist der Sinn?«

»Wir dürfen nicht vergessen, dass Menschen damals waren

sehr religiös«, meinte der Onkel, »sie wussten, ewiges Leben beginnt. Je eher, je besser.«

»Ja, vielleicht hofften das die Leute, die auf dem Fass saßen, dass sie wie mit einer Rakete in den Himmel fliegen. Aber mir ist das zu nah am Selbstmord, am Doppelselbstmord. Dafür braucht es kein Duell.« Schill blickte mit dem berechtigten Gefühl, recht zu haben, in die Runde und redete weiter. »Die Amerikaner waren beim Duellieren überhaupt sehr erfinderisch. Mir gefällt am besten das *Zigarettenduell*.«

»Das *Zigarettenduell*?«, wiederholte Palina ungläubig.

»Man raucht Zigaretten, die sind präpariert, aber nur eine von ihnen mit Ladung, die explodiert?«, schlug Lorenz vor.

»Nein, das meine ich nicht. Das *Zigarettenduell*, das ich kenne, wurde in Texas erfunden. Es fand in einem abgedunkelten Zimmer statt, die Kontrahenten mussten eine brennende Zigarette in der Hand halten, und solange die Zigarette brannte, so lange dauerte auch das Duell. Es war absolut dunkel. Man konnte nur auf die glühende Spitze zielen, was zur Folge hatte, dass die Duellanten die Zigarette möglichst weit entfernt vom Körper hielten.«

»Aber, wenn du weißt, du zielst einfach rechts oder links neben Glut, dann triffst du und bist Gewinner«, sagte Lorenz.

»Ja, genauso haben es die meisten gemacht, die dann erschossen worden sind. Sei froh, dass du nicht dabei gewesen bist. Ein Texaner, der zwölf dieser Zigarettenduelle gewonnen hatte und unverletzt blieb, wurde mal gefragt, wie er das geschafft hat.«

»Ich glaube, ich weiß«, meldete sich Onkel Wenzel. »Immer er hat die Zigarette im Mund behalten.«

So war es, und das war das Stichwort. Lorenz holte ein Päckchen heraus, alle nahmen eine Zigarette, Rauchwolken stiegen empor und hingen über den Köpfen wie Sprechblasen ohne Text. Es stellte sich heraus, dass der Samagonka infolge seines Verschwindens aus der Karaffe durch einen schweren italienischen

Rotwein ersetzt werden musste, dazu stellte Palina ein Paket Grissini auf den Tisch, die aber keiner anrührte.

Schill freute sich, sein immenses und im Lauf der Jahre ohne jeden erkennbaren Zweck zusammengetragenes und zusammengekommenes Wissen endlich einmal mit Leuten teilen zu können, die nicht gleich abwehrten und Desinteresse bekundeten. Zum ersten Mal, seit er dem zugegeben völlig aus der Mode gefallenen Themenkreis verfallen war, stieß er damit auf Empathie, ja sogar auf Begeisterung. Palina, Alexander und der Onkel drängten und baten Schill, fortzufahren, mehr zu erzählen, und er kam sich bald vor wie der Pressesprecher einer Epoche, deren virtuose Dramatik, Leidenschaften und Albernheiten sehnsuchtsvoll vermisst werden.

Quasi nebenbei, beflügelt durch die Inspirationen des Alkohols, allerdings auch mit einer später nicht mehr nachvollziehbaren Vehemenz verschob sich die Optik der kleinen Abendgesellschaft auf die, nennen wir es, moralischen Rahmenbedingungen. Längst war das von Schill beschlossene Pistolenduell keine klandestine Ungeheuerlichkeit mehr, sondern legitime, ja längst überfällige Fortsetzung einer langen, ehrwürdigen Traditionsreihe. Wann endete sie eigentlich und warum? Das wurde immer unbegreiflicher. Und was trat an ihre Stelle? Das war genauso rätselhaft. Wie konnte eine alte, über Jahrhunderte bewährte, gegen alle Widerstände geübte und gegen staatliche Interventionen immune Einrichtung plötzlich verschwinden?

»Ich begrüße sehr«, sagte Onkel Wenzel feierlich an Schill gewandt, »dass Sie Duell wieder zum Leben erwecken wollen in unserer Zeit. Wie wäre es, wenn man Verein gründet? Viele, ich glaube, würden sich anschließen.«

Schill lächelte, er sah einen Saal vor sich, Menschen, die würdevoll auf ihren Plätzen saßen, er sah Vortragsreihen und Seminare, ein Thema wäre unbedingt *Die Beleidigung dritten Grades im Wandel der Zeiten*, er sah Ausflüge zu historisch bedeutsamen

Schauplätzen von Duellen, er sah Rechtsberatung und Sekundan-
ten-Service, vielleicht auch eine Duell-Soforthilfe, warum nicht,
eine Waffenkammer, hier in diesem Haus, einen medizinischen
Duellschnelldienst, auch ein Beerdigungsinstitut mit vergünstig-
ten Konditionen für Mitglieder.

»Die Idee ist ausgezeichnet, verehrter Wenzeslaus, so ein Verein wäre zwar verboten, aber anders geht's nicht. Duelle waren
stets verboten. Und dein Pistolenhandel«, Schill wandte sich an
Lorenz, »ist schließlich auch nicht ganz legal.«

»Doch, das ist er. Polizei kann kommen, kein Problem.«

»Ja, schön, aber stell dir vor, ich wäre Polizist, verdeckter Ermittler oder so, dann könnte ich dich jetzt auffliegen lassen.«

»Ach ja, und was, wenn ich ein verdeckter Ermittler bin? Du
suchst Pistolen mit Munition, aber hast keinen Waffenberechtigungsschein. Vielleicht nehme ich dich schneller hops!«

Danach war natürlich wieder ein Trinkspruch fällig. Diesmal
war es Schill, der aufstand und verkündete: »Leeren wir das Glas
auf die altehrwürdige Kulturtechnik des Duells, die in der Lage
ist, das Edelste im Menschen zu wecken, vorausgesetzt, es ist vorhanden.«

Alle stießen an.

Der Onkel räusperte sich. »Ein Problem, welches ich auch
sehe bei Verein, wenn so viele duell-freundliche Menschen zusammen sind, auf einer Stelle, es kann passieren, dass sie gegenseitig sich herausfordern und totschießen.«

Palina gefiel das sehr. »Und am Ende ist nur ein Mann übrig,
und der muss dann machen Duell mit sich selbst. Der letzte
Duellist.«

»Duellant heißt es«, verbesserte Schill, »der letzte Duellant.«

»Sie wissen, wann eigentlich war letztes Duell?«, fragte der
Onkel.

Schill überlegte. »Also, in Frankreich war 1969 noch eins. Klas-
sischer Fall von Beleidigung. Einer bezeichnet den anderen als

Idioten. Als dieser ihn auffordert, das zurückzunehmen, muss er zur Kenntnis nehmen, ein Idiot bleibe ein Idiot, das gelte besonders in seinem Fall. Das ist zu viel, der Beleidigte verlangt ein Duell zur Wiederherstellung seiner Ehre. Und was heute unvorstellbar wäre: Das Ganze ist öffentlich, nämlich in der Nationalversammlung. Die Kontrahenten: ein Sozialist, der später noch Innenminister wurde, und einer von den Gaullisten, der am Tag nach dem Duell heiraten wollte. Sein Gegner höhnte, das werde nicht mehr nötig sein, er werde zum Vollzug der Ehe nicht mehr in der Lage sein.«

»Aha«, sagte Palina und steckte sich eine neue Zigarette an.

»Man verständigte sich auf Degen, am nächsten Vormittag. Die Presse war dabei, es existieren sogar Filmaufnahmen. Es gab keinen Toten, nur eine leichte Verletzung am Arm, dann wurde abgebrochen.«

»Und die Hochzeit?«, fragte Palina.

»Fand statt. Sekundant des Bräutigams war übrigens Jean-Marie Le Pen, der hat später den Front National gegründet. Der letzte Sekundant sozusagen.«

»Und in Deutschland, wann war letztes Mal?«, fragte der Onkel.

»Das weißt du doch«, meldete sich Lorenz, »Hohenlychen. Ich habe die Kiste mit den Waffen heute zurückgekauft, weißt du.«

»Ist das Wahrheit?«, fragte der Onkel. »Sie ist wieder in Familie?«

»Ja«, sagte Lorenz, »und bleibt auch.«

»Nein. Das letzte Duell in Deutschland wird mein Duell sein«, erklärte Schill.

Eine kurze Pause trat ein.

»Oh, richtig, Sie wollen haben Pistolen. Wir dürfen erfahren Grund?« Der Onkel hatte die Frage gestellt wie jemand, der aus rein sachlichen Gründen um Auskunft bittet.

»Nach dem Kodex nennt man es *Verführung einer Frauensperson*. Eine Beleidigung dritten Grades, keine Frage. Es gibt direkte Beleidigungen, wie eine Beschimpfung oder ein Schlag, und es gibt indirekte Beleidigungen, also zum Beispiel Äußerungen in Abwesenheit, gegenüber Dritten, die geeignet sind, die moralische Existenz in Frage zu stellen oder sogar zu vernichten.«

Niemand hatte etwas von dem, was Schill da vortrug, verstanden, alle redeten durcheinander, teilweise auf Russisch, teilweise unverständlich. Nach reichlichem Hin und Her ergriff Schill wieder das Wort.

»Das ist ja gerade das Problem, Leute. Vieles, von dem, was früher und über Jahrhunderte als schwere Form von Beleidigung galt, ist heute gang und gäbe. Niemand wird sich wegen eines Wortwechsels, bei dem einer Idiot sagt oder Blödmann, duellieren und sich deshalb in Lebensgefahr begeben.«

Palina sah ihn zweifelnd an.

»Nehmen wir eine ungerechtfertigte Beschimpfung. Einer unterstellt dem anderen eine Lüge oder Inkompetenz, das erleben wir bei jeder politischen Debatte. Früher war so etwas ein allseits akzeptierter Duellgrund. Ganz zu schweigen von der höchsten Stufe der Beleidigung, einer schweren Beschimpfung, einem Schlag, was weiß ich, einem ins Gesicht geschleuderten Handschuh. Oder eben von der Verführung einer liierten Frau, wobei ja schon die Andeutung, dass das der Fall sein könnte, genügt. Puschkin wurde deshalb erschossen, und ich werde es vielleicht auch, aber das ist nicht zu vermeiden.«

Schill, wie er selbst empfand, hatte sich da etwas hineingesteigert und keineswegs vor, zu sterben, aber es klang alles sehr folgerichtig.

»Welche Frau?«, fragte Palina.

»Meine Freundin, meine frühere Freundin, Constanze.«

»Und wer hat sie verführt?«

»Ihr Psychiater.«

93

»Glaube ich sofort«, sagte Palina.

»Ich habe es nicht geglaubt. Ich wusste es bis vor Kurzem nicht. Sie hatte sich ja getrennt von mir, wegen meiner *Duellmeise* ... ihre Worte. Geglaubt habe ich das nicht. Kurz vorher hatte sie sich in seine Behandlung begeben, wegen Schlafstörungen angeblich. Tja. Der Rest ist ...«

»... verstehe ich nicht«, unterbrach Palina. »Sie hat dich verlassen. Kommt vor.«

Schill zog eine neue Zigarette hervor, vergaß aber, sie anzuzünden, während er sprach.

»Er hat sie durch das Herunterlassen seiner Hose therapiert. Und sicher mit der Kasse abgerechnet. Das würde ich Unzucht mit Abhängigen nennen, nicht Heilkunst. Aber das interessiert mich nicht.«

Schill schaute reihum, als gelte es, hier einen Konsens zu erzielen.

»Nicht?«, fragte Palina.

»Was soll ich bitte schön tun? Mit dem Mann reden und ihm sagen, dass sich das nicht gehört? Das weiß er selbst. Kann sein, das ist der Kick, den er braucht. Soll ich einen Brief schreiben an den Berufsverband, an die Psychiater-Innung oder wie das heißt, und sie über die Nummer informieren? Lächerlich. Wem wäre damit geholfen? Ihr nicht, ihm nicht, mir nicht.«

Palina nickte abwartend, nicht überzeugt.

»Ganz am Anfang ihrer Therapie kam ich einmal nach Hause, Constanze schien nicht da zu sein, aber dann hörte ich Stimmen, sie kamen aus dem Schlafzimmer, und als ich in die Tür trat, sah ich ihn. Er saß auf unserem Bett und federte da auf und ab, als wäre er in einem Möbelhaus. Sie stand neben ihm und fand das überhaupt nicht erklärungsbedürftig. Sie sagte nur, dass das ihr neuer Psychiater sei, und er sagte, Psychiater und Schlafcoach im Außendienst, Markov sein Name, er absolviere hier gerade rein therapeutisch einen Ortstermin.«

Alle am Tisch nickten ungläubig.

»Also, ich war erst einmal perplex, weil das eine so schlechte Ausrede war, dass ich sie aus Mitleid schon glauben wollte; vielleicht stimmte sie ja sogar, ich weiß es nicht, ich wollte es auch nicht wissen. Tut mir leid, ich komme nicht darüber hinweg. Dass so ein peinlicher Typ, so ein Schwätzer, an meine Stelle tritt und mein Nachfolger wird. Heißt das nicht, dass es irgendeine Ähnlichkeit geben muss zwischen mir und dem? Dass er die bessere Ausgabe ist von mir?«

»Muss nicht«, meldete sich der Onkel, wieder sehr sachlich. »Kann sein, er ist genau Gegenteil, das sie hat gebraucht. Oder er bringt andere Seite zum Klingen bei ihr, von der du nichts weißt. Auch möglich, er war einfach da zu richtiger Zeit, das ist Zufall. Weißt du, wenn zwei Menschen laufen in gleiche Richtung, das passiert jeden Tag. Trotzdem sie haben nicht gleichen Weg.«

Schill schüttelte den Kopf, zog an seiner unangezündeten Zigarette, Lorenz schwieg, Palina schaute zu Quiz, der gelangweilt unter ihrem Stuhl lag und ausdruckslos vor sich hin starrte.

»Quiz geht mit jeder Frau mit, wenn ich da eifersüchtig wäre, dann hätte ich ihn schon mit einem Dolch getötet«, sagte Palina, wobei der Hund bei Erwähnung seines Namens matt mit dem Schwanz wedelte. »Einmal ist er verschwunden, ich suche überall im Park, aber weg ist er, und später kommt Anruf von Freundin, sie hat ihn gefunden in Einkaufstasche zu Hause.«

»Das ist noch nichts«, ergänzte der Onkel. »Einmal hat Einstein Dackel genommen, um Studenten Telegrafie zu erklären. Er sagte, nehmen Sie Dackel, langen Dackel, der von New York bis London reicht. Wenn Sie ziehen in New York am Schwanz, er wird bellen in London. So geht drahtlose Telegrafie, an Beispiel von Dackel.«

Schill wollte die Dackelthematik nicht weiter vertiefen, allerdings hatte er eine Geschichte, die er zu gern beisteuerte.

»Einer Bekannten von mir ist das Verrückteste passiert, was

mit Dackeln vorstellbar ist, eine verrückte Geschichte. Sie war mit ihrem Mann unterwegs in der Stadt, einkaufen. Vor einer Apotheke blieb sie stehen und bat ihn, draußen zu warten, es gehe schnell. Er schaute schon so komisch, erzählte sie später. Wie auch immer, sie ging hinein, und als sie kurze Zeit später wieder vor der Tür stand, war er nirgendwo mehr zu sehen, nicht rechts, nicht links. Aber genau dort, wo er gestanden hatte, saß jetzt ein Dackel und schaute sie an. Und das Unheimliche dabei, sagte sie: Der Hund hatte genau den gleichen komischen Blick wie der Verschwundene.«

»Alles klar, das glaube ich nicht!«, rief Palina.

»Sie ging erst wieder rein in die Apotheke, fragte nach, wem der Hund gehöre, niemand meldete sich, sie lief wieder hinaus, der Dackel immer noch da, sie unverwandt anschauend. Als sie ein paar Schritte zur Seite machte, kam er hinterher. Also blieb sie stehen, telefonierte mit einer Freundin, die sich totlachte und meinte, die Geschichte sei gut. Was tun? Sie ging einige Meter, der Dackel hinterher. Sie rückte weiter vor, drehte sich um, der Dackel blieb hinter ihr. Und er schaute die ganze Zeit genauso wie ihr Mann. Da fasste sie einen Entschluss, bog um ein paar Ecken bis zum Polizeirevier und machte dort eine Vermisstenmeldung für ihren Mann und präsentierte gleichzeitig den zugelaufenen Dackel, bei dem man nicht ausschließen könne, jedenfalls nicht ganz, dass er per Seelenwanderung irgendwie in das Tier inkorporiert sei.«

An dieser Stelle tippte Palina sich mehrfach an die Stirn und sagte: »Du spinnst, Alexander, das ist Joke.«

»Alles wahr. Der Polizist fragte als Erstes, wie lange sie ihren Mann vermisse, und sie antwortete wahrheitsgemäß, dreißig Minuten. Dreißig Minuten, fragte der entgeistert zurück, und sie bestätigte, dreißig Minuten. Der Polizist nickte still, fragte, ob er einmal kurz mit dem Hund unter vier Augen reden könne? Und die Frau, die sich mittlerweile über nichts mehr wunderte, gestattete das. Also nahm er den Hund und verschwand mit ihm in einem Zimmer. Nach kurzer Zeit kam er zurück und meinte, die Sache sei geklärt.«

Palina tippte immer noch mit dem Finger an die Stirn, atmete den Rauch der Zigarette ein und aus, den nächsten Unwahrscheinlichkeiten dieser Story entgegensehend, die sie mit großer Bereitschaft nicht glauben würde. Die anderen Zuhörer hielten sich mit Mimik und Gestik weitgehend zurück.

»Er sagte, er habe mit dem Tierheim telefoniert. Dort habe sich eine Frau gemeldet, die nach ihrem Dackel suchte. Die Nummer auf der Steuermarke des Dackels stimme mit der überein, die sie angegeben hat. Und was Ihren Mann angehe, er habet eben bei der Polizei angerufen, weil seine Frau verschwunden sei.«

Jetzt waren es die Männer, die loslachten, während Palina staunend und ergriffen den Kopf schüttelte und wissen wollte, wie das gehen könne.

»Es war schnell klar, was passiert war, die Auflösung war ziemlich banal. Bei der Apotheke handelte es sich um einen großen Laden in einer Einkaufspassage, einen mit mehreren Ein- und Ausgängen.«

»Sie hatte richtige Tür verloren«, sagte der Onkel, »erst Tür, dann Mann, dann Hund. So schnell kann gehen.«

Palina gefiel das Ende der Geschichte weniger gut, aber als eine den praktischen Alltagskomponenten zugewandte Frau akzeptierte sie das unmysteriöse Finale mit der Reinkarnation des Dackels in sich selbst. Sie stand auf und goss den Rest des Rotweins in die Gläser. Die fast abgebrannte Zigarette in der einen und ein Glas in der anderen Hand, rief sie: »Ich schlage vor, wir trinken auf Quiz und darauf, dass er nicht sich in Mann von anderer Frau verwandelt!«

Alle tranken wieder, und Quiz hob den Kopf und bellte unwirsch. Der Onkel hob den Finger. »Dackel hat uns geführt vorbei an Duell mit neuem Freund von Freundin. Was sagt sie denn dazu?«

»Nichts. Sie sagt nichts«, sagte Schill. »Das ist es ja. Sie ist wie vom Erdboden verschluckt, seit der Trennung vor ein paar Monaten habe ich sie nicht gesehen.«

»Aber wenn … woher wissen Sie Genaues davon?«

»Nicht von ihr. Sie ist weg, ab und zu kommt Post für sie. Ein Brief war von der Polizei. Ich öffnete ihn, ein Bußgeldbescheid mit Blitzerfoto. Und da sah ich ihn. Er lachte breit und genauso wie auf seinen albernen Büchern, ich erkannte ihn gleich. Er saß am Steuer ihres Wagens und sie daneben, mit einem schwarzen Balken verdeckt, aber für mich natürlich erkennbar.«

»Ach«, sagte Palina.

»Kann passieren«, sagte Lorenz, »aber interessant, wie schnell sind sie gefahren?«

»Warum sollte das interessant sein?«, fragte Schill.

»Wenn viel zu schnell, dann fühlen sie sich frei und sicher, wenn wenig, dann sie haben Angst und sind vorsichtig.«

»72 km/h.«

»72 km/h zu schnell?«

»Ja.«

»Tut mir leid, sie sind wirklich verliebt«, erklärte Lorenz.

»Vielleicht sie kann nicht sprechen, wegen Schmerz wegen Trennung, aber sie hat einen Weg gefunden, dass du erfährst davon?«, sagte Palina.

»Ich kann auch nicht sprechen«, sagte Schill, »aber ich denke, Pistolen können es. Die können das Sprechen übernehmen.«

Quiz bellte aus irgendeinem Grund, und der Onkel griff sich ans Kinn: »Können, ja, aber müssen?«

»Quiz!«, rief Palina, »Iti sjuda.« Sie stand auf und ging zur Tür, verfolgt von dem Hund. »Alexander, du bleibst, bis ich zurück? Ich muss nur kleine Runde drehen mit Hund Gassi.«

Lorenz hatte das Wohnzimmer ebenfalls verlassen, Richtung Keller, um die Pistolen fertig zu machen, wie er sich ausdrückte. Schill und der Onkel, allein am Tisch, versenkten sich in ihre Gedanken, während die von Palina zurückgelassene Zigarette vor sich hin glomm und die Standuhr die Stille im Takt ihres besonnenen Pendels durchmaß.

»Hätten Sie dagegen, wenn ich etwas auf Klavier spiele?«, fragte der Onkel.

»Oh, Sie sind Pianist?«

»Ich war Musiklehrer in Saratow, vierzig Jahre in Konservatorium Chor begleitet.« Er wollte sich erneut verbeugen, ging dann aber nach hinten zum Klavier, setzte sich auf den Hocker, legte sorgfältig ein Deckchen beiseite und klappte den Deckel hoch. Er begann eine erst unentschlossen schwebende, dann plötzlich wilde, dann tragische Musik zu spielen, dazu summte er Dinge, und nach einer Weile drehte er sich, sein Spiel verlangsamend, aber nicht unterbrechend, um zu Schill.

»Sie gehen gern in Oper? Das ist Tschaikowskis *Onegin*. Sie mögen?«

»Um ehrlich zu sein, nicht besonders«, sagte Schill verlegen, »ich bin kein Freund des wilden Schmettergesangs.«

»O, nein, mein Lieber, Oper kann nicht genug sein, wie Sie sagen, Schmettergesang. Glauben Sie, Sie werden sehen.«

»Ich glaube, Puschkin hätte sich mit Tschaikowski wegen dieser furchtbar verkitschten Oper duelliert, wenn er sie erlebt hätte.«

Der Onkel spielte weiter und pendelte dabei mit seinem Oberkörper vor und zurück wie ein orthodoxer Glaubensbruder beim Gebet. »Meines Wissens Oper wurde aufgeführt in Moskau 1879. Puschkin wäre achtzig Jahr alt, Tschaikowski noch nicht vierzig. Das scheint nicht gerecht.«

»Ja, der Altersunterschied, ein berechtigter Einwand ... Möglicherweise hätte Puschkin sich von einem Jüngeren vertreten lassen können, von seinem Sohn. Das ist aber umstritten in den Duell-Kodices, verehrter Onkel Wenzeslaus. Beleidigungen sind ja nicht verhandelbar.«

Bevor die beiden sich weiter in Ahnenforschung vertieften, stand Lorenz wieder am Tisch, in den Händen eine Plastiktüte, auf der in großen Buchstaben *Hallo, Umwelt!* stand. Aus ihr holte er zwei in Zeitungen eingewickelte Pistolen hervor und legte sie auf den Tisch. Der Onkel spielte eine herzzerreißende Arie, die er leise mitsang.

»Ich habe nachgedacht«, sagte Lorenz. »Wenn du willst anknüpfen an Tradition, dann musst du auch nehmen deutsche Waffe.«

»Es ist keine deutsche Tradition, Duelle gab's überall«, antwortete Schill.

»Und wenn deutsche Waffe, dann nimm die von letztem Duell in Deutschland. Du stehst in der Nachfolge, das ist klar.«

»Nein, das ist Quatsch, und wie du weißt, habe ich keine 76.000 Euro. Selbst wenn ich wollte, es geht nicht.«

»Ich denke, ich habe eine Lösung«, sagte Lorenz. »Du brauchst die Pistole nicht behalten, du brauchst sie nur einmal. Warum machen wir nicht Leihgebühr für einen Tag? Ich mache für dich kleinen Preis, sagen wir, tausend für jede, und wir beide machen Geschäft.«

»Pistolenleasing?«

»Du schießt, dann gibst du sie zurück. Ganz einfach.«

»Aber was«, fragte der Onkel, das Klavierspiel unterbrechend, »wenn Alexander ist totgeschossen?«

Es bellte, Quiz rannte herein, geradewegs auf Schill zu, knurrend, als träfe er auf einen alten, unliebsamen Bekannten, untersuchte Schills Schuhe, bellte empört auf, bis Palina, die hinter ihm kam, wieder »Maltschatj!« und »Sidetj!« gerufen hatte, was ihn abrupt innehalten und missmutig abdrehen ließ.

»Wenn wer ist totgeschossen?«, fragte Palina.

»Wenn ich bin totgeschossen«, sagte Schill.

»Wenn du bist totgeschossen«, wiederholte Palina, immer noch nicht begreifend.

»Ja, kann ja sein«, sagte Schill, »das passiert bei Duellen, dass am Ende die falschen Leute tot sind. Nicht zu ändern. Aber mir fällt ein, wie wir das Problem lösen könnten. Ich benötige sowieso noch einen richtigen Sekundanten. Dürfte ich vielleicht Sie, verehrter Onkel Wenzeslaus, bitten, mir zu sekundieren?«

Schill verbeugte sich, der Onkel erhob sich vom Klavierhocker.

»Ich betrachte als Ehre«, sagte er und verbeugte sich ebenfalls.

Palina schüttelte nur den Kopf und verbeugte sich jetzt ihrerseits vor Quiz, der sie irritiert musterte.

Lorenz sagte: »Es ist sowieso besser, du hast Pistolen nicht zu Haus. Onkel bringt sie mit, und nach dem Duell sammelt er sie wieder ein. Du musst nur noch sagen, welche.«

»Die Auswahl der Waffen«, antwortete Schill feierlich, »obliegt allein meinem Sekundanten, der in der Sache mein volles Vertrauen genießt.«

Er entnahm seiner Brieftasche vier 500-Euro-Scheine, legte sie ruhig auf den Tisch, und er wirkte dabei keineswegs wie ein Pokerspieler, der seinen Einsatz macht, sondern erlöst, erleichtert, wie ein Mann, der eine Entscheidung getroffen hat.

6 Unbekannte Bekannte

A M NÄCHSTEN MORGEN ODER MITTAG, so genau wusste es
Schill nicht, denn sein altes Küchenradio verharrte seit einem vor Jahren nicht vollzogenen Batteriewechsel auf halb zwölf,
stand die Polizei vor der Tür. Er erkannte, im Halbdunkel des
Treppenhauses, nur undeutlich zwei Gestalten in Uniform, die
von ihm wissen wollten, ob er Herr Schill sei. Und während er
langsam den Kopf hob, um die Frage unter Umständen zu bejahen, überlegte er, wie sie ihn so schnell ermittelt hatten? Was
wussten sie, was nicht? Die Depesche an Markov, sicher, von ihr
dürften sie Kenntnis haben, damit hatte er rechnen müssen, dass
der Feigling Panik kriegen und sofort Meldung machen würde.
Aber das wäre kaum erheblich, ein kleiner Scherz, ein verspielter
Lektüretipp, mehr nicht, das Gegenteil sollten sie mal versuchen
nachzuweisen, viel Spaß dabei. Und die Pistolen gestern Abend?
Tja, wenn Lorenz tatsächlich ein Spitzel gewesen sein sollte, ein-
geschleust in den Untergrund des Kunsthandels, der ihm eine
Falle gestellt und zum strafbaren Erwerb der Waffen verführt hatte? Sein könnte es, schön wäre es nicht, aber es war, falls es so
war, nicht mehr zu ändern.

»Ja«, sagte Schill, »was kann ich für Sie tun?«

»Guten Morgen, entschuldigen Sie die Störung, wir ermitteln
in einer Strafsache und hätten gern eine Auskunft von Ihnen«,
sagte einer der beiden. Er zog ein Foto aus der Tasche und hielt
es Schill vors Gesicht. »Haben Sie diese Person schon einmal gesehen?«

»Nein, niemals, und wissen Sie, warum? Ich habe keine Brille auf. Ich hole sie, einen Moment bitte.«

Schill ließ die Tür halb offen und ging nach hinten, und wenn er sich umgesehen hätte, hätte er gesehen, wie die Polizisten im schmalen Rechteck des Türrahmens, ohne ihren Stand aufzugeben, ihren Oberkörper unbeholfen zur Seite beugten. Er dachte darüber nach, wie er sich verhalten sollte, wenn er selbst diejenige Person wäre, die auf dem Foto zu sehen ist. Er könnte es abstreiten, sich darauf berufen, sich nicht mehr zu erkennen, schon lange nicht mehr in den Spiegel geschaut zu haben, aber zu sophisticated sollte man auch nicht argumentieren gegenüber der Polizei, das war keine gute Idee. Und offensichtlich gab es keine Ähnlichkeit mit ihm, denn die hätten die Beamten ohne seine Mithilfe schon festgestellt.

»Dann zeigen Sie mal her«, sagte Schill, wieder zurück an der Wohnungstür, die Lesebrille auf der Nase zurechtrückend. Es war das Blitzerfoto, in viel besserer Auflösung als das, das per Post gekommen war, mit Markov am Steuer, der breit lachte, breiter ging es nicht, und neben ihm Constanze, ohne schwarzen Balken über dem Gesicht, ebenfalls lachend.

»Ihn, keine Ahnung, kenne ich nicht, aber das«, er zeigte auf die Beifahrerin, »ist Constanze, Constanze Kamp.«

»Ist sie bei Ihnen?«, fragte der Polizist.

»Nein.«

»Wann haben Sie sie zuletzt gesehen?«

»Vor einem Vierteljahr.«

»Ist sie hier gemeldet?«

»Ich weiß nicht, sie war es.«

»Wissen Sie, wo Sie zu erreichen ist?«

»Nein.«

Im Treppenhaus über ihnen öffnete sich eine Tür und schloss sich wieder. Herunter kam die alte Frau Eberlein. Sie nickte den Polizisten misstrauisch zu. Zu Schill sagte sie:

»Guten Tag, lieber Herr Schill, sind Sie da? Kann ich *Das Schlangenmaul* nachher vorbeibringen?«

Schill nickte: »Guten Tag, klingeln Sie einfach.« Sie nickte ebenfalls, ging weiter nach unten, ein Ereignis, das die Beamten, einigermaßen perplex, abwarteten wie eine zu respektierende Zeremonie.

»Würden Sie uns kontaktieren, wenn Frau Kamp wieder bei Ihnen ist?«

»Ich glaube nicht. Sie wird nicht wieder kommen.« Die beiden tauschten einen Blick und steckten das Foto ein.

»Aber wenn«, hakte der eine nach, »dann wäre es sehr nett, wenn ...«

»Wenn«, sagte Schill, »wenn Sie mir eine Frage beantworten.«

»Ja?«

»Ja?«

»Ja!«

»Wie spät ist es?« Die Frage stand eine Weile im Raum.

»Halb zwölf«, sagte dann einer der beiden nach Blick auf eine bräunliche Armbanduhr, er sagte es, als würde er einen Sinn in den Worten suchen, und es sah nicht so aus, als sei das der Fall.

Schill bedankte sich bei ihnen, sie bedankten sich bei ihm. Er sah ihnen noch nach, warf dann, zurück in der Wohnung, befriedigt einen Blick aufs Küchenradio und erkundigte sich bei sich selbst, warum er Markov gerade geschützt hatte und was er sich davon versprach. Wollte er die Aufmerksamkeit der Polizei lieber nicht auf Markov lenken, um das anstehende Duell nicht zu gefährden? Wohl kaum, dachte Schill, die Polizei würde sowieso demnächst hier aufkreuzen, es wäre komisch, wenn nicht. Nein, es war etwas anderes. Es schien ihm nicht besonders konsequent, einerseits die Ehre im Zweikampf wiederherstellen zu wollen und sich andererseits auf das Niveau einer Denunziation zu begeben. Die Einhaltung irgendwelcher Gesetze war ihm völlig egal, Markov konnte seinetwegen so schnell fahren, wie es ihm passte, nur lachen sollte er vielleicht nicht dabei, lachen musste nicht sein, fand Schill. Das Lachen würde ihm noch vergehen, nicht mithilfe staatlicher Ersatzrepressionen, sondern dank einer kleinen Kugel, die sich auf den Weg machen würde zu ihm, um ihm die Botschaft des Nichtlachens, des Endes allen Lachens zu überbringen.

Während er diese Dinge dachte, und dabei die Kugel sogar sah, wie sie sich von ihm entfernte, entsann er sich einer Szene, die er mit Constanze erlebt hatte, nicht so lange her, auf einem Sonntagsausflug im Berliner Umland. Es war, wie ihm erst jetzt auffiel, der letzte Ausflug, den sie gemacht hatten, ihr letztes gemeinsames Erlebnis. Sie stolperten querfeldein durch das hohe Gewölbe eines Buchenwaldes, wie immer ohne klares Ziel, einen kleinen Bogen um Vorhandenes machend, wie Schill das nannte. Die Attraktivität alter Bäume rührt nicht zuletzt daher, dass sie eine gewisse Ereignislosigkeit bezeugen, Jahrhunderte des Herumstehens, der Stabilität. Das beruhigt die Leute, das fasziniert die Leute, es erhöht aber auch, rein statistisch, die Wahrscheinlichkeit, dass es bald damit vorbei sein könnte.

Das Gefunkel der Sonne hinterm Blätterdach, dazu der ein dezentes Meeresrauschen imitierende Soundtrack in den Wipfeln, während am Boden, wo sie liefen, die Stille sich zart behauptete – das alles stand in überhaupt keinem Kontrast zum hellblauen, luftigen Sommerkleid, das Constanze trug, und zu seinem Bedürfnis, es ihr auszuziehen. Wenn sie über einen liegenden Baumstamm kletterten oder sich durch ein Gestrüpp länglicher Äste schoben, fassten sie sich wie Kinder an den Händen, immer zu kurz, fand sie, immer viel zu kurz, fand er.

»Halt!«, dröhnte eine kolossale Männerstimme aus dem Nichts. Sie erstarrten vor Schreck. »Was machen Sie hier?«

Wollte Gott persönlich sie zur Rechenschaft ziehen? Sie schauten in alle Richtungen, ohne jemanden zu sehen, und glaubten schon, sich getäuscht zu haben, da bemerkte Schill, in weiter Entfernung, winzig, den Jäger auf einem Hochstand.

»Was machen Sie hier?«, wiederholte die Stimme.

»Wir gehen durch den Wald!«, schrie Schill zurück, das unerwartete Gesprächsangebot annehmend.

»Sie stören die Jagdausübung!«, meldete die Gegenseite, sie klang nicht erfreut.

»Sie stören die Spaziergangsausübung«, antwortete Schill.

Eine Taube flatterte auf.

Constanze angelte seine Hand, er hielt sie fest. »Lass uns gehen, bitte, komm«, flüsterte sie, doch Schill wollte es wissen, wenn er auch nicht wusste, was genau. Er ging ein paar Schritte weiter, Constanze hinter sich herziehend, auf den Mann zu. Da zuckte ein Blitz, gleichzeitig fiel der Schuss. Er war erstaunlich laut, und er hallte erstaunlich lange nach, wie in einer akustischen Zeitlupe.

Waren sie getroffen?

War die Kugel noch unterwegs?

Später im Auto, auf der Rückfahrt, saßen sie stumm nebeneinander, fremd, zerstört wie nach einem großen Streit. Sie presste ihren Körper steif in den Sitz, als wollte sie vor etwas zurückweichen. Ihr Kajal war verschmiert, das helle braune Haar, eben noch leuchtend, hing stumpf herab.

Sie hatte sich aus seiner Hand losgerissen, war weinend weggelaufen, während er, Schill, blieb, halb zurückweichend, halb auf den Jäger wartend, der tatsächlich von seinem Hochsitz abgestiegen und mit dem Gewehr in der Hand langsam auf ihn zustiefelte.

Zu gern hätte er jetzt zurückgeschossen, gleichfalls in die Luft, versteht sich, aber es hätte gereicht, um sich weniger ausgeliefert, weniger erbärmlich zu fühlen. Was für ein Idiot war dieser Typ, was für ein Idiot war er selber? Warum stand er hier? Was wollte er? Das Gespräch suchen? Nach rascher Abwägung nicht vorhandener Möglichkeiten blieb ihm nichts anderes übrig, als ebenfalls loszurennen, Constanze nach, die er lange nicht fand, bis er sie hinter einem Baum hockend entdeckte, einen großen dunklen Fleck auf dem Kleid, auf Höhe ihres Schoßes. Sie zitterte, sie sah ihn nicht an, und sie bat, er solle sie ebenfalls nicht ansehen. Ansonsten schwiegen sie, jeder für sich, in einem Gefühlspatt aus Wut, Scham und wildem Weltschmerz, bis sie den Parkplatz erreichten und losfuhren.

»Was bitte sollte das?«, fragte sie, das Lenkrad umklammernd. »Wolltest du dich mit ihm duellieren? War es das? Musstest ... musstest du diesen Irren noch provozieren? Geht es dir jetzt besser?«

»Entschuldige, er hat uns ... provoziert.«

Wütend schaute sie geradeaus. Schill tat das Gleiche.

»Ich hatte nur Worte ...«

Stille.

»Worte ohne Schall und Rauch ...«

Es sollte ironisch klingen, was er da sagte, es klang nur blöd.

»Alexander«, erwiderte sie nach einer Weile, ohne den Kopf zu wenden, »was stimmt nicht mit dir? Warum weigerst du dich, erwachsen zu sein?«

Jetzt schwieg er.

»Wir hätten tot sein können. Ich *bin* tot. Ich bin tausend Tode gestorben eben.« Und nach einer Weile, in der Schill es für angeraten hielt, sich mit Beileidsbekundungen zurückzuhalten, fügte sie hinzu: »Du kannst mich begraben, Alexander.«

Das Metronom des hin und wieder zum Einsatz kommenden Blinkers, musste er feststellen, trug nichts Substanzielles zur Unterhaltung bei. Zeit verging, die Landschaft hatte es sehr eilig, am Fenster vorbeizufliegen.

Historische Ereignisse, die um halb zwölf Uhr mittags stattfinden, sind eher selten, und auch Schill machte jetzt keine Anstalten, das tageschronologische Manko der Weltgeschichte mit Aktionismus zu beheben. Er stand in seiner Küche, im fahlen Licht des Mittags, wie er nun wusste, und betrachtete seinen im Lauf der letzten Wochen entstandenen und sich über Wände und Ecken herumziehenden Panoramafries, ein Sammelsurium von Zetteln, Ausrissen, Skizzen und historischen Darstellungen. Zahllose Duellszenen, Kopien bekannter und unbekannter Gemälde hingen nebeneinander, mal mit Säbeln, mal mit Degen, meistens mit Pistolen. Schill liebte sie alle, ihre Tragik, ihre Komik, die Sinnlosigkeit der Szenen, auch die wild und theatralisch korrespondierenden Bäume und Wolken, die obligatorischen Schatten und Nebel. Da war Repins dramatisches Ölgemälde, wo einer schon im Schnee liegt, über ihm, mit hängenden Schultern, sein Kontrahent, die Bäume in seinem Rücken um ihre Tatenlosigkeit beneidend. Gleich neben dem Bild, mit Klebestreifen etwas zerknittert an der Wand befestigt, Daumiers Karikatur, der Pulverdampf steigt auf, ein Zylinder segelt durch die Luft, ein Mann kippt. Weiter oben in seiner Petersburger Küchenhängung angepinnt war die schrabbelige Reproduktion von Vanderbancks *Don Quichote nach dem Duell*, die er auf dem Flohmarkt für drei Euro gekauft hatte: Der magere Klappergreis stützt sich abgekämpft auf die noch klapprigere Rosinante, fast kollabieren Mann und Pferd seitlich aus dem Bild, immerhin schimmert die verbeulte Blechrüstung des Ritters wie Gold. Nichts Heroisches, nichts Männliches priesen diese Werke, vielmehr bezeugten sie eine gewisse, durchaus fragwürdige Notwendigkeit, den Gang der Dinge eben. Je länger Schill sie betrachtete, umso normaler und wahrer erschienen sie ihm, und seit einiger Zeit ertappte er sich sogar, wie er bei Landschaftsbildern, wenn er zufällig welche sah, nach Anhaltspunkten dafür suchte, dass die eigentliche Szene, die Duellszene, dort mal wieder weggelassen, wenn nicht retuschiert worden war.

Von diesem Punkt an, den man verrückt finden kann oder fast verrückt, war es nur ein kleiner Schritt, bis Schill das Bedürfnis verspürte, in einer echten Landschaft ein echtes Duell zu erleben. Es war deprimierend, überall nur Leerstellen zu sehen, verwaiste Plätze, Buschgruppen ohne Handlung, hinter denen nichts passierte. Besonders wenn er am frühen Morgen im nahe gelegenen Volkspark Friedrichshain spazieren ging, fielen ihm viele geeignete Ecken auf, wo Tai-Chi-Sportler seltsame Bewegungen ausführten und Jogger und Fitness-Freaks sich betätigten. War Sport nicht ein völlig unzureichender, unwürdiger Ersatz für die uralte Kulturtechnik des Duells?

Schill überlegte, was zu tun sei. Im Lauf des Tages würde Post kommen, er hatte ein paar Bestellungen zu prüfen und Bücher zu versenden. Das konnte warten, dachte er, das konnte genau genommen warten bis nach seinem Tod. Die Rangfolge der Wichtigkeiten verschiebt sich in Sichtweite des Ablebens, vielleicht entsteht in dem Moment überhaupt erst eine ernst zu nehmende Rangfolge, eine ganz neue. Er bemerkte mit Verwunderung, dass er sich bisher keine Gedanken darüber gemacht hatte, wie er die nächsten Tage, die seine letzten sein könnten, verbringen sollte. Zwei Tage, drei Tage waren es vielleicht noch, je nachdem, wie Markov antwortete oder nicht antwortete, je nachdem, wie er dann zielte oder vorbeizielte. Zeit, Dinge zu erledigen oder auch nicht. Er würde eine Liste machen mit Punkten, die es ohne Sentimentalität und Trauer abzuarbeiten gelte.

Der Kaffeeautomat rumpelte und bockte schnaufend, als er die Taste für Espresso drückte. Schill zog ein Blatt Papier aus dem Poststapel, den Reklamezettel zur Eröffnung einer neuen *Wellness-Oase Fish Spa*. Schill studierte das Angebot, eine Art Fußbad mit sogenannten Knabberfischen, die abgestorbene Hautschuppen von den Füßen lösen. Zwanzig Minuten *Fußverwöhnung* kosteten 18 Euro. Fuß-Sex mit Fischen, das wäre doch ein guter Anfang oder ein guter Schluss. Er drehte das Blatt um, griff sich einen Kugelschreiber vom Fensterbrett, schob die Lesebrille von der Stirn, und schrieb los.

Als Überschrift, denn ohne Überschrift schien es ihm zu unverbindlich, wollte er *Letzte Dinge* schreiben, verwarf es aber wieder, weil ihm das zu pathetisch und zu altbacken vorkam. Auch glaubte er zu wissen, dass die *Letzten Dinge,* jedenfalls in der Kirche, erst *nach* dem Tod anstanden. Das Purgatorium zum Beispiel, das Fegefeuer, das kein Feuer sein würde, wie er irgendwo gelesen hatte, sondern eine Art Zwischenstopp auf dem Weg sündiger Seelen, irgendwo zwischen Himmel und Hölle. Limbus hieß der Ort, Vorhölle, und er erinnerte sich seiner nicht geringen Überraschung, als er las, dass mit Vorhölle, anders als er dachte, nicht das Leben gemeint war. Er wusste eindeutig zu wenig über die Prozeduren nach dem Ableben, doch es lag ja auf der Hand, dass er, wenn er dort aufkreuzen würde, Gelegenheit haben würde, das alles kennenzulernen.

Namen wie *Bucket list* oder *Löffelliste,* die Teenager gern im Internet posten, schieden ebenfalls aus, zumal dort meistens hundert Vorhaben und mehr in luxuriösen Zeiträumen zu projektieren waren. Weltreisen, Pyramidenbesteigungen, Jonglieren lernen, Fallschirmsprung machen, Tattoo stechen – das dauerte alles zu lange, war wahnsinnig unverlockend und für Schill, wenn er daran dachte, eher ein Grund, schneller zu sterben.

Eine *Liste ohne Sentimentalität und Trauer?* Schill schrieb kurzerhand, in Versalien, die Anfangsbuchstaben *LOST* an die Spitze des Zettels und begann:

1. ..., ja was?

Ihm fiel kein Erstens ein.

Konsterniert nippte er am Espresso, heiß und ölig rann er die Kehle herunter, einer der letzten Espressi womöglich, die er trinken würde, ein Anfang vielleicht.

1. *letzte Ölung.* Er machte einen schwungvollen Haken dahinter, als habe er einen wichtigen Punkt einer Erledigung zugeführt.

2. *weißes Hemd.* Schill wollte ein weißes Hemd kaufen. In vielen historischen Duellen, wusste er, wurden immer sehr theatra-

lisch Mäntel abgeworfen, unter denen weiße Hemden zum Vorschein kamen, auf die schwieriger zu zielen war, im dämmrigen Licht der Frühe, im Schnee. Er wusste auch, dass Ilja Repin, der russische Maler, die Duellanten gern in einen dunklen Gehrock kleidete, aber das tat er nur, damit der sie besser malen konnte.

3. Eugen O. erledigen. Die Karten für die Oper am nächsten Tag hatte ihm der Onkel tatsächlich beim Abschied überreicht. Die Frage war, mit wem er dorthin gehen sollte. Er zog die Tickets aus der Tasche und betrachtete sie genauer. Reihe 10, Platz fünf und Platz sechs. Dauer ca. drei Stunden. Am womöglich letzten Abend seines Lebens. Es leuchtete ihm nicht ein. Es wäre etwas anderes gewesen, sich während der Oper zu duellieren, auf offener Bühne, begleitet vom Orchester – das würde auch der Oper guttun. Aber so? Erschien es ihm wie eine kuriose Verschwendung von Zeit, die er nicht hatte. Sollte doch Markov an seiner statt dorthin gehen und eine von schrillen Arien umtoste Lehrstunde in Sachen Verhängnis absolvieren. Das müsste doch irgendwie zu erledigen sein. Und während er dies dachte, hatten seine Hände bereits einen Umschlag aus dem Regal gezogen, den er mit den Tickets befüllte und an die Anschrift der Praxis adressierte.

4. Hl. Hitler – Hitlers Hohenlychen einen Besuch abstatten. Gelesen hatte er wenig darüber, in Bibliotheken und Archiven war nichts zu finden, und so hatte er, im Gegensatz zu vielen anderen historischen Duellplätzen, Hohenlychen keine Beachtung geschenkt. Erschüttert hatte er vor einem Golfstore in Genf gestanden, wo Lassalle getroffen worden war. Er war über eine Wiese im Berliner Volkspark Hasenheide gelaufen, auf der sich einst Baron von Ardenne und Amtsrichter Hartwich duelliert hatten, die Fontane zu *Effi Briest* inspirierten. Und auf dem Rostocker Marienfriedhof hatte er sich unauffällig in verschiedene Richtungen verneigt, weil hier vor einem halben Jahrtausend dem Astronomen Tycho Brahe die Nase abgeschlagen worden sein soll, in einem Duell mit Säbeln, bei dem es ausnahmsweise nicht um eine Frau, sondern um die Berechnung der Planetenbahnen gegangen war.

Für seinen fünften und letzten Punkt brauchte Schill eine Reihe weiterer »letzter Ölungen«. Im Grunde hatte er einen Freibrief für alles in der Hand, die absolute Freiheit. Falls er stürbe, drohte keine Strafe, und falls nicht, wäre alles halb so wild. Eine ausufernde Orgie zum Abschied oder wenigstens eine Party? Zur Bank gehen und einen Riesenkredit aufnehmen, jetzt, wo er ihn nicht mehr zurückzahlen muss? Er könnte eine gute Tat begehen, doch er war nicht sicher, dass er noch herausfinden würde, was das war. Jemanden beschenken? Schnell noch religiös werden? Alles möglich, alles machbar, aber eben deshalb auch ermattend. Und so verwarf Schill, wie ein übermüdeter und überforderter Lottogewinner, eine Idee nach der anderen.

Was andere jetzt tun würden? An seiner Stelle? Leider war der gesellschaftliche Austausch über derartige Fragen nicht sehr entwickelt. Selbstmörder fielen ihm ein, schweigsame Menschen, die ihre Umwelt mit dem Tod überraschen – und manchmal mit einem Abschiedsbrief. Vielleicht sollte er einen schreiben, bei Duellen war das nicht unüblich. Einen Abschiedsbrief an alle, an die Welt, an irgendwen. Er hatte keine Geschwister, keine Kinder. Seine Eltern waren tot. Den Vater kannte er gar nicht, bei der Mutter, die vor zwei Jahren gestorben war, war der Schlaganfall für Schill so überraschend gekommen, dass er keine Trauer verspürte und bis heute darauf wartete, wann sie begann.

Schills bester Freund seit Schulzeiten war Jan Vogler, ein Mann mit langen Haaren und vielfarbigen Tattoos auf den Unterarmen, die zusammen mit dem gutmütigen Gesicht und seiner hellen, fast hohen Stimme eine überaus facettenreiche Persönlichkeit bezeugten. Er war als Chefredakteur bei einer Anzeigenzeitung gelandet, nachdem er Philosophie und Kunstgeschichte studiert hatte. Über sein Studium sagte Vogler gern, er könne nicht behaupten, dass es eher wenig hilfreich gewesen sei, vielmehr sei es absolut kontraproduktiv gewesen. Ihn traf Schill am Abend des Tages, an dem er das Blitzerfoto in der Post entdeckt hatte. Sie verabredeten sich in der *Sportbar*, wo sie unter der Phalanx großer Bildschirme, auf denen die lautlose Übertragung eines Box-Events lief, beim Bier zusammensaßen.

Vogler, das war die unerwartete Erkenntnis des Abends, wusste offenbar schon länger Bescheid. Sicher sei auch er überrascht gewesen, ein Psychiater, das habe er ihr nicht zugetraut, das könne man glauben.

»Du kennst ihn?«

»Ja, er kam dazu, als wir uns trafen. Ganz netter ...«

»... mit mir hat sie nicht gesprochen«, unterbrach Schill ihn mit einer ihm angemessen erscheinenden Grimmigkeit, »und wenn sie es getan hätte, hätte das ja wohl nichts verändert. Wenn ich nur daran denke, dass so ein Neurosenkavalier sich mit Constanze die Schwierigkeiten unserer Beziehung austauscht, wird mir schlecht.«

»Solche Dinge kommen vor«, sagte Vogler mit gesenktem Blick, »nicht einmal selten, denke ich.«

»Oh, stimmt, ich habe es vergessen. Das ist die wahre Psychotherapie, wenn der Therapeut die Patientin verführt.«

Schill war lauter geworden. Hinter ihren Köpfen boxten zwei halbnackte, schweißtriefende Männer aufeinander ein.

»Wilhelm Reich hat es getan. C.G. Jung hat es getan. Und Freud sogar mit der Schwester seiner Frau.«

»Was getan?«

»Jung nannte es *Ausleben polygamer Komponenten.*«

Schill, der nicht vorhatte, das zu glauben, schaute Vogler an. Der redete auf ihn ein. So sei das nun mal, die Liebe gehe ihren eigenen Weg. Nicht zu begreifen, nicht zu verurteilen. Das sei ja gerade ihr Erkennungszeichen, ihr Kriterium: das Unmögliche zu ermöglichen. Für alles andere brauche man sie nicht. Er solle sich mal umschauen, in der Literatur. Nur unmögliche Verhältnisse, alle anderen seien ja auch uninteressant. Er brauche nur an Tristan und Isolde zu denken, an Romeo und Julia oder, wenn ihm die Realität besser gefalle, an Goethe und Vulpius, an Wagner und Cosima, an Alma Mahler und Kokoschka. Eklats über Eklats, alles ein großes Schmierentheater, immer schon.

»Was willst du mir sagen, Jan? Dass dieser Nullkopf quasi naturgemäß meinen Platz eingenommen hat?«

»Sieh es nicht als Fortsetzung, das ist nur verrückt. Gönn ihr einfach das Glück, mit wem auch immer.«

»Ich gönne es ihr ja. Alles. Aber wenn sie mit dem glücklich ist, mit diesem ...«, er suchte ein neues Schimpfwort, fand aber kein passendes, »... dann kann sie's mit mir nicht gewesen sein. Ganz einfach.«

»Was willst du denn tun?« Vogler machte eine Handbewegung über die im Raum verteilten Bildschirme, auf denen allerdings gerade nur ein leerer Ring zu sehen war. »Ihn verprügeln?«

»Nein, was wäre damit gewonnen?«, sagte Schill und kippte einen Schwapp Bier aus Voglers Glas, das noch gut gefüllt war, in seins.

»Du bist eifersüchtig. Wer wäre das nicht an deiner Stelle?«

»Ich«, sagte Schill, »ich wäre das nicht, an meiner Stelle. Es geht nicht um Constanze. Ich bin nicht ihr Besitzer. Es ist ihr Recht, mich zu verlassen. Was soll ich sagen, wer liebt, ist befugt, zu verletzen, es geht nicht ohne. *Wenn alle untreu werden*, heißt es bei Novalis, *so bleib ich dir doch treu.*«

»Verstehe ich das?«, fragte Vogler und gab sich selbst die Antwort: »Nein. Was willst du tun?«

»Das, was man immer tut in einem Fall wie diesem, das, was man zumindest bis vor hundert Jahren immer getan hat: im 16. Jahrhundert, im 17. und so weiter bis ins 20. Keine Ahnung, wie es danach verschwunden ist und warum es nicht mehr in Frage kommen soll. Ich meine, was ist passiert? Die Probleme sind die gleichen. Ein Mann beleidigt einen anderen. Früher regelte das der Degen, der Säbel oder die Pistole. Heute, ich weiß nicht … Ich weiß es wirklich nicht. Gespräche? Tabletten? Eine Therapie und lange Spaziergänge? Das ist das armseligste Zeitalter der Weltgeschichte, das wir gerade haben, das Zeitalter des Herumredens.« Schill blickte sich um, als sei der halb leere Gastraum und als seien die Monitore über ihren Köpfen eine Bestätigung seines Vortrags.

»Man nennt es Zivilisation«, sagte Vogler.

»So? Nennt man das so? Eine Ohnmachtsgesellschaft mit Ohnmachtserfahrungen, in der sich alle eingerichtet haben, weil sie sich gern ohnmächtig fühlen? Nenn mich romantisch, aber mir fällt da etwas Besseres ein. Ich werde ihn bitten, sich aus freien Stücken von mir erschießen zu lassen. Ich weiß, das kommt jetzt etwas überraschend, aber ich will ihn ja nicht ermorden oder totschlagen. Ich will ihm nur die Chance geben, zu zeigen, wie ernst es ihm ist. Das würde auch sein Verhalten erheblich aufwerten, es würde ihm ein bisschen zu dem Stil verhelfen, den er nicht hat.«

Schill hatte im Verlauf der Unterredung, umringt von den boxenden, sich umkreisenden und umhüpfenden Männern, mehr und mehr zu sich gesprochen, als wäre Vogler ein Sparringspartner, mit dem er ein paar Kombinationen ausprobiert, dabei immer leiser werdend, sodass Vogler sich zu ihm beugen musste, um zu verstehen, was er sagte. Er blieb in dieser vornübergebeugten Position sitzen, nachdem Schill geendet hatte, und machte ein Gesicht, als habe er nicht richtig gehört.

»Wie soll ich dich nennen? *Romantisch*?«, fragte er.

Schill nahm einen Schluck Bier, bevor er antwortete. Vogler erhob ebenfalls das klobige Glas, wie um sich zu wappnen.

»Ich bitte darum. Romantisch heißt ja: sich an die Regeln zu halten, weil es keine mehr gibt.«

Die nicht vorhandenen Zwischenstufen der Verdunkelung der Welt vor dem Küchenfenster erinnerten Schill an das langsame Verlöschen des Lichtes im Kino, bevor der Film beginnt. Als Kind fand er das spektakulär. Es wurde so langsam dunkel, so unauffällig dunkel, dass er nie sicher war, ob die Dunkelheit wirklich zunahm oder ob er sich das einbildete. Sie schwebte herein, als wäre sie immer da gewesen, von allen Seiten legte sie sich um die kleinen Lämpchen an den Wänden des Saals, überwältigte sie, jede von ihnen, gleichzeitig.

Es klingelte an der Tür. Schill nahm es als Zeichen, die Liste zu beenden. Er glaubte, ein Recht darauf zu haben, schließlich konnte er auf dem Zettel nirgendwo den Punkt *Ewig über Liste grübeln* entdecken. Fünf Punkte waren es geworden, erstaunlich wenig für jemanden, dessen Tage gezählt sein könnten. Aber bekanntlich steht auf der berühmtesten Liste dieser Art noch weniger, nämlich nur ein einziger Punkt. Der Theologe Martin Luther gab zu Protokoll, er würde, am letzten Tag vor dem Weltuntergang, noch einen Obstbaum einpflanzen, sonst nichts. Bei Schill stand unterm dem Kürzel *LOST* jetzt:

1. letzte Ölung
2. weißes Hemd
3. Eugen O. erledigen
4. Hl. Hitler
5. Fuß Sex

Die Klingel schlug zum zweiten Mal Alarm. Schill, im Aufstehen, fügte, bevor er zur Tür ging, noch einen weiteren Punkt hinzu, dessen Wichtigkeit ihm gerade klar geworden war.

6. Alarmanlage aus.

Vor der Tür hatte sich eine kleine Versammlung gebildet, Frau

Eberlein mit zwei Personen, die Schill überrascht musterte, als er öffnete.

»*Das Schlangenmaul?*«, fragte Schill seine Nachbarin. »Wie fanden Sie's?«

»Unverschämt«, sie reichte ihm das Buch, »unverschämt gut.« »Das freut mich. Als was bezeichnet sich der Mann noch mal in seiner Anzeige?«

»Als *Bergungsexperte für außergewöhnliche Fälle*«, sagte Frau Eberlein, »und ich hab da einige Fragen. Aber später ... ich sehe, Sie haben Besuch. Sie haben heute viel Besuch.« Sie machte eine Kopfbewegung zu den andern beiden und verabschiedete sich nach oben. Schill sah ihr nach, und als er sich zu den Besuchern wandte, blickte er in einen kleinen Polizeiausweis, den Tannenschmidt ihm unter die Nase hielt.

»Oh, ihre Kollegen am Vormittag hatten noch eine Uniform. Was ist in der Zwischenzeit passiert?«

»Herr Schill?«, fragte Tannenschmidt unbeeindruckt.

»Ja?«

»Tannenschmidt, Oberkommissarin. Das ist Herr Sandler. Wenn Sie nichts dagegen haben, würden wir gern reinkommen.«

Schill hatte etwas dagegen, machte aber eine einladende Geste, denn er wollte jetzt keine Spielchen spielen. Eine ungünstige Müdigkeit überkam ihn. Was konnten sie hier schon entdecken – außer nichts? Er geleitete sie durch den langen dunklen Flur, vorbei an Bücherkisten und -stapeln, in die Küche, wo er noch zwei Stühle von Paketstapeln befreite und sie den Polizisten anbot. Dann steckte er sich eine Zigarette an, sagte: »Tut mir leid, wenn Sie nicht rauchen«, und blies den Rauch an die Decke.

Die Kommissarin sah sich um, nickte etwas, als sie die vielen Papiere an den Wänden bemerkte. »Wir können es kurz machen, Herr Schill. Ich habe nur eine Frage. Sie klingt seltsam, aber Sie werden wissen, was ich meine.« Sie machte eine demonstrative Pause. »Haben Sie unbekannte Bekannte?«

Schill wusste absolut nicht, was er darauf antworten sollte. War das ein Rätsel oder war das eine Falle, und wenn ja, was für eine?

»Ja, wer hat die nicht?«, sagte er ausweichend.

»Das kann ich Ihnen sagen: Niemand. Jedenfalls niemand, der nicht dement ist oder, sagen wir, psychisch erkrankt. Also, ich habe Gründe, etwas besorgt zu sein, was Sie betrifft. Geht es Ihnen gut?«

»Das ist jetzt Ihre zweite Frage«, bemerkte Schill. »Unbekannte Bekannte ist ein Oxymoron. So etwas wie *geliebter Feind*, wie *offenes Geheimnis*. Ich wüsste nicht, was daran krank sein soll.«

»Gut, gut, wie Sie wollen. Dann stelle ich jetzt keine Frage, sondern stelle etwas fest: Sie wurden heute Vormittag, wenn Sie sich erinnern, von unseren Kollegen um Auskunft gebeten, ob Sie bei der Identifizierung von zwei Personen Auskunft geben können. Wir haben Ihre Aussage im Polizeicomputer gesehen. Eine Person wollen Sie erkannt haben, Constanze Kamp. Bei der anderen Person gaben Sie an, sie nicht zu kennen. So war es doch, nicht wahr?«

Schill rauchte und nickte.

»Wir schauten uns das Foto an, und wissen Sie, was uns auffiel? Uns fiel auf, dass es sich um dieselbe Person handelt, die gestern bei uns im Revier war, um Anzeige zu erstatten.« Tannenschmidt stand auf und begann, hin- und herzugehen. »Und jetzt raten Sie mal, gegen wen?«

»Markov?«, fragte Schill, der seinen Fehler erkannte. »Sie haben recht. Sorry, sorry! Ich wollte ihn nicht belasten. Werde ich jetzt bestraft?«

»Interessant«, sagte Tannenschmidt nur. Sie war vor einem Bild stehen geblieben, einer Zeichnung, zwei barbusige Frauen am Waldrand, die ihre Korsage auf den Boden geworfen hatten, mit wogenden Röcken gegeneinander fechtend.

»Émile Bayard, falls es das ist, was Sie interessiert«, erläuterte Schill.

»Interessant, dass Sie einen Mann, der Sie nicht kennt und der gerade mit Ihrer Ex-Freundin unterwegs ist, nicht belasten wollen, Ihre alte Freundin Constanze Kamp aber doch. Wissen Sie, was das macht?«

Schill zuckte mit den Schultern. »Zehn Jahre Zuchthaus?«

»Das macht keinen Sinn«, sagte Tannenschmidt.

»Hören Sie, ich kenne ihn doch auch nicht, ich bin ihm nur flüchtig begegnet. Ich weiß nicht einmal, ob er es wirklich ist.«

Sandler, der seine dicke Brille abgenommen hatte, schrieb etwas ins Notizbuch. Tannenschmidt ging herum. »Hier sind überall Duelle bei Ihnen. Schön, schön. Das passt alles wunderbar zusammen. Deshalb sind wir eigentlich hier. Sie wissen es vielleicht schon oder haben damit gerechnet: Markov hat Anzeige gegen Sie erstattet. Er behauptet, Sie hätten ihn zu einem Duell herausgefordert. Und wenn ich mich hier umsehe, kann ich mir sehr gut vorstellen, dass Sie das tatsächlich getan haben.«

Auf die Frage hatte Schill sich inzwischen vorbereitet. »Deshalb sind Sie hier? Das ist nicht Ihr Ernst, oder? Kommen Sie, das ist ein Scherz. Ich meine, ich bekomme hier Post, der ich entnehme, dass er mit ihr 70 km/h zu schnell durch die Stadt rast wie ein Geiselnehmer. *Verführung einer Frauensperson* – das ist es doch, oder?«

»Verführung einer ehemaligen Freundin, würde ich sagen, *Ihrer* ehemaligen Freundin. Wie lange waren Sie denn zusammen?«

»Vier Jahre und ein paar Monate, wenn Sie es genau wissen wollen.«

Tannenschmidt war vor Schill stehen geblieben, der sich jetzt erhob, um seine Zigarette im Spülkasten abzulöschen und dann in den Mülleimer zu werfen. »Ich frage Sie jetzt offiziell, und überlegen Sie gut, ob Sie eine zweite Falschaussage gegenüber der Polizei riskieren wollen. Haben Sie eine Pistole?«

Schill lachte auf. »Natürlich nicht. Aber angenommen, ich hätte eine und wollte damit ein Duell veranstalten. Meinen Sie im Ernst, ich würde das der Polizei verraten?«

»Das wäre besser für Sie, Herr Schill. Ich meine, es kommt einiges zusammen. Falschaussage gegenüber der Polizei, Behinderung der Ermittlungsarbeiten, Strafvereitelung – das haben Sie jetzt schon sicher. Bei einem Duell hätten wir dann noch Androhung von Waffengewalt, Verstoß gegen das Waffengesetz, Anstiftung zu einer Straftat, Androhung einer Straftat, versuchte Körperverletzung, Störung des öffentlichen Friedens. Habe ich etwas vergessen, Sandler?«

Sandler setzte die Brille wieder auf und blickte von seinem Notizbuch hoch. »Vortäuschung einer Straftat. Gibt bis zu drei Jahren Freiheitsentzug.«

Beide blickten zu Schill in Erwartung seiner Reaktion. Der schüttelte nur den Kopf. »Warten Sie mal, zusammenfassen, das kann ich auch. Zu schnell gefahren bin nicht ich, das ist Markov. Ich habe ihn auf dem Foto nicht erkannt, stimmt, das kommt vor. Und eine Straftat vorgetäuscht? Habe nicht ich, sondern hat ebenfalls Markov. Oder bin ich zu Ihnen gekommen, um jemanden zu beschuldigen? Der Mann ist etwas durch den Wind, glaube ich. Der sieht Gespenster, berufsbedingt vielleicht, er ist ja Psychiater.«

Tannenschmidt musste sich eingestehen, dass sie im Großen und Ganzen das auch so sah und so sehen wollte. Sie hatten nicht viel in der Hand gegen Schill, genau genommen nichts. Es würde noch nicht einmal für einen Durchsuchungsbefehl reichen. Sie nickte Sandler zu, der sich erhob.

»Es wäre gut, wenn Sie in Zukunft Scherze dieser Art unterlassen. Ich meine, gut für Sie. So eine Hausdurchsuchung, das kann ich Ihnen sagen, ist nicht schön, vor allem danach ...« Sie zeigte auf die Kistenstapel, die an den Wänden aufgereiht waren. »... gerade in Ihrem Fall. Sagen Sie mal: Wie wird man Antiquar?«

»Indem man es nicht werden will. Das ist der sicherste Weg. Viele sind Buchhändler, deren Filialen geschlossen wurden. Viele abgebrochene Studenten, Theologiestudenten, Altphilologen, so kommt es mir vor.«

»Und Sie?«

»Schauspieler. Lange nebenbei Geld verdient als Umzugshelfer. Auch Entrümpelungen, Nachlassauflösungen. Berge von Büchern waren da, die niemand haben wollte. Kennen Sie vielleicht: Erst zieht man eines aus einem Haufen hervor, dann wieder eins, irgendwann ist man Junkie.«

Die Kommissarin ließ ihren Blick über die Wände streifen, bis sie an einem Brett innehielt, auf dem Dutzende kleiner Steine aufgereiht und jeweils mit Ortsname und Datum beschriftet waren. *Paris, Sankt Petersburg, Warschau, Hasenheide, Carouge, Weehawken, Uhufelsen.*

»Sie sammeln Steine von Orten, an denen Duelle stattfanden?«

Schill nickte.

»Uhufelsen?«

»Bei Rudolstadt. Fallada.«

»Carouge?«

»Das ist ein Stadtteil von Genf. Dort hat sich Lassalle duelliert.«

Daneben standen ein paar Broschüren und Hefte, Tannenschmidt zog eines heraus. Es war die *Ehrenordnung der SA*, sie drehte sie in der Hand und schaute fragend zu Schill: »Darf ich?«

»Bitte«, sagte Schill, »ich hoffe, Sie halten mich jetzt nicht für einen Nazi.«

Anstelle einer Antwort las Tannenschmidt laut vor:

»Ehrenordnung für die SA. Sie gilt für alle der Obersten SA-Führung unterstellten Gliederungen. Der Oberste SA-Führer: Adolf Hitler.« Sie blätterte und las weiter. *»Die Ehre ist das höchste Gut. Sie zu bewahren und beschützen muss jedem Deutschen wesentli-*

cher sein als zu leben. Denn: wie die Ehre des Mannes, so die Ehre des Volkes, und wie die Ehre des Volkes, so sein Gewicht unter den Völkern. Ein ehrloses Volk wird immer Knecht sein. Deutschland aber muss frei sein …«

»Wissen Sie, was seltsam ist?«, unterbrach Schill sie.

Tannenschmidt blickte auf.

»Ich hatte das Heft gerade in der Hand, wegen eines Duells, des letzten Duells, das die Nazis veranstaltet haben, mit allen merkwürdigen Konsequenzen bis heute, würde ich sagen. Sogar Hitler hat sich damit befasst, auf seine Weise, er ist völlig durchgedreht. Dabei war alles genau geregelt. Es gab einen *Ehrenhof,* mit genauesten Angaben, welcher Dienstgrad dort Vorsitzender oder Beisitzer oder sonst etwas sein muss. Es gab *Untersuchungsverfahren* und *Ehrenverfahren,* in denen haarklein festgelegt war, wer es beauftragt, wer es durchführt, wer es genehmigt. Aber nirgends findet sich ein Satz, der definiert, worin überhaupt ein Verstoß gegen die Ehrenhaftigkeit besteht. Es wird einfach vorausgesetzt, dass das allen klar ist.«

»Und wissen Sie's?«

In dem Moment klingelte Schills Telefon.

»Was Hitler unter Ehre versteht?«, fragte er, ungläubig auf das Telefon in seiner Hand starrend.

7 Ein Haufen Mulm

ZU DEN INTIMSTEN FEINDSCHAFTEN, die Adolf Hitler zeit seines Lebens pflegt, zählt die Feindschaft zum Telefon. Er bringt es nicht unter seine Kontrolle. Er weiß nie, ob der, mit dem er spricht, wirklich der ist, für den er ihn hält. Es ist nicht nur völlig unklar, was am anderen Ende der Leitung vor sich geht, es tauchen auch immer wieder Leute in der Leitung auf, die nicht da hingehören. Überhaupt scheint wirklich jedes Mal etwas anderes zu passieren, etwas Unzumutbares, etwas von der Vorhersehung, die Hitler ansonsten schätzt, Unvorhergesehenes.

Die Berichte darüber lesen sich, als wäre Hitler das bevorzugte Opfer einer Telefonstreichmafia, wobei natürlich nicht außer Acht gelassen werden darf, dass für eine zwangscholerische, expansive und paranoide Person wie ihn ein einfaches Knacken oder Rauschen im Hörer Demütigung und Kriegserklärung schlechthin ist, die er ohnmächtig hinnehmen muss. Mal wird seine Leitung von Gesprächen fremder Teilnehmer überlagert, die sich jede weitere Störung von seiner Seite energisch verbitten. Mal wird er gefragt, wer er sei, und als er antwortet, kommt nur ein belustigtes: *Du bist wohl übergeschnappt.* Einmal wird er nach der Uhrzeit gefragt. Einmal, im Gespräch mit Eva Braun, muss er sich anhören: *Privatgespräche sind hier nicht gestattet.* Dann wieder reißt die Verbindung ab, bevor er ein Wort sagen kann. Dann versteht ihn keiner, obwohl er so laut schreit, dass es des Telefons im Grunde nicht bedürfte. Und am schlimmsten ist es, wenn Telefonate durchgestellt werden sollen in einen anderen Raum, etwa von seinem Dienstzimmer in der Reichskanzlei in den Musiksalon, der besser abgeschirmt ist, aber zugleich technische Tücken bereithält, die Hitler am Ende einer toten Leitung vom Weltgeschehen schmachvoll abkoppeln.

Dies vorausgeschickt, wird nachvollziehbar, warum es zu den schwierigsten Aufgaben seiner Umgebung gehört, ihm telefonisch unangenehme Nachrichten zu übermitteln, denn entweder hält er das für einen dummen Scherz, den zu glauben er wenig Neigung verspürt, oder es handelt sich, mal wieder, um eine Störung der Leitung, mit der man ihn foppt. Besonders ungünstig ist aber, wenn etwas wirklich zutrifft, wie es der Fall ist im Ferngespräch, das SS-Gruppenführer Walter Schmitt am Nachmittag des 18.Oktober 1937 mit dem Führer absolviert.

Schmitt, der wie alle in der Umgebung des Führers um dessen Temperament bei telefonischen Turbulenzen weiß, hat sich seine Worte sehr genau zurechtgelegt, als er von Fritz Wiedemann, dem Adjutanten im Berghof, durchgestellt wird, und sagt: »Mein Führer, ich bedaure, Ihnen Mitteilung machen zu müssen, dass Rittmeister Strunk heute früh bei einem Duell schwere Verletzungen zugefügt worden sind.«

Es geht erwartungsgemäß schief, denn Hitler, eben noch mit sudetendeutschen Komplikationen befasst, versteht überhaupt nichts. Welcher Strunk, was für ein Duell, was für einen Unsinn er, Schmitt, hier überhaupt rede? Schmitt wiederholt daraufhin seinen Satz wortgleich, etwas langsamer und lauter, doch Hitler erklärt jetzt, er wisse von keinem Duell.

Die sechs beschirmten, elektrischen Kerzen im Kronleuchter, der in der Mitte von Hitlers Arbeitszimmer an der Decke hängt, flackern kurz. Die Leitung ist unterbrochen, und als Hitler wieder etwas hört, ist Schmitt gerade dabei, die *ehrenhafte Durchführung des Waffengangs* zu bestätigen.

Hitler bittet Schmitt, hier nicht herumzufaseln, aber je detaillierter Schmitt das Geschehen berichtet, umso unbegreiflicher scheint es zu werden, und als Schmitt die Einschätzung Gebhardts referiert, des Chefarztes der Heilstätten, der zufolge der letale Verlauf, *der definitive Exitus* in Schmitts Worten, eine Sache von Tagen sei, hört es sich an, als würde Hitler laut *Kikeriki* ins Telefon rufen, aber das kann auch eine Leitungsstörung gewesen sein. Das Gespräch ist nicht dokumentiert, es existieren bekanntlich keine Mitschnitte von seinen Telefonaten.

Die sich aus dem Vorherigen ergebene Schreierei Hitlers beinhaltet, zusammengefasst, dass er es nicht begreife. Es verwundere ihn sehr. Strunks Frau werde beleidigt, dann werde Strunk erschossen. Das alles unter Anleitung der SS. Nicht irgendein Strunk, sein Strunk. Dem erst die Frau genommen werde und dann das Leben. Wo da die Vernunft bleibe?

Die Frage steht sehr lautstark im Raum, der über einige beeindruckende Teppichverbände und massive Sesselformationen verfügt, auch über schwere, von der Decke bis zum Boden reichende Vorhänge, nicht zu vergessen fünf, sechs Gemäldegruppen, die sich an den Wänden konzentrieren, was alles zusammen durchaus schalldämpfende Wirkung hat. Aber der Führer wäre nicht der Führer, wenn er nicht vermochte, auch unter diesen ungünstigen Bedingungen sich Gehör zu verschaffen.

In schneller Reihenfolge, nachdem Schmitt abserviert ist, folgen weitgehend wortgleiche Telefonate, deren Adressaten Himmler, Goebbels und von Schirach sind, die im Großen und Ganzen, wenn auch jeder für sich, über das Ausmaß ihrer Dummheit unterrichtet werden. In Anbetracht der Tatsache, dass nicht viele Todesfälle vermochten, Hitlers Gemüt zu touchieren, ist Strunks Sterben ein emotionales Erdbeben, ein Komplott von Irrsinn, Tragik und Unbegreiflichkeiten, dem alle weiteren Termine der nächsten Stunden auf dem Berghof zum Opfer fallen.

Was in Hitler vorgeht an diesem Tag, wer weiß es? Denkbar, dass er sich in den Musiksalon zurückzieht, um unter den immer wieder von vorn abgespielten Klängen von Wagners *Lohengrin* die seelische Schieflage wieder aufzurichten. Schwer zu sagen, warum Hitler ausgerechnet an Roland E. Strunk so hängt, diesem *Rittmeister a. D.*, einem immer etwas zu schneidigen, zu zackigen Militär, der sich seine SA-Montur maßschneidern ließ so wie später die Uniform des SS-Hauptsturmführers auch. Ist es die gemeinsame posthabsburgische Landsmannschaft, die sie verbindet? Sind es seine tollkühnen, allerdings nur durch ihn selbst bezeugten Abenteuer im ersten Krieg in Sibirien? Oder imponieren Hitler, der auf nichts so stolz ist wie auf sein *Eisernes Kreuz 1. Klasse*, Strunks Auszeichnungen, vor allem der *Orden der Eisernen Krone 2. Klasse*, der ansonsten nur Generälen und Kommandeuren im Krieg verliehen wird und den Strunk bei jeder Gelegenheit trägt? Allerdings zu Unrecht, wie bald nach seinem Tod herauskommt, als ein *Verein ehemaliger österreichisch-ungarischer Wehrmachtsoffiziere* bei Hitler Protest einlegte, weil aufwendige Nachforschungen ergeben haben, dass Strunk ihn niemals hätte tragen dürfen. Nach 1918 hatte eine staatliche Kommission unerledigt gebliebene Ordenauszeichnungen und Belohnungsanträge zu prüfen, und offenbar hatte Strunk nachträglich einen Antrag gestellt, der nie bearbeitet wurde. Zwei Tage vor dem Duell war ein Rittmeister a. D. von Schneller an Strunk herangetreten, um von diesem Aufklärung über die Berechtigung zum Tragen des Ordens zu erhalten. Strunk hatte ihn abgewimmelt, aber er wusste, dass es jetzt ernst werden würde. Den Orden trug er auf Fotos, die ihn zusammen mit Franco und Mussolini zeigten. Der Duce fragte ihn bei Gelegenheit sogar ausdrücklich, für welche *Waffentat* er die hohe Auszeichnung erhalten hatte. Was Strunk antwortete, ist nicht überliefert, aber die Wahrheit dürfte es nicht gewesen sein. Seine Decouvrierung war eine Frage von Tagen. Und die Ehre, für die er meinte, sich unbedingt duellieren zu müssen, wäre dahin gewesen.

Strunk ist groß und drahtig, stets leicht vornübergebeugt stehend, den Hals in einer Linie bis zum Nacken nach vorn gereckt, ein Mann ohne Hinterkopf. Sein pockennarbiges Gesicht verrät entschiedene Ausdruckslosigkeit, die, wenn nötig, in Servilität oder Brutalität übergehen kann. Fotos zeigen ihn bei diversen Auslandseinsätzen für den *Völkischen Beobachter*, zumeist devot neben Diktatoren und Generälen, die Hacken zusammenschlagend. Hitler hält ihn für den einzigen deutschen *Korrespondenten von Weltruf*. Er ist Frontberichterstatter in Japan, in Spanien, in Nordafrika. Neben seinen vor Kitsch und Demagogie triefenden Reportagen – *Ich fahre durch das echte Indien, Das Feuer zügelloser Mörder, Gold, Gold, Gold!, Erschütternde Anklage gegen Moskau und das rote Untermenschentum, Wasserfälle wie Silberschleier, Die roten Greuel dokumentarisch belegt* – liefert er regelmäßig Berichte an Hitler mit Einschätzungen der militärischen Lage, mit Angaben über Bewaffnung und Truppenstärken, mit persönlichen Einschätzungen Mussolinis und Francos und deren Umgebung. Der Mann ist Hitlers Spion am Hof der Verbündeten, wo er, als Journalist verkleidet, überall Zutritt erhaltend, die Situation bei den Vasallen ausforscht. Als solcher ist er für Hitler *ein unersetzlicher Verlust, einer seiner besten Leute*, wie er noch Jahre später, beim *Tischgespräch* in der *Wolfsschanze*, klagend und anklagend erinnern wird.

Seine, Strunks, letzte Mission führt ihn Ende Oktober nach Mecklenburg, wo Hitler und Mussolini sich zur Begutachtung der *Abschlußschlacht der deutschen Herbstmanöver* eingefunden haben. Er, Strunk, soll Mussolini begleiten und ihm Kampfkraft und Unbesiegbarkeit der wiederaufgerüsteten Wehrmacht in allen Farben und Facetten vor Augen führen. Berichten zufolge gelingt ihm das so überzeugend, dass er die Manöver früher als geplant verlassen und nach Hause fahren kann, in seine Wohnung in Berlin-Zehlendorf, Schädestraße 6. Dort angekommen, mitten in der Nacht, entdeckt er, ins Schlafgemach tretend, einen fremden Mann.

In den Akten, die Schmitt an Hitler überstellt, ist genau festgehalten, was weiter geschieht. Es ist das *Protokoll* des *gemischten Schiedhofs*, der, im Einvernehmen mit dem *Reichsführer SS* und dem *Reichsjugendführer*, am 14. Oktober, 17.05 Uhr zusammentritt. *Gemischt* heißt der *Schiedhof*, weil er sowohl mit Angehörigen der SS als auch der *HJ* besetzt ist. Als *Schiedmann* fungiert SS-Gruppenführer Schmitt. Sechs *Schiedhelfer* gibt es; auf Seiten der SS der SS-Standartenführer Kelz sowie die Hauptsturmführer Wunder und Bender; auf Seiten der *HJ* die Gebietsführer Petter und Schlünder, außerdem Hauptbannführer Bofinger. Sie alle müssen sich durch ihre Unterschrift zu Stillschweigen verpflichten.

Anwesend sind ebenfalls die Kontrahenten, schräg einander am Tisch gegenübersitzend, Hauptsturmführer Roland Strunk und Gebietsführer Horst Krutschinna, und während Strunk, sehr blass und magenkrank, Krutschinna keines Blickes würdigt, aber alle anderen ernst mustert, hält Krutschinna den Kopf gesenkt. Als *der Beleidiger* wird er aufgefordert, zu erklären, dass er sich bedingungslos dem Spruch des Schiedhofs unterwerfen werde; er erklärt seine Bereitschaft. Strunk wird verpflichtet, seine Aussage wahrheitsgemäß *bei seinem Ehrenwort als SS-Mann* zu machen; er verliest anschließend folgende eigene Erklärung, einen merkwürdigen Mix aus erster und dritter Person.

Der Hauptsturmführer Strunk kehrte in der Nacht von 27. zum 28. unerwartet aus dem Manövergelände, wo er dienstlich für den VB tätig war, zurück und fand folgende Lage in meinem Haus vor: Neben einem Divan lag Herr Horst Krutschinna leicht bekleidet, meine Frau neben ihm unter einem Leopardenfell bedeckt. Als Hauptsturmführer Strunk das Licht andrehte, erwachte Krutschinna, war zunächst fassungslos, stand dann auf, und nach einer kurzen Zwiesprache stellte er sich bedingungslos zur Verfügung.

Dem ist nichts weiter hinzuzufügen, jedenfalls nicht von seiner, Strunks, Seite. Er wird gebeten, den Raum zu verlassen. Krutschinna, gleichfalls darauf hingewiesen, seine Aussagen bei seinem Ehrenwort als *HJ-Führer* zu machen, hat das Wort. Vorweg erklärt er, dem Protokoll zufolge, dass er nicht neben dem Sofa, sondern auf dem Sofa gelegen habe. Man verrät nicht zu viel, wenn man sagt, dass diese Klarstellung sich am Ende als nicht sehr hilfreich erweisen wird.

Die Ursachen, dass es zu dieser verfänglichen Situation gekommen ist, sind folgende: Ich habe im Hause Strunk schon seit vorigem Jahre verkehrt. Eine nähere Freundschaft mit Frau Strunk entstand erst, als Frau Strunk für die durch meine Scheidung entstandene Lage menschliches Verständnis zeigte. Das Verständnis der Frau Strunk für meine Lage führe ich drauf zurück, dass Frau Strunk meine ehemalige Frau und ihre Verwandtschaft kannte. Durch Unterhaltung mit Frau Strunk stellte sich mit der Zeit ein näheres, freundschaftliches Verhältnis heraus. Bei diesen Gesprächen habe ich häufig betont, dass ich nicht die Absicht habe, irgend jemandem etwas zu nehmen oder in eine Ehe einzubrechen. Am Sonntag, dem 27., bat mich Frau Strunk, bei ihr mit zwei weiteren Bekannten, einem Herrn und einer Dame – den Nachmittag zu verbringen, bis ihr Mann, den sie am Abend erwartete, zurückkäme.

Im Laufe des Abends hat Frau Strunk unter meiner und der beiden übrigen Gäste Einwirkung beim VB angerufen, wann ihr Mann zurückkäme. Der Zweck dieses Anrufes war, weil wir als Gäste bei einer baldigen Rückkehr ihres Mannes nicht länger stören wollten. Am Spätabend, nach 10 Uhr, erfolgte dann die fernmündliche Auskunft, dass Herr Strunk erst am nächsten Vormittag zurückerwartet würde, worauf uns die Hausfrau bat, ihr noch so lange wie möglich Gesellschaft zu leisten.

Gegen 12 Uhr nachts erfolgte dann ein Anruf einer Dame, die, wie Frau Strunk erklärte, seit 10 Jahren der Grund ihrer ehelichen Schwierigkeiten ist. Nach diesem Ferngespräch zeigte sich Frau Strunk sehr erregt. Um Frau Strunk zu beruhigen, sind dann die beiden anderen Gäste und ich noch etwa eine Stunde im Hause geblieben. Wir sind dann gemeinsam fortgegangen, jedoch verpasste ich meinen Omnibus, so dass ich eine halbe Stunde warten musste. Ich nahm diese Zeit wahr, um aus der nahen Fernsprechzelle Frau Strunk anzurufen. Dieser Anruf erfolgte einmal, um noch einmal Frau Strunk nach ihrem Befinden zu fragen, da wir sie sehr aufgelöst verlassen hatten, und ferner, um zu vermeiden, dass Frau Strunk, wie sie häufig zu tun pflegte, mich nach meiner Rückkehr in der Wohnung anriefe. Ich wohnte damals in einem möblierten Zimmer, und es war mir immer unangenehm, wenn die Wirtsleute nachts herausgeholt wurden.

Bei diesem Ferngespräch bat mich Frau Strunk flehentlich, die Zeit bis zum Abgang des nächsten Omnibusses bei ihr zuzubringen. Ich sagte daraufhin Folgendes wörtlich: »Ich halte es für falsch, aber wenn ich dir damit helfen kann, will ich es tun.« Frau Strunk antwortete darauf, dass ich ihr damit sehr hülfe, woraufhin ich dann in ihre Wohnung zurückgegangen bin.

Bei dem nun in der Wohnung der Frau Strunk folgenden Gespräch habe ich versucht, Frau Strunk zu überzeugen, dass unter Unterlassung des vielen Rauchens und des gelegentlichen Trinkens ihre Nerven sicher wieder in Ordnung kommen würden und es ihr dann auch möglich sein würde, ihre Ehe in Ordnung zu bekommen. Hierüber verging etwa eine Stunde. Ich bat dann Frau Strunk, mich gehen zu lassen, da auch ein vernünftiger Schlaf für die Nerven notwendig ist. Frau Strunk bat mich daraufhin, doch zu bleiben, sie könne noch nicht schlafen. Ich habe ihr dann gut zugeredet und ihr geraten, sich doch wenigstens auf das Sofa zu legen. Sie führte dies auch aus, blieb vollkommen bekleidet und deckte sich mit einem Leopardenfell, das auf dem Sofa lag, zu. Ich selber blieb auf meinem Stuhl sitzen, um ihr Einschlafen abzuwarten. Ich versuchte, mich leise zu entfernen, jedoch merkte Frau Strunk dies und bat mich, noch zu bleiben, sie könne allein nicht schlafen. Hierüber versäumte ich nun auch meinen letzten Omni-

bus, und da ich selber müde war und Frau Strunk zu schlafen
schien, habe ich mich auf den äußeren Rand des ziemlich breiten
Sofas, getrennt durch ein Leopardenfell, gelegt. Ich beschloss, so zu
warten, bis der erste Omnibus gegen 5 Uhr früh führe.

Als Erklärung für meine leichte Kleidung gebe ich folgendes
an: Ich bin zurzeit in geldlichen Schwierigkeiten, deshalb konnte
ich mir auch kein Taxi zur Heimfahrt leisten, nachdem die öffent-
lichen Verbindungen eingestellt waren. Aus dem gleichen Grunde
war ich damals nur im Besitz eines tragbaren Anzugs. Aus diesem
Grunde habe ich mein Beinkleid ausgezogen, um es vor dem Zer-
knüllen zu schonen, vor allem, da ich mich am nächsten Tage bei
meiner neuen Arbeitsstelle vorstellen sollte. Ich war jedoch mit
meinem Taghemde, meinem Unterbeinkleid und Strümpfen be-
kleidet.

Ich erkläre, dass diese Situation äußerst verfänglich aussah, ich
niemals mit der Ehefrau des SS-Hauptsturmführers Strunk ge-
schlechtlich verkehrt habe, vielmehr unser Verhältnis nur ein rein
freundschaftliches war. Was dann erfolgte, als der SS-Hauptsturm-
führer Strunk zurückkehrte, deckt sich mit den Angaben, die SS-
Hauptsturmführer Strunk gemacht hat.

Nachdem Krutschinna gesprochen hat, etwas zu ausführlich,
etwas zu detailliert, etwas zu sehr die edlen Motive betonend, die
ihn leiteten, liegt auf den Gesichtern der Zuhörer keine Ergriffen-
heit, sondern eher ein Gemisch aus Enttäuschung und fader Un-
gläubigkeit. Allen ist klar, dass hier alles klar ist. Selbst wenn sie
stimmt, wäre die Geschichte einfach zu schlecht. Und die sieben
erwachsenen Männer, die um den länglichen Sitzungstisch versammelt sind, erwägen keine Sekunde, Frau Strunk womöglich
um ihre Version zu bitten oder wenigstens das Leopardenfell als
Beweismittel zu beschlagnahmen. Die Wahrheit muss hier nicht
ermittelt werden. Es geht vielmehr darum, festzustellen, ob ein
Verstoß gegen die Ehrenhaftigkeit vorliege, was nach Lage der
Dinge und unabhängig davon, ob es hier tatsächlich zum Äußers-

ten kam oder ob das Leopardenfell eine letzte, entscheidende Barriere zu bilden vermochte, kaum bezweifelt werden kann.

Eine Erörterung findet nicht statt. Gebietsführer Schlünder erklärt in das allgemeine Schweigen hinein, dass Krutschinna auf Befehl des Reichsjugendführers in Zivil erschienen sei, als sei das eine wichtige, wegweisende Klarstellung; aber in der Tat, ein deutlicher Hinweis darauf, dass man ihn, in der Angelegenheit, lieber nicht in Uniform sehen möchte, ist es.

Krutschinna wird hinausgeschickt und Strunk wird hereingebeten, um zu dessen Einlassungen Stellung zu nehmen. In bemerkenswerter Abgeklärtheit und stringenter Durchnummerierung führt er sodann sechs Punkte auf.

1.) Mir ist nicht bekannt, dass sich meine Frau und der Obergebietsführer duzen. Sie haben sich noch Ende September, kurz vor meiner Abreise, mit Sie angesprochen. – 2.) erkläre ich, dass Krutschinna es nicht nötig hatte, sich neben meine Frau aufs Sofa zu legen, da ein weiteres Sofa sich im Zimmer befand. – 3.) Aufgrund der angetroffenen Situation in meinem Hause am frühen Morgen des 28. kann ich von dem im Protokoll niedergelegten Eindruck, auch nach der Erklärung des Obergebietsführers Krutschinna, nicht abgehen. – 4.) Das in den Aussagen des Obergebietsführers erwähnte Ehepaar hat mir nach dem Vorfall einen Brief geschrieben, in dem zum Ausdruck kommt, dass, nachdem K. mit ihnen zusammen zum Omnibus gegangen wäre, er ohne ihr Wissen ins Strunk'sche Haus zurückgekehrt sei. Aus dem Schreiben des Ehepaars geht ferner hervor, dass der Obergebietsführer K. meine Frau in unserem Sommerhaus besucht hat. – 5.) Ich bleibe auf dem Standpunkt bestehen, dass, wenn ein Mann in dieser Bekleidung sich neben eine Frau auf ein Sofa legt, entweder eine Missachtung der Frau zum Ausdruck kommt oder der Beweis erbracht wird, dass der Mann durch intime Beziehung das Recht dazu hat .– 6.) Gleich nach dem Vorfall hat meine Frau mir erklärt, dass sie das Haus verlassen müsse. Des Kindes wegen erklärte ich ihr, dass ich mich entfernen würde. Etwa 48 Stunden später musste ich nochmals mein Haus betreten, um Angelegenheiten meines Kindes zu regeln. Hierbei erklärte meine Frau, dass nichts zwischen ihr und dem Obergebietsführer K. vorgekommen sei. Ehrlichkeit auf allen Seiten. Man kann Strunk vorhalten, dass er die Geliebte, die er seit zehn Jahren hat, nicht eigens erwähnt, aber darum geht es ja nicht. Ebenso unerwähnt bleibt von seiner Seite die Tatsache, dass es sich beim Leopardenfell um ein *Weihegeschenk* des Reichsführers handelte; möglicherweise geschieht dies, um Himmler, der das Protokoll lesen wird, nicht zu brüskieren.

Der Schiedhof zieht sich zur Beratung zurück, das heißt, beide, Strunk und Krutschinna, müssen vor der Tür warten, und sie tun dies wortlos, friedvoll und rauchend auf zwei hölzernen Bänken eines langen breiten Flures, etwa fünfzehn Meter voneinander entfernt. In der gleichen Entfernung werden sie, vier Tage später, aufeinander schießen.

Nachdem er sich beraten hat, es dauert keine Zigarettenlänge, bittet der Schiedhof die beiden herein und verkündet, *die Ehrenangelegenheit SS-Hauptsturmführer Strunk – Obergebietsführer Krutschinna ist durch Zweikampf mit der Waffe auszutragen.* Als Waffe der Wahl, so steht es in Stück 28 der *Schieds- und Ehrengerichtsordnung der SS*, ist Säbel vorzuziehen.

An diesem denkwürdigen Punkt dreht das Schicksal für alle Beteiligten noch eine Ehrenrunde. Ein Säbelduell, argumentiert Strunk, sei viel zu gefährlich für ihn. Und er legt, zur Überraschung aller, ein Attest vor, ausgestellt an diesem Tag, dem 14. Oktober 1937, vom Chef des SS-Sanitätsamts, von Ernst-Robert Grawitz, der kraft seiner Unterschrift bestätigt, dunkelblau auf weiß, dass Strunk infolge einer Malariaerkrankung ein Säbelduell nicht zuzumuten sei; kleinste Verletzungen könnten schwerwiegende Entzündungsprozesse zur Folge haben; ein Duell mit Pistolen sei vorzuziehen.

Diesem in seiner Absurdität fast majestätischen Einwand folgen sowohl der Schiedhof als auch die Duellanten ohne Widerspruch, und so wird beschlossen, dass der Zweikampf mit Pistolen am 18. Oktober, sieben Uhr morgens, in der Gegend von Hohenlychen stattzufinden hat. *Abgeschlossen, genehmigt und unterschrieben* – mit den sieben Unterschriften des versammelten Schiedhofs.

Das alles wird sachlich und eher beiläufig abgehandelt, einerseits wie ein rein organisatorisches Problem, andererseits wie ein Tagesordnungspunkt unter vielen. Für Ernst-Robert Grawitz ist das Attest ein frühes Achtungszeichen und kleiner Ausblick, wozu er als Arzt und späterer *Reichsarzt SS und Polizei*, SS-Obergruppenführer und General der Waffen-SS fähig und in der Lage sein wird. Dabei ist die Diagnose der nicht vorhandenen Malaria anstelle einer manifesten Darmtuberkulose nur ein kurioser, zumal beabsichtigter Kunstfehler und seine Empfehlung, Pistolen aus medizinischer Sicht den Vorrang vor Säbeln zu geben, nur eine vergleichsweise harmlose paradoxe Kühnheit. Grawitz wird sich nur zwei Jahre später bereit erklären, SS-Ärzte zum Zweck der Ermordung von körperlich und geistig Behinderten abzustellen, 70.000 werden am Ende umgebracht. *Es sei keine angenehme Aufgabe*, soll er gesagt haben, *aber man müsse auch bereit sein, unangenehme Arbeiten zu übernehmen.* Was das betrifft, sei er bereit, *nach Errichtung der ersten Tötungsanstalt die Tötung des ersten Geisteskranken selbst durchzuführen.* Grawitz wird auch die Personalhoheit über das medizinische Personal in den Todeslagern übernehmen; er entscheidet, welcher Arzt an der Rampe steht. Unter seiner Leitung und auf seine Anordnung werden medizinische Experimente an KZ-Häftlingen stattfinden. Zu Forschungszwecken, wird er an Himmler schreiben, sei es *wünschenswert*, in Tierversuchen gezüchtete Hepatitis-Viren auf Menschen zu übertragen, woraufhin dieser ihm acht Juden aus Auschwitz zur Verfügung stellt. Auch die von Karl Gebhardt im KZ Ravensbrück an sechzig Polinnen veranstalteten Sulfonamid-Versuche ordnet Grawitz an und verlangt dabei *absolut kriegsgleiche Wunden,* hervorzurufen durch das Einbringen von Schmutz und Glassplittern unter die Haut. Am 23. April 1945 wird eine Explosion die Babelsberger Villa erschüttern, in der er wohnt. Er sitzt mit seinen Kindern und seiner Frau am Küchentisch, als er unter der Tischplatte zwei Handgranaten zündet.

Zu vermuten steht, dass Hitler, im schweren Sessel des Musiksalons versunken, nach der vielleicht achten Wiederkehr des letzten *Lohengrin*-Aktes, als das wehmütige *Mein lieber Schwan* erklingt, *mein lieber Schwan* mitsummt, mitsingt, denn er kennt das Libretto auswendig. Natürlich ist es müßig, sich vorzustellen, was er gedacht haben könnte angesichts des Strunk-Schlamassels, aber vielleicht hat er genau das gedacht: *mein lieber Schwan.*

Auch Hitler hat seine Zukunft noch nicht hinter sich. Sie ist nicht zu Ende, als sich am 30. April 1945, nachmittags um halb vier, auf dem mit braunen Laubornamenten gemusterten Teppich vor der Sofalehne im *Führerbunker* eine tellergroße rote Blutlache bildet. Sie überdauert auch die 200 Liter Benzin, die über seine Leiche und die von Eva Braun geschüttet werden. Mehr als zwei Stunden werden sie brennen, unter einem nicht nachlassenden Feuerwerk von Granaten. Frisch vergraben, schlägt eine Bombe im Garten der Reichskanzlei über ihnen ein. Mehrfach werden sie ausgegraben, wieder eingegraben und wieder ausgegraben, bis man sie im Institut für Pathologie, Haus 132 des Klinikgeländes, in Berlin-Buch auf Eis legt. Am 11. Mai 1945 bringen Gebissuntersuchungen des Zahnarztes Hugo Blaschke und der Zahntechnikerin Käthe Heusermann die Gewissheit, dass der Führer persönlich und seine frisch Angetraute hier ihre Flitterwochen verbringen. Bis auf Hitlers Kiefer, der sich auf eine Reise nach Moskau begibt, werden die Überreste auf dem Krankenhausgelände vergraben. Kurz darauf exhumiert man sie erneut und bringt sie zur sowjetischen Garnison nach Finow. Weil erst ein Zeuge und dann ein General die Überreste in Augenschein nehmen sollen, kommt das Liebespaar nicht zur Ruhe. Im Juni besuchen sie das Erdreich in der Nähe von Rathenow in einem Wald, im Juli ein Waldstück bei Stendal. Schon im Dezember sind sie erneut unterwegs, diesmal geht es nach Magdeburg, wo sie wieder verscharrt und im Januar 1946 zu Untersuchungszwecken erneut ausgegraben werden. Es folgt ein längerer Aufenthalt auf einem Militärgelände in Magdeburg-Sudenburg, genauer gesagt darunter. Das Grab, wenngleich jetzt asphaltiert, wird nicht ihr letztes sein.

Am 5. April 1970 wird die erneute Exhumierung anberaumt; die Rote Armee muss das Gelände räumen und fürchtet Reliquienjäger. Im Fundbericht wird vermerkt: *Schädel, Gebein, Rippen, Wirbel usw. in Kisten, diese zu Mulm verfault. Leichen waren mit Erde vermischt, der Zerstörungsgrad ist groß.* In einem sowjetischen Geländewagen chauffiert man den Haufen Mulm zur Garnison der 10. sowjetischen Panzerdivision in Schönebeck, elf Kilometer von Magdeburg entfernt. Dort steht vor der Leichenhalle der Kaserne ein Scheiterhaufen, der die Reste erwartet. In einer Stunde verbrennen sie zu einem Haufen Asche, der zusätzlich mit Kohlenasche vermischt und zerstampft wird. Dann tritt das, was übrig bleibt, die letzte Reise an, zwanzig Kilometer bis zu einem kleinen Ort namens Biederitz. Dort, von der *Schweinebrücke*, die über die Ehle führt, einen kleinen Nebenfluss der Elbe, fällt die Asche ins Wasser.

Die Ehle, um auch das noch zu sagen, mündet in die Elbe, und die in die Nordsee, wo die Strömungs- und Windverhältnisse, die in den 1970er-Jahren herrschen, bekanntlich keine Himmelsrichtung auslassen. Im Herbst 1989 fotografieren Touristen in der Nähe von Helgoland einen Schwan, der, *Köpfchen in das Wasser, Schwänzchen in die Höh'*, auf eine obsessive, regelrecht verbohrte, nach ihrer Ansicht ungute Art im Seichten gründelt.

Vorher aber, über ein halbes Jahrhundert zuvor, im Musik-salon der Reichskanzlei, unter den Klängen des Vorspiels des *Lohengrin*, trifft Adolf Hitler noch eine wichtige Entscheidung. In einem Erlass verbietet er das Führen von Zweikämpfen. SS-Gruppenführer Schmitt in der Personalkanzlei wird den Eingang des Fernspruchs am 22. Oktober 1937, 20.35 Uhr, bestätigen.

8 Das Geschenk des Ärgers

WENN TANNENSCHMIDT mit ihren Ermittlungen nicht vorankam, so lag das auch daran, dass es nichts zu ermitteln gab. Die Telefonnummer, die in dem ominösen Brief stand, den Markov erhalten hatte, erwies sich als die einer Fahrradkurier-Zentrale. Mit etwas Mühe konnte der Fahrer gefunden werden, der den Auftrag ausgeführt hatte, ein gewisser Steven, der erklärte, vom Absender tatsächlich gebeten worden zu sein, bei der Übergabe die Worte *Ich bin der Sekundant* zu sagen, für 20 Euro Trinkgeld. Tannenschmidt schloss die Augen, als Sandler ihr am Morgen nach dem Besuch bei Schill die Mitteilung machte.

»Guten Morgen, Frau Oberkommissarin«, sagte er. Tannenschmidt nickte schwach, warf ein graues Jackett, das sie beim Betreten des Büros abgestreift hatte, über die Stuhllehne und schob die Ärmel ihres Long Sleeves hoch zu den Ellenbogen, um sich ihrer Tatkraft zu versichern. Es gab einiges zu tun – nur was? Wenig hilfreich war, was Sandler sich in Schills Küche im Notizbuch notiert hatte.

»Da war auf dem Tisch ein Zettel, eine Liste, der Kugelschreiber lag noch daneben. Schwer zu lesen, Handschrift, alles auf dem Kopf, aber ich habe abgeschrieben, was ich entziffern konnte.«

Tannenschmidt las die Liste halblaut murmelnd. Ihre Mimik zeigte Zeichen von Missmut. »*Letzte Ölung ... weißes Hemd ... Egon O. erledigen ... Hl. Hitler ... Fuß Sex ... Alarmanlage aus.* Was bitte soll das?«

Sandler wusste es nicht. »Aber ich habe herausgefunden, was *Beleidigung dritten Grades* bedeutet.«

»Ach?«

»Ersten Grades, das ist einfach nur eine Unhöflichkeit, eine Verletzung der Umgangsformen. Zum Beispiel wenn ich Sie nicht grüßen oder abfällige Bemerkungen machen würde. Dann könnten Sie mich fordern. Aber ...«

»Aber?«

»... ich habe Ihnen eben ja in aller Deutlichkeit einen guten Morgen gewünscht.«

»Ich verstehe. Wie viele Grade von Beleidigungen gibt es denn?«

»Drei. Der zweite ist eine Beschimpfung. Kraftausdrücke. Unterstellungen. Falsche Behauptungen.«

»Dann hätten wir in Berlin jeden Tag tausend Duelle, wenn diese Regeln noch in Kraft wären ...«

»Ja.«

»Und das Internet müsste abgeschaltet werden, so viele Beleidigungen, wie da ununterbrochen kursieren.«

»Ja, sicher.«

»Obwohl sein kann, dass sich die Leute vorsichtiger ausdrücken, Sandler, wenn sie wissen, dass sie am nächsten Tag nicht in das schwarze Loch der Kamera am Laptop schauen, sondern in eine Pistolenmündung.«

Sandler holte Luft.

»Und der dritte Grad?«

»Schlag. Wobei auch eine Berührung als Schlag gewertet werden kann. Ansonsten alles: Ohrfeigen, Stöße, Rempeleien. Und ...«, Sandler atmete aus, »... Verführung einer Frau, Ehefrau, Geliebten, Schwester!«

»Ah ja, danke, Sandler, ich danke Ihnen, dass Sie uns auf den aktuellen Stand des vorletzten Jahrhunderts gebracht haben. Gibt es einen Grund, warum das aufgehört hat? Wäre interessant zu wissen.«

»Nein, ich wüsste nicht. Das ist merkwürdig. Der Erste Weltkrieg ist so eine Art Datumsgrenze. Vielleicht gab es da zu viele
Tote. Sieht so aus, dass Duellieren danach keinen Sinn mehr
machte. Jedenfalls scheint es seitdem aus der Mode gekommen
zu sein.«

»Ich verstehe«, sagte Tannenschmidt, während sie überlegte,
ob sie es wirklich verstand. »Verführung einer Frauensperson ...
Warum fragen wir sie nicht einfach, was sie davon hält? Vielleicht
kann sie ja zur Aufklärung des Schlamassels beitragen?«

Zwei Telefonate später saß die Kommissarin in ihrem Dienst-
wagen und befand sich auf dem Weg zu einem Schweigekloster
im Vogtland. Es war Vormittag, es war neblig, und es war in jeder
Hinsicht nebulös.

Sie hatte zunächst bei Markov angerufen, dem sie darlegte,
dass jetzt auch gegen ihn ermittelt werde, und zwar in einer Ver-
kehrsstrafsache, er sei mit 72 km/h über der erlaubten Geschwindigkeit geblitzt worden. Das sei zwar nicht ihre Baustelle, darum
kümmere sich ein anderes Dezernat, aber die Sache trage nicht
gerade zur Vertrauensbildung bei. »Herr Markov, ich sage Ihnen
ganz offen: Ich mache mir Sorgen. Sie machen mir Sorgen. Erst
schreien Sie hier im Revier herum, dann verwüsten Sie Ihre eigene Wohnung, und jetzt kommt heraus, Sie sind ein gemeingefähr-
licher Raser. Von dem angeblichen Duell, mit dem Sie bedroht
werden, ganz zu schweigen. Normalerweise würde ich einem
Bürger, der sich so verhält, raten, sich psychologische Hilfe zu suchen. Aber Ihnen?«

Markov stöhnte. »Ich bitte Sie! Ich habe Ihnen von Anfang an
gesagt, dass Sie die Sache ernst nehmen sollen. Tun Sie's endlich! Sie sehen, ich bin auch nur ein Mensch. Mag ja sein, ich bin
laut geworden. Aber Sie interessieren sich gar nicht, warum?
Vielleicht, weil ich von keinem gehört werde? Richtig, ich habe
meine Wohnung auf den Kopf gestellt. Aber nicht freiwillig, das
können Sie glauben, sondern weil ich in Panik geraten bin. Und,

zugegeben, ich fuhr zu schnell. Das ist überhaupt nicht verwunderlich bei einem Menschen, der auf der Flucht ist. Was erwarten Sie? Dass ich still in meiner Praxis sitze, bis ich abgeholt werde zu meiner Erschießung?«

Tannenschmidt wollte einwenden, dass jemand, der in Panik und auf der Flucht ist, sich für gewöhnlich nicht derart gut gelaunt fotografieren lässt, doch sie hatte das Bedürfnis, die Sache abzukürzen. »Kommen Sie, es gibt bisher nicht die geringsten Hinweise darauf, dass das bevorsteht. Herr Schill hat uns gegenüber sehr glaubhaft versichert, dass es sich um einen Scherz handelt. Vielleicht sind Sie ja humorloser, als er dachte?«

»Sie machen Witze?«

»Keineswegs, ich denke, wir können den Fall abschließen. Wie erreiche ich denn Frau Kamp? Sie wissen das doch sicher.«

Es stellte sich heraus, dass Markov das nicht wusste. Frau Kamp, sagte er, sei nicht zu erreichen im Moment, da nicht erreichbar. Es bedurfte dringlicher Nachfragen Tannenschmidts, bis Markov bereit war, ihren Aufenthaltsort zu nennen. Sie habe sich in einen Meditationskurs zurückgezogen, um zu sich zu kommen, um Ruhe zu finden. In ein Schweigekloster. Zehn Tage meditieren, ohne Kommunikation nach außen, auch ohne Telefon. Er, Markov, überlege, das auch zu tun, nicht jetzt, aber vielleicht, wenn das alles hier vorbei sei.

Die Nachricht elektrisierte Tannenschmidt überhaupt nicht. Sie hatte zwar noch nie von einem Schweigekloster gehört, aber es passte leider perfekt in das Milieu der ganzen Retro-Chose mit ihren Duellen, Depeschen, Sekundanten, Beleidigungen dritten Grades. Jetzt kam ein Kloster dazu. Sie ließ sich die Adresse geben, ein kleines Dorf namens Triebel im Süden Sachsens, und beendete das Gespräch mit Markov, nicht ohne ihn noch einmal zu bitten, zu seiner eigenen Sicherheit nichts zu unternehmen und nicht durchzudrehen. Es werde sich alles aufklären.

Schnell fand sie im Netz die Telefonnummer des *Vipassana-*

Meditationszentrums und erreichte dort einen Praktikanten, der, nachdem klar war, dass die Kriminalpolizei anrief, an den Vorstand durchstellte.

»Egon Omananda, Vipassana Triebel, wie kann ich helfen?« Anders als der Klingklang der Vokale vermuten ließ, erwies sich der Vorstand als Muttersprachler, der mit sanftem Timbre auf Tannenschmidt einsprach. Es sei alles nicht günstig, erfuhr sie, geradezu ungünstig. Weder könne er bestätigen, schon aus Datenschutzgründen nicht, noch dementieren, dass eine Frau Kamp sich im Zentrum befinde. Zu sprechen, falls anwesend, sei sie selbstverständlich nicht, denn es werde nicht gesprochen. Heute sei zudem der dritte Tag, an dem erfahrungsgemäß die Teilnehmer mit inneren Krisen und Selbstzweifeln zu kämpfen hätten. Darum gehe es ja, den Blick nach innen richten, da sei nichts zu machen, das müsse sie verstehen. Es sei denn, flüsterte er beschwörend, es sei Gefahr im Verzuge.

»Alles andere als das«, erwiderte die Kommissarin, »ich denke, ich bin sicher, wir können warten.«

Omananda bat noch um Verständnis, Tannenschmidt entschuldigte sich für die Störung, das Gespräch war beendet. Einen Moment herrschte Stille, ja Versenkung, innere Einkehr, als sei Tannenschmidts Büro soeben per Telefon zu einer Filiale des Schweigeklosters ernannt worden. Dann sprang sie auf und rannte aus der Tür.

Sekunden später beugte sie sich über Sandlers Notizbuch und las Schills Liste, deren Abschrift der Assistent gestern Abend angefertigt hatte. Dort stand zweifellos: *Egon O. erledigen.* Und auf der Website des Meditationszentrums: »Egon Omananda, geschäftsführender Vorstand«.

Langsam begannen die Unbegreiflichkeiten, jedenfalls nach Tannenschmidts Ansicht, überhandzunehmen. »Egon Omananda, was für ein Name! Überprüfen Sie den Mann einmal«, bat sie den Assistenten. »Haben Sie eine Idee, warum Schill ihn erledigen will? Und kann es Zufall sein, dass Constanze Kamp sich gerade jetzt genau dort befindet und schweigt?«

Auf der fast vierstündigen Fahrt durch weitgehend vernebelte Weiten lichtete sich die Angelegenheit weder meteorologisch noch sonst wie. Tannenschmidt sah am Steuer ihres Wagens immer genau so weit, wie sie sehen musste, um Verkehr und Straßenverlauf zu folgen. Das Navigationsgerät kannte den Weg. Ihr blieben über drei Stunden Zeit, nachzudenken. Sie telefonierte mit Sandler, dem sie aufgetragen hatte, sich die anderen Einträge der Liste vorzunehmen und zu prüfen, ob es weitere Hinweise gebe.

»Ganz oben haben wir *LOST*«, sagte Sandler.

»Was ist damit gemeint? Eine Vermisstenanzeige?«

»Ja, vermisst, verloren, verirrt, würde ich sagen. Es gibt auch eine Mystery-Filmserie, die so heißt.«

»Aha. Das passt. Machen wir mal weiter. Werden wir sehen, was dabei herauskommt.«

»Darunter steht *Letzte Ölung*.«

»Gut, gut. Das ist ein Kirchenritual, katholisch, vor dem Tod. Oder bedeutet das auch etwas anderes?«

»Nein, nichts gefunden. Aber es ergibt keinen Sinn. Schill ist nicht konfessionell gebunden.«

Tannenschmidt folgte mechanisch den Anweisungen des Navis und machte sich innerlich bereit für weitere Kombinationen. »Was kommt danach?«

»Danach kommt der Eintrag *weißes Hemd*.«

»Das Totenhemd. Merke ich mir. Halten wir fest: Er bereitet offenbar seine Beerdigung vor. Wie geht es weiter?«

»*Egon O. erledigen*.«

»Richtig. Was haben wir über Egon Omananda herausgefunden?«

»Im Melderegister nichts. Der Mann existiert nicht«, sagte Sandler.

»Wie? Er existiert nicht?«, rief Tannenschmidt.

»Er existiert nicht.«

»Also *lost*. Nicht gut. Überhaupt nicht gut. Was haben wir noch?«

»*Hitler*, also H-l-Punkt Hitler, Heinrich-Ludwig-Punkt-Hitler.«

»Heiliger Hitler. Heil Hitler. Oder was bitte schön noch? Gibt es andere Dinge, die mit *H-l* abgekürzt werden?«

»Ja, Hektoliter zum Beispiel. Und Lübeck, Hansestadt Lübeck.«

»Ich nehme heilig. Das deutet auf eine Verwirrung. Oder Verirrung. Lost eben. Weiter, weiter!«

»*Fuß Sex*«, las Sandler.

»Fuß Sex?«

»Fuß Sex. Und als Letztes *Alarmanlage aus*.«

»Ah ja«, sagte Tannenschmidt und schaute resigniert nach vorn, »können Sie das lösen? Ich nämlich nicht.«

»Ich auch nicht. Ich habe es versucht, vorwärts und rückwärts. Nichts, keine Chance.«

Was immer Sandler da abgeschrieben hatte, es war nach menschlichem Ermessen unknackbar. Die einzig klare, halbwegs gesicherte Tatsache schien bis eben das Vorhandensein eines Mannes namens Egon O. zu sein, der jetzt aber auch nicht mehr existierte, obwohl Tannenschmidt vor einer Stunde mit ihm gesprochen hatte. Ein Rätsel, ein Mirakel, ein blöde Sache, zu blöd für Tannenschmidt.

»Sandler, hören Sie! Wir stoppen die Sache, wir lassen die Liste. Oder wir geben Sie dem Staatsschutz, was weiß ich. Vielleicht haben die einen Astrologen vom Dienst. Vielleicht gibt es einen Geheimcode, den wir nicht kennen. Sammeln Sie mal zusammen, was wir zu Duellen haben. Wann war das letzte, wo, wer mit wem, wie ist die Rechtslage? Und schicken Sie einen Kollegen zu Schill, der soll unauffällig beobachten, was er macht. Ich will wissen, wohin er geht und wen er trifft.«

War die Liste überhaupt eine Liste? Wer weiß denn, was Sandler da abgeschrieben hatte? Am Ende irgendein antiquarisches Stichwortverzeichnis. Notizen fürs Kreuzworträtsel. Ein Gedicht? Die Kommissarin deklamierte die Zeilen ächzend vor den versammelten Armarturen inklusive Lenkrad: »*LOST / Letzte Ölung. / Weißes Hemd. / Egon O. erledigen. / Heiliger Hitler / Fuß Sex / Alarmanlage aus.*« Es klang nicht einmal unpoetisch. Aber es klang ganz sicher nicht wie Goethe oder Schiller.

Die weitere Fahrt war von wohltuender Ereignislosigkeit gekennzeichnet, wenn man davon absieht, dass Tannenschmidt einige Mühe hatte, die Vorstellung von Hitler beim Fuß-Sex aus ihrem Kopf zu entfernen.

Seid voller Zuversicht und seht den Dornen und Nägeln auf Eurem Weg und allen Hindernissen um Euch herum tapfer und lächelnd ins Auge. Tannenschmidt wiederholte den Satz drei Mal, ohne ihn zu verstehen. Hatten Dornen, Nägel und Hindernisse Augen? Das Zitat eines gewissen S. N. Goenka, des obersten Schweigechefs, hing groß im Foyer des *Vipassana-Meditationszentrums.* Der ganze Komplex bestand aus mehreren Gebäuden, einem ehemaligen lang gestreckten Schullandheim mit Meditationshalle und Unterkünften, oberhalb des Dorfes auf einem Hügel gelegen, gut eine Stunde südlich von Dresden. Im dämmrigen Licht des Januarnachmittages wirkte das Areal verlassen und gespenstisch.

Die Kommissarin war nach ihrer Ankunft über den gepflasterten Platz gelaufen hinüber zum Haupteingang und durch ein Portal aus Naturstein in den Eingangsbereich getreten. Kein einziger Mensch war zu sehen. Am Boden verstreut lagen zahllose Schuhe, Wanderstiefel, Gummistiefel, Sneaker, von Frauen und Männern, schlammverkrustet, schiefgelatscht, ein- und ausgebeult, immerhin Zeugnis von Leben im Schweigekloster. Irgendwo zwischen ihnen mussten sich auch die Schuhe von Constanze Kamp befinden; Tannenschmidt unterdrückte die Herausforderung, zu erraten, welche es sein könnten. Sie hatte sowieso nur das Verkehrsüberwachungsfoto, auf dem eine Frau um die vierzig zu erkennen war, schulterlange Haare, große Augen, schmales Gesicht, Shirt mit rundem Ausschnitt – keine Schuhe.

Sie spähte um Ecken, sie lauschte. Zu hören war nichts, nur das einsame Tappen der eigenen Schritte. Wieder draußen, entdeckte sie an der Seite des Hauses eine kleine Treppe, die sie zu einer Tür führte, über der *Verwaltung* stand. Sie klopfte und trat ein.

Am Schreibtisch in seinem bis unter die Decke mit Aktenordnern zugestellten Büro erhob sich ein junger Mann, um die dreißig Jahre alt, sehr hager, sehr kurzhaarig, bekleidet mit einem beigen kragenlosen Hemd. Er schaute die Besucherin neugierig an.

»Guten Tag, Tannenschmidt, Kriminalpolizei Berlin. Hatten *wir* am Vormittag miteinander telefoniert?«

»Sie sind Frau Tannenschmidt? Das verstehe ich nicht. Sagten Sie nicht, Sie würden warten, bis der Kurs beendet ist?«

»Ja, richtig, das sagte ich, Herr ...?«

»Omananda. Entschuldigen Sie. Guten Tag. Bitte, wollen Sie sich setzen?«

Er wies mit der Hand in die Ecke zu einem kleinen Tisch mit Stühlen, über dem ein Plakat Reklame für das hölzerne Rad des Lebens machte. »Ich bitte um Verständnis, aber ich bin überrascht.«

Sie setzten sich einander gegenüber, der Tisch wackelte, als Tannenschmidt schwungvoll die Beine übereinanderschlug.

»Es ist so, es gibt da einige Fragen, die sich, sagen wir, als unaufschiebbar erwiesen haben.«

»Ja«, sagte Omananda ruhig.

»Sie betreffen Ihre Person.«

Omananda nickte abwartend.

»Kennen Sie einen Mann namens Alexander Schill?«

149

»Nein. Ich glaube nicht. Sollte ich ihn kennen?«

»Könnte es sein, dass er Sie kennt?«

Das war eine Frage, die Omananda verwirrt die Schultern heben ließ.

»Ich meine, könnte es sein, dass er beispielsweise einmal hier gewesen ist?«

»Das weiß ich nicht aus dem Kopf, ich bitte um Verständnis, wir haben über die Jahre Tausende Kursteilnehmer hier, aber da kann ich nachschauen.« Omananda ging zum Schreibtisch und tippte in die Tasten. Während er beschäftigt war, blätterte Tannenschmidt durch eine Broschüre, die auf dem Tisch lag, ein *Leitfaden für die Praxis*, gerichtet an *Wanderer auf dem Dhamma Pfad*. Ihnen wurden die wichtigsten Grundbegriffe der Meditation erläutert. *Anapana*, das war die Kunst der Konzentration auf den Bereich unterhalb der Nasenlöcher. *Vipassana* hieß die systematische Beobachtung aller Stellen des Körpers. *Metta* versprach eine Form der Entspannung, die mit guten Wünschen für jedes Wesen verbunden werden sollte. Das *Minimum* war, diese Formen der Meditation täglich zu praktizieren, jeweils eine Stunde am Morgen und am Abend, dazu vor dem Einschlafen und Aufwachen im Bett, mittags nicht zu vergessen und außerdem in der freien Zeit. Es gab das *Dreifache Juwel*, den *Achtfachen Pfad*, die *fünf Hindernisse* und *zehn geistigen Vollkommenheiten*. Tannenschmidt kam nur bis zur ersten, zur *nekkhamma – Entsagung*, als Omananda wieder an den Tisch trat.

»Die Antwort ist Nein«, sagte er. »Das hätte ich Ihnen übrigens auch am Telefon sagen können. Wenn jemand nicht hier war, gibt es ja keine Daten und das fällt dann nicht unter den Datenschutz.«

»Sehr merkwürdig.« Tannenschmidt stand auf und ging nervös auf und ab. »Und können Sie sehen, ob eine Person dieses Namens sich für die nächste Zeit hier angemeldet hat?«

»Wie gesagt, wir haben keine Daten.«

»Ich will offen sein. Ihr Name taucht in den Papieren des Mannes auf, und wir haben Anlass zur Befürchtung ... Nein, wir haben uns gefragt, wie das möglich ist. Denn nach unseren Erkenntnissen existieren Sie nicht. Im Melderegister haben wir keine Person namens Omananda gefunden. Wie Sie sich denken können, finden wir das sehr ungewöhnlich.«

»Oh«, sagte Omananda sanft, die Handflächen ineinanderlegend, »das wundert mich nicht. Die Beunruhigung kann ich Ihnen nehmen. Ich führe einen spirituellen Namen, seitdem ich in Indien war. Zwei Jahre in Sarnath im Thai Tempel. Ich weiß nicht, ob Ihnen das etwas sagt?«

Er schaute zur Kommissarin, die zuhörte.

»Ich wollte ursprünglich nicht so lange bleiben, nur eine Woche. Aber an dem Tag, als ich zurückfahren wollte, erreichte mich die Nachricht vom Tod eines Freundes. Stellen Sie sich vor, Sie meditieren eine Woche ohne jeden Kontakt zur Außenwelt, ohne Kommunikation, und die erste Nachricht, die Sie bekommen, wenn sie das Handy wieder anschalten, ist das.«

Tannenschmidt nickte. »Tut mir leid.«

»Das muss es nicht«, sagte Omananda, »ich bin sehr dankbar dafür. Ich sage nur Samsara Chakra.« Er zeigte auf das Plakat mit Holzrad. »Im Buddhismus ist der Tod ja nichts Trauriges, sondern Neubeginn. Das wissen Sie ja sicher. Aber da war noch etwas anderes. Er starb an einem Stich ...«

»... an einem Stich?«

»... am Stich einer Wespe. Ein allergischer Schock. Stellen Sie sich vor, welche große Bedeutung das für mich hatte.«

»Wie meinen Sie das?« Die Kommissarin wollte es eigentlich nicht wissen.

»Also, das ist doch überaus bedeutsam, finden Sie nicht? Auf einem fernen Kontinent wird ein Mensch gestochen von einem kleinen Insekt, und das bewirkt, dass ich, viele Tausende von Kilometern entfernt, beschließe, in ein Kloster zu gehen und Mönch zu werden. Die Wespe hätte anders fliegen können, Kurve nach rechts statt Kurve nach links, das geht sehr schnell bei diesen Tieren. Aber nein, sie entschied sich, den Weg zu nehmen, den sie nahm. Ohne sie, die Wespe, wäre ich jetzt vielleicht«, überlegte Omananda, »Polizist wie Sie!«

»Ah ja«, sagte Tannenschmidt.

»Das ist es, was wir die Menschen hier lehren wollen. Achtsamkeit, Sensibilität, Aufmerksamkeit für die kleinsten Dinge. Die ersten Tage der Meditation bei Vipassana konzentrieren Sie sich auf einen kleinen Punkt zwischen Nase und Oberlippe, nur darauf, was dort passiert, was Sie dort spüren, was Sie empfinden. Das ist sehr spannend, sehr tiefgreifend.«

Tannenschmidt tippte etwas ungläubig mit dem Zeigefinger auf die Stelle zwischen Nase und Oberlippe, von der der Mönch eben gesprochen hatte. »Eines frage ich mich nun aber doch: Was das mit Ihrem Namen zu tun hat?«

»Alles, Frau Kommissarin, alles. Omananda vereint *Om*, die heilige Silbe, mit der Freude. *Ananda* ist derjenige, der Freude bringt. Verstehen Sie?«

Tannenschmidt schüttelte nur den Kopf. »Und Egon?«, fragte sie.

»Das ist mein Vorname, ganz regulär. Wünschen Sie vielleicht meinen Pass zu sehen?«

»Wenn das möglich ist«, sagte Tannenschmidt und hielt wenig später den amtlichen Lichtbildausweis in den Händen. Omanandas bürgerlicher Name, bedauerlicherweise, war Egon Spock.

Auf dem sich anschließenden Rundgang über das Gelände des Meditationszentrums geriet die Kommissarin in einen Zustand von Traurigkeit und Fatalismus. Die Nebel des Mittags schickten sich an, den Nebeln des Abends Platz zu machen. Nur spärlich erleuchteten ein paar Laternen den gepflasterten Weg. Rein theoretisch, dachte sie, war es zwar immer noch möglich, dass mit dem zu erledigenden *Egon O.* auf Schills Liste der Mann hier vor Ort gemeint war, aber rein theoretisch war ebenso möglich, dass irgendein anderer Egon O. weltweit gemeint sein könnte oder gar keiner. Was auch möglich war: Dass Constanze Kamp in der Lage wäre, Hinweise zu geben. Aber auch das war, wie sich Tannenschmidt eingestehen musste, rein theoretisch.

Omananda lief voran und redete mit gleichbleibend ruhigem Tremolo auf die Kommissarin ein. Er werde kooperieren, so dies im Rahmen seiner Möglichkeiten gehe. Aber selbst wenn er wolle und dürfe, könne er nicht sagen, wer wo auf dem Gelände untergebracht sei. Im Übrigen gebe es keinen Belegungsplan, die Leute suchten sich hier selbst ihren Platz, die Männer auf der Westseite, die Frauen auf der Ostseite. Wenn kein Durchsuchungsbeschluss oder Haftbefehl vorliege, könne er hier keine Personenkontrolle abhalten. Das komme einem Abbruch des Kurses für die Teilnehmer gleich, die Meditation sei ja nichts, was man kurz aus- und wieder anknipsen könne.

Sie passierten den Hof, den das schwarze Skelett einer Kastanie bewachte, und kamen zur Meditationshalle. Hinter den Fenstern brannte Licht, man konnte hineinsehen. Am Boden kauerten Menschen, die meisten von ihnen im Lotussitz, bis zum Kopf in Decken gehüllt und in Decken geschlungen, jeder einzelne von ihnen ein kleines Häufchen, mal mit etwas mehr Haaren, mal mit etwas mehr Bein. Wie eine Schulklasse waren sie nebeneinander und hintereinander aufgereiht, eine Schulklasse in Trance, abwartend, ausharrend, Figuren eines Spiels, das noch nicht begonnen hatte, und vor ihnen, etwas erhöht, kauerte ein junger Mann, ebenfalls meditierend.

Etwa achtzig mochten es sein, schätzte Tannenschmidt. Ihr Blick wanderte durch die Reihen. Manche hielten den Kopf betont aufrecht, andere gesenkt. Die Augen hatten sie, soweit erkennbar, geschlossen. Niemand regte sich.

Tannenschmidt, an den Fenstern hin- und herschleichend wie ein Voyeur, fragte sich, ob sie atmeten. Ihre erste Idee war es, sich im Defilee der Profile an den längeren Haaren zu orientieren. Es gab die zum Zopf zusammengebundenen, die offen herunterhängenden, die verwuschelten, die streng nach hinten gekämmten, die mit einem Tuch bedeckten – sie zählte zehn, zwanzig Köpfe und mehr. Bei einem braunen Haarknäuel hielt sie inne und glaubte, Constanze Kamp schon gefunden zu haben, bis sie mit einigem Unwillen, aus einem anderen Winkel, einen dazugehörigen Bart entdeckte.

Ein kalter Windstoß drehte seine Runde über den Platz. Ansonsten tat sich bemerkenswert wenig, weder drinnen noch draußen. Omananda hatte sie allein gelassen, um den Gong zu schlagen. Verabredet und von Omananda unter Vorbehalt genehmigt war, dass sie sich am Ausgang postierte und in dem Moment, wenn die Leute am Ende der Sitzung die Halle verlassen und sich an ihr vorbei zum Abendbrot begeben, versuchen sollte, die Gesuchte abzupassen. Der Vorbehalt war, dass sie sie weder ausrufen noch ansprechen durfte, denn das, erklärte Omananda, wäre ein massiver Eingriff in die spirituelle Autonomie. Omananda hatte ihr auch einen Platz zugewiesen, gegenüber dem Eingang, wo sie Position bezog und wartete. In ihrer Hand hielt sie ein Blatt Papier, auf das in großen Buchstaben zwei Wörter geschrieben waren: *Constanze Kamp.*

So stand sie da; das Licht, das aus den Fenstern der Halle nach draußen in den Nebel drang, tauchte ihre Silhouette in einen trüben Fleck. Es war so dunkel und so still, wie es an einem Winternachmittag im Schweigekloster nur sein kann.

Ein Gongschlag ertönte. Auf das Zeichen hin kam Bewegung in die Halle. Die eben noch leblosen Körper erwachten, die ersten, sich reckend und dehnend, erhoben sich, rafften ihre Sachen und Decken zusammen. Jemand klopfte langsam und umständlich ein Kissen aus und legte es zurück an den Platz. Gesprochen wurde kein Wort. Jeder und jede für sich, Abstand haltend, in sich gekehrt, trat jetzt hinaus und lief etwas desorientiert, ohne den Blick zu heben, dicht an Tannenschmidt vorbei. Mit ihrem erhobenen Blatt hätte man sie für eine Chauffeurin am Flughafenausgang halten können, nur kaum beachtet, überhaupt nicht beachtet.

Omananda, wieder zurück, sprach leise auf die Kommissarin ein. »Wie ich Ihnen sagte, es funktioniert nicht. Sie sind auf der Reise nach innen, sie befreien sich von emotionalen Vorurteilen und Zwängen. Sie sehen dabei, wie unbeständig alle Erfahrungen sind, die sie bisher gemacht haben. Das, was sie für ihre Höhen und ihre Tiefen halten, sind ja nur flüchtige Annahmen. Vorübergehende Erscheinungen, sonst nichts. Ärgern Sie sich nicht, Kommissarin. Betrachten Sie den Ärger als Energie, die Ihnen geschenkt wird. Versuchen Sie, das Geschenk des Ärgers anzunehmen.«

Tannenschmidt, weil Omananda tatsächlich sehr leise sprach, verstand nur Bruchstücke. Sie spürte, wie Wut in ihr aufstieg, zog aber vor, sich zu beherrschen. Eine Frau, die Constanze Kamp nicht einmal unähnlich zu sein schien, stolperte an ihr vorbei und sah sie so eindringlich an, als existiere sie nicht, und genau das war es auch, was sie sich jetzt wünschte.

Hatte Constanze Kamp sie bemerkt? War sie überhaupt dort? Die erste Frage kann mit der gleichen Sicherheit verneint werden wie die zweite bejaht.

Sie saß, während die Kommissarin durch die Fenster spähte, auf ihrem kleinen Kissen, ziemlich weit vorn, und sie saß dort schon über zwei Stunden. Eine Stimme, die vom Band kam, forderte sie in einem endlosen Singsang dazu auf, sich auf die Luft zu konzentrieren, und nur auf die Luft, und auf nichts sonst als die Luft, die gerade die Nasenspitze passierte. Die Luft war ihr hundertprozentig egal. Die Beine krampften vom langen Sitzen am Boden, ihre Knie brannten, ihre Füße waren taub, und die Frage, wie sie den stechenden Schmerz im Rücken aushalten sollte, ohne sofort ohnmächtig zu werden, blieb unbeantwortet.

Ihre Gedanken gingen in ganz andere Richtungen, nicht zur Luft im Gebiet der Nasenspitze noch zu den Schmerzen, die ihr beim Sitzen zusetzten. Nein, zum einen bekümmerte sie, dass sie nur ihren schwarzen Jogginganzug mitgenommen hatte, um hier zu meditieren. In den Anreiseinformationen hatte gestanden, man solle nach Möglichkeit bedeckte Kleidung tragen, ohne Beschriftungen. Deshalb hatte sie ihn ausgewählt. Aber schon am Ende des ersten Tages deprimierte sie die Farbe, genauer gesagt, deprimierte sie die fehlende Farbe, die fehlenden Farben überall. So ähnlich wie sie waren nämlich auch die anderen gekleidet, grau, dunkelgrau, beige – eine Hölle des Dezenten, in der alles miteinander verschwamm zu einem reizlosen Klumpen, zu einem stets erneuerten Anlass für optischen Kummer.

Zum anderen aber dachte sie, zu ihrer eigenen Überraschung, ununterbrochen an Sex. Sie war erst den dritten Tag hier, es konnten keine Entzugserscheinungen sein, eher war es ein Mangel an Erscheinungen überhaupt. Noch mehr irritierte sie, dass sie sich dabei nicht nach Markov sehnte, in dessen weicher, bäriger Zärtlichkeit sie sich so geborgen und so angenommen fühlte. Sie erinnerte sich ebenso wenig an ihre Aktivitäten mit Schill, wie sie überhaupt feststellte, dass zurückliegender Sex etwas Fragwürdiges, Unwirkliches hatte. War da etwas? Blieb davon mehr als vage Erinnerung? Der Sex vom vergangenen Jahr, nach gründlicher meditativer Abwägung, erschien ihr so aufregend wie Einkaufengehen oder Blumengießen.

Eine Freundin hatte sie überredet mitzukommen, das sei eine wunderbare Erfahrung, zehn Tage Schweigen, sie habe das bereits einmal getan und würde es wieder tun. Auch Markov, in seiner bedachten Art, meinte, das könne ein Weg sein, die innere Stimme zu finden und zu hören.

Und sie? Für sie war es vor allem die Aussicht gewesen, einmal nicht reden zu müssen. Die letzten Wochen und Monate waren im Rausch verflogen, sie fühlte sich wie im siebenten Himmel, wenn nicht im achten. Ihre plötzlich erwachte Liebe zu Markov und die daraus resultierende Trennung von Schill hatten sie in den Zustand einer merkwürdigen Trauer-Euphorie versetzt, und mit je mehr Leuten sie sich über ihr neues und kostbares Glück besprach, umso zweifelhafter erschien ihr, wie sie vorher gelebt hatte. Sie war so glücklich und gleichzeitig so voller Kummer.

Längst hatte sie den Überblick verloren, die wievielte Meditation des Tages sie gerade über sich ergehen ließ. Die erste hatte bereits um vier Uhr morgens begonnen, zwei Stunden lang, danach, im Anschluss an ein undefinierbares Frühstück mit Reissuppe, gab es eine Stunde Gruppenmeditation, danach wieder zwei Stunden allein auf dem Zimmer, und nach dem ebenfalls aus Reissuppe bestehenden Mittagsmahl folgte eine weitere Stunde, und der schlossen sich jene zweieinhalb Stunden an, die gerade stattfanden. Sie betrachtete es inzwischen als Strafe, als Selbstbestrafung, sie fühlte sich gefesselt und geknebelt, und sie wünschte sich, sie würde sich nicht nur so fühlen, sondern es wenigstens sein. Während ihr in den Dauersitz gezwungener Körper an mehreren Stellen kaum aushaltbaren Taubheits-, Lähmungs- und Schmerzsensationen ausgesetzt war, wuchs zwischen ihren Beinen die Lust, ja eine ominöse Fickrigkeit.

Als ausgesprochen glückliche Fügung empfand sie jetzt, dass während der Meditationen zwar kein Wort gesprochen wurde, aber völlig still, völlig lautlos war es nicht. Einer schniefte immer, eine andere stieß demonstrativ die Luft ein und aus, Leute schmatzten, stöhnten, ruckten herum. So fiel es wohl nicht auf, hoffte sie jedenfalls, wenn ihre Atmung langsam in ein gedämpftes Keuchen überging, wobei sie alles unternahm, die Lippen zusammenzupressen und überhaupt nicht zu atmen.

Einige spezielle Turbulenzen später, im Verlauf derer schon geringste Gewichtsverlagerungen im Beckenbereich genügten, um sie geräuschvoll zusammenzucken zu lassen, simulierte sie einen Hustenanfall, um sich etwas vom Druck zu befreien, der sie quälte. Am liebsten hätte sie sich sofort der Decke und des verhassten schwarzen Jogginganzugs entledigt, hätte sich BH und Slip vom Leib gerissen, aber das war verständlicherweise hier nicht angesagt und wäre auch ganz falsch und verboten gewesen. Sie wusste genau, nicht sie hatte das zu entscheiden. Das war Sache des Meisters, eines Meisters, den sie nicht kannte und der hier leider noch nicht aufgetaucht war. Ihm allein oblag, ihr die Sachen vom Körper herunterzureißen, in einzelnen Fetzen oder am Stück, wenn er der Ansicht war, dass der Zeitpunkt dafür der richtige ist.

Es war eine Offenbarung, wenn auch zugegebenermaßen keine von denen, die im Leitfaden für die Praxis des Schweigezentrums Erwähnung gefunden hatten. Niemals zuvor war sie mit BDSM-Techniken näher in Berührung gekommen, nie hatte sie das Bedürfnis verspürt, das einmal auszuprobieren oder kennenzulernen. Die Welt der Lederriemen, Klammern, Peitschen und Ketten war nicht ihre Welt, sie hielt das, was damit veranstaltet wurde, bisher zumindest, für einen haarsträubenden Irrweg aller Beteiligten. Da stimmte einfach der erotische Fußabdruck nicht mehr.

Einmal hatte sie ein dicker, bärtiger, tätowierter Mann in einer Bar direkt gefragt, ob sie gern ausgepeitscht werde? Sie sehe nämlich so aus, er könne sich das sehr gut vorstellen.

»Ja«, hatte sie geantwortet, »sehr gern sogar«, aber es komme darauf an, was für Peitschen er habe.

Der Mann hatte sie mit großen Augen angesehen und mit null Prozent Ironie geantwortet: »Über hundert verschiedene. Du kannst dir eine aussuchen.«

Das tat sie nicht in dieser Nacht, aber es entwickelte sich ein herrliches, ein aufschlussreiches Gespräch. Die Auswahl, kam heraus, war einfach zu groß: Peitschen aus Rindsleder, aus Schweinsleder, aus Wildleder, aus Gummi, mehrschwänzige

Peitschen, mehrsträngige Peitschen, Teppichklopfer, Rohrstöcke, Gürtel. Er könne, sagte der Mann, mit seiner sechs Meter langen Bullenpeitsche eine brennende Kerze am anderen Ende des Raumes löschen, ohne dass sie umfiele. Das sei sehr praktisch, eine Kerzenfernbedienung, aber das mache er natürlich nicht.

»Nicht aus Mitleid mit der Kerze?«, fragte sie lachend.

»Nein. Aus Mitleid mit der Peitsche ... Viel zu wertvoll«, sagte er ernst und würdevoll.

Warum sie ausgerechnet jetzt an den Mann und seine Peitschen dachte? Warum sie aus dem Nichts plötzlich klare und eindeutige Fantasien überfielen? Imaginationen von Karabinerhaken, die mit einem resoluten Klicken einrasteten? Von einem festen Tuch, mit dem ihre Augen verbunden wurden? Von einem Knebel, den ihr jemand um den Mund schnallte? Hatte sie eben tatsächlich aufgestöhnt? Ruhig bleiben, demütig bleiben, still und geduldig abwarten, versuchen, an nichts zu denken, das war jetzt ihre Aufgabe. Leicht war sie nicht, denn sie dachte an eine Reihe von konkreten Handgriffen, Knoten und Verdrehungen, die sicher gleich kommen würden.

Endlich, endlich ertönte ein Gong. Sie war erleichtert, aber geriet zugleich in eine neue Panik, denn sie wusste beim besten Willen nicht, was sie zu tun hatte. Ein paar dumpfe Schläge ertönten. Langsam erhob sie sich und tastete sich voran in die Richtung, in der eine Tür sein musste. Es ging hinaus, es ging in die Freiheit. Die kalte Luft ließ sie erschauern, sie hatte Gänsehaut.

Was soll man sagen: Das war ziemlich genau der Zeitpunkt, an dem sie die Kommissarin mit ihrem Zettel hätte erblicken können, wenn sie dazu in der Lage gewesen wäre. Aber sie sah nichts von dem, was um sie herum passierte, und starrte mit weit aufgerissenen Augen, vor Angst und vor Lust zitternd, vorbeistolpernd, in das wütende Gesicht einer unbekannten Frau.

9 *Quod erat demonstrandum*

KURZ NACH DEM UNERFREULICHEN TELEFONAT mit der Kommissarin beschlich Markov zum ersten Mal ein Gedanke, der ihm überhaupt nicht gefiel. Was, wenn dieses Duell stattfinden musste, damit es für möglich gehalten werden konnte? Was, wenn das die einzige Möglichkeit war, die Polizei von der Realität dieses Unfugs zu überzeugen? Tja, dann wusste er auch nicht weiter.

Er saß an seinem Sekretär, einem sehr aufgeräumten Sekretär übrigens, der ihm vorkam wie der Sekretär eines Toten, weil kein einziges Stück Papier, kein Zettelchen auf ihm herumlag, und sortierte die Post des Tages: Kassenbriefe, ein Rundschreiben vom Berufsverband, Rechnungen, die übliche Reklame, eine Einladung zu einer Vernissage, ein Umschlag ohne Absender, den er mit verkniffenen Augen in seiner Hand hin und her wendete.

Das düstere, schmutzige Grau Berlins, das vor dem Fenster Position bezogen hatte, steuerte zur Illumination seines Gemütszustandes wenig Erhellendes bei. War es nicht so, dass er sich bereits in einer ausweglosen Situation befand? Egal, was er tat und was er tun würde? Ja, das war leider überhaupt nicht zu leugnen. Käme es nämlich nicht zum Duell, und er musste hoffen, dass das der Fall war, dann hätte er sich zweifellos als der Hysteriker und Wichtigtuer hervorgetan, den die Polizei in ihm vermutete. Im anderen Fall, wenn das Duell, entgegen allen Wahrscheinlichkeiten, tatsächlich stattfände, dann ja nur, sofern er so lebensmüde und irre wäre, dabei mitzumachen. Er hatte die Wahl, und er bedauerte, kein Politiker zu sein. Als der hätte er feierlich verkünden können: Sorry, liebe Landsleute, ich nehme die Wahl nicht an. So aber, als der Psychiater Oskar B. Markov, der er war, ahnte er, dass er nichts anderes tun konnte als nichts.

Der Umschlag enthielt zwei Opernkarten, einen kleinen Zettel, auf dem nur *Dankeschön!* stand, sonst nichts. Er war schon dabei, sie beiseitezulegen, für Opernbesuche hatte er im Moment wirklich keinen Sinn, aber er wollte dann doch wissen, was es gewesen wäre: Komische Oper ... Reihe 10, Plätze fünf und sechs ... Beginn 19.30 Uhr ... heute Abend ... *Eugen Onegin!*

Markovs Herz begann wild zu schlagen. Wenn das kein Zufall war! Nein, das konnte kein Zufall sein! Wie pflegte er zu seinen Patienten zu sagen? Zufall, das ist immer nur das Fällige, das einem in bestimmten Situationen des Lebens zufällt. Das, wofür man gerade eine Antenne und eine Sensibilität hat, wofür man innerlich bereit ist. Zufall ist nichts anderes als ein Symptom.

Wie recht er damit hatte, wusste er in dem Moment nicht, konnte er nicht wissen. Längst war er in Gedanken abgeschweift, mit unwiderstehlicher Macht zurückversetzt in eine *Onegin*-Aufführung vor vielen, vielen Jahren, die er als Kind erlebt hatte ... die allererste Oper. Seine Mutter hatte ihn mitgenommen, in Ermangelung anderer Begleiter womöglich, denn sie, die Musiklehrerin, lebte allein mit dem kleinen Oskar, und behandelte ihn früh wie einen Erwachsenen. Sechs oder sieben Jahre alt dürfte er gewesen sein, gekleidet in seinen rehbraunen Sonntagsanzug, neben ihr im Parkett sitzend, ein dickes Kissen unter dem Po, damit er etwas sehen konnte.

Er sah alles, und er war sehr beunruhigt. Am Anfang war es dunkel, dazu lief eine dunkle Musik, die ihm sehr lang vorkam. Als das Licht eingeschaltet wurde, waren da Männer und Frauen, wie Tiere in einem Käfig aufgeregt hin- und herlaufend, von einer Seite der Bühne auf die andere. Sie trugen Kostüme, die Oskar von Bildern im alten Fotoalbum kannte, sonst aber noch nie gesehen hatte. Opas Bilder, dachte er, daher also der Name: Oper.

Singen konnte hier niemand. Die Frauen kreischten noch höher als Caroline auf dem Spielplatz, wenn er sie an den Haaren zog. Die tieferen Stimmen der Männer hingegen erinnerten ihn an nichts, das er kannte, am ehesten vielleicht an die Bauarbeiter der Straße, die sich gegenseitig irgendwas zurufen. Oskar konnte sich nur wundern. Gebannt blickten alle nach vorn. Mit der Zeit gewöhnte sich Oskar an die Stimmen, die Musik störte nicht weiter. Wenn ihm zu langweilig wurde, schaute er in den Orchestergraben, was da los war, zu den schwarz gekleideten Musikern und zum Dirigenten, der sehr lustig mit seinem viel zu kleinen Stock in die Luft stach.

Nach einem schier endlosen Versteckspiel, so kam es ihm vor, bei dem die Leute in Türen verschwanden und an ganz anderer Stelle wieder herausspazierten, begann die Schießerei, die seine Mutter ihm angekündigt hatte. Zwei Männer umkreisten sich steifbeinig und sangen dabei schleppende Melodien. Ein Fremder, mit Zylinder wie ein Schornsteinfeger, trat hinzu, auf einem Tablett die Pistolen servierend. Gleich würden sie losrennen, um Deckung zu suchen, gleich würden sie aufeinander einballern, dachte Oskar. Nichts dergleichen geschah. Rücken an Rücken verharrten sie, entfernten sich irgendwann langsam zur Seite, jeder zu einer anderen, und drehten sich dort um. Der eine hob den Arm und streckte ihn nach oben, Oskar war schleierhaft, was er damit bezwecken wollte. Der andere tat gar nichts, als hätte er vergessen, was hier zu tun war. Wieder musste gesungen werden. Im Orchestergraben spielten die Geigen zickzack. Als Oskar bezweifelte, dass hier noch etwas Action käme, krachten zwei Schüsse. Er erschrak, presste die Hände auf die Augen, schielte hindurch. Einer der Männer lag am Boden, in einer riesigen Lache aus Blut.

Nun wusste er damals schon, dass es Schauspieler waren, die im Theater in den Kostümen steckten und dass alles nur Spiel war. Er war aber nicht sicher, dass die anderen das auch wussten. Umso größer war sein Entsetzen, als er jetzt den Toten am Boden liegen sah. Sein Blut lief vom Bühnenrand, ein dünnes Rinnsal, das nach einiger Zeit in dicke rote Tropfen überging, die nach unten fielen, wie im Rhythmus eines Herzschlags, unaufhörlich langsamer werdend, bis sie ganz versiegten. Hatte man ihn wirklich in seinem Kostüm getötet? Nur für diese Aufführung? Er war zutiefst verstört. Er war nicht einverstanden. Dass hier ein echter Mensch sterben musste, nur damit es echter wirkte, damit hatte er nicht gerechnet. Er fragte seine Mutter, ob der eine jetzt tot sei, sie bejahte die Frage mit einem genervten Kopfnicken, wobei sie den Zeigefinger auf die Lippen legte und ihm bedeutete, zu schweigen. Er konnte es nicht fassen.

Tatsächlich tauchte der Mann nicht wieder auf. Er war auch nicht unter den Darstellern, verständlicherweise, die sich am Ende verbeugten, einige von ihnen bereits abgeschminkt und ohne Kostüm. Dazu kam der völlig unangemessene Applaus des Publikums, der Oskar entsetzte ob seiner Pietätlosigkeit, auch wenn er das Wort damals nicht kannte. Noch Jahre später verübelte er seiner Mutter, dass sie ihn zu dem grauenhaften Mord mitgenommen hatte, und betrachtete die Oper, wenn er daran vorbeilief, mit Horror.

Gleich zweimal sollte Markov an diesem Tag die Geschichte seines frühkindlichen Operntraumas, auf das er unverhofft gestoßen war, zum Besten geben. Einmal in der Therapiesitzung unmittelbar danach, von der hier kurz berichtet werden muss. Die Sitzung an sich war reine Routine, nichts Besonderes, aber eben nach allem, was bekannt ist, folgenreich.

Es handelte sich um das Erstgespräch mit einer jungen dunkelhaarigen Frau, die dem unbesonnten Januar zum Trotz mit einer schwarzen Sonnenbrille auf der Nase zu ihm kam. Sie nahm sie auch nach Eintritt in die Praxis nur zögerlich ab und setzte sie zwischenzeitlich nervös wieder auf, was Markov mit keiner Silbe kommentierte.

Nach der üblichen Anamnese und Exploration ihrer Schlafproblematiken, wegen derer sie erschienen war, kam sie von sich aus auf ein Erlebnis in der Kindheit zu sprechen. Sie erzählte, sie habe als Kind vor dem Schlafengehen immer einen Apfel essen sollen und mit der Zeit ein seltsames Mitgefühl für das Obst entwickelt. Das saftig-knackende Geräusch beim Hineinbeißen verfolge sie bis tief in die Nacht. Sie stelle sich vor, der Apfel sei ihr Kopf, in den genau in dem Moment, in dem sie einschliefe, jemand seine Zähne schlüge. Bis heute, mit bald vierzig Jahren, durchschauere es sie, dem Verspeisen eines Apfels beizuwohnen. Sie, sagte sie, müsse sich manchmal sogar dazu zwingen, die Hände still zu halten und nicht mit den Fingern die vermeintlichen Bissstellen am Kopf abzutasten.

»Zeigen Sie mal her!«, rief Markov, auf ihren Kopf deutend und die kurze entsetzte Reaktion der Frau, die unwillkürlich die Hand hob, abwartend, bevor er lachend abwinkte und für den kleinen Scherz um Entschuldigung bat.

Misophonie, sagte er, also der Hass auf bestimmte Geräusche, sei keine schöne Sache, dabei, anders als man denke, nicht einmal selten. Ob sie religiös sei? Nein? Das vereinfache die Sache, denn sie müsse sich vorstellen, das ganze Christentum, seit Anbeginn, seit der Vertreibung aus dem Paradies, leide gewissermaßen unter dem Biss in einen Apfel, unter dem berühmten Apfelbiss seitens Adams, genauer zu sein, und das zu beheben sei für ihn als Psychiater, wie sie sich denken könne, eine Nummer zu groß. Seit Freud sei es ja Mode unter den Kollegen, die Kindheit der Patienten zu observieren, um zu verstehen, woher die Probleme kämen, die sie hätten. Er glaube nicht mehr so fest an das Konzept, vielmehr erscheine es ihm plausibler, dass viele sich nachträglich eine Kindheit erfänden, die zu ihren Problemen passe.

Weitere gut abgehangene Redensarten von der Sorte später schlug er der schweigsam gewordenen Frau vor, an sich selbst zu demonstrieren, was er meine.

»Sehen Sie«, sagte er, »ich trage heute einen rehbraunen Anzug, und habe kein Problem damit, obwohl ich eines damit haben könnte, um nicht zu sagen: haben müsste.« Und dann berichtete er ihr die ganze, eben erst wieder entdeckte Operngeschichte, nicht ohne sie hier und da auszuschmücken. So erfand er noch die Heldentat des kleinen Oskar, der nach dem Ende der Vorstellung noch einen Polizisten vor dem Gebäude angesprochen habe, um das stattgefundene Verbrechen zu melden, aber auch der habe nur gelacht und ihm mit der Hand über den Kopf gestrichen.

»Und heute? Trage ich nicht nur einen Anzug in genau der gleichen Farbe wie damals, nein, ich werde heute Abend damit auch in die Oper gehen, sogar in das gleiche Stück, in Tschaikowkis *Eugen Onegin*. Ich will damit nur eins sagen: Man kann Dinge vergessen. Vertuschte Morde, verrückte Obstsorten. Aufbewahrungspflichten gibt es nur beim Finanzamt, nicht im Leben.«

Er lachte, die Patientin lächelte ebenfalls, wenn auch nur aus Höflichkeit, aus Hilflosigkeit, und beim Abschied sagte Markov, sie solle jetzt um Gottes willen bitte nicht zwanghaft versuchen zu vergessen, das komme von allein, und auf ihre schüchterne Frage, ob er ihr ein Schlafmittel verordnen könne, sagte er, sicher könne er das, sogar das beste, das er kenne, er verschreibe es ihr gern, das beste Mittel sei ein zwanzig Kilometer langer Spaziergang vor dem Zubettgehen, das helfe wirklich zuverlässig, zuverlässiger als alle Benzodiazepine.

Er lachte wieder, sie lachte nicht.

Sie, bitte, möge ihn nicht falsch verstehen, fügte er hinzu, ein Unmensch sei er nicht, und für den Fall, dass es zu sehr regne oder sie anderweitig verhindert sei, was ja vorkommen könne, werde er ihr selbstverständlich ein Rezept für Flurazepam ausstellen. Und den Apfel, den werde er sich gleich in der nächsten Sitzung persönlich vornehmen.

Eine Ankündigung, nebenbei, die sich nicht nur, was den Apfel betraf, als kühn und voreilig erweisen sollte.

Das zweite Mal glänzte Markov mit seinem Operntrauma in größerer Runde – dem Mittagstischkolloquium, einem lockeren Gesprächskreis von mal mehr, mal weniger Leuten aus der Umgebung, die sich seit Jahren kannten und jeden Freitag im *Café Reinhardts* in der Reinhardtstraße versammelten, wo am Nachmittag weniger Touristen als sonst verkehrten.

Der Ort besaß in Reiseführern ein gewisses Renommee, das alte bürgerliche Berliner Kaffeehaus aus der Zeit vor den Weltkriegen war nach dem Zusammenbruch des Sozialismus originalgetreu nachgebaut worden, festlich und museal wirkend im Vergleich zu den Filialen der globalen *coffee culture*, die einem heute an jeder Ecke der Stadt begegneten.

Es gab einen großen, mit seinen Stelen, Spiegeln und Bodenvasen etwas unübersichtlichen Saal, in dem gediegene Langeweile herrschte. Edel glommen an der Decke die Jugendstilkronleuchter, die man im nebelhaften Januarlicht auch tagsüber eingeschaltet hatte. Dezent klapperte das Besteck. Geschäftsleute, Botschaftsangestellte, Bundestagsmitarbeiter unterhielten sich mit gedämpften Stimmen. Über die Tische gebeugt, wirkten sie nur unwesentlich agiler als die Säulen, zwischen denen sie saßen. Eine Kreidetafel mit dem Tagesmenü offerierte *Gebratenes Lachsforellenfilet auf Orangenfenchel und Rote-Bete-Risotto* und *Bœuf Bourguignon mit Wurzelgemüse und Rosmarin-Kartoffeln*.

Etwas abseits, am Eingang zum Salon, wo es deutlich lebhafter zuging als im Saal, wartete Herr K., Chef des Hauses, geduldig mit dem Handy in der Hand. Sein richtiger Name, wie schon gesagt, lautete Kolocsey, Koloczkay oder so ähnlich, was aber kein Gast richtig aussprechen konnte, erst recht nicht nach der zweiten Flasche Wein.»Herr K., zwei Espressi« hieß es, »Herr K., noch mal das Gleiche!«, »Wenn Sie die Rechnung bitte bringen könnten, Herr K.!«, und jetzt wurde gerufen:»Herr K., bitte, das Foto!«

Herr K., ein rundlicher, agiler Mann mit wilden braunen Locken, richtete das Handy auf die Anwesenden und sagte:»Bitte, Damen und Herren, bitte!«

Um den ovalen Tisch in der Mitte rückten ein paar Köpfe näher zusammen: Dr. Schwendtner, mit akkurat gescheiteltem graumelierten Haar, die Daumen hinter die Hosenträger geklemmt, neben ihm Werner Klaus Paschke, übernächtigt, rotwangig, wie immer leicht verschwitzt, Anwalt mit Kanzlei um die Ecke, an den Seiten eingerahmt von Rosa Weiß, einer hageren Galeristin, mit großen, von Kajal umrundeten Augen, und Silvie Schumann, der bekannten TV-Moderatorin, die ihre dunklen langen Haare mit einem schwarzen Seidenband zusammengebunden hatte. Ganz außen schob sich der voluminöse Backenbart Heribert Lenzens schief ins Bild, eines Immobilienmaklers, neben ihm ein länglicher Schädel mit goldener Nickelbrille und grauem Bürstenhaarschnitt, der Konstantin von Schlack gehörte, einem Zoologen im Ruhestand, und da war auch Markov im rehbraunen Anzug, mit rehbraunem Halstuch.

Herr K. wich noch einen Schritt zurück, damit alle aufs Bild passten, dann zuckte der Blitz. Sofort strebten die Köpfe wieder auseinander, das Gespräch fortsetzend, in dem es um einen Unfall ging, der sich Tage zuvor im Mittelmeer ereignet hatte. Ein Kreuzfahrtschiff war mit dem Felsen vor einer Insel kollidiert und daraufhin fast gesunken.

An Bord befand sich leider auch die allen wohlbekannte Natascha Silber-Sommerstein, Society-Lady der Berliner Gesellschaft und gelegentliche Teilnehmerin des Mittagstischkolloquiums, von der jetzt jede Spur fehlte. Über Handy war sie nicht erreichbar, niemand wusste etwas. Großen Anstoß erregte das Verhalten des Kapitäns, der die Katastrophe wohl verursacht hatte, weil er zu nah an der Insel vorbeigefahren und anschließend als einer der Ersten von Bord gegangen war.

»Haie, ich dachte gleich an Haie, als ich die Bilder sah, aber in der Adria gibt es nicht einmal gute Austern«, mokierte sich Silvie Schumann, sich künstlich schüttelnd, sodass ihre Ohrringe und Ketten bammelten und klimperten. »Natascha, die Ärmste, ich darf gar nicht daran denken. Wissen Sie mehr, lieber K.? Ihr Ungarn kennt euch ja in Meeresdingen bestens aus.«

Herr K. warf ihr eine Kusshand zu: »Sie sagen es, meine Liebe, wir sind das Land am geistigen Meer. Keine Sorge, Natascha wird es an nichts fehlen. Die besten Austern haben sie in Kroatien, kann ich sehr empfehlen. Aber, Haie? Bitte, ich habe noch keinen gesehen im Balaton.«

»Abgesehen von Immobilienhaien, nicht wahr, Lenzen?«, bemerkte die Galeristin. Tatsächlich hatte Lenzen ihr vor einiger Zeit eine Villa in Siófok am Plattensee angeboten, im Austausch mit ihrem Ladengeschäft in Mitte, und seitdem lagen die beiden im frivolen Clinch.

»Weiß jemand etwas? Mit wem war sie unterwegs?«, fragte Dr. Schwendtner in die Runde und erntete Achselzucken und Kopfschütteln.

Markov, das Handy in den Händen hin- und herneigend, betrachtete das eben entstandene Gruppenfoto. Durch die Spiegelung des Glases sah er kaum mehr als den dunklen Schatten seines Kopfes.

»Sicher gibt es Haie in der Adria, sogar weiße Haie«, sagte jetzt von Schlack. Der alte Herr, im zerbeulten Tweedjanker, legte die Hand auf die Brust. »Sie vom Fernsehen können das natürlich nicht wissen. Ansonsten wären Sie ja nicht beim Fernsehen ...«

»... bitte, Konstantin ...«

»...wo wir Sie alle so gern sehen. Das Unglück war übrigens

nicht in der Adria, sondern auf der anderen Seite, zwischen Italien und Korsika – Tyrrhenisches Meer. Schöne Gegend, wenn Sie mich fragen. Und so nah an der Insel Giglio, einen besseren Ort zum Kentern kann man Natascha schwer wünschen.«

»Waren Sie nicht letzte Woche noch Pottwal-Experte, lieber von Schlack?«, unterbrach ihn Paschke, der schwitzte und Herrn K. mit dem Zeigefinger auf sein leeres Bierglas hinwies.

»Richtig«, meinte Lenzen, seinerseits auf sein Rotweinglas zeigend, »Sie hatten unsere kleine Wette gewonnen. Er besitzt das größte Gehirn aller Säugetiere – wie viele Kilos, sagten Sie, waren es?«

»Etwa zehn Kilo«, sagte von Schlack, »fünfmal so schwer wie Ihr Gehirn.«

Lenzen schaukelte skeptisch mit seinem Kopf, Rosa Weiß seufzte: »Sagen Sie, kann man diesen Herrn Pottwal einmal kennenlernen?«

»Gewiss doch, Sie besteigen einfach wie unsere geschätzte Sommerstein das nächste kenternde Kreuzfahrtschiff. Pottwale gibt es auch im Mittelmeer. Oder sie fahren nach Island, nach Reykjavik, da stehen, mit Verlaub, im einzigen Penismuseum der Welt einige Exemplare. Es ist erstaunlich, wie ...«

»... vielen Dank, Herr von Schlack, bis hierhin für Ihre interessanten Einschätzungen«, unterbrach ihn die Moderatorin routiniert, »unsere Zuschauer waren sicher alle in Gedanken schon dort.«

»Wussten Sie, meine Damen, wie er Beute macht?«

Die Damen wussten es nicht, niemand wusste es, wie immer bei Schlacks unverlangten kleinen Exkursen.

»Wollen Sie versichern, dass es für unser aller persönliches Fortkommen auf diesem Planeten von mehr als anekdotischer Relevanz ist, das zu wissen, Schlack?«, meldete sich jetzt Dr. Schwendtner, der die Antwort schon kannte und deshalb gleich weitersprach. »Gut, erzählen Sie!« Und sich an Herrn K. wen-

dend, der die Bestellungen auf dem Zettel notierte:»Bringen Sie
doch bitte gleich eine neue Runde, auf Herrn von Schlacks Deckel bitte, falls die Pottwalgeschichte … Sie wissen schon … nicht
hält, was er verspricht.«

Herr K. nickte nur, Rosa Weiß präzisierte:»Für mich bitte
Champagner!«

Sich etwas aufrichtend und reihum blickend, berichtete von
Schlack dann, für seine Verhältnisse weitgehend abschweifungs-
frei, wie der große Meeressäuger in der Tiefsee seine Opfer, vor-
nehmlich Tintenfische, töte. Der Pottwal sei ein erklärter Feind
der Tintenfische und tauche, um ihnen seine Antipathie zu vermit-
teln, bis zu 2.500 Meter tief in ihre Nähe, wo er sie praktisch ohne
jeden Anlass niederschreie. Die Opfer seien entweder sofort tot
oder ohnmächtig, er sammle sie dann nur noch ein und verspeise
sie. Kein anderes Tier sei so laut, müsse man wissen, der Ge-
räuschpegel entspreche dem beim Start einer Weltraumrakete.

»In einem Meter Entfernung, wohlgemerkt.«

Als von Schlack geendet hatte, herrschte in der Versammlung
am Tisch betroffenes Schweigen. Jeder am Tisch hatte das Gefühl, in seinem Leben Pottwal-Angelegenheiten bisher zu wenig
Aufmerksamkeit geschenkt zu haben.

»Ich dachte immer, die Tiefsee sei still«, bemerkte Markov
mit unklarer Resignation in der Stimme.

In dem Moment trat Herr K. mit dem gefüllten Tablett wieder
an den Tisch und verkündete, die Gläser verteilend:»Eben haben
sie gemeldet im Radio, fast alle konnten gerettet werden, aber
über dreißig Vermisste, auch Deutsche.«

»Ich glaube das nicht«, rief Silvie Schumann,»das ist nicht
wahr!«

»Und Schettino, der Kapitän, soll erklärt haben, nur aus Versehen in das erste Rettungsboot gerutscht zu sein, beim Versuch,
anderen Passagieren zu helfen.«

»Aus Versehen?«, empörte sich Silvie Schumann.»Was für

eine erbärmliche Ausrede!« Sie drehte sinnend den beschlagenen Champagnerkelch hin und her. »Auf den Bildern sieht er ja auch eher aus wie ein Gigolo, mit seinen gegelten Haaren und der verspiegelten Sonnenbrille. Wie ein Mafioso. Oder wie ein Immobilienmakler – nichts gegen Sie, Lenzen. Jedenfalls nicht wie ein Kapitän. Was mich interessieren würde, Paschke, rein rechtlich: Muss ein Kapitän, weil er der Kapitän ist, bis zuletzt auf dem Schiff bleiben? Von wegen Kapitänsehre und so? Oder ist das maritime Nostalgie? Wie war das eigentlich damals beim Untergang der *Titanic*? Weiß das jemand?«

»Das weiß doch jeder, der Kapitän hieß Edward Smith, ein Mann mit einem kurz getrimmten, gepflegten weißen Vollbart übrigens ...«, antwortete die Galeristin, einen mokanten Seitenblick auf Lenzen werfend, »und er stand bis zuletzt auf der Brücke. Sogar seine letzten Worte sind überliefert.«

»Was hat er denn gesagt?«, fragte Schumann.

»Er soll gesagt haben: *Be British.*«

»Überaus lobenswert«, sagte Dr. Schwendtner, »nur wie ertrinkt man bitte britisch?«

»Vor 22 Uhr, dann schließt der Pub.«

Während Lenzen noch beglückt über den eigenen Witz kicherte, hob Paschke an zu einem Vortrag über Seerecht, einem Rechtsgebiet, in dem er sich nicht auskenne, wie er konzedierte, doch wenn die Erinnerung an ein paar Vorlesungen nicht trüge, sei das von Nation zu Nation verschieden. In Deutschland gebe es den Tatbestand des vorzeitigen Verlassens des Schiffes nicht, wohl aber in Italien und sogar in der Schweiz, warum auch immer. Rein rechtlich und grundsätzlich sei niemand anders als der Kapitän auf dem Schiff verantwortlich für Menschen und Material, insbesondere auch für die Rettungsmaßnahmen im Fall einer Havarie, er sehe hier Delikte wie unterlassene Hilfeleistung oder womöglich Totschlag im Raum stehen. Der Kapitän habe, im deutschen Recht wohlgemerkt, eine besondere Stellung gegenüber seinen Passagieren, eine sogenannte Garantenstellung, vergleichbar der Polizei oder Feuerwehr, das heiße, er werde im Fall der Unterlassung strafrechtlich genauso behandelt wie jemand, der absichtlich eine Straftat begeht. Das aber bedeute, er machte eine kleine Kunstpause, Mord.

Leise Klaviertriller im Hintergrund untermalten die Ausführungen. Der Pianist des *Reinhardts* war eingetroffen und hatte sein Programm begonnen.

Dr. Schwendtner hob den Zeigefinger, lauschte:»Wie immer Opus 9, Nr. 1.«

Rosa Weiß wandte sich an den Chef:»Helfen Sie mir, Herr K., ist es nicht so, dass der Kapitän … wie hieß er gleich? Schettino … vom ursprünglichen Kurs abgewichen ist, um damit seine Geliebte zu beeindrucken?«

»Natascha!«, rief die Moderatorin.»Mein Gott, wenn sie dahintersteckt, kein Wunder, dass sie nicht ans Handy geht.«

Herr K. zuckte mal wieder mit den Schultern.

»Irre Geschichte«, präzisierte die Moderatorin.»Ich meine, Romantik pur. Hätte nicht gedacht, dass das heute noch möglich ist.«

»Juristisch mag das so sein, wie Sie sagen, Paschke, aber die Frage der Ehre, der Kapitänsehre, bleibt davon ja unberührt«, erwiderte von Schlack.»*Frauen und Kinder zuerst* hieß es früher, heute heißt es: der Kapitän zuerst. Wissen Sie, was ich glaube? Ich glaube, das ist ein moralischer Abgrund. Wenn das die Essenz der abendländischen Geschichte ist … jeder sich selbst der Nächste … dann lieber gleich das Mittelalter. Da hatte man wenigstens keine anderen Erwartungen.«

»Große Worte, mein Lieber, aber vielleicht geht's auch eine Nummer kleiner. Kapitäne sind auch Menschen, Kapitäne machen auch Fehler.« Markov schüttelte den Kopf und hob die Hände zum Himmel.»Der Kapitän, können wir konzedieren, hat sich wie ein großer Junge verhalten, der mit seinem Spielzeug prahlen wollte. Nehmen wir weiter an, er änderte eigenmächtig den Kurs, er riskierte sein Schiff und obendrein das Leben von 4.000 Menschen. Wir wissen nicht genau, warum er das tat, sein Verhalten deutet auf hohe Risikobereitschaft hin. Sicher liegt hier ein manifester Narzissmus vor mit Neigung zur Egoinszenierung. Aber dass er anschließend floh und leugnete, was passiert ist – ich bitte Sie, das ist menschlich. Fluchtreflexe in Paniksituationen, nachträgliches Zurechtbiegen der Realität, das haben wir bei 90 Prozent der Bevölkerung. Was ich sagen will: Der Kapitän, der jetzt so gehasst wird, weil er sein Schiff verlassen hat, weil er seiner Geliebten etwas Besonderes bieten wollte, weil er überhaupt eine Geliebte hatte – dieser Kapitän sind wir alle. Das ist eine klassische Projektion, sonst nichts.«

Markov hatte sich in Rage geredet und hielt inne. Von Schlack nickte ihm zu, als wollte er den Psychiater beruhigen. Auch Silvie Schumann schaute ihn mitfühlend an, Lenzen spitzte anerkennend die Lippen, Paschke runzelte die Stirn. Markov war noch nicht fertig. »Kapitänsehre, Soldatenehre, Ganovenehre, tut mir leid, vielleicht nehmen wir noch die SS dazu, *Unsere Ehre heißt Treue*, das ist doch kein modernes Konzept, das ist bitteschön toxisch. Es braucht keine Ehre, was wir brauchen, ist Wahrhaftigkeit. Wohin kommen wir denn, wenn jetzt wieder alle von Ehre reden?«

An dieser Stelle seines Plädoyers in zunehmend eigener Sache wäre es ein Leichtes gewesen, ein Naheliegendes, zur seltsamen Duellforderung, die ihn erreicht hatte, überzugehen, möglicherweise war das auch seine Absicht, möglicherweise war das auch genau nicht seine Absicht, nach seinen Erfahrungen mit der Polizei, doch Dr. Schwendtner, der Markovs Ausbruch mit gesenktem Blick verfolgt hatte, fiel ihm ins Wort.

»Wohin wir kommen? Gute Frage. Vielleicht dorthin, wo wir schon sind, lieber Oskar, verehrter Kollege. Es ist nicht ganz falsch, was du sagst, aber ist es auch ganz richtig? Eine Ehre haben doch viele Leute, auch wenn sie nicht damit angeben. Nennen wir es nicht Ehre, nennen wir es Integrität. Nennen wir es eine gewisse Balance zwischen inneren und äußeren Ansprüchen. Ohne sie geht es nicht. Es gibt die Berufsehre, die haben Ärzte wie Dachdecker, Lehrer, Soldaten, sogar Politiker, andernfalls müssten sie nicht gelegentlich zurücktreten. Oder nehmen wir den Alkoholiker, der heimlich die leeren Flaschen entsorgt – der verspürt nicht nur Scham, er hat auch seine Ehre zu verlieren. Jeder Journalist – korrigieren Sie mich, Silvie, wenn ich falschliege –, jeder Journalist sagt doch, wenn er mit einem Prominenten spricht, so etwas wie: *Es ist mir eine Ehre, Sie zu treffen* ...«

»... eine Floskel, sonst nichts!«, warf Markov ein.

»Nicht zu vergessen die Ehrenämter, die meines Wissens nicht im Verdacht der Toxizität stehen. Falls du, lieber Oskar, übermorgen das Bundesverdienstkreuz erhältst, sagen wir, für herausragende Verdienste in der Schlafforschung, dann könnte man das für eine Ehrung halten, meinst du nicht?«

Lenzen freute sich: »Genau, für die Schlafforschung, höchste Zeit! Wir möchten Sie drauf hinweisen, bei der Verleihung in Abendgarderobe, wenn möglich im Pyjama, zu erscheinen und ein Feldbett mitzuführen.«

Markov wehrte ab: »Das interessiert doch keinen. Das braucht keiner. Verdienstkreuze, das sind doch anachronistische Albernheiten, Folklore! Dachdeckerehre, ich bitte dich. Wenn irgendwo ein Dach gedeckt werden muss, wird einfach ein Dach gedeckt. In der Regel mit Ziegeln, nicht mit irgendeiner Ehre. Es gibt eine Ausschreibung, die günstigste Firma bekommt den Zuschlag, klettert mit irgendwelchen Leiharbeitern aufs Haus, dann prüft das ein Architekt oder Bauleiter, fertig. Wenn's reinregnet, greift die Gewährleistung oder eine Vertragsstrafe oder die Versicherung, was weiß ich. Kein Mensch appelliert mehr an irgendeine Ehre, an die Dachdeckerehre, Ehrenwort.«

»Meine Herren«, fuhr Silvie Schumann dazwischen, »beim Ehrenwort wäre ich vorsichtig. Politiker, die in letzter Zeit ein Ehrenwort abgegeben haben, mussten alle zurücktreten. Das Wort ist verbrannt, das ist ein Indiz dafür, dass etwas faul ist.«

»Faul ist nicht das Ehrenwort«, sagte Dr. Schwendtner jetzt leiser, »faul ist, dass gelogen wird mit dem Ehrenwort. Der Ehrendoktor, *honoris causa*, *The Honourable* in England, die *First Class Honours* in Irland, die *Légion d'honneur* in Frankreich – das ist doch alles nicht nichts.«

»Unfug!« Markov schlug auf den Tisch. »Dieser Kapitän Schettino geht mit der größten Selbstverständlichkeit als erster von Bord. Das ist die Realität. *Quod erat demonstrandum.*«

»Aber die Welt, die ganze Welt ist entsetzt darüber ... Ich bitte dich! Mag sein, die Ehre ist selten, ja, vielleicht stirbt sie aus. Aber das kann niemand wollen. Offizierssehre, Aristokratenehre und das alles: Schnee von gestern, geschenkt. Vielleicht gibt's auch unter Sportlern keine Ehre mehr, weil alle tricksen. Aber sobald ein Mensch einem nähersteht, ist sie da. Du wirst deinen Vater oder Großvater nicht übers Ohr hauen. Auch nicht den Nachbarn, den du seit vielen Jahren kennst. Oder die Mutter deiner Kinder. Oder den Freund. Und wenn doch, tut mir leid, dann werde ich das nicht gut finden.«

»Ich habe selten so einen Quatsch gehört«, ließ sich Markov vernehmen, aber Dr. Schwendtner, mit den Händen alle anderen besänftigend, sprach weiter.

»Ehre ist nämlich genau das, wofür man nicht bezahlt wird. Das, was man nicht tun müsste. Wofür es keine Gesetze gibt. Letzten Endes ...«

»... Amen«, schrie Markov jetzt, »Amen!«

»... letzten Endes«, hielt Dr. Schwendtner resolut entgegen, »der Unterschied zwischen Zivilisation und Barbarei.«

Markov lachte schrill auf. »Was für ein Riesenquatsch! Sorry, der Vater, der Nachbar, die Frau – du weißt genau, dass dort, genau dort, die schlimmsten Intrigen blühen. Ich sag dir, was Ehre ist. Ehre ist, wenn Mann und Frau sich scheiden lassen und nicht aufhören zu streiten, bevor alles kaputt ist. Ehre ist, wenn dein Chef dir dankt, für die hundert Überstunden, die du gemacht hast, und dir einen Kugelschreiber schenkt mit dem Firmenlogo. Ehre ist, wenn eine türkische Clanfamilie hier in der Stadt ihre Tochter killen lässt, weil sie kein Kopftuch trägt und einen Skater zum Freund hat. Ehre ist, wenn die Nutte, zu der du gehst, es ohne Gummi …«

»Silentium! Silentium!«, posaunte Lenzen. »Ich habe zwar nur das kleine Latinum, kann aber Italienisch. Schettino heißt der Mann? Das heißt übersetzt Rollschuh, wenn ich mich nicht täusche. Da rutscht man natürlich schnell ab in so ein Rettungsboot.« Er vollzog mit der Hand einen schwungvollen Halbkreis nach unten, wobei er das Glas des neben ihm sitzenden Markov umstieß. Der Rotwein erzeugte schockierende Blutspritzer auf dem weißen Tischtuch und darüber hinaus. Die anderen rückten reflexartig vom Tisch ab und hoben ihre Gläser in die Höhe. Herr K. eilte nach hinten, um Abhilfe zu schaffen.

Markov, der als Einziger sitzen geblieben war, betrachtete erstaunt die größer werdende Pfütze, die vom Tischtuch auf den Boden lief, ein dünnes Rinnsal, das nach einiger Zeit in dicke rote Tropfen überging, die wie im Rhythmus eines Herzschlags nach unten fielen, unaufhörlich langsamer werdend, bis Herr K. mit resoluten Handgriffen das Tuch beiseiteschaffte.

»Das muss Magie sein«, sagte Markov fassungslos zu der immer noch stehenden Runde, »das ist absolut magisch.« Und berichtete dann, während eine Kellnerin den Tisch neu eindeckte, von seiner am Vormittag überraschend aufgetauchten Kindheitserinnerung an den ersten Opernbesuch seines Lebens. Wieder erfand er ein kleines Detail, ein Gespräch mit seiner Mutter auf dem Heimweg, in dem er sie ungläubig gefragt habe, welcher Schauspieler oder Sänger sich denn hergebe für so eine Rolle, für so einen einzigen Auftritt, wenn er doch wisse, dass er mit Sicherheit erschossen werde?

»Raten Sie mal, lieber Schlack, oder vielleicht weißt du es, Schwendtner, was sie da gesagt hat?«

Die beiden Herren schwiegen.

»Sie hat gesagt: Es ist für jeden Künstler eine große Ehre, vielleicht die größte Ehre überhaupt, an dieser Oper einmal auftreten zu dürfen.«

Dabei schaute er triumphierend reihum, sich durch sich selbst aufs Schönste bestätigt fühlend.

»Hoffentlich kommt er nicht wieder mit seinem *quod erat demonstrandum*«, raunte Lenzen zu Schwendtner.

Das tat Markov nicht. Er sprang auf, rief:»Wie spät ist es?«, und erklärte den Freunden, noch heute in die Oper zu müssen, jetzt gleich, *Eugen Onegin*, ja, diese Oper, ein Zufall, erkläre er später, fast habe er es vergessen, es gebe noch eine freie Karte, falls noch jemand mitkommen wolle, spontan ... Die Damen? Silvie? Nein. Rosa? Schwendtner? Lenzen? Paschke? Schlack? Keiner, na, dann.

Er verließ schnell das Lokal, noch einmal winkend im Abgehen, ohne sich umzuwenden, eine Runde zurücklassend, die nur zögerlich wieder ins Gespräch fand.

»Der Rollschuhläufer – was war noch einmal gleich Wichtiges mit ihm?«, fragte die Galeristin.

»Unwichtig«, sagte Lenzen.

10 Der Kuseng aus Dannenwalde

ALSO, DA WAR NICHTS, nichts als ein öder Platz, nicht einmal das, braunes Gestrüpp, eine Phalanx kahler Buchen, stur seit Jahrzehnten nach oben strebend und in ihrer tristen winterlichen Blattlosigkeit nicht zu beneiden. Schill stand einigermaßen konsterniert an einer Weggabelung im Wald bei Hohenlychen, in deren Nähe, nach Auskunft des schreienden alten Mannes, der Zweikampf der beiden Nazis stattgefunden haben musste. Er hatte nichts anderes erwartet, war aber wie jedes Mal, wenn er die Szenerie historischer Duelle besuchte, aufs Neue verblüfft, wie unheroisch und banal Landschaft sein kann.

Ein kalter Nieselregen kroch herab, die marode Holzbank an der Kreuzung lud überdeutlich zum Nichtverweilen ein. Der Ort des Geschehens war ein Unort, nichts wies auf ihn hin, es war fraglich, wo er begann und wo er aufhörte. Er war gleichsam untergetaucht, und kein Gras war über die Sache gewachsen, sondern ein ganzer Wald. Dass hier einst Schüsse fielen, im Wahn, seine Liebe oder sein Ansehen oder was auch immer mit der Bereitschaft zum Tod beglaubigen zu müssen, unter teilnahmslos schaukelnden Wipfeln und irgendwohin treibenden Wolken – davon waren weder Spuren noch Zeichen geblieben. Jeder Dreck auf dem Boden hatte sich im Lauf der Jahre als haltbarer erwiesen, jeder Kiesel am Wegrand zeigte mehr Beharrungsvermögen als das dramatische Intermezzo, das hier vor über siebzig Jahren eskalierte.

Kalt stand der Wald und still.

Schill bückte sich und klaubte einen schmutzigen rundlichen Stein aus der Erde, betrachtete ihn lange und schob ihn dann in die Manteltasche.

Zuvor, im Zug von Berlin nach Fürstenberg, auf der gut einstündigen Fahrt im Regionalexpress, inmitten von stumm und betroffen aus dem Fenster starrenden Reisenden, hatte er rekapituliert, was er über dieses vorerst letzte deutsche Duell wusste, auch um sich zu entscheiden, mit wessen Waffe er womöglich schießen würde und was für ein Mensch das gewesen war, der sie einst in der Hand gehabt hatte.

Auf den wenigen Fotos, die es von den Kontrahenten gab, waren beide in Uniform; normale Gesichter, streng, verschlossen, eher forsch das von Horst Krutschinna, selbstbewusst, verschlagen das von Roland E. Strunk. Der Anlass des Duells, ein Ehebruch oder ein vermeintlicher Ehebruch, kam Schill, in Anbetracht der Weltunterwerfungsambitionen des *Dritten Reiches,* unangemessen trivial vor, fast peinlich. Ein Auslandskorrespondent des *Völkischen Beobachters* duelliert sich mit dem persönlichen Adjutanten des Reichsjugendführers Baldur von Schirach wegen einer Frau? Noch grotesker wurde für ihn die Angelegenheit, nachdem sich bei seinen Recherchen herausstellte, dass für SA und SS das in der Weimarer Republik verhängte Verbot von Zweikämpfen nach 1933 wieder aufgehoben worden war. Quasi amtliche Ehrengerichte und Schiedstellen waren eingerichtet worden, besetzt mit hochrangigen Militärs, die über die Duellwürdigkeit von Beleidigungen und Ehrverletzungen zu befinden hatten.

Das, dachte Schill, war nun gerade nicht die Idee des Duells. Das war leider armseliger Irrsinn, im Grunde Mord, von Staats wegen. 1937, ein Jahr nach den Olympischen Spielen in Berlin, ein Jahr vor der sogenannten Reichskristallnacht, war eine Zwischenzeit, der letzte Ausläufer von Normalität, in der dieses Duell wie ein Vorspiel zu dem Wahnsinn wirkte, der bald kommen sollte.

Ein Duell, in seinen Augen, war allerdings keine Lizenz zum

Totschießen mit passender Genehmigung. Im Gegenteil, es war nichts, wenn es nicht ein bescheidener Akt der Emanzipation und Selbstbehauptung war, bar jeder Legalität. Zwei Menschen, die sich gegenüberstehen, weil sie wissen, dass kein Gesetz ihnen helfen wird, und die eine Entscheidung suchen, die anders nicht zu finden ist, von anderen schon gar nicht. Markovs dreiste Übernahme seiner Intimität betraf nur sie beide und ging nur sie beide etwas an, kein Richter, kein Arzt, kein einziger Mensch weltweit konnte etwas dazu beitragen. Der Schaden war auch nicht wiedergutzumachen, denn er war geschehen. Allein der Gedanke, er könnte sich mit Markov und womöglich noch mit Constanze vor einem Forum über ihre Gefühle und Verletzungen austauschen, erfüllte ihn mit Ekel, und Schill hätte sich lieber selbst erschossen, als dabei mitzumachen.

»Mit Erschießen wolln wa jar nich erst anfangen!«

Eine Hand tippte auf Schills Knie, er schreckte hoch. Ihm gegenüber im Abteil saß eine alte Dame, die ihn besorgt musterte.

»Sie ham eben jeschrien«, sagte sie, »dass wer erschossen werden soll.«

Schill blickte in ein mädchenhaftes Antlitz, rosige Haut, in tausend Fältchen zersprungen, umrahmt von einem altmodischen dunkelgrünen Kopftuch.

»Oh, entschuldigen Sie. Ich habe es gar nicht gemerkt.«

Sie wiegte leicht den Kopf. »Wer hat Sie denn so jeärgert?«

»Jemand«, Schill rieb sich die Augen. »Sagen wir, ein Clown, ein blöder Clown.«

»Hat er sie Ihnen ausjespannt?«

»So kann man's ungefähr nennen.«

»Dit jehört sich nich. Aber dit jibt es. Kann man jar nichts machen, sonst passiert dir det Gleiche wie dem Kuseng von Dannenwalde.«

Sie sah ihn an, als würde er ihren Cousin kennen, aber Schill kannte ihn selbstverständlich nicht. Neben ihnen im Großraumwagen, dessen verschlissene Garnitur von zeitloser, nicht nur farblicher Abgestumpftheit kündete, saß ein Pärchen und tippte in die Laptops. Eine Durchsage meldete die nächsten Stationen, in deutscher und, dankenswerterweise kürzer, in englischer Sprache.

»Der Cousin von Dannenwalde – was ist dem denn passiert?«

»Der hat sich selbst begraben.«

»Der hat sich selbst begraben?«

»Richtich«, sagte sie, sich auf dem Sitz zurechtrückend, ihren beigen Wollmantel zuknöpfend, sodass die Brosche eines silbernen Schmetterlings am Revers kurz aufflatterte.

»Er war Bergmann?«

»Nee, zur See fuhr er. Fragense mich nich, wie lange dit her ist, fünfzig Jahre inzwischen. Gloobt keener. Aber könnense jeden fragen in Dannenwalde. Seine Frau war imma zu Hause jeblieben die janze Zeit. Bis sie eines Tages, als er wieder zu ihr jekommen war, auf Heimaturlaub, ausjezogen jewesen war, zu dem seinen Kuseng, ins Nachbardorf. Er is dann gleich hinjefahren, nachts, mitm Fahrrad, hinten uff dem Jepäckträger hatte er nen großen Benzinkanister dabeijehabt, um dem sein Haus anzuzünden. Aber dann sah er die beeden sitzen, von außen durchs Fenster, im Kerzenschein uffm Sofa, und dann brachte er dit nich übas Herz. Er hatte aber ne neue Idee.«

Schill hörte zu.

»Er koofte am nächsten Tach ne Grabstelle beim Friedhof und jing zum Steinmetz wegen Grabstein, und der machte den ooch gleich, für sie und den Kuseng, Alfred und Brigitte, so war der ihr Name, dann und dann jestorben, also am Tach, wo dit rauskam. Und dann setzte er ne Todesanzeige inne Zeitung mit die beeden. Dit war echt zum Gruseln.«

»Und dann?«

»Dann isser immer jeden Tach zum Friedhof jegangen und hat die Blumen jegossen auf dem falschen Grab.«

»Verstehe. Aber wie … wieso hat er sich selbst begraben?«

Sie beugte sich etwas vor und sprach jetzt leiser. »Noch nich. Aber der Kuseng hat dit alles mitjekriegt und hat dann ebenfalls ne Grabstelle jekooft, direkt daneben, und ooch nen Grabstein mit dem Namen und mit die Daten vom Kuseng. Und hat ooch ne Todesanzeige geschaltet inne Zeitung. Und dann waret so jewesen, dasse immer nebeneinanda jestanden hatten, also jenau vor dem Grab von dem andern, und haben dit jegossen und haben jetrauert. Und wissense, was?«

Schill wusste es nicht.

»Kein Wort hamse miteinander jesprochen, nie mehr.«

Eine Zugdurchsage fuhr durch ihre Unterhaltung, die Lautsprecherstimme meldete, nächster Halt sei Gransee, Ausstieg rechts, und die Alte schob sich, nach ihrem Beutel greifend, wieder etwas zurück: »Uff Wiedasehn, junger Mann. Passense mal uff sich uff.«

»Auf Wiedersehen. Alles Gute für Sie. Aber das mit dem Begraben ... Wie ging die Sache aus?«

Die Frau erhob sich etwas wackelig und hielt sich an Schills Sitz fest.

»Dit weeß keener.«

»Das weiß keiner?«

Der Zug begann langsam abzubremsen.

»Eenes Tages war der Kuseng jedenfalls verschunden jewesen, keener wusste, wo der abjeblieben war. Aber beim Grab, dem wo sein Name war, da war ein frischer Erdhaufen und ein Riesenkranz obendrauf mit Schleife ...«

Grell und durchdringend quietschten die Räder und verschluckten die Worte der Alten, die Schill jetzt zuwinkte und sich zum Aussteigen abwendete. Er war eine Zeit lang perplex, bevor er schnell ebenfalls aufstand und zum Ausgang rannte, um ihr in der Tür, während sich die Leute an ihm vorbeidrängten, noch hinterherzurufen: »Hallo ... Mit der Schleife ... Was war da? Ich hab's nicht gehört.«

Sie drehte sich zu ihm, mit einer Hand die Augen abschirmend, um ihn besser zu sehen: »Mit die Schleife?«

»Ja!«

»Wie jesagt, da stand nur: *In stillem Jedenken an mich.*«

»Sonst nichts?«

»Na wat denn noch, junger Mann?«

Wahr sein konnte die Geschichte der Alten kaum. Entweder begräbt sich einer selbst, wie immer er das bewerkstelligen will, oder er legt einen Kranz aufs Grab. Beides zusammen wird er nicht schaffen. Und selbst dann, wenn es ihm gelänge, mit einem zirzensischen Eigenbestattungstrick, konnte er unmöglich auch noch tot dabei sein.

Oder sollte er einen Helfer gehabt haben? Den Kuseng aus dem Nachbardorf? Unvorstellbar war es nicht, aber selbst für ein dörfliches Niveau von Kriminalität etwas platt. *In stillem Gedenken an mich?* Der Kuseng wird sich, mit einem letzten vergifteten Gruß, vom Acker gemacht haben, dachte Schill und sah sich selbst vor seinem imaginären Grab stehen, einen Brocken schwarze Erde auf den hölzernen Sargdeckel werfend.

Der Zug rollte wieder. Stumm und betroffen starrte Schill aus dem Fenster. Er saß mit dem Rücken zur Fahrtrichtung, die Welt mit ihrem beeindruckenden Bestand an Feldern, Bäumen und Häusern entfernte sich in rasender Flucht von ihm. Das Faszinierende an Duellen, wurde ihm klar, das Faszinierendste überhaupt war, dass es danach vorbei ist. Falls er, Schill, tot wäre, wäre das zwar sehr zu bedauern, aber nicht mehr durch ihn, da er, infolge seines Totseins, als Hinterbliebener ausschiede. Falls Markov nicht überlebte, wäre das durchaus verschmerzbar und, vor allem, verzeihlich. Ja, erst Markovs Tod ermöglichte Schill, Markov zu vergessen, er fand, das, und nur das, wäre ein würdiger, ein angemessener Abschluss dieses Lebens.

Im Grunde war alles geregelt und von wohltuender Klarheit.

Er hatte die Waffen, er hatte einen Sekundanten, er hatte Markov gefordert, und er hatte, durch die Polizei, erfahren, dass Markov in Panik geraten war. Was er nicht hatte, war ein Plan oder eine Idee, wie er Markov dazu bewegen konnte, sich zu stellen. Dabei wurde es langsam wirklich Zeit. Nach den alten Duellregeln durften nicht mehr als vierundzwanzig oder manchmal auch achtundvierzig Stunden nach einer Beleidigung verstreichen, wobei es da, wusste er, Ausnahmen und Spezialfälle gab.

Ferdinand Lassalle fiel ihm ein, der kapriziöse Arbeiterführer, der tage- und wochenlang versuchte, seinen Kontrahenten zum Duell zu bewegen. Deutschland, Frankreich und die Schweiz wurden in diplomatische Affären verwickelt, er bat den bayerischen König um Vermittlung, den Außenminister, Richard Wagner sollte seinen Einfluss geltend machen – alles vergeblich. Lassalle hatte sich verliebt in Helene von Dönniges, ein über zwanzig Jahre jüngeres Groupie, das mit ihm durchbrennen wollte. Hätten sie es nur getan! Aber nein, Lassalle schickt das Mädchen anstandshalber zurück nach Hause, will dort am nächsten Tag vorsprechen, wird aber nicht einmal ins Haus gelassen, verliert daraufhin völlig den Verstand, schreibt sechzig Briefe am Tag an Adressen in ganz Europa, um für das Unrecht, das ihm geschehen ist, Genugtuung zu verlangen, fordert schließlich Helenes Vater zum Duell, was der ignoriert und aussitzt, denn er ist ein adliger Diplomat, und der duelliert sich nun einmal nicht mit einem dahergelaufenen Arbeiterführer. Irgendwann, Lassalle ist inzwischen nur noch eine Spottgestalt seiner selbst, zerrieben zwischen Größenwahn und Demütigung, reicht der Vater die Forderung an Helenes Verlobten weiter, den es nämlich in dieser tumultösen Jahrhundertpeinlichkeit auch gibt, an einen rumänischen Junker namens Janko von Rakowitz, gegen den Lassalle dann im Morgengrauen eines späten Augusttages 1864 auf einer kleinen Lichtung in der Nähe von Genf keine Chance hat.

An der Stelle ist heute ein Golfstudio.

Schill war dort, einen Stein gab es da nicht, nur einen ordinären Golfball, den er, nach einer Schweigeminute, in seine Sammlung aufnahm.

Ein abschreckendes Beispiel? Jedenfalls kein erfreuliches. Ein Duell, zu dem beide Kontrahenten nicht freiwillig antreten, nach angemessener Bedenkzeit, versteht sich, entsprach seiner Vorstellung von der Sache nicht. Auch ein Duell zwischen Unbekannten oder weitervermittelten Dritten war nur grotesk, sonst nichts. Sollte er einen anderen totschießen, nur weil Markov grade keine Zeit oder keine Lust hatte, sich zu stellen? Ehre, Etikette, Satisfaktion – Schill war nicht sicher, was er davon halten sollte. Ein Duell, so wie er es verstand, war nichts anderes als ein kurzes, letztes Gespräch zwischen zwei Leuten, die sich nichts zu sagen haben. Ein letzter respektvoller Gruß, wenn man so wollte, denn sicher könnte man es auch einfach lassen und seiner Wege gehen. Niemand würde das anstößig oder bemerkenswert finden. Beziehungen schlafen ein, Verletzungen werden vergessen. Auch die Animositäten zwischen Markov und Schill hätten sich eines Tages ganz von selbst erübrigen können, ganz einfach. Schill wusste das, aber er wollte es nicht. Er wollte den üblichen und von allen Leuten immer wieder gegangenen Weg der Erschlaffung und Ermüdung nicht gehen, den Weg der Konfliktvermeidung, des Aussitzens und In-Kauf-Nehmens. Es war, als hätte er in dem Moment, als das Polizeifoto ihm die frivole Wahrheit enthüllte, die Unverhandelbarkeit seiner Gefühle entdeckt. Nicht seiner Gefühle für Constanze, die waren inzwischen eher von Mitleid als von Leidenschaft geprägt; nicht seiner Gefühle gegen Markov, denn er kannte ihn kaum und hatte nicht vor, ihn kennenzulernen – nein, seiner Gefühle für sich selbst. Der verrückte und immer weiterköchelnde Schmerz, der ihn seither begleitete, zeigte ihm, dass er am Leben war, dass er, zum ersten Mal vielleicht, am Leben teilnahm. Er war fast dankbar dafür. Er spürte sich und spürte, wie er sich öffnete für eine neue

Wahrhaftigkeit. Markov war ein Idiot, und er würde es bleiben, selbst wenn man es ihm sagte. Darauf kam es nicht an. Es ging nicht darum, was richtig und was falsch war oder was angemessen und was nicht. Solche Fragen waren trauriger, hilfloser Mist. Schill wollte jetzt wirklich nur noch eins: ganz bei sich bleiben, egal wie verrückt das war oder wie verrückt das irgendjemand fände. Ja, für ihn war es das Vernünftigste, völlig verrückt zu werden.

Das gleichförmige Ta-tamm-ta-tamm-ta-tamm der über die Schienen polternden Räder untermalte die Fahrt wie ein eisernes, meditatives Mantra. Fast hätte Schill den Ausstieg am Bahnhof in Fürstenberg verpasst, und dort musste er rennen, denn der Bus nach Lychen war schon abfahrbereit. Zwanzig Minuten später, auf dem leer gefegten Markt der Kleinstadt, stand er im kalten Mittag des Januartages und suchte die Tourist-Information. Sie war nicht schwer zu finden, ein kleines graues Haus, Aufsteller davor machten Reklame für *Radtouren durch die Uckermark*. Der Laden war leer und dominiert von leeren Regalen, in denen Prospekte und Postkarten großzügig verteilt waren. An der Wand hing eine große Fototapete, sommerliche Landschaft von oben, viel Wald, viel Wasser, viele rote Ziegeldächer.

»Kann ich Ihnen helfen?« Eine junge Angestellte war herangetreten und betrachtete ihn mit einem routiniert gelangweilten, mitleidigen Blick, dem die Motivation von Touristen, im Januar in einer Kleinstadt in der Uckermark aufzukreuzen, ewig schleierhaft bleiben wird.

»Mit Sicherheit«, sagte Schill. »Ich will nach Hohenlychen. Können Sie mir zeigen, wo ich es hier finde?« Er wies auf das Luftbild.

»Hier ist was los. Sind Sie auch von der Polizei?«, fragte sie unsicher.

»Nein, wie kommen Sie darauf?«

»Nur so … Weil heute Vormittag ein Anruf von der Polizei aus Berlin kam, die sich auch danach erkundigte.«

»Nach Hohenlychen?«

»Ja«, sagte sie.

»Ich wollte mir anschauen, wo das Duell stattgefunden hat, 1937, bei den Heilstätten.«

Die Frau wich erschrocken einen halben Schritt zurück.

»Was ist los mit Ihnen?«

»Das wollte die Polizei auch wissen. Schauen Sie sich um! Hier gibt's kein Duell. Ich kann da nichts sagen. Ich höre das heute zum ersten Mal … Also zum zweiten Mal.«

»Ich bin nicht von der Polizei. Ich bin hier ganz privat unterwegs«, sagte Schill. Und um noch eine Erklärung anzubieten: »Ich bin Antiquar.«

»Tut mir leid.« Sie atmete aus, und es blieb unklar, ob ihr leidtat, dass Schill Antiquar war oder dass sie nichts zum Duell zu sagen wusste. »Das habe ich der Polizei auch gesagt. Ist da heute ein Treffen, ein Jubiläum?«

»Nein, ich glaube nicht. Es muss Ihnen übrigens nicht leidtun. Von diesem Duell wissen nur wenige.«

Sie nahm es mit einer Mischung aus Unglauben und Desinteresse zur Kenntnis.

»Zwei SS-Leute haben sich dort duelliert. Schon klar, dass Sie da keine Stadtführung veranstalten.«

»Keine Ahnung«, sagte sie nur. »Niemand hier in Lychen hat damit was zu tun. Ich meine, kein Wunder … Die sind ja auch alle tot, die dabei waren.«

Der letzte Satz gewann infolge seines Verklingens enorm an Bedeutung und Gewicht, und sie standen ein paar Schweigesekunden andächtig vor dem Luftbild irgendeines unbekannten vergangenen Sommers.

»Aber wie ich dorthin komme, zu den Heilstätten, das können Sie mir doch sagen?«

»Ja, das ist ganz einfach ... Sie sind zu Fuß?« Er nickte. »Dann laufen Sie«, sie zeigte mit dem Finger in eine Himmelsrichtung hinter ihr, »zehn Minuten die Templiner Straße herunter, und wenn Sie am Friedhof sind, weiter die Pannwitzallee ... Sie kommen direkt darauf zu.«

Schill bedankte sich, und sie zog noch, anscheinend wahllos, einen Prospekt aus einer Box: *Sagenhaftes Lychen.* »Hier auf der Rückseite, schauen Sie mal, da müsste ... da steht eine Telefonnummer vom Heimatverein, Herr Blumenthal. Wenn einer was weiß, dann er.«

Der Weg führte vorbei an zwei- und dreistöckigen Häusern, um deren Ecken ein eisiger Wind flog. Die Stadt hatte etwas von einer Puppenstube; auch der Koch, der vor der Gaststätte *Zum Dicken* stand, mit Kochmütze, grünem Kochhemd und Schürze, um die Tafel mit dem Tagesangebot hochzuhalten, war eine alberne Puppe. Schill kehrte ein, bestellte einen Kaffee und wählte die Nummer vom Heimatverein.

»Blumenthal«, schrie ein älterer, aufgekratzter Herr in den Hörer, man solle warten, er suche sein Hörgerät. Augenblicke des Raschelns, Klappens und Ruckens später meldete er sich mit normaler Stimme und nicht im Geringsten überrascht, von jemandem aus heiterem Himmel angerufen und um Auskunft zu einer Begebenheit im Jahr 1937 gebeten zu werden. Nein, die Polizei habe sich noch nicht gemeldet. Ja, über Hohenlychen und das berühmte Duell könne er einiges erzählen, seine Mutter habe, als junges Mädchen, als Krankenschwester in den Heilstätten gearbeitet. Das sei eine große Nummer gewesen, mit Strunk, Hitlers Lieblingskorrespondenten. Alle hätten das mitbekommen damals, obwohl es offiziell geheim bleiben sollte.

Der Kaffee kam und dampfte.

»Hitler schickte Rosen zur Beerdigung damals.«

»Ich wollte zur Stelle, wo das Duell stattgefunden hat.«

Blumenthal war selbstverständlich im Bilde. Schill sollte die

Heilstätten passieren und weiter bis zur Helenenkapelle gehen. Dort beginne der Wald, und an der nächsten Weggabelung dürfte es gewesen sein. Er würde gern vorbeikommen, um ihm die Stelle zu zeigen, aber ... Der Rest der Antwort ging in neuerlichem Geraschel unter.

»Vorsicht, die Gegend da nennt sich *Spukgrund*«, verkündete er schreiend.

Eine Frage hatte Schill noch, sie betraf Strunks Leiche und das Grab, und er musste sie durch den gesamten Gastraum brüllen, damit der Heimatforscher sie verstand.

Sogar hier hatte er eine Antwort, wenn auch keine befriedigende. Das Grab, sagte er, existiere nicht mehr, seit Kriegsende schon, es sei ja ein *Ehrengrab* gewesen, eine *Weihestätte der SS*, und vermutlich hätten es die Russen eingeebnet oder mit einer Granate vernichtet.

Schill nahm es dankend zur Kenntnis, dann hörte er nichts mehr von Blumenthal und war ganz froh, dass er nicht mehr schreien musste. Er stand auf, um seinen Kaffee zu bezahlen, aber der Wirt, in der gleichen albernen Kostümierung wie die Puppe vor der Tür, hob abwehrend beide Hände und sagte: »Der geht aufs Haus.«

Und endlich, zwanzig Minuten später, hinter den tatsächlich spukschlossartigen Ruinen der Heilstätten, halb verfallen und halb wieder aufgebaut, und der kleinen wie zum Gedenken an das Duell errichteten Kapelle am Waldrand, war er da. Die Dämmerung tauchte die Szene in ein weiches Licht, schwarz-weiß, mit unendlich vielen Grautönen dazwischen. Ziellos lief Schill hin und her, als wolle er das Terrain abschreiten, ein irrlichternder Parapsychologe, der versuchte, Kontakt aufzunehmen mit den Geistern oder Gespenstern der Vergangenheit. Aber der Ort blieb ihm fremd. Er spürte nichts. Nichts als unabweisbare Einsamkeit.

Sein Handy klingelte.

Es hätte ihn nicht gewundert, einen der beiden Toten am Apparat zu haben, Strunk oder Krutschinna. Aber es war Onkel Wenzel, der sich erkundigte, ob man sich heute Abend in der Oper sehe. Er habe, Überraschung, noch eine Karte für sich bekommen können.

Schill bedauerte und erklärte, wo er sich gerade befinde. »In Hohenlychen? Ort von letztes Duell? Was haben Sie, wenn Frage gestattet, dort zu tun?«

»Ich weiß es selbst nicht genau.« Schill machte noch einmal eine 360-Grad-Drehung im Unterholz und wusste es wirklich nicht mehr. »Zumal mir gerade eben, in diesem Moment, einfällt, dass heute der letzte Tag meines Lebens sein könnte.«

»Wegen Duell? Ich kann nicht glauben, Sie haben verabredet?«

Das war nun nicht der Fall, musste Schill einräumen, das sei leider ein Problem. Markov werde an seiner statt heute in der Oper sein, wenn es nach Plan laufe, er, Schill, habe ihm die Karten zugeschickt.

»Aha, sehr gute Idee! Dann ich gehe zu ihm und sage, er soll sich stellen und benennen Sekundant?«

»Nein, keine gute Idee«, antwortete Schill, »er wird die Polizei rufen.«

»Ich kann ihm übergeben Brief.«

»Das gefällt mir eher. Warten Sie, die Karten waren doch für die Reihe 10, Platz fünf und Platz sechs?«

»Ich glaube, stimmt«, sagte Onkel Wenzel, aber es klang wie eine Vermutung.

»Sie können ihn unmöglich verfehlen. Graues wildes Haar, Künstlerfrisur. Er trägt sicher einen einfarbigen Anzug, immer irgendein Halstuch oder Schal ... Jedenfalls auf den Porträts in seinen Büchern.«

»Ich verstehe, aber Sie müssen sagen, was wird stehen in Brief?«

»Lassen Sie mich überlegen. Keine Namen oder Adressen, keine Telefonnummern. Er soll an einen neutralen Ort kommen. Also, nicht er, sein Sekundant ...«

Schill war inzwischen wieder aus dem Wald herausgelangt und lief zurück Richtung Bushaltestelle. Die Straßenlaternen brannten bereits. Hinten an der Straße sah er die Puppe des Kochs vor der Gaststätte *Zum Dicken*, und neben der Puppe parkte ein Polizeiauto.

»Ich sehe gerade, die Polizei ist schon hier.« Er blieb stehen und hielt nach einem anderen Weg Ausschau.»Neutraler Ort, das heißt: ein Café, ein Blumenladen, ein Friseur ... Nein, ich weiß.« Er fuhr mit der Hand in die Innentasche seines Mantels.»Schreiben Sie bitte: *Sehr geehrter Herr Markov, ich erlaube mir, Sie an das morgen stattfindende Duell zu erinnern. Zur Erörterung aller weiteren Details schlage ich ein Treffen mit Ihrem Sekundanten vor. Morgen mittag um zwölf Uhr ...*«

Schill entfaltete einen Zettel, auf dem ganz oben *OST* stand, seine kleine Aufzählung der letzten Dinge, und drehte ihn um.

»*... um zwölf Uhr in der* Wellness-Oase-Fish-Spa, *in der Danziger Straße 66.*«

Mechanisch wiederholte der Onkel Namen und Anschrift des Treffpunkts, auch noch einmal den Text des *kleinen Billetts*, wie Schill es nun bezeichnete, und versprach, es an der verabredeten Stelle zu platzieren.

»Ich werde in der Pause gehen dorthin. Denn danach kommt Duell.«

Schill nannte ihm noch mal Reihe und Platz in der Hoffnung, dass es stimmte, und bog, dem Onkel einen fulminanten Opernabend wünschend und noch einmal bedauernd, nicht dabei sein zu können, vor dem Polizeiauto in eine Seitenstraße ab. Dort passierte er die Reihe kleiner Häuschen, eine Kirche und erreichte die Gastwirtschaft *Zur Sonne*, in deren erleuchteten Fenstern noch, wie im vorigen Jahrhundert, Gardinen aufgehängt waren.

Möglicherweise, sagte sich Schill, hingen sie tatsächlich schon so lange da, so wie sie aussahen. Die Köpfe dahinter verwandelten sie in geisterhafte, fast transparente Gestalten, wackelnde Schemen, vertieft in unbekannte Gespräche und Dinge, von denen nur dunkle, enigmatisch verzerrte Frequenzen zu Schill nach draußen drangen.

11 *Das Zwillingsparadox*

NATÜRLICH HATTE SICH DIE NACHRICHT von einem Duell vor den Toren der Heilstätten rasant in Lychen verbreitet; und natürlich hatte Himmler angeordnet, den Manöverball dennoch stattfinden zu lassen. Was heißt dennoch? Gerade deshalb müsse er stattfinden, um jeden Anschein von Irregularitäten und aus dem Ruder laufenden Kämpfen innerhalb der SS gar nicht erst aufkommen zu lassen; und natürlich war die Stimmung jetzt überall merkwürdig mysteriös aufgeladen. Glücklicherweise war es Gebhardt gelungen, das Fest ins Hotel *Zur Sonne* in der Nähe des Markts verlegen zu lassen, wo Teile des 3. Bataillons der SS-Totenkopf-Standarte Brandenburg ohnehin Einquartierung nahmen und wo die Sause heute, am Samstag, fünf Tage nach dem Duell und einen Tag nach Strunks Tod, wie geplant abends acht Uhr starten sollte.

Es ist der 23. Oktober 1937, und viel mehr als der Wetterbericht ist von dem Tag nicht überliefert. *Wechselnd wolkig, aber nur noch vereinzelte leichte Schauer, mäßige westliche Winde, Temperaturen im Ganzen unverändert.* Die Wolken, die sich über Lychen zusammenziehen, sind anderer Art, und es braucht nicht viel Fantasie, sich das Geschehen an diesem Tag, soweit es von Interesse ist, zu vergegenwärtigen.

Gebhardt, Feiern und Geselligkeiten ansonsten durchaus zugeneigt, verbringt den Tag in seiner Dienstvilla, zurückgezogen, zeitunglesend, dem Ball mit zwiespältigen Gefühlen entgegensehend, trüben Gedanken nachhängend. Er hat seit Strunks zwar angekündigtem, aber erst gestern vollzogenem Ableben eine Reihe von Telefonaten zu führen. Er spricht zunächst mit Himmler, der, kurz vor einem Abflug nach Rom, den Ausgang des Duells sportlich nimmt, aber strikte Geheimhaltung verlangt; dann gibt es eine längere Unterredung mit Friedrich Christian Prinz zu Schaumburg-Lippe, Goebbels' Sekretär im Propagandaministerium, der für den Anfang nächster Woche gleich ein Staatsbegräbnis proklamiert und entsprechende Vorbereitungen anmahnt; und zuletzt ist Wiedemann ins Bild zu setzen, Hitlers Adjutant. Wiedemann, nach Hitlers Wutanfall über diese kolossale Dummheit, hat Konsequenzen erheblicher Art in Aussicht gestellt, die sich bisher auf Krutschinna beschränken, den der Führer rigoros aus der Bewegung entfernt wissen will; so viel ist durchgesickert. Was da noch kommen könnte, wer da noch mitgerissen werden würde im letzten Endes undurchschaubaren Strudel der Ungunst, wer weiß es? Wiedemann jedenfalls nicht, wenn er auch andeutet, er, Gebhardt, als Arzt, habe ja weniger mit Anberaumung und Planung des Duells zu tun gehabt als mit seinen Folgen, er solle da keine Flöhe husten hören.

Der letzte Anruf in der Reihe gilt Frau Strunk in Zehlendorf, der er die Nachricht vom Entschlafen ihres Ehemannes überbringt, das friedlich und ohne Wiedererlangung des Bewusstseins erfolgt sei; Gerda Strunk reagiert gefasster und stiller, als er befürchtet hat, und bedankt sich leise ausatmend für die Freundlichkeit der persönlichen Übermittlung.

Gebhardt lässt sich noch mit der Zentrale verbinden, um anzuweisen, keine Gespräche mehr durchzustellen, es sei denn, der Führer oder wenigstens sein Stellvertreter wollten ihn sprechen, und legt auf mit dem Gefühl, Schlimmeres verhindert zu haben. Hohenlychen, nach seinem Empfinden, ist wieder zum Brenn- und Knotenpunkt nationaler Interessen geworden, nur diesmal, anders als bei der Olympiade 1936, mit leicht verhängnisvoller Verknotung.

Schwer zu sagen, an welcher Stelle seines Lebens der Chirurg, der zuerst Zahnarzt war, abgebogen ist in Richtung Landsberg am Lech, wo das Galgengerüst des Nürnberger Kriegsverbrecher-Tribunals aufgebaut war. Es muss sehr früh gewesen sein. Gebhardts Vater war Hausarzt des Vaters von Heinrich Himmler in München, und Himmlers Vater wiederum war sein, Gebhardts, Schuldirektor. Heinrich Himmlers älterer Bruder ging mit ihm zur Schule. So kannte man sich, von allem Anfang an sozusagen. Nach dem Ersten Weltkrieg ist Gebhardt, für einen Medizinstudenten, in erstaunlich vielen Freikorps unterwegs, um gegen die *Sendlinge des jüdischen Bolschewismus* vorzugehen: in den Freikorps *von Epp, Bavaria, Oberland,* wo auch Heinrich Himmler und Sepp Dietrich, später Kommandeur der *Leibstandarte Adolf Hitler* und ranghöchster Offizier der Waffen-SS, fröhlich herumballern. Noch bevor er das Studium beendet, nimmt er teil am Marsch auf die Feldherrnhalle in München. Er sei, wird er zu seiner Verteidigung sagen, nur als *begleitender Arzt* dabei gewesen und habe stets auch die Verwundeten der Gegenseite betreut. *Begleitender Arzt* ist er später bei Himmler, sein persönlicher Begleitarzt sogar, am Ende im Rang eines SS-Generals. Und er ist *begleitender Arzt* bei den Versuchen und Experimenten, die ab 1939 an KZ-Häftlingen vorgenommen werden, bei Versuchen, die er als Chance betrachtet für jene, die ja sowieso zum Tode verurteilt sind, als *Begnadigungschance,* wie er im Verlauf des Nürnberger Ärzteprozesses präzisieren wird, ohne sagen zu können, worin genau die Chance für sie nach ihrem nicht sehr wahrscheinlichen Überleben bestehen konnte, da er sich *in dieser Beziehung ganz auf Himmler verlassen habe.*

Die Liste der Anklagepunkte, die der amerikanische Ankläger James McHaney in Nürnberg verliest, umfasst eine schier endlose Reihe von *Begnadigungschancen,* wie sie Gebhardt und seine Medizinerkollegen den Häftlingen, die sie nicht ablehnen konnten, eröffneten. In Ravensbrück wurden KZ-Häftlingen absichtlich Verletzungen zugefügt und Wunden infiziert, um eine Sepsis hervorzurufen. Hier gab es außerdem Experimente mit Knochen-, Muskel- und Nervenentnahmen. Und man hantierte, wie auch in Auschwitz, mit Experimenten für wissenschaftliche Untersuchungen zur Massensterilisierung von Menschen. Experimente waren das, die an Tieren nicht vorgenommen werden konnten, weil das der NS-Tierschutz nicht zuließ. Gebhardt, berichtet ein Prozessbeobachter, kaut während der Verlesung ununterbrochen Kaugummi.

Zehn Jahre, von 1923 bis 1933, ist er Assistent des weltberühmten Geheimrats Ferdinand Sauerbruch in München, zuletzt als Oberarzt, bevor dieser an die Charité nach Berlin wechselt und Gebhardt die Heilstätten Hohenlychen übernimmt. Er heiratet Marianne, sie bekommt zwei Kinder, Jürgen, im Sommer 1934, und Peter, der im Oktober 1937 erst ein halbes Jahr alt ist. Es gibt viele Fotos, auf denen er lacht, mit den Jahren stolzer und selbstzufriedener, die schwarze Nickelbrille eng an die tief liegenden Augen gedrückt; es ist das Lachen eines Schlitzohrs, der allen zeigt, wie's geht, und der auch die Giftphiole mit Blausäure, die er Himmler Anfang 1945 überreichen wird, selbst nicht nötig hat. Noch in Nürnberg wird er, nicht mehr ganz so feist, mit Arroganz und einem beständigen inneren Kopfschütteln auf die Naivität seiner Richter herabblicken.

Still liegt das Wasser und glatt, im Dunst des Nachmittags, über dem Zenssee; ein kleines Boot schwimmt, wie ein schwarzer Schattenkeil, in der Mitte und bewegt sich nicht.

Die Zeitungen, gestapelt neben dem Telefon, obenauf die *Lychener Zeitung*, das *Templiner Kreisblatt* und der *Briesetal-Bote*, bieten eine reichhaltige Palette außenpolitischer Scharmützel. *Deutschland und die Spanienfrage, Unerhörte Vorfälle in der Tschechoslowakei, Moskau bezahlt die kommunistische Wahlpropaganda in Frankreich, Arbeitsschlachtsieg durch Rüstung, Eine*

Entgegnung auf Auslandseinwände, Vorstellungen Englands in Tokio, Türkei überwacht die Dardanellen, Prag besinnt sich, Noch eine Antwort an Oxford. Hätte Chamberlain den *Briesetal-Boten* gelesen, die *Heimatzeitung im Kreise Niederbarnim,* er hätte sich einiges vorhalten lassen müssen.

Selbst das Kreuzworträtsel, mit dem Wissen von heute im Kopf, ist von irritierender prophetischer Strahlkraft: *Holländische Käsestadt, russischer Fluss, Teil der Sudeten, deutsche Spielkarte, türkischer Fastenmonat, englische Insel, italienischer Schlachtort, schädliches Insekt, Küstenwüste in Südwest-Afrika.* Nur von neun senkrecht, *gutartige Beschränktheit,* sollte nicht ausgegangen werden.

Innenpolitisch ist Deutschland praktisch nicht mehr vorhanden. Sicher, *Der Führer sprach zu den Koburger Kämpfern,* ein *Goldenes Jubiläum der Hamburger Fischmärkte* wird gewürdigt, und in der Frage *Wie alt ist der Weinbau in Deutschland?* kommt heraus, dass keineswegs die Römer ihn hierzulande eingeführt hatten, *weil die Germanen ihn bereits selbst aus eigenem Können und eigener Tüchtigkeit entwickelt hatten, längst ehe Rom gegründet wurde.*

Anzeigen offerieren eine *Frischmilchende Kuh, Schlachtpferde zu höchsten Preisen, Futterschweine preiswert zu haben,* der Wachhund *Perle von Himmelpfort* ist abzugeben, jemand hatte ein *Portemonnaie mit Inhalt auf dem Weg Königstraße–Landesamt verloren. Wiederbringer erhält Belohnung.* Reklame gibt es für Rasierklingen: *Gut rasiert – gut gelaunt!,* Stempel aller Art und *Eiserne Oefen Heizrohre*; der Blick des Lesers, viele Jahrzehnte später, sieht überall Suspektes, Spinöses.

Vom Duell am Montag aber und von Strunks Tod steht selbstverständlich nirgendwo ein Wort.

Als das Telefon klingelt, betrachtet Gebhardt den Apparat überrascht, ungläubig, lauernd. Erst nach dem fünften Klingeln hebt er ab und erfährt, dass der Stellvertreter des Führers, Rudolf Heß, eingetroffen sei und ihn zu sprechen wünsche.

Heß, Stammgast in Hohenlychen, seit er wegen einer Skiverletzung hier behandelt wurde, ist nicht allein gekommen; bei der Begrüßung in der Privatstation I, wo er logiert, wenn er hier ist, stellt er Gebhardt einen guten Freund vor, wie er ihn nennt, Ernst Schulte Strathaus, Amtsleiter für Kulturfragen im *Braunen Haus*. Schulte Strathaus sieht aus wie die Karikatur eines Professors, freundliches Gesicht mit herausragender Nase, große Fliege am Hemdkragen, in Kniebundhosen und kariertem Sakko.

»Mein persönlicher Graphologe«, sagt Heß, wie immer in seiner schmucklosen Uniform, wie immer den Blick etwas in die Ferne gerichtet, auch wenn da keine Ferne war, in der seltsamen, automatenhaft klingenden Diktion, die ihm eigen ist, keineswegs scherzhaft.

Man begrüßt einander und Gebhardt fragt gleich, ob Schulte Strathaus auch in der Lage sei, seine Schrift zu deuten, allerdings habe er, das solle er wissen, seit Jahren sich angewöhnt, mit der Maschine zu scheiben. Freundliches Gelächter auf allen Seiten, bis Schulte Strathaus, in unerwartet ruhrpöttischem Idiom, erklärt, ein guter Witz sei das, aber wie bei jedem Witz sei auch was Wahres dran. Er habe des Öfteren für die Gestapo Schreibmaschinen- und Anschlagstypen identifizieren müssen, etwa bei Flugblättern und Schmähschriften, zuletzt das Rundschreiben dieses renitenten Papstes, Pius XI., sein klägliches *Flehgebet*, das im Sommer vor allem am Rhein stark kursierte, und in dem er habe nachweisen können, anhand des Farbbanddruckbilds, aber auch der Anschlagsvariationen, dass der Schreiber eine Schreiberin gewesen sei, mit langen Fingernägeln, bis auf einen, eher linkshändig wegen des gleichmäßigeren Anschlags auf dieser Seite, und offenbar, wegen gelegentlicher ö- und ä-Verwechslungen, kurzsichtig beziehungsweise mit falscher Brille. Daraufhin habe man tatsächlich eine linkshändige und unzureichend bebrillte Dame mit abgekautem Ringfingernagel im Erzbistum Köln ermittelt. Also, die Maschinengraphologie sei eine große Sache, und wenn er, Gebhardt, ihm eine Seite geben wolle, dann werde er gern sehen, was für eine charakterologische Prognose in seinem Fall zu stellen sei.

Man hat inzwischen Platz genommen, an einem schmucklosen Tisch am Fenster; der Blick fällt auf den verwaisten Sportplatz, wo vor einigen Monaten für *erbgesunde*, aber behinderte, verletzte, einarmige oder einbeinige Patienten neue Turngeräte aufgestellt worden waren, ein Barren, ein Pferd, ein Reck und eine sechs Meter hohe Ringanlage, deren lange Seile jetzt schlaff in der Kälte hängen.

»Nein, Karl, das ist ernst gemeint«, sagt Heß, man duzt sich, »ich bin natürlich zum Ball heute Abend gekommen, aber auch, um dir, wenn möglich, von Nutzen zu sein. Will sagen, deine Wissenschaft und dein medizinisches Genie, was wir schätzen, was aber gerade nicht weiterhilft, dir nicht und Strunk sowieso nicht mehr, bei aller Ehre. Schulte Strathaus kann wirklich etwas. Und man kann ja zu Astrologie stehen, wie man will, zu Graphologie und Homöopathie – unbestritten ist, es funktioniert, selbst wenn man nicht daran glaubt.«

Gebhardt, unsicher, ob er versteht, was hier vorgeht und worüber gesprochen wird, schaut abwechselnd zu den beiden, kann aber keine Anzeichen von Ironie entdecken.

»Was willst du mir sagen? Hast du Nachrichten vom Führer für mich?«

Heß verneint, sich zurechtsetzend. Hitler sei nun einmal aufgrund von Strunks Dummheit außer sich, und er, Heß, habe gedacht, es gebe günstigere Momente, ihn in der Sache zu sprechen, als diesen Moment, eben deshalb sei er hier.

»Lass dir von Schulte Strathaus ein Horoskop erstellen, dann bist du auf der sicheren Seite – und wenn nicht, schadet es ja nicht.«

Zutreffend ist das zwar nicht, vor allem nicht in Hinsicht auf Heß selber, der ein paar Jahre später, am 10. Mai 1940, direkt nach einem astrologischen Positivbescheid von Schulte Strathaus seinen fatalen Englandflug antreten wird, der ihn auf schnellstmöglichem Weg in sechsundvierzig Jahre Gefangenschaft mit anschließendem Suizid führt. Aber weil Gebhardt das 1937 nicht wissen kann und weil es auch schwierig ist, eine vom Stellvertreter des Führers kommende Maßnahme und Empfehlung ohne Weiteres zu ignorieren, nennt er dem Kauz in Karohosen seine Daten, als da sind Zeit und Datum der Geburt, also zehn Uhr, soweit ihm erinnerlich, am 23. 11. 1897, sowie den Ort, Haag in Bayern. Schulte Strathaus notiert das alles, erbittet sich etwas Zeit, die Daten in den tropischen Tierkreis zu übernehmen, wobei er im Übrigen, wenn alle einverstanden sind, was der Fall ist, das Häusersystem nach Placidus präferieren werde, und Heß und Gebhardt begeben sich auf einen Spaziergang um den See, wo Heß, gut gelaunt ausschreitend, sich noch einmal aus erster Hand das Geschehen vom Montag berichten lassen will.

Was den Manöverball betrifft, so ist nicht wichtig zu wissen, ob er genau so stattfand, wie er hier geschildert werden könnte. Dergleichen Festivitäten gehörten damals zum Programm; es gab sie in Templin, in Fürstenberg, in Oranienburg. Die Wachmannschaften des nicht weit entfernten Konzentrationslagers Sachsenhausen und seiner Außenstellen hatten sich, in Anbetracht ihrer harten und naturgemäß auf wenig Gegenliebe stoßenden Tätigkeit, Spaß und Unterhaltung verdient. Im Sommer marschierten sie mit Gesang und Paradeschritt, *wetteifernd in Kampf- und Freiheitsliedern*, durch die Straßen zu den Sportplätzen; im Winter kam die Zeit der Bälle. Und für die Mädchen und Frauen aus dem Landkreis, die ihre schönsten Kleider und Hüte aus dem Schrank hervorholten, war ein Tanz mit einem KZ-Aufseher in seiner schicken schwarzen Uniform, das kleine Totenköpfchen am Revers, keine Zumutung, sondern aufregende Gelegenheit und frivoles Abenteuer.

Der Ballsaal im *Zur Sonne*, im Grunde der Speisesaal des Hauses, bei dem die Tische zur Seite und die kleine Bühne für Rednerpult und Tanzkapelle frei geräumt sind, erweist sich als zu klein, was aber eher ein Vorteil als ein Nachteil ist, denn etliche Lokale haben sich bereit erklärt, auszuhelfen; und so finden jetzt auch im Hotel *Central*, im *Strandhotel* und im *Schützenhaus* sozusagen kleinere Nebenbälle statt. Der Vorteil ist, für Gebhardt, dass er nach der Eröffnungsansprache im Ballsaal von einem Ort zum anderen pendeln kann, ohne irgendwo länger bleiben zu müssen, es riefen die leidigen Verpflichtungen, man wisse schon.

Gebhardts Rede ist kurz; dem auf der Straße vor dem Hotel angetretenen schwarz glänzenden Riegel der Standarte ruft er zu, als Chef des im letzten Jahr glücklich fertiggestellten SS-Lazaretts auf dem Gelände der Heilstätten würde er sich freuen, die versammelten Kameraden dort nicht wiederzusehen, und falls doch, so mögen sie sich ihre Tanzschritte schon mal einprägen, denn genau die müssten sie als einbeinige oder einarmige Patienten bei ihm dann wieder trainieren. Allgemeine, wenn auch gedämpfte Heiterkeit ist die Folge.

Auch Otto Reich, SS-Standartenführer und Kommandeur des Totenkopf-Verbandes, der schon eine beachtliche Karriere hinter sich hat als Lagerkommandant der KZs Lichtenburg und Esterwegen, sagt, vielmehr schreit seinen Männern knappe, großenteils unverständliche Befehle entgegen; nur der SA-Sonderbeauftragte Richard Hingst, ein Mann, der bald danach Bürgermeister der Stadt werden und seinen Leuten bei der Verwüstung des Judenfriedhofs an der Oberpfuhlpromenade freie Hand lassen wird, ergeht sich in einer länglich-launigen Ansprache, am Ende die Warnung aussprechend, dass niemand auf die Idee kommen solle, schon nach einem Bier zu sagen, wie es schmecke, das sei erst nach längeren Testreihen sinnvoll. In diesem Sinne erkläre er, interessante Forschungsergebnisse wünschend, den Ball für eröffnet.

Gebhardts Verweise auf leidige Verpflichtungen sind nicht einmal gelogen. Als Schirmherr des Balls muss er sich um die Gäste kümmern, nicht um alle Gäste, versteht sich, aber um die prominenteren, illustreren, wichtigeren, und von denen sind einige angereist.

Neben Heß, dem *Yogi aus Ägypten*, wie er hier genannt wird, seines Geburtsorts Alexandria wegen, und dem Hofastrologen Schulte Strathaus ist Leni Riefenstahl aus Berlin gekommen, im Ballkleid mit Pelzkragen, begleitet und geflogen von Ernst Udet, der einen makellos weißen Anzug trägt und schon einen im Tee hat, bevor es richtig losgeht. Vermutet und gemunkelt wird sogleich, sie, die von Heß wenig schmeichelhaft als *Führerverführerin* Begrüßte, plane einen Film über das Duell, womöglich einen *Triumph der Ehre*, aber sie plant damals vieles, weil sie mit dem Schnitt des *Olympia*-Films gerade etwas überfordert ist. Außerdem stellt sich vor beziehungsweise wird von Standartenführer Reich vorgestellt ein Herr Kuiper, Bernhard Kuiper, Architekt, der auf Gebhardts Wunsch zum Ball gekommen ist, um sich umzusehen und gegebenenfalls ein neues großes Bootshaus für die Heilstätten zu projektieren.

Zusammen mit dem bereits erwähnten Hingst und Begleitung sind sie ein kleiner Pulk von zehn Leuten, der an diesem Abend von Hotel zu Hotel, von Ballsaal zu Ballsaal unterwegs ist und überall wieder neu begrüßt wird, an den einen oder anderen Tisch herantreten muss, um ein Glas zu erheben, einen Sekt, einen Weinbrand oder was auch immer – dabei stets einen gewissen Abstand wahrend, der sich ganz von selbst herstellt, wenn der Hotelchef die Riefenstahl und Udet gewahrt und sofort herbeistürzend an den reservierten Platz nach ganz vorn führt oder wenn Rudolf Heß auftaucht und ein SS-Obersturmführer ergriffen vom Sitz hochspringt, noch das Bier in der Hand, und *Heil Hitler!* ausrufen will, aber von Reich und anderen Kommandeuren gleich beruhigt und abgedrängt wird, damit der Stellvertreter des Führers seinen Platz einnehmen und aus der Distanz freundlich zurückwinken kann.

Die Stimmung ist gelöst, und nach den obligatorischen Marschliedern am Anfang, *Märkische Heide* und *Es zittern die morschen Knochen*, kippt sie vom Steifen ins Wüste. Es wird gegessen und getrunken, geraucht, getanzt, die Wangen röten sich, die Hüte der Damen und die Schirmmützen der Männer umkreisen sich eng. Einmal springt Udet im *Schützenhaus* auf den Tisch, steppt eine Runde im Takt der aufs Parkett knallenden Stiefel der Umstehenden, die johlend zu ihm aufblicken; dann jongliert er mit ein paar Tellern, die allerdings zu Bruch gehen, woraufhin er den Ball zum Spontanpolterabend ausruft und vor Leni Riefenstahl auf die Knie fällt, ihr einen Antrag macht, den sie, ein kleines Weinglas schwenkend, ablehnt mit der Begründung, der *gute Ernst* sei ja schon verheiratet mit seiner Fliegerei, das wäre Bigamie, was Udet nicht so stehen lassen kann, nein, das mit der Fliegerei, das wäre nur eine Luftnummer, und dabei springt er wieder auf, schnappt sich eine Flasche vom Tisch, leert sie und sagt, aber wenn das so sei, dann sei er entschieden bereit, hier und jetzt noch mehr Luft in Gläser und Flaschen zu füllen. Die Kapellen spielen Swing, und in den Pausen übernimmt ein Tänzer das Akkordeon, um unter Gejohle den Schlager *Was dein roter Mund im Frühling sagt* zu intonieren oder *Es rauscht das Meer ein Liebeslied* oder *Ich kauf mir 'ne Rakete und flieg auf den Mars, und fall ich wieder runter, fragt jeder mich, wie war's, wie war's?*

Bilanz des Balls, um nicht unnötig in Details zu schwelgen, sind drei besondere Vorkommnisse; erstens ein verschluckter Ehering im *Central*, bei dem Gebhardt spöttisch Entwarnung geben und viel Vergnügen beim gemeinsamen Suchen am nächsten Tag wünschen kann; zweitens ein Eklat auf der Toilette im *Zur Sonne*, wo zwei Unterscharführer sich eine halbe Stunde angeblich aus Versehen eingeschlossen hatten, was nach anfänglichen

Albereien für Alarm sorgte und den ungeheuren Verdacht einer *warmen Bruderschaft* in den Raum stellte, zu dessen Klärung zunächst Otto Reich, außer sich vor Wut und Suff, herumschrie, bevor er *die ganze Riesensauerei* an eine aus Fürstenberg herbeigerufene Streife der Sicherheitspolizei übergab, die beide sofort abführte; drittens im Sommer danach im weiteren Umkreis von Lychen mindestens vier Geburten von Kindern, deren Väter nie herausfanden, dass sie nicht die Väter waren.

Bei denen, die sich dann noch zu späterer Stunde im Wintergarten des *Strandhotels* auf einen Scheidebecher versammeln, hat die frische kalte Luft auf den Wegen zwischen den Ballsälen für Ernüchterungsschübe gesorgt, niemandem ist der Alkohol anzumerken. Welche Drogen Udet nimmt, weiß keiner, aber es sind offensichtlich welche, die ihm gestatten, weitere Drogen zu nehmen und hellwach zu bleiben. Er im weißen Anzug, der zwischen den schwarzen Uniformen wie ein Exot wirkte, wirkt hier, im holzgetäfelten Rundbau, unter einer Reihe von Geweihen, nur elegant und zivil, und an ihn geschmiegt Leni Riefenstahl, im Kleid mit Pelzkragen, wie eine versprengte Adlige, die mit etwas mehr Luxus gerechnet hat.

»Wie schrecklich, wie furchtbar, wie aufregend«, sagt sie gerade, als Gebhardt, zum wiederholten Male Himmlers Geheimhaltungsgebot umschiffend, die Duellstory referiert, und alle nicken ihr zustimmend zu, nur Udet nicht.

»Ach Gottchen, Leni, so ist doch das Leben: Zwei Männer, die sich um eine Frau streiten, das gibt's nicht nur im Kintopp.«

»Du weißt das besser als ich, mein Lieber, aber schade ist wirklich, dass ich nicht mit der Kamera dabei sein konnte.« Sie schließt kurz die Augen und ergänzt, mit schlecht gespielter Entrüstung: »Mir hat ja mal wieder keiner Bescheid gesagt!«

»Leni, du kannst nicht überall dabei sein. Das Leben läuft nicht nach Drehplan. Ich meine, wo warst du, als ich im letzten

Kriegsjahr mit meiner Fokker 5.000 Metern über Flandern auf Georges Guynemer traf? Das war ein Duell, kann ich dir sagen, das war das größte Duell aller Zeiten.«

Riefenstahl kennt die Geschichte schon, jeder Deutsche kennt sie und weiß, dass er sie immer wieder erzählen wird, wie er, damals in der *Jasta 15*, in der 15. Jagdstaffel der Fliegertruppe des Heeres, sich mit dem französischen Flieger-Ass einen Einzelkampf lieferte, wie sie sich umkreisten, nach einer Abschussposition lauernd, dabei jeweils die Geschicklichkeit des anderen testend. Wie sie jeden Kunstflugtrick machten, den sie kannten, und wie Guynemer schließlich ein Treffer in Udets oberem Flügel gelang, und wie dann, als Udet Guynemer im Visier hatte, sein MG klemmte und er es, mitten im Luftkampf, mit den Fäusten bearbeitete, ohne Erfolg. Und wie Guynemer, als er das erkannte, ritterlich darauf verzichtete, ihn abzuschießen, ihm noch einmal zuwinkte und abflog.

Er erzählt sie auch hier wieder, und wie immer gelingt es ihm, dass die Leute an seinen Lippen hängen. Was er nicht erzählt, weil er es noch nicht weiß, weil er es nicht ahnt, dass er nur vier Jahre nach diesem Ball, als *Generalluftzeugmeister*, der er dann ist, fünfundvierzig Jahre alt, in seiner Berliner Wohnung einen mexikanischen Colt aus dem Schrank nehmen wird, um seinem Leben ein Ende zu setzen. Bei diesem letzten Duell mit sich selbst wird Leni Riefenstahl auch nicht dabei sein, denn sie wird zu der Zeit gerade einen Film drehen, *Tiefland*, der als *teuerster, bombastischster und sadistischster* Schwarz-Weiß-Film des Nationalsozialismus zu großer Unbekanntheit gelangen wird. Er wird Riefenstahl nach Kriegsende *acht Verhaftungen, vier Entnazifizierungen, Irrenhaus, eine Gerichtsverhandlung, Nervenzusammenbrüche, schwere Krankheit und Millionen* kosten, aber nicht das Leben. Der Tod meidet die Frau, solange es geht, und als sie im Alter von 101 Jahren doch stirbt, dann an einem Stillstand des Herzens, das sie nicht hat.

Udets Hand mit abgespreiztem Daumen und Zeigefinger be-schreibt noch eine Kurve mit wackelnden Tragflächen über Leni Riefenstahl Kopfs hinweg Richtung See, der schwarz hinter den Fenstern steht.

Heß scheint ebenfalls noch wach zu sein; sein Graphologe Schulte Strathaus inspiziert die Geweihe; außerdem mit dabei ist der Architekt Kuiper, ein Mann mit sorgfältig gescheiteltem dunklen Haar, den Kopf immer leicht schräg haltend wie einer, der nicht glauben kann, was er da hört, und der ihnen den ganzen Abend nicht von der Seite wich, wobei er kaum mehr sagte als *Danke* und *Bitte*, das allerdings auf sehr bestimmte Weise. Jetzt lässt er sich, zur Überraschung der Anwesenden, erstmals von sich aus vernehmen, er verstehe nicht, sagt er mit leiser Stimme, warum man nicht einen Ehrenhain anlege für die Männer, die dem Tod hier ins Auge gesehen haben. Seien die beiden nicht Helden gewesen, arische Helden, um genauer zu sein? Also, ihm leuchte nicht ein, warum man das unter der Decke halten wolle, das sei eine einmalige Chance.

Kuiper schaut interessiert in die Runde. Er war bis vor Kurzem SS-Architekt der Konzentrationslager Esterwegen und Sachsen-hausen, wo er es verstanden hatte, der ansonsten eher pragma-tisch nach MG-Achsen und optimalen Schussfeldern konzipier-ten Gesamtanlage einige, wie er es nannte, *gärtnerische Oasen* abzutrotzen, einen Park mit Teich etwa oder Blumenrabatten vor dem Todeszaun. Sachsenhausen sei *das modernste, schönste und größte Lager dieser Art*, vermerkt er nicht ohne Stolz in seinem Lebenslauf, und bis heute ist unklar, ob Zynismus oder einfach nur Inkompetenz hier den Ausschlag gibt. 1948, in seinem Entna-zifizierungsverfahren, wird das nicht zu seinen Ungunsten ausge-legt werden. Er habe, wird er sagen, von dem, was in den Lagern passiert sei, die nach seinen Plänen errichtet wurden, keine be-sonderen Kenntnisse gehabt.

Nachdem er gesprochen hat, wenden sich alle Köpfe Heß zu,

der erzählt, er persönlich sei einmal zum Duell gefordert worden, in den Zwanzigern sei das gewesen, er habe mit dem Führer in München im *Reichsadler* gesessen, zusammen mit seiner Frau und seiner Schwägerin, und plötzlich sei da ein Betrunkener gewesen und habe sie furchtbar angepöbelt. Er sei mit ihm vor die Tür gegangen, aber am folgenden Tag wären dann zwei Korpsstudenten erschienen, um ihn zu fordern, da er einen der Ihren beleidigt hätte. Der Führer habe ihn damals zurückgehalten und gesagt, er werde das regeln, und er habe das geregelt auf eine Weise, die die beiden schamvoll wegtreten ließ. Er, Heß, glaube daher, nein, er sei sicher, der Führer schätze es nicht besonders, wenn seine Leute sich gegenseitig erschießen. Dabei verliere er nämlich immer einen von ihnen. Und er verliere nicht gern.

Ein Kellner schwebt herein und herum, eine Kristallkaraffe auf dem Tablett, mit einem Kranz kleinerer Gläser, sowie ein Teekännchen, das Heß bestellt hat. Der kratzt sich, im Dampf der sich füllenden Tasse, nachdenklich am Kinn, als gelte es sich auf eine alte Weisheit zu besinnen.

»Und was die Ehre betrifft: Mehr Ehre als die, Deutscher zu sein, braucht ja im Moment keiner.«

»Ich bitte um Entschuldigung, Herr Reichsminister«, meldet sich Schulte Strathaus, mit einer Hand das Gehörn eines Bockes befühlend, »Sie wissen ja: *Im Deutschen lügt man, wenn man höflich ist* heißt es im *Faust.* Deshalb, mit Goethes Zustimmung, erlauben Sie mir, ganz unhöflich nachzufragen: Wollen Sie damit zum Ausdruck bringen, dass ein Deutscher nicht zu beleidigen ist?«

Heß schaut etwas irritiert, sowohl zum Mann als auch zur Jagdtrophäe, und sagt: »Natürlich nicht.«

»Eben, das denke ich auch. In den vergangenen Epochen haben sich ja Hunderte von Deutschen duelliert, Tausende von Deutschen, obwohl sie Deutsche waren und weil sie Deutsche waren und unabhängig davon, dass sie Deutsche waren. Aus sehr verschiedenen Gründen, aber wir dürfen annehmen, es war wohl immer eine Beleidigung dabei, ersten, zweiten oder dritten Grades. Die Frage, die sich jetzt stellt, ist doch die: Wenn es die höchste Ehre ist, ein Deutscher zu sein, würden Sie dann, verehrter Reichsminister, ein Duell für gerechtfertigt halten, das jemand um diese Ehre führt?«

Die Frage, so naheliegend sie möglicherweise ist, beunruhigt die Anwesenden. Riefenstahl rollt mit den Augen, Udet kichert etwas in sich hinein, aber Heß erhebt sich:»Sie meinen nicht etwa den Juden?«

»Das kann nicht sein«, mischt der Architekt sich ein,»der Jude an sich ist ja wohl nicht satisfaktionsfähig.«

Hier nicken alle wissend, allein Gebhardt wendet ein, dass seinerzeit, bei ihnen im *Freikorps Oberland*, wie Heß ja wisse, auch Juden dabei gewesen seien, sogar Kommunisten, ehrenhafte Leute, seiner Ansicht nach, damals zumindest, das könne sich natürlich ändern, das menschliche Herz sei nicht in Stein gegossen. Aber soweit ihm bekannt sei, gelte die Ehrengerichtsordnung ohnehin nur für Angehörige der SS, und insofern sehe er da keinen Raum für Spekulationen, es sei völlig ausgeschlossen und undenkbar, dass ein SS-Mann sich mit einem Juden duelliere.

»Lieber Herr Standartenführer«, bemerkt Schulte Strathaus, »undenkbar sind viele Dinge, bevor sie einer tut. Vergessen Sie nicht, noch vor hundert Jahren war undenkbar, dass sich gewöhnliche Bürgerliche duellieren. Ich glaube im Übrigen nicht, dass es um die Ehre geht bei Duellen. Es steckt etwas anderes dahinter, ich nenne es das *Zwillingsparadox*, doch ich will Sie nicht damit langweilen.«

»Das tun Sie keineswegs, Verehrtester«, ruft Udet,»sagen Sie, was steckt dahinter, wenn es keine Frau ist, nicht die Ehre und auch nicht das Vaterland? Das würde uns alle sehr interessieren, oder nicht?«

Heß nickt seinem Mitarbeiter generös zu, und der hebt an zu einem dubiosen Vortrag vor dubioser Runde, deren Schicksal in dem Moment eine Pause einlegt, bevor es so unbegreiflich und aberwitzig, wie es ist, weitergeht. Schulte Strathaus, nachdem er Heß per Horoskop nach England dirigiert hat, wird im Konzentrationslager Sachsenhausen landen, mit dessen Architekt er hier plaudert und mit dessen Wachmannschaft er Stunden zuvor getrunken hat. Bei der *Aktion gegen Geheimlehren und sogenannte Geheimwissenschaften*, die dem Englandflug folgt, werden landesweit etwa tausend Astrologen, Ariosophen, Parapsychologen, Wahrsager, Wunderheiler, Runenleser, Wünschelrutengänger verhaftet werden; einige werden ermordet, andere holt man wieder zurück, weil auf sie doch nicht verzichtet werden kann. Der Zweite Weltkrieg ist auch ein Krieg der Astrologen. Karl Ernst Krafft, ein Schweizer Astrologe, arbeitet im Propagandaministerium an der Deutung der Prophezeiungen des Nostradamus, als er am 12. Juni durch die Gestapo verhaftet wird. Ein Jahr später wird er entlassen und muss jetzt Horoskope über feindliche Staatsmänner und Militärs erstellen. Sein Gegenspieler auf Seiten der Alliierten ist ein Astrologe namens Louis de Wohl, der auf der Gehaltsliste des britischen Geheimdienstes steht. Auch er erstellt Prognosen und Nostradamus-Deutungen, die aber gegen Nazi-Deutschland Verwendung finden sollen. Außerdem soll er vorhersagen, welche Warnungen oder Ratschläge die NS-Astrologen dem Führer erteilen würden. Der Geheimdienst schickt de Wohl 1941 sogar in die USA, wo er mit seinen Voraussagen die Amerikaner zum Eintritt in den Krieg überreden will.

Und während Schulte Strathaus in Sachsenhausen inhaftiert ist und während Krafft wieder verhaftet und am Ende in Buchenwald umkommen wird, sitzt im Keller des Marinehauptamts in Berlin die *Abteilung SP*, eine Gruppe von wissenschaftlichen Okkultisten, die tatsächlich versuchen, mithilfe von siderischen Pendeln, die über Seekarten kreisen, die Position feindlicher Schiffe auf den Weltmeeren zu bestimmen. Nach Jahren muss die Admiralität missvergnügt zur Kenntnis nehmen, dass das in keinem einzigen Fall gelingt.

Schulte Strathaus hat Glück. Er wird den Krieg überleben, um 1968 durch einen Verkehrsunfall zu sterben, den er nicht vorhersieht.

»Lassen Sie mich«, beginnt er jetzt, an eine Fensterbank gelehnt und von kahlen Geweihen überdacht, »bevor ich auf das *Zwillingsparadox* zu sprechen komme, eines klarstellen, vor allem Ihnen gegenüber, Standartenführer Gebhardt, dass ich die Astrologie keineswegs für eine exakte Wissenschaft halte.«

Gebhardt stimmt erleichtert zu.

»Sie ähnelt darin ein bisschen der Medizin, die ja auch mehr Kunst ist als Wissenschaft. Beide haben zu tun mit einem großen Unbekannten, sagen wir, mit dem X der Individualität. Ich gebe ein Beispiel: Koffein, je nach Dosis, kann anregend sein, eine manische Wirkung haben, eine betäubende, sogar eine tödliche, wie jeder Arzt weiß. Doch was bei dem einen schon zu viel ist, kann bei dem anderen zu wenig sein. Die genaue Wirkung von Gift hängt außerdem davon ab, womit der Magen gefüllt ist. Nicht anders, meine ich, verhält es sich mit der Wirkung der Planeten. Der Einfluss einer guten Ernährung lässt sich mit dem astrologischen Einfluss Jupiters vergleichen, die Wirkung von Alkohol mit der Wirkung des Mars. Manche vertragen ihn bis ins hohe Alter; bei anderen greift er die Magenschleimhaut an. Also, es gibt immer viele Faktoren. Und in der Astrologie gibt es nicht nur Mars und Jupiter, sondern die weiteren Planeten und Tierkreiszeichen, den Mond nicht zu vergessen, und unendliche Abstufungen und Modifikationen, und deshalb kann man mit dem Horoskop zwar genau feststellen, welche Einflüsse stärker oder schwächer, welche freundlich oder feindlich sind, aber was das letzte Detail angeht, tappen wir ebenso im Dunkeln wie der Arzt, wenn er die

Menge des Alkohol bestimmen soll, die einem Menschen schadet.«

Gebhardt, zunehmend belustigt, unterbricht hier. »Ich glaube, ich brauche jetzt einen Schluck«, sagt er und kippt sein Glas mit einem Ruck nach hinten. »Ich stimme Ihnen ungern zu, Schulte Strathaus, und mich würde ja mal interessieren, wenn sie hier auf dem Gelände eine astrologische Station einrichten, wer von uns beiden da mehr Patienten haben würde, mehr Beinfrakturen, Schulterluxationen, Blinddarmentzündungen? Ich fürchte ja, Ihr Wartezimmer könnte ziemlich leer bleiben.«

Gebhardt freut sich, Heß wiegt den Kopf, Udet will gleich Wetten abschließen, Riefenstahl und der Architekt rufen gleichzeitig, dass eines das andere ja nicht ausschließe, aber Schulte Strathaus sagt leise: »Ich glaube, Sie würden sich da sehr wundern, Herr Standartenführer.«

»Ich wundere mich jetzt schon, Herr Schulte Strathaus«, antwortet dieser, »darüber nämlich, was das alles mit dem Duell zu tun haben soll und mit dem ... Wie sagten Sie? *Zwillingsparadox?*«

»Omnia tempus habent, Herr Standartenführer. Ich komme gleich darauf. Das *Zwillingsparadox*, wie ich es nenne, besagt in unserem Fall: Sie werden in der Geschichte kein einziges Beispiel dafür finden, dass sich Zwillinge duellieren. Schön und gut, werden Sie jetzt denken, das mag sein. Das Problem für uns Astrologen aber ist: Zwillinge, wenn die Geburt nicht zu weit auseinanderliegt, haben in der Regel das gleiche Horoskop, das die gleichen Ereignisse vorhersehen sollte. Und so ein Duell, wie wir es hatten, sollte schon ein Ereignis genannt werden können – oder was meinen Sie?«

Ohne eine Reaktion der anderen abzuwarten, die infolge einer gewissen Anspannung, nebenbei gesagt, auch ausbleibt, spricht er weiter. »Die Astrologie sagt nun ganz richtig, dass die Wirkung der Gestirne unmöglich in dem Augenblick der Geburt erschöpft sein kann. Vielmehr gibt es natürlich auch nachgeburtliche Einflüsse, die Sterne und Planeten verschwinden ja nicht plötzlich und hören auf, über unseren Himmel zu wandern. Das aber bedeutet, wir müssen auch Aspektbildungen nach der Geburt berücksichtigen; und viele Tausend Jahre Erfahrung haben gelehrt, dass genau das diejenigen sind, nach denen künftige Lebensereignisse häufig einfach zu berechnen sind. Ein Tag nach der Geburt, weiß man, entspricht einem Lebensjahr. Wenn also vierzehn oder vierundvierzig Tage danach der Saturn einen guten oder schlechten Aspekt bildet zur Sonne, dann wird im vierzehnten oder vierundvierzigsten Lebensjahr ein Ereignis eintreten, das dem Wesen der Sonne und des Saturn im günstigen oder ungünstigen Sinn entspricht. Kennt jemand der Herrschaften das Alter der Duellanten, die vor ein paar Tagen hier zusammentrafen?«

»Bei Herrn Strunk sollte das schnell zu klären sein, ich habe seine Krankenakte ja hier. Warten Sie, ich telefoniere«, sagt Gebhardt und macht sich auf den Weg, um die Nachtschwester mit dieser hochwichtigen Angelegenheit zu betrauen.

Was Krutschinna betrifft, herrscht Ratlosigkeit, bis Heß einen Füllfederhalter aus der Tasche zieht und auf dem Bierdeckel eine Telefonnummer notiert, die er Strathaus herüberreicht: »Rufen Sie unseren Uetrecht vom Archiv an und fragen Sie ihn. Es ist jetzt gleich zwei Uhr in der Nacht. Also, grüßen Sie ihn bitte recht herzlich, wenn Sie ihm meine dringende Nachfrage übermitteln.«

Eine ungewisse Anzahl von Telefonaten später, verbunden wohl auch mit einer Nachtfahrt des Leiters des Parteiarchivs ins *Braune Haus* in München, waren die Informationen eingetroffen. Heß, Udet, Kuiper und Riefenstahl hatten in der Zwischenzeit die Idee einer Gedenkstätte vertieft. Kuiper favorisierte eine kleine Säulenhalle im Wald, in deren Mitte eine ewige Lampe brennen könne über einem symbolischen Grab, das die Pistolen der Schützen enthielte, zur Mahnung und zum Gedenken, wie er meinte.

Als Schulte Strathaus zurückkommt, wird gerade über den Verbleib der Waffen geredet; Gebhardt bestätigt, dass sie sich zurzeit in einem Safe der Postbaracke befinden, wo sie bis zur etwaig bevorstehenden Herausgabe an die Staatspolizei aufbewahrt bleiben sollen.

»Wir haben bei Strunk«, unterbricht Schulte Strathaus das Gerede, »einmal den 15. April 1892 in Kaschau, Österreich-Ungarn, und wir haben bei Krutschinna den 31. Mai 1909 in Szardehlen, also Ostpreußen. Uhrzeit, wie so oft, Fehlanzeige, aber mit einem guten Horoskop lässt sie sich auch zurückberechnen.«

»Wie? Sie können die genaue Geburtszeit anhand der Sterne berechnen?«, fragt Riefenstahl ungläubig und begeistert zugleich.

»Sicher, das geht sehr einfach. Man muss ja nur untersuchen, ob die nach der vermutlichen Geburtszeit berechneten Ereignisse pünktlich eintreffen. Das wird natürlich selten der Fall sein. Aber dann nimmt man drei oder vier eindeutige Ereignisse, Todesfälle der Eltern, Hochzeit, unvorhergesehener großer Gewinn oder Verlust, vergleicht dann die Verfrühung oder Verspätung der Ereignisse und verändert den Meridian oder Aszendenten, bis die Ereignisse stimmen. Damit ist dann mithilfe von Tabellen die Geburtszeit auf die Sekunde genau bestimmbar. – Aber das schaffe ich jetzt nicht, meine Liebe.«

Riefenstahl nickt etwas bekümmert, während Schulte Strathaus schon weiterspricht.

»Halten wir fest, ein Widder duelliert sich mit einem Zwilling. Der Widder ist im neununddreißigsten Jahr, der Zwilling im achtundzwanzigsten. Ich habe jetzt die Tabellen nicht hier, aber, lieber Herr Reichsminister, Sie können, wenn Sie wollen, sofort in Kaschau anrufen lassen, ich garantiere Ihnen, dass dort neununddreißig Tage nach Strunks Geburt, also am 19. Mai 1892, etwas vorgefallen sein muss, das Strunks Leben diese Richtung gegeben hat. Irgendein Ereignis, es muss nicht einmal groß sein, ein Wespenstich vielleicht, ein Wespenstich in den Fuß des Säuglings, und dann lassen Sie den Mond im Skorpion stehen und den Mars in den Zwillingen, das genügt. Neununddreißig Jahre später ist der Mann tot. Und da wir Kenntnis des genauen Todeszeitpunkts haben, nämlich von Ihnen, Herr Standartenführer, und auch den Zeitpunkt seiner tödlichen Verwundung, wird es übrigens ein Leichtes sein, die Uhrzeit seiner Geburt anzugeben.«

»Ein Wespenstich«, wiederholt Udet ergriffen, »ein Wespenstich vor neununddreißig Jahren entscheidet über Leben und Tod.«

»Wie gesagt, das ist nur ein Beispiel. Rufen wir dort an, fragen wir die Mutter, vielleicht lebt sie ja noch. Sie wird es wissen.«

Das Gespräch hangelt sich noch eine gute Weile an unlösbaren Detailfragen und kosmologischen Kleinstereignissen entlang. Riefenstahl besteht auf einem Termin in der nächsten Woche bei Schulte Strathaus, den Heß ihr zusichert. Kuiper ist mit einer Zeichnung auf der Rückseite einer Serviette beschäftigt. Und Udet zermartert sich den Kopf, an welchem seiner ersten Lebenstage etwas passiert sein könnte, das ihm demnächst Schwierigkeiten machen könnte, aber er kommt nicht darauf. Seine Mutter hat ihm nie erzählt, dass er am 10. Juni 1896, fünfundvierzig Tage nach der Geburt, in seinem Kinderzimmerchen in der Ludwigvorstadt von der Wickelkommode gefallen ist.

12 *Schlag auf Schlag*

AUCH AM SPÄTEN ABEND leuchtete der Mehrzweckcontainer der Polizei auf dem Alexanderplatz grell wie eine Insektenfalle. Direkt neben dem Eingang hatte sich ein Straßenmusiker postiert, der zu Orchestermusik aus einer Lautsprecherbox italienische oder russische Arien vortrug, womöglich spanische. Dampf stieg empor aus der Kehle des Mannes, der sich am eigenen Gesang zu wärmen schien. Zu seinen Füßen schleppte sich eine Taube über den Asphalt, unbeeindruckt vom Takt der Musik, unaufhörlich mit Hals und Kopf nach vorn ruckend und auf dem kalten Boden herumpickend.

Drinnen herrschte kaum Betrieb. Ein Rentner mit zerbrochener Brille war beim Schwarzfahren erwischt worden und hatte keine Papiere. Zwei minderjährige Sprayer saßen breitbeinig im Wartebereich. Im hinteren Teil des Büros, jenseits der Milchglasscheiben, stand Tannenschmidt, das graue Jackett lässig über die Schulter gehängt, als hätte sie frei, und betätigte den Getränkeautomaten, um einen Kaffee zu ziehen. Die Oberkommissarin, soeben zurückgekehrt von ihrem Ausflug zum Schweigekloster, schwankte noch bei der Suche nach einem passenden Fazit für den Abschlussbericht. Alles lief hinaus auf den Satz: *Die Ermittlungen lieferten keinerlei Anhaltspunkte für nichts.* Oder so ähnlich.

Noch immer fehlte auch die Nummer im Formular für ein Delikt, das keins war. Ein *094er, grober Unfug,* war es jedenfalls nicht. *Ganz normaler Irrsinn* war nicht gelistet. Irrsinn, selbst wenn er einer Oberkommissarin, die viel gesehen hat, etwas verrückt erscheinen mochte, war nicht strafbar. Ein Psychiater, offenbar überarbeitet, überfordert, ein Antiquar, dem es gefällt, Radierungen alter Duellszenen an die Küchenwand zu nageln, oder eine schweigende Frau im Schweigekloster – das alles reichte nicht einmal für eine Meldung in der Rubrik *Vermischtes*. Gab es diese Rubrik überhaupt noch? Oder waren die Angelegenheiten der Leute weltweit inzwischen derart vermischt, dass niemand das besonders berichtenswert fand?

Mit Gedanken dieser Preislage und einem Becher Kaffee in der Hand kehrte Tannenschmidt zurück ins Büro, wo Sandler den Tag damit verbracht hatte, in alle Richtungen zu ermitteln oder, je nach Sichtweise, in alle nicht vorhandenen Richtungen. Ein paar Stapel Papier lagen in sorgfältiger, aber unbekannter Sortierung auf dem Tisch, mit einem Marker waren einzelne Zeilen in schreiendem Gelb und Pink hervorgehoben, und an der Wand neben der Zimmerpflanze und dem Fotoposter des Fisches sorgte ein Puzzle von ebenso gelben und pinken Klebezetteln für farbliche Korrespondenz. Die Kommissarin betrachtete die Installation ohne besonderes Interesse. Ihr Blick blieb an einer vielfach umkringelten Notiz hängen. »Egon O. ist erledigt«, stellte sie fest, »wir können hinter *Egon O. erledigen* ein *erledigt* machen.«

»Darf ich fragen, ob er existiert, Kommissarin?«

»Er existiert, allerdings in nichtexistenter Weise«, sagte Tannenschmidt und hielt einen Kurzvortrag über die kontinentalübergreifende Wirkung von Wespenstichen. »Haben Sie noch etwas herausgefunden, das in den Abschlussbericht Eingang finden sollte?«

»Möglicherweise«, antwortete Sandler mit ungewohnter Bestimmtheit, seine Brille prüfend ins Licht haltend, »möglicherweise würde ich mit dem Abschlussbericht etwas warten. Wenn Sie gestatten …« Er wies auf einen Stapel. Tannenschmidt nickte in ihren Kaffeebecher hinein.

»Sie wollten wissen, was wir über die letzten Duelle wissen, die in Deutschland stattgefunden haben. Ich habe nachgeschaut. Es gibt alle möglichen Duelle, Fernsehduelle, Schachduelle, Bundesligaduelle. Aber abgesehen von ein paar Rappern, die im letzten Sommer im Parkhaus am Hermannplatz vorläufig verhaftet wurden, wo sie eine Duellszene mit echten Waffen gedreht haben … Und abgesehen von ein paar aus dem Ruder gelaufenen Burschenschaftszweikämpfen nach dem Krieg, war das 1937 in Hohenlychen tatsächlich das letzte. Tatsächlich hat Hitler Duelle danach in Deutschland untersagt, wie Schill es behauptet. Akten dazu gibt es nicht mehr bei der Polizei, verständlicherweise, aber die ganze Geschichte steht hier.«

Er reichte Tannenschmidt ein Bündel Papiere.

»Sie erraten es nicht«, platzte er heraus, »wer heute, genau heute in Hohenlychen gewesen ist?«

»Das ist nicht schwer«, murmelte die Kommissarin müde, »Sie. Sie sind da hingefahren, haben sich alles angesehen, haben mit den Leuten gesprochen, und die haben Ihnen bestätigt, dass … Keine Ahnung, sagen Sie's mir!«

Sandler strahlte sie an, schüttelte den Kopf und sagte: »Schill.«

»Schill?«

»Schill. Wie finden Sie das?«

Die Kommissarin fixierte ihren Kollegen scharf über den Kaffeebecherrand. »Ich finde das außerordentlich unbemerkenswert. Schill ist in Duelle vernarrt, wir beide, Sie und ich, waren in seiner Küche, alles hing da voll, dazu die Steinsammlung, der Duell-Kodex in etlichen Ausgaben … Mich hätte gewundert, wenn er nicht dort gewesen wäre.«

Sandler schien sich noch mehr zu freuen. »Kommen Sie, wollen Sie die lange Version der Geschichte hören oder die kurze?«

Tannenschmidt wusste wirklich nicht, was sie weniger wollte. Doch sie spürte, irgendetwas schien Sandler entdeckt zu haben. »Gern die lange«, sagte sie, »die aber bitte so kurz wie möglich.«

Man kann Sandler vorwerfen, dass er sich nicht viel Mühe gab, seine Darstellung abzukürzen, sondern sie noch ausbaute und mit in polizeilichen Dienstgesprächen eher unangebrachten Spannungsmomenten versah. Aber was er zu erzählen hatte, hatte auch das Potenzial, jedenfalls in seinen Augen, den im Moment doch stark festgefahrenen Ermittlungen neuen Antrieb zu geben. Er schilderte zunächst seine Telefonate mit bestimmten Stellen in Lychen, wo er hoffte, etwas zur lokalen Aufarbeitung des historischen Falles in Erfahrung zu bringen, und war dort allerdings, wie er sich ausdrückte, auf Mauern des Schweigens und offensiven Nichtwissens gestoßen. Dann aber, als er die Sache schon aufgegeben und sich anderen offenen Fragen zugewendet habe, unter anderem besagten Festnahmen und Verhörprotokollen von Gangsta-Rappern, die in den letzten Jahren hier in Berlin sogenannte Showduelle veranstaltet und gefilmt hatten, habe er plötzlich Anrufe *aus* Lychen erhalten.

»Sie erinnern sich doch, dass Sie mir auftrugen, Schill unauffällig observieren zu lassen?«

Tannenschmidt bejahte.

»Das haben wir getan.«

»Und was ist dabei herausgekommen?«

»Ich habe einen Polizeischüler mit der Aufgabe betraut«, sagte Sandler, »und ich muss sagen, er hat seine Sache mit großer Einsatzbereitschaft gemacht.«

»Das ist schön. Übermitteln Sie ein Lob an die Ausbilder. Was hat er herausbekommen?«

Sandler, der seinen Weg über alle Stufen der Erkenntnis noch einmal persönlich abschreiten wollte, ließ sich nicht drängen. Er angelte nach einem Bericht. »Schill verließ 14.32 Uhr allein die Wohnung und fuhr dann mit der Linie *M 2* zum Alexanderpla...«

»Bitte, bitte, Sandler«, unterbrach ihn die Kommissarin, »ich weiß schon, dass er nach Hohenlychen gefahren ist. Also, was ist dabei herausgekommen?«

»Gut, wie Sie meinen«, Sandler war irritiert. »Er fuhr weiter zum Hauptbahnhof, dann im Zug nach Fürstenberg. Unser Mann ist ihm gefolgt, unauffällig, versteht sich, und hat da ein Treffen beobachtet zwischen Schill und einer unbekannten alten Frau im Zug. Sie erörterten ausführlich eine Beerdigung.«

»Soso«, meinte die Kommissarin nur.

»Die Frau hat in Gransee den Zug verlassen, Schill ist zwei Stationen weitergefahren, bis Fürstenberg, und dort ausgestiegen.«

»Bitte!« Die Kommissarin beäugte intensiv den Grund ihres Kaffeebechers.

»In Fürstenberg rannte er plötzlich los und sprang in einen anfahrenden Bus, sodass unser Mann ihn aus den Augen verlor.«

»Und da hat er Sie angerufen und gefragt, was er machen soll. Im Ernst, das ist Ihre Geschichte?«

»Nein, warten Sie, jetzt geht es Schlag auf Schlag.«

Doch die Kommissarin war aufgestanden und hatte mit den Worten: »Ich brauche noch einen Kaffee« das Büro verlassen.

Je älter ich werde, umso kindergartenartiger wird die Welt, dachte sie, an den Automaten gelehnt, der rasselnd und brummend zustimmte. Und ich bin noch nicht alt. Sie ließ ihren Blick durch das leere Großraumbüro schweifen, eine Insel der Helligkeit, gegen deren Außenfenster, die wie blinde Spiegel das Licht zurückwarfen, die Schwärze der Welt anbrandete.

Wieder zurück, setzte sich Tannenschmidt nicht, sondern ging auf und ab, um Sandler von zu ausladenden Detailschilderungen abzuhalten.

»Also, wo war Ihr Meisterschüler stehen geblieben? In Fürstenberg. Er hat den nächsten Bus genommen?«

»Nein«, sagte Sandler triumphierend, »er nahm eine Draisine.«

Tannenschmidt schrie unvermittelt auf, es kam von tief innen und klang seltsam verplombt, dabei rannte sie wie unter Krämpfen um den Tisch herum und spuckte schließlich einen Schwall heißen Kaffee in den bis zu dem Zeitpunkt unbeteiligten Topf der Zimmerpflanze.

»Sandler!«, keuchte sie.

»Frau Oberkommissarin? Was ist mit Ihnen?«

Sie musste sich setzen und atmete schwer. »Sie können mit mir hier doch nicht unangekündigt solche Späße machen. Das habe ich gar nicht erwartet von Ihnen. Nicht schlecht, der war gut, sehr gut sogar, der passte.«

Sandler war anderer Ansicht. Geduldig und unter Zuhilfenahme von Beteuerungen versuchte er der Kommissarin begreiflich zu machen, dass er keineswegs gescherzt habe, im Gegenteil, das müsse sie ihm glauben, weil es die reine Wahrheit sei. Der Polizeischüler habe sich, nachdem der Bus weggefahren war, vorbildlich mit der Bitte um Unterstützung an die Kollegen vor Ort gewendet. Aber in Fürstenberg hatten sie nur einen Streifenwagen, und der war gerade nicht zur Hand, sondern unterwegs zu einem Einsatz in einem Ort namens, hier musste Sandler nachsehen, Dannenwalde. Der nächste Bus sei erst zwei Stunden später gefahren, und so wurde ihm von der Wache dort geraten, er solle doch die alte Draisinenverbindung nach Lychen nutzen, die für Touristen in Betrieb genommen worden sei. Und auf die ungewöhnliche Weise sei er, man würde es nicht glauben, wenn es nicht wahr wäre, in Rekordzeit übrigens, die fünfzehn Kilometer nach Hohenlychen gerast.

Tannenschmidt, immer noch keuchend, bedankte sich bei Sandler für die ergreifende Schilderung des zweifellos initiativreichen Einsatzes des Polizeischülers und entschuldigte sich bei der Zimmerpflanze für die unbeabsichtigte Heimsuchung. Dann äußerte sie die Absicht, nach Hause zu gehen. Sie sei müde, der Tag sei lang gewesen, sie bitte um Nachsicht.

»Und was mit den drei Anrufen aus Lychen war, die unmittelbar danach aufliefen, und mit dem Polizeialarm, der ausgelöst wurde, das schreibe ich in den Bericht, den Sie morgen auf dem Tisch haben?«

»Okay«, sagte Tannenschmidt mit matter, leiser Stimme, »sagen Sie es, aber sagen Sie es im Telegrammstil bitte.« Während sie die Bitte äußerte, fiel ihr ein, dass Sandler wahrscheinlich nicht wissen konnte, was das war, ein Telegrammstil, sie selbst konnte sich kaum daran erinnern. »Also so kurz wie möglich. Jede Silbe zu viel kostet Geld, wissen Sie. Stop. Nur das Wesentliche. Stop. Und zwischen den Sätzen immer ein Stop. Doppelstop. Schaffen Sie das?«

Sandler machte ein unglückliches Gesicht, seine Körperspannung fiel ab. Er dachte kurz nach und fuhr fort.

»Der Anruf Nummer eins kam aus der Tourist-Information, die ich zuvor angerufen hatte. Stop«

»*Kam* können Sie weglassen. Artikel und Nebensätze auch«, konzedierte die Kommissarin, weiterhin genervt.

»Mann habe sich nach Duell erkundigt, der Beschreibung nach Schill. Stop.«

Tannenschmidt nippte vorsichtig am Kaffee.

»Anruf Nummer zwei von Polizei Lychen. Stop. Notruf aus Gaststätte *Zum Dicken*. Stop.«

Tannenschmidt hielt die Luft an.

»Mann in Gaststätte habe am Telefon geschrien. Stop. Wo Leiche begraben werden soll. Stop. Schutzgeld verlangt. Stop. Beschreibung zufolge Schill. Stop.«

Tannenschmidt atmete aus.

»Polizeieinsatz in Gaststätte. Stop. Befragung Wirt. Stop.«

»Und Anruf Nummer drei?«

»Anruf Nummer drei von Polizeischüler in Draisine. Stop. Person im Wald von Hohenlychen. Stop. Im Dunkel. Stop.« Sandler stockte und sagte schnell: »Er ging auffällig hin und her und hat etwas ausgemessen.«

»Stop«, sagte die Kommissarin. »Ist das alles?«

»Fast. Stop«, antwortete der Assistent.

Die Kommissarin stand wieder auf und lief hin und her. »Schön«, sagte sie, »Schill war also in Hohenlychen. Hat unterwegs mit einer Unbekannten über eine Beerdigung gesprochen. Anschließend hat er, im Gegensatz zu Ihrem großartigen Polizeischüler, den nächsten Bus genommen und ist nach Lychen weitergefahren, um sich dort nach dem Duell zu erkundigen, in der Tourist-Information. Ja?«

»Ja«, sagte Sandler.

»Im Anschluss kam ein Notruf aus einer Gaststätte, weil er sich dort nach dem Verbleib der Leichen erkundigt habe. Ja?«

»Ja, am Telefon«, sagte Sandler.

»Mit wem hat er telefoniert?«

»Das wissen wir nicht.«

»Das wissen Sie nicht. Schön. Nicht schön. Und was ist mit der Schutzgeldsache?«

»Der Wirt wollte aus Angst keine Rechnung stellen. Organisiertes Verbrechen und so.«

»Wie hoch war denn die Rechnung?«

»Symbolisch«, sagte Sandler.

»Symbolisch?«

»Na ja, eine Tasse Kaffee. Ein Testballon, sagte der Wirt.«

»Verstehe, verstehe«, sagte die Kommissarin. »Jetzt fehlt noch das Letzte. Er wurde observiert, wie er im Wald einen Platz vermessen hat. Ja?«

»Genau.«

»Im Dunkeln?«

»Genau.«

»Ich finde das merkwürdig, Sandler.«

Der Assistent war erleichtert, dass die Kommissarin nun die brisante Dimension der Neuigkeiten erkannt hatte. »Ich finde das auch merkwürdig.«

»Aber ich finde es *nur* merkwürdig, sonst nichts. Alles an

dem Fall ist merkwürdig, von Anfang an. Aber, ich weiß nicht, ob das heute auf Polizeischulen nicht mehr gelehrt wird, bei mir wurde es noch gelehrt: Merkwürdigkeiten an sich sind immer merkwürdig. Sie sind kein Straftatbestand, kein Verbrechen. Sie sind, was weiß ich, Menschenrecht. Ja? Man sollte es in die Verfassung schreiben: Die Merkwürdigkeit des Menschen ist unantastbar.«

Die Kommissarin hätte zweifellos noch lange geredet, doch Sandler war aufgesprungen, um einen Zettel von der Wand zu reißen, den er seiner Chefin vor die Nase hielt.

»Bitte: Das hier ist die Liste, die ich in Schills Küche kopiert habe. Wir konnten sie nicht entschlüsseln, der Staatsschutz übrigens auch nicht ...«

»Sie haben den Staatsschutz?«

»Aber jetzt können wir es. Punkt vier, *Hl. Hitler*. Das heißt nichts anderes als: Hohenlychen Hitler, also Schills Besuch dort. Er hat einen Plan. Sie finden das merkwürdig? Ich finde das verdächtig. Wir haben eine letzte Ölung, wir haben ein Totenhemd, er organisiert eine Beerdigung, er besorgt sich Waffen, dazu die Schutzgeldsache, das Ausmessen des Kampfplatzes, und der Brief an Markov.«

Tannenschmidt betrachtete lange ihren Assistenten, sie betrachtete den Zettel, sie betrachtete den leeren Kaffeebecher und betrachtete die bedauernswerte Zimmerpflanze. Dann schloss sie die Augen. »Sie haben den Staatsschutz eingeschaltet?«

Es ergab leider alles überhaupt keinen Sinn. Glücklicherweise war das so, dachte Tannenschmidt, denn wenn das Sinn ergäbe, dann wäre es nicht mehr ihre Welt, dann würde sie ... Sie wusste nicht, was ... In eine Draisine steigen. Warum sollte Schill in einem Restaurant, damit es alle hören, nach dem Verbleib einer Leiche schreien? Warum sollte er im Zug mit einer Frau, die er nicht kennt, eine Beerdigung verabreden? Warum sollte er Schutzgeld kassieren in Höhe von zwei Euro zwanzig, und warum sollte er in einem dunklen Wald Vermessungsarbeiten durchführen? Tannenschmidt wollte es nicht wissen.

Sie war mit Sandler kurz vor die Tür gegangen, um im Bahnhof eine Kleinigkeit zu essen, und jetzt hockten sie nebeneinander auf einer Bank am Fenster eines Fischimbisses, sie mit einem kopflosen Brathering, Sandler mit einer Tüte Fish'n'Chips. Mit ihrem Plastikbesteck stocherten und säbelten sie sich verbissen durch das anspruchslose kulinarische Terrain, ab und zu auf die Ströme der Passanten blickend, die draußen vorbeizogen.

»Schauen Sie sich das an, Sandler: alles normale Menschen. Die einen laufen in die eine Richtung, die andern in die andere. Wäre es umgekehrt, niemand würde es bemerken. Sie können jeden Tag hierherkommen, die laufen immer kreuz und quer.«

Sandler schaute und kaute.

»Keinen von ihnen werden Sie je wieder sehen. Können Sie sich das vorstellen? Hier die junge Frau mit dem roten Schal. Oder den Alten dahinten, der gerade seinen Rucksack abstellt, sich in alle Richtungen umblickt und, ich wette, sich gleich eine Zigarette anzündet. Was meinen Sie? Ist er dabei, einen Sprengsatz zu deponieren? Schmuggelt er Drogen? Oder kommt in den nächsten Minuten ein Taschendieb, der ihm die Brieftasche abnimmt? Wir bekamen als Studenten einmal eine sehr spezielle Prüfungsaufgabe, wir sollten, völlig frei von Vorgaben, gegen eine x-beliebige Person ermitteln. Dazu versammelten wir uns in einer großen Fußgängerpassage, ich weiß noch, es war ein sommerlich warmer Tag, und konnten uns aussuchen, wer es sein sollte, ein Mann, eine Frau, egal, wen immer wir bestimmten.«

»In welcher Sache?«, fragte Sandler.

»Unbekannt. Die Aufgabe hieß: Ermittlungen gegen unbekannt. Man gab uns drei Tage Zeit, wir konnten dabei auf alle Ressourcen der Kriminalpolizei zugreifen, im Anschluss sollten wir die Ergebnisse präsentieren. Gewagte Nummer, undenkbar heutzutage, wegen Datenschutz und so weiter, na ja. Interessiert Sie das?«

Sandler beeilte sich zuzustimmen. »Noch habe ich nicht *Stop* gesagt!«

»Wir, acht Kommilitonen, verteilten uns auf der Wilmersdorfer Straße, in Charlottenburg. Romy, eine Freundin von mir, machte es sich am einfachsten, meinte sie jedenfalls, und angelte sich einen Hütchenspieler, so einen älteren abgerissenen Typen, aus Osteuropa vermutlich. Die waren damals überall. Sie beobachtete ihn also, verfolgte ihn, machte Fotos, fuhr spät in der Nacht, so unbemerkt, wie das eben geht, mit ihm in der S-Bahn bis zu den Endstationen und wieder zurück. Er schien dort zu schlafen, und sie verkleidete sich wie eine Obdachlose und schlief ihm quasi hinterher. Sie konnte sogar seine Identität feststellen, nachdem der Verdächtige in eine Bank gegangen war, um eine Zahlungsanweisung aufzugeben. Es handelte sich um einen Bulgaren. Am dritten Tag, also am letzten, ging der Mann nur noch in Blumenläden, trank Kaffee und hielt sich im Park bei Schachspielern auf. Für Romy ein klares Zeichen, enttarnt worden zu sein, und daraus schloss sie wiederum, dass der Bulgare etwas zu verbergen hatte. Geldwäsche vielleicht, Drogengeschäfte, Verstöße gegen das Aufenthaltsrecht, mindestens. Am Abend kreuzte er plötzlich im Frack auf und betrat ein Spielcasino, und sie, in Panik, hatte sich noch schnell die passende Kleidung besorgt und hinterher. Er verhielt sich mehr als verdächtig, setzte große Summen, rannte immer wieder auf die Toilette, und dort verschwand er plötzlich.«

»Sie hat ihn verloren?«

»Ja, und sie wusste nicht, wie. Später kam heraus, der Bulgare war ein sogenannter Y-Mann, falls Sie wissen, was das ist.«

Sandler wusste es nicht.

»Das sind die Typen in der OK, in der Organisierten Kriminalität, die sie nehmen, um die Polizei auf eine falsche Fährte zu setzen, und Romy dachte die ganze Zeit, sie hätte da einen großen Fisch an der Angel. Er war aber nur der Fisch, der sie mit ihrer Angel ablenken sollte. Während sie ihm beim Spielgeld-Verspielen zusah, raubten seine Leute in aller Ruhe einen Juwelier aus zwei Straßen weiter.«

»Nein!«, rief Sandler aus. »Ich glaube es nicht.«

»Können Sie aber.«

»Sehen Sie, jetzt unterhält sich der Alte mit einem anderen. Er gibt ihm eine Zigarette.«

»Soll ich weitererzählen?«

»Unbedingt, Kommissarin. Vor allem interessiert mich, was bei Ihnen passiert ist.«

»Sie werden es erfahren. Bei den meisten von uns war es unspektakulär. Einer der Beobachteten verließ kaum seine Wohnung, benutzte aber ein Verlängerungskabel, das aus seinem Küchenfenster hinunter in den Keller des Nachbarhauses hing, um Strom zu klauen. Eine Hausfrau handelte schwarz mit Psychopharmaka, die sie sich verschreiben ließ. Das waren fast schon die Höhepunkte. Das Leben der meisten Leute, glaube ich, ist mit aufregenden Ereignissen unterversorgt.«

»Okay, jetzt stehen schon drei Leute bei dem Alten und lassen sich eine Zigarette geben. Sie könnten recht haben. Gleich sind sie wieder weg, und sein Rucksack aber auch. Ach was, kommen Sie, erzählen Sie von sich.«

»Gleich. Versprochen. Aber zuerst noch die verrückteste Nummer, die da gelaufen ist und die auch Wellen geschlagen hat in den Zeitungen, mit einem anderen Kommilitonen, mit Hannes. Der wollte die Gelegenheit nutzen und eine junge hübsche Frau beobachten, fand auch schnell eine, mit Hund und kleinem Kind, die einkaufte, und dann stand sie an der Ecke Schillerstraße und trank ein Glas Sekt, am Vormittag. Sie schien verzweifelt zu sein, tippte in ihr Handy, telefonierte, und marschierte im Zickzack durch halb Berlin, immer wieder ins Telefon schreiend, bis sie am Ende, weit hinter Spandau, losrannte, mit dem Kind im Wagen und Hund und Einkaufstüten, und in einem größeren Haus verschwand. Das Problem war, Hannes hatte nicht genau gesehen, in welchem. Da gab es mehrere Häuser, in Frage kamen allerdings nur ein Frauenhaus, dessen Tür logischerweise verschlossen war, und eine Asylbewerber-Unterkunft um die Ecke, die er auch nicht ohne Weiteres betreten konnte.«

»Stop«, sagte Sandler, »merken Sie sich, was Sie sagen wollten, aber schauen Sie: Jetzt steht noch der Rucksack dort, alle anderen sind verschwunden.«

Tannenschmidt löste ihren Blick vom Teller mit den ausgeweideten Überresten des Bratherings: »Wollen Sie gleich das SEK rufen oder warten wir, bis es zwei Rucksäcke sind?«

»Hannes kenne ich, glaube ich. Ist er nicht im Landeskriminalamt?«

»Nein, das ist ein anderer. Also, Hannes kann nichts machen, als darauf zu warten, dass sie wieder herauskommt. Es wird Abend, es wird Nacht. Erstaunlich viele Leute gehen da ein und aus, die junge Frau ist nicht dabei. Er ruft dann unseren Ausbildungsoffizier an und bittet um einen zivilen Wagen, der ihm gestellt wird. Es war unwahrscheinlich, dass noch etwas geschehen würde, doch er wollte bis zum Morgen abwarten. Was sollte er machen? Er schreibt sein Tagesprotokoll, notiert Beobachtungen, denkt sich einen Anfangsverdacht aus für potenzielle Ermittlungen, irgendwann schläft er ein. Und wacht mitten in der Nacht auf, weil er Schreie hört, Schreie von Frauen. Er springt aus dem Auto, mehrere Fenster sind hell erleuchtet. Aber woher kommen die Schreie, heftige Schreie, unvorstellbar, wie er sie noch nie gehört hatte. Gellend geradezu. Und sie werden immer entsetzlicher. Mord, Vergewaltigung, Folter? Er rennt zur Asylbewerber-Unterkunft. Andere Länder, andere Sitten, sagt er sich, aber das hier geht wirklich zu weit. An die Haustür trommelnd, hört er

229

weitere Schreie, jetzt eher aus Richtung des Frauenhauses kommend. Als er ankommt, ist es nur noch ein schwaches Winseln und Jammern, ein kraftloses Stöhnen, dann wieder spitze Schreie, noch grässlicher als zuvor. Er wählt die Nummer der Polizei, schildert die Situation, sagt, wer er ist und wo er sich befindet, und sie rücken an mit vier Streifenwagen, Blaulicht, voller Alarm. Der Einsatzleiter springt heraus, hört das Geschrei, das in ein tiefes Stöhnen übergeht, und befiehlt sofort, reinzugehen und die Gebäude zu durchsuchen. Über Funk fordert er Verstärkung an. Ein Riesendurcheinander. Frauen, Kinder, Männer, die meisten in Schlafkleidung, wurden aus den Häusern geholt und standen jetzt davor, auf der einen Seite die Frauen, auf der anderen die Flüchtlingsfamilien. Die Kinder weinten, die Polizisten brüllten. Nach einer ganzen Stunde, einer Ewigkeit, sind die Bewohner draußen, auch die Frau übrigens, die Hannes observiert hat, mit Kind und Hund in eine Decke gehüllt. Die Polizisten hatten aber nichts gefunden, keine Toten, keine Geschlagenen, gar nichts. Der Einsatzleiter klettert in sein Auto und verkündet über Lautsprecher, die Arbeit der Polizei sei noch nicht beendet, alle sollen Ruhe bewahren, absolute Ruhe. *Ich will nichts hören, nichts, und wenn ich nichts sage, meine ich nichts.* Es dauert ein bisschen, aber dann ist Ruhe. Alle lauschen und zittern. Zu hören ist nichts mehr, Stille, gespenstische Stille.«

Tannenschmidt unterbrach hier und wies Sandler, der sie skeptisch musterte, darauf hin, dass inzwischen auch der Rucksack verschwunden sei.

»Der oder die Täter haben sich unter die Leute gemischt, die aus dem Haus evakuiert worden sind?«

»Nein, das war es nicht. Jetzt kamen neue Schreie. Andere Schreie. Babygeschrei.«

Sandler, mit halb geöffnetem Mund, dachte lange nach. »Sie meinen, Sie sagen, Sie wollen behaupten, das alles, es war nur eine Geburt?«

»Die Geburt von zwei Kindern, um genau zu sein. Was niemand auf dem Schirm hatte: Es gab ein weiteres Gebäude nebenan in dem Komplex, ein Krankenhaus, mit einer Geburtsstation. Glauben Sie's oder glauben Sie's nicht. Die Schwestern hatten in der Nacht die Fenster zum Kreißsaal offen gelassen.«

»Also, ich neige dazu, Ihnen nicht zu glauben, Kommissarin, aber ausdenken kann man sich das ja auch nicht.« Sandler kratzte sich hinterm Ohr. »Okay. Ich bin jetzt wirklich gespannt, was Sie mir erzählen werden. Welche Räuberpistole haben Sie noch anzubieten?«

»Keine Räuberpistole, leider nicht, wirklich nicht.«

Sie schwieg kurz, bevor sie weitersprach.

»Meine Idee war, den Zufall entscheiden zu lassen, welche Person ich observieren würde. Ich schloss die Augen, drehte mich auf der Wilmersdorfer ein paarmal um die eigene Achse, streckte die Hand aus und öffnete die Augen. Meine Hand zeigte auf das Schaufenster eines Optikergeschäfts. Und weil es sich bei einem Laden ja um keine Person handelt, die sich observieren lässt, schaute ich hinein und sah dort eine Angestellte mittleren Alters, die einen Kunden bediente. Sie habe ich ausgewählt. Unscheinbare Frau, graue kurze Haare, eine Brille wie alle, die in Optikergeschäften arbeiten, stets gekleidet in ein akkurates Kostüm in gedeckten Farben, das aussah, als hätte sie es von der Mutter geerbt. Ich weiß noch ihren Namen, werde ich auch nicht vergessen: Xaverstein, Frau Xaverstein.«

Tannenschmidt hielt inne. »Nehmen wir ein Bier, Sandler? Es ist inzwischen ja praktisch Feierabend, auch wenn der Bericht noch raus muss heute.«

Sandler stimmte zu, drehte sich zum Tresen und rief der Bedienung die Bestellung zu.

»Feierabend, genau, Frau Xaverstein hatte den trostlosesten der Welt. Um 18 Uhr verließ sie den Laden, ging zum Karstadt um die Ecke, wo sie in der vierten Etage ein Abendbrot zu sich nahm, Fisch mit Salat und eine Weinschorle, nie zwei. Sie saß immer auf dem gleichen Platz. Die Angestellten, die ich befragt habe, kannten sie seit Jahren. Sie las weder Zeitung, bekam keine Anrufe, schickte keine Nachrichten ... Sie schaute einfach vor sich hin. Ihr musste etwas zugestoßen sein, in der Vergangenheit, und je weniger Auffälligkeiten ich an ihr bemerkte, umso mehr wollte ich herausfinden, was für eine Geschichte sie hatte.«

»Spionage für den russischen Geheimdienst vielleicht? Irgendeine Sekte, die ihr das Gehirn gewaschen hat?«

Tannenschmidt ging nicht darauf ein. Das Bier war gekommen, sie prosteten sich ansatzweise zu.

»Ich bin einigen Kunden des Geschäfts gefolgt und habe deren Identität ermittelt. Die brauchten wirklich nur eine neue Brille. Ich habe am Zähler ihren Stromverbrauch notiert, nichts Besonderes. Ich habe ihre Telefonverbindungen nachverfolgt, sie hatte keine, keine einzige. Die Nachbarn kannten Frau Xaverstein nur vom Grüßen. Ein Mann im Nebenhaus meinte, sie habe früher mit der Mutter zusammengelebt, aber nach deren Tod habe sie nur noch mit ihren Fischen gesprochen. Ihre Wohnung lag ein paar Straßen entfernt vom Karstadt, sie ging immer den gleichen Weg. Einmal scherte sie tatsächlich aus, um in einer Tierhandlung Fischfutter zu kaufen und ein Fläschchen Medizin, *Aquarium-Nothilfe*. Als ich mich beim Verkäufer danach erkundigte, stand sie plötzlich wieder im Laden, um die Sachen zurückzugeben, sie erklärte aufgelöst, sie brauche sie nicht mehr. Zu Hause angekommen, schaltete sie den Fernseher ein, ich sah das blaue Flackern in ihrer Wohnung von der Straße unten. Punkt 23 Uhr löschte sie das Licht, danach blieb es dunkel. Einmal meinte ich, einen Schatten am Fenster zu bemerken, der zu mir herunterblickte, aber nachts sieht man viel. Am Morgen verließ sie kurz nach acht das Haus und ging in den Laden. Unterwegs kurzer Halt beim Bäcker, ein Käsebrötchen und Milchkaffee, sie nahm beides mit ins Geschäft. Dort frühstückte sie im Hinterzimmer, bevor sie öffnete. Habe ich was vergessen? Die Mittagspause. Sie ließ sich Essen bringen von einem Asiaten gegenüber, immer das gleiche Gericht, wie er mir sagte, Nummer 61, Huhn in Mango-Kokosmilchsauce. Das war's.«

»Sehr traurig«, meinte Sandler, »aber ansonsten, ich meine polizeilich, wenig zu ermitteln.«

»Das kann man sagen.« Die Kommissarin nahm einen Schluck Bier. »Einige Tage nachdem ich meinen Prüfungsbericht geschrieben hatte, bat mich der Ausbilder zum Gespräch. Er eröffnete mir, dass sich die Frau umgebracht habe, es gebe einen Abschiedsbrief, der an die Polizei gerichtet ist. Darin erklärt sie, am Ende ihrer Kräfte zu sein. Sie habe jahrelang unter Verfolgungswahn gelitten, Therapieversuche seien fehlgeschlagen. In den letzten Tagen habe sie zur Kenntnis nehmen müssen, dass sie gar nicht krank sei, sondern tatsächlich beschattet werde, und zwar von einer Frau, und an der Stelle folgte die genaue Beschreibung meiner Person. Ich war ziemlich erschüttert.«

»Ja, Shit. Was für ein unglücklicher Mist. Aber woher hätten Sie es wissen sollen?«

»Außer ihm und mir, meinte der Ausbilder, wisse das niemand, müsse das niemand wissen. Er sagte, die Frau sei schwer krank gewesen, ich dürfe das nicht persönlich nehmen, das gehöre mehr oder weniger zum Beruf, jeder andere hätte genauso ... Das passiere eben manchmal. Er kenne ja meinen Bericht, ob es noch etwas gebe, das ich ihm sagen wolle? Ich fragte ihn, woher er wisse, dass sie schwer krank gewesen ist, er sagte, dass man in der Wohnung zahlreiche Befunde und Verordnungen sichergestellt habe. Ich könne ihm glauben, sie sei wirklich neben der Spur gewesen. Es gebe zum Beispiel ein Testament, darin vermacht sie alles ihrem Fisch.«

»Stop!«, rief Sandler. »Sagten Sie gerade *ihrem Fisch.*«

»Ja, ihrem Fisch. Das Testament gab es wirklich, ich habe es gesehen. Auf dem Umschlag stand in verschnörkelter Mädchenschrift: *Bitte um posthume Hilfestellung*, und darin lag ein handgeschriebener Zettel. Sie, Frau Xaverstein, bestimmte zum alleinigen Erben ihren Mitbewohner, einen blauen Antennenwels.«

Jetzt war für Sandler der Zeitpunkt gekommen, mit dem Finger an die Stirn zu tippen. »Einen blauen Antennenwels? Wie? Hatte sie nur einen einzigen Fisch im Aquarium?«

»Hatte sie.« Tannenschmidt zog ihr Handy hervor. »Ich weiß das zufällig genau. Nicht aus meiner Observierung, in ihrer Wohnung war ich nie. Aber ich teilte dem Ausbilder mit, dass ich mich gern um den Fisch kümmern würde, falls sie nicht wüssten, wohin mit ihm. Er hat gesagt, er verstehe das, er werde sehen, was möglich ist.«

»Sie wollen mir jetzt nicht weismachen, Kommissarin, dass der Fisch dann Ihr Mitbewohner war?«

»Nicht war. Ist.«

»Kommen Sie, Zierfische ... Antennenwels. Was erzählen Sie hier? Die werden nur ein paar Jahre alt!«

»Das ist richtig«, sagte Tannenschmidt, den Fotoordner im Handy öffnend und zu Sandler hinüberschiebend, »die meisten jedenfalls. Aber nicht der blaue Antennenwels. Der kann über zwanzig Jahre alt werden.«

Auf dem Display erblickte Sandler das Konterfei eines dunklen Fisches mit hellen Punkten, dessen Kopf ein wildes stacheliges Geweih umkränzte.

»Sagen Sie mal, ist das nicht der Fisch, der in Ihrem Büro an der Wand hängt?«

Bei ihrer Rückkehr zur Wache sprachen die Kommissarin und ihr Assistent kein Wort. Schweigend passierten sie einen Rucksack, der neben dem Tresen des Diensthabenden abgestellt war.

Im Büro setzte sich Tannenschmidt an die Tastatur, um ihren Bericht zu tippen, während Sandler gedankenvoll die Papierstapel zu einem Haufen zusammenschob und die um den Fisch

gruppierten Post-its, einen nach dem anderen, von der Wand entfernte.

»Was passiert eigentlich, wenn der Fisch stirbt, dieser Wels
hier mit seinen Antennen?«

»Wenn er stirbt, dann ist er vermutlich tot.«

»Schon klar, aber erben Sie dann alles?«

»Na ja, das Erbrecht ist komplex, kompliziert. Der Antennenwels kommt, meines Wissens, ursprünglich aus Südamerika. Ich
will nicht ausschließen …«

Das Telefon klingelte. Die Kommissarin sah auf die Uhr, es
war kurz vor zehn. In der Leitung war der Diensthabende.

»Tut mir leid für die späte Störung, Frau Oberkommissarin,
wir haben hier einen Notruf aus der Komischen Oper für Sie. Ein
Mann liegt dort auf dem Boden und schreit.«

»Das kommt öfter vor in der Oper«, sagte Tannenschmidt.

»Ja, aber er schreit Ihren Namen und verlangt, dass Sie kommen.«

13 Der eingebildete Tote

WÄHREND DIE KOMMISSARIN und ihr Assistent zur Oper rasten, in maximaler Ratlosigkeit, wer sie dort erwartete und warum, entspannte sich der Tumult im Parkett. Markov lag wie ein Toter, die Hand in die Brust gekrallt, quer über mehrere Sitze, von Besuchern, Darstellern und Musikern eindrucksvoll umgeben. Auf seinem Hemd, etwa auf der Höhe seines Bauches, war ein großer dunkelroter Fleck.

Jemand hatte ihm das Halstuch gelöst und betupfte damit seine Stirn.

Am Bühnenrand, in einem zerknitterten weißen Hemd, saß der Darsteller des Eugen Onegin im Lichtkegel auf dem Kunstrasen, die Pistole immer noch in der Hand. Ein Hauptmann im Hauptmannskostüm sang weiter hinten eine russische Arie. Überall standen Gruppen, verstrickt in Debatten, ob der Vorfall Teil der Aufführung sei, eine moderne Performance, oder ob die Bühne hier womöglich als Bühne für ein echtes Verbrechen gedient habe.

Ein junger Typ filmte das Geschehen mit dem Handy. Seine Freundin, nervös um sich blickend, meinte:»Täusche ich mich oder erleben wir gerade die Neuerfindung der Oper?«

»Dafür wird gerade auffallend wenig gesungen«, spottete eine Dame im schwarzen Cocktailkleid, der aber ein Begleiter, ein untersetzter Kerl in Smoking und Lackschuhen, sanft widersprach:»Meine Liebe, selbst in der Oper singen die Toten nur selten.«

Auch ein weißhaariger Alter intervenierte:»Fräulein, in der Oper werden die Leute nicht im Publikum erschossen.«

Der Lärm der Polizeisirenen rückte näher. Irgendwo knallte eine Tür, alle zuckten zusammen. In der Bar wurden Getränke ausgeschenkt. Gerüchte, Vermutungen, Quintessenzen kursierten: »Das Opfer ist wieder mal der Zuschauer, das ist doch die Quintessenz!« – »Für mich keine Oper mehr.« – »So leid mir's tut, aber wenn das nicht die Oper ist, ist es viel besser als Oper.« – »Sicher, dass das kein Anschlag ist?« – »Wieso? Ist es ein Anschlag?« – »Irgendwer hat gehört, es soll ein Anschlag sein!« – »Ich sagte Ihnen doch: Er stieg hoch, schrie *Nicht schießen!*, dann fiel ein Schuss, er schaute an sich herab, taumelte mit ausgebreiteten Armen herum und kippte auf die Frau neben ihm.«

Die Ausgänge zu den Fluren waren geöffnet, aber verstopft von der hin- und herwogenden Menge, die unbedingt hinaus wollte und dann wieder hinein. Die Notärztin und die Kommissarin, zur gleichen Zeit eingetroffen, bahnten sich einen Weg durch den Menschenpulk, angeführt vom Inspizienten, der sich laut rufend Platz verschaffte.

Angekommen bei Markov, ergriff die Notärztin zuerst dessen Handgelenk, um den Puls zu messen, schob als Nächstes die Augenlider auseinander und betastete die Wunde, das Hemd an dieser Stelle behutsam öffnend. Unaufhörlich sprach sie auf den Mann ein. »Können Sie mich hören? Wie fühlen Sie sich? Haben Sie Schmerzen? Spüren Sie Ihre Beine?«

Markov verzerrte bei jeder der Fragen gepeinigt sein Gesicht, als seien sie es, die ihm die größten Qualen zufügten. Stöhnend richtete er sich auf, um das Ausmaß seiner Verletzungen in Augenschein zu nehmen, und sank, die Augen schließend, wieder zurück. Zwei Sanitäter mit einer Trage traten hinzu, ein Koffer mit medizinischem Gerät wurde aufgeklappt. Von oben wanderte ein Lichtkegel von einer Seite der Bühne, wo er bis eben noch eine düstere Baumgruppe beleuchtet hatte, in einer gewagten Zickzackbewegung über das Parkett, von einer Gruppe Touristen, die sich über was auch immer echauffierte, zu einer verlassenen roten Seidenstola, weiter zu den Schuhen eines Mannes neben einem Pfeiler bis zu dem Geschehen um Markov, das dadurch noch deutlicher zu einem Teil der Inszenierung zu werden schien.

Die Notärztin tastete noch immer den Körper des Psychiaters ab. Mitten in ihren Bewegungen, als sei sie an die entscheidende Stelle gekommen, stockte sie und riss mit einer schnellen Bewegung das Hemd auf. Mehrere Köpfe der Umstehenden reckten sich in die Höhe, eine Szene wie in Rembrandts berühmtem Bild *Die Anatomie des Dr. Tulp*, nur dass kein aufgeschnittener Arm zu sehen war, und auch sonst nirgendwo Wunden oder Einschussstellen, sondern der nackte Bauch des Psychiaters, sehr bleich und ohne einen Kratzer.

»Gibt es vielleicht noch einen Angeschossenen?«, rief sie in die Runde. »Dieser Mann hier ist es jedenfalls nicht.«

Und während um sie herum die Unruhe wuchs und der Darsteller des Eugen Onegin sich langsam wieder aufrichtete, ein ungläubiges Grinsen im Gesicht, und während die Kommissarin, an den Bühnenrand gelehnt, ein Déjà-vu hatte, das sie nicht haben wollte, hob die Ärztin mit spitzen Fingern Markovs zerrissenes Hemd in die Höhe und verkündete: »Das ist auch kein Blut. Das ist Rotwein.«

Was war geschehen? Wieder einmal nichts, jedenfalls nichts, wofür die Polizei zuständig wäre. Nachdem die Kommissarin und ihr Assistent Markov aus dem Saal geleitet hatten, durch eine Gasse mit hochgehaltenen Handys, unter Pfiffen und Buhrufen und vereinzeltem Beifall, zogen sie sich in den hinteren Teil der Garderobe zurück, wobei Mitarbeiter der Oper nicht wenig Mühe hatten, herandrängende Neugierige und Presseleute fernzuhalten. Markov, das zerrissene Hemd halbwegs unter die Anzugjacke geklemmt, kicherte in sich hinein, man wusste nicht genau, worüber – über sich selbst, über seine unverhoffte Wiederauferstehung aus dem Reich der Toten oder über die Tatsache, dass ein Psychiater auch nur sein eigener Patient ist, der einzig wahre.

Eine Weile saßen sie, stumm und betreten, in dem symmetrisch strengen, von dunklen Spiegeln gesäumten Gang, blutroter Teppich unten, schwarze Decke oben, dazwischen ein endloses Spalier weiß leuchtender Kugellampen. Markov schien sich allmählich zu beruhigen, sein Gekicher ging über in ein Geflüster, in eine flüsternde Selbstbeschwörung, von der nur einzelne Wörter zu verstehen waren, und die waren nicht besonders konstruktiv. Tannenschmidt und Sandler warteten verständnisvoll, aber unschlüssig ab. Im Grunde gab es für sie nichts weiter zu tun. Der ganze Fall, wie sich von Anfang an zeigte, hatte eine eher medizinische als kriminelle Relevanz und, rein menschlich, unter Umständen etwas Tragisches, nichts Sträfliches.

Schwach klangen aus dem großen Saal Paukenschläge und Trompetenklänge der Oper herüber, die inzwischen fortgesetzt worden war. Markov nickte kaum merklich im Takt, betrachtete dabei seine Hand, die zur Faust geballt war, und öffnete sie langsam. Zum Vorschein kam ein zerknülltes Stück Papier.

»Danke, dass Sie gekommen sind, Kommissarin«, sagte er mit leiser Stimme, »danke! Lesen Sie!«

Die Kommissarin, mit der übermüdeten Miene derjenigen, die auch Überraschungen nicht mehr überraschen werden, faltete den Zettel auseinander. Gewohnt, Dinge aus Gründen der Spurensicherung so wenig wie möglich zu berühren, tat sie es mit spitzen Fingern und weit vorgereckten Armen, es wirkte, als wollte sie vermeiden, mit einer unaussprechlichen Krankheit infiziert zu werden.

Sehr geehrter Herr Markov, in Erlaubnis habe ich Sie an das morgen stattfindende Duell zu erinnern. Ich schlage dringend vor Treffen mit Ihrem Herrn Sekundanten. Es wird sein um 12 Uhr in der Wellness-Oase-Fish-Spa, Danziger Straße 66.

Darunter stand:

In Auftrag und Vertretung / Hochachtungsvoll /
Der Sekundant.

Das alles in einer altmodisch barocken Schrift, nicht einfach zu lesen.

Tannenschmidt reichte den Zettel Sandler, der ihn noch einmal glättete, von allen Seiten prüfte, abfotografierte und Markov wieder zurückgab.

»Eine neue Depesche?«, fragte Tannenschmidt.

»Ja.«

»Und sie kam wieder per Bote?«

»Sie lag auf dem Sitz, als ich nach der Pause zurückkehrte.«

»Ah ja. War sie der Grund, weshalb Sie eben in der Oper Ihre vermeintliche Erschießung, sagen wir, beinahe nicht überlebten?«

Markov zog vor, die Ironie der Kommissarin nicht zu beachten. »Nein, der Zettel spielt keine Rolle, da bin ich sicher. Sehen Sie, ich war als kleines Kind schon in dieser Oper. Gerade heute Vormittag habe ich mich daran erinnert, wie schockiert ich war, weil ich damals glaubte, der Darsteller in der Rolle des Lenski, also des Erschossenen, muss tatsächlich sterben. Ich meine jetzt nicht die Figur in der Opernaufführung, sondern den Schauspieler, der sie verkörpert. Verstehen Sie?«

»Das«, sagte Tannenschmidt, »würde ich sehr gern nicht verstehen.«

Markov und Sandler sahen sich verblüfft an.

Ja, wiederholte Tannenschmidt, was sie angehe, habe sie das Gefühl, an diesem Tag schon mehr als genug verstanden zu haben. Es gebe Grenzen des Verstehens, auch eine Polizeikommissarin, sie bitte um Nachsicht, müsse nicht alles verstehen. Mit den Worten erhob sie sich und verabschiedete sich mit einem Schulterklopfen von Markov: »Nehmen Sie's nicht persönlich, mein Tag war lang. Dort hinten wartet die Presse, die dürfte einiges dafür geben, Ihre Geschichte zu hören. Mein Rat: Erwähnen Sie die Duellsache und den Brief nicht. In Ihrem Interesse.« Und zu Sandler gewandt: »Kümmern Sie sich bitte um den Mann. Und was den Zettel angeht: Machen Sie, was Sie für richtig halten. Ich verlasse mich auf Sie. Wenn Sie wollen, schicken Sie einen Mann dorthin, vielleicht Ihren Polizeischüler. So ein Wellness-Oase-Fish-Spa, das riecht nach Schutzgeld und Organisierter Kriminalität.«

Sie lachte kurz auf, und Sekunden später winkte sie, ohne sich noch einmal umzudrehen, am hinteren Ende des verspiegelten rot-schwarzen Operntunnels und war verschwunden.

Sandler wollte es natürlich wissen, und Markov wollte es natürlich erzählen, weshalb er, ohne getroffen worden zu sein, wie getroffen umgekippt war, aber das Desinteresse der Kommissarin wirkte bei beiden nach. In der Oper hinter den Wänden war man ebenfalls zur Verarbeitung des Vorgefallenen übergegangen, es erklangen, wohltuend gedämpft, klagevolle Gesänge.

Sandler las noch einmal den Brief mit seinen merkwürdig unbeholfenen Formulierungen und erkundigte sich, was Markov darüber denke. Markov winkte ab und sagte, er denke nichts mehr. Er sei fertig mit der Welt, und die Welt, wenn nicht alles täuschte, sei fertig mit ihm.

»Kennen Sie diese Wellness-Oase?«

»Natürlich nicht«, sagte Markov. »Ich kenne auch keinen Herrn Sekundanten. Aber vielleicht sollte ich einen kennenlernen. Mir reicht es jetzt. Wenn ich dem Spuk auf andere Weise kein Ende machen kann, dann soll es sein. Dann soll er sein Duell haben. Das ist hier alles ein Spiel von diesem Schill. Wir sind nur Figuren in einem Spiel von Schill.«

»Wie kommen Sie darauf. Was hat denn Schill mit Ihrem Rotweinfleck auf dem Hemd zu tun?«

»Das?« Er schaute verächtlich an sich herab. »Das war Lenzen, heute Nachmittag im *Reinhardts*. Dem ist ein Glas Rotwein umgefallen, und ich habe den Spritzer auf dem Hemd nicht bemerkt, ich war spät dran ... Erst hier in der Oper, am Ende des zweiten Aktes, nach dem Aufspringen, verstehen Sie?«

»Eher nicht«, sagte Sandler.

»Lenski, müssen Sie sich vorstellen, stand genau dort.« Er zeigte dem Assistenten eine Stelle hinter dessen Rücken. »Zwischen Onegin und mir, in einer Achse. Und als Egon O ..., Unsinn ... Als Eugen Onegin seine Pistole hob und zielte, zielte er praktisch auf mich. In dem Moment hatte ich nur eine Sorge – was heißt: Sorge? Angst! Panik, dass er *mich* trifft! Verstehen Sie? Deshalb bin ich aufgesprungen. Dann knallte der Schuss. Der Rest ist Evolutionsbiologie.«

»Wie? Evolutionsbiologie?«

»Angststarre, *freezing-like behaviour*. Passiert, wenn Adrenalin aus der Nebenniere ausgeschüttet wird und die Organe und das Gehirn flutet. Der Herzschlag sinkt, die Muskeln versteifen sich. Gibt's in Gefahrensituationen nicht nur bei Tieren, auch bei Menschen. Dauert so fünfzehn Sekunden. Als ich mich wieder bewegen konnte und herunterschaute, entdeckte ich den Fleck. Und danach«, er machte mit beiden Händen eine kurze resolute Bewegung, »Filmriss. Was ich als Nächstes sah, waren unbekannte Köpfe über mir, Köpfe, die mich anstarrten.«

»Interessant«, sagte Sandler. »Ich dachte, Angststarre sei nur der Spezialeffekt für Kaninchen vor der Schlange.«

»Wir alle sind Kaninchen. Nur Schill glaubt, er sei die Schlange. Aber da täuscht er sich vielleicht. Ziemlich sicher sogar.«

Aus dem großen Saal drang eine impulsive Arie herüber. Eugen Onegin sang sich mit großer Verzweiflung dem Ende entgegen. Markov lauschte den gedämpften Exaltationen des Baritons und hatte die unangenehme Empfindung, es sei sein Schicksal, das dort gerade verhandelt werde. Sandler hingegen, der die Abwesenheit Tannenschmidts nutzen wollte, um zu zeigen, dass man ihn nicht unterschätzen sollte, ließ nicht locker. »Genau, eine Frage haben Sie noch nicht beantwortet: Was das mit Schill zu tun hat?«

»Mit Schill? Er allein wusste, dass ich hier sein würde. Er muss mir die Karten für diesen Abend geschickt haben. Nur so konnte er den Brief auf meinem Sitz deponieren. Wer weiß, vielleicht war er ja hier und hat sich alles angeschaut. Dürfte ihm gefallen haben.«

»Unwahrscheinlich«, entgegnete Sandler, »wir wissen, dass er heute in Hohenlychen gewesen ist. Haben Sie eine Ahnung, was er dort suchte?«

Markov schüttelte verärgert den Kopf.

»Und warum sollte er Ihnen Opernkarten schicken, um Ihnen einen Brief in der Oper zu hinterlegen, wenn er den auch viel einfacher zu Ihnen nach Hause schicken kann? Ist das nicht ein bisschen zu umständlich und unsicher? Schließlich könnten Sie ja verhindert sein? Oder keine Lust auf Oper haben?«

»Fragen Sie ihn. Sie fragen immer mich. Was hat er dort gesucht? Was hat er sich hier gedacht? Ich habe den Mann so gut wie nie gesehen. Er will mich erschießen, und er will, dass ich ihn dabei unterstütze. Das ist die Situation. Ihn müssen Sie fragen!«

Das Orchester strebte erkennbar dem finalen Höhepunkt zu. Geigen schraubten sich in schrillste Höhen, Tatjanas und Onegins Duett steigerte sich wechselseitig zu einer Klimax, bis es den Pauken und Streichern und Bläsern zu bunt wurde und sie das in Selbstmitleid zerfließende Paar in einem kurzen, aber brutalen akustischen Massaker zum Schweigen brachten. Die Wände vibrierten. Tosender Applaus, Pfiffe, Jubelrufe.

Markov und Sandler hatten gebannt zugehört. Auf eine Sache, eine Kleinigkeit, wollte der Assistent noch einmal zurückkommen, aber auf was? Türen flogen auf, die Ersten aus dem Publikum strebten der Garderobe entgegen. Auch die Presseleute eilten hinaus, nachdem die Absperrungen aufgehoben waren, und es war der Geistesgegenwart Sandlers zu danken, der kurzerhand seine Jacke auszog und über den Kopf Markovs stülpte, dass sie dem anwachsenden Gedränge und Gewühl gerade noch entkamen.

Draußen, in der klaren Nacht, unter dem nur spärlich mit Sternen bestückten Berliner Nachthimmel, bemerkte Markov, dass er seinen Mantel in der Garderobe vergessen hatte, aber so kalt, sagte er, sei es nicht, er hole ihn an einem anderen Tag. Er dankte Sandler für die polizeiliche Fluchthilfe, er habe es nicht weit nach Hause, er käme zurecht.

Sandler bedankte sich gleichfalls, aus Höflichkeit oder weil er das Gefühl hatte, etwas sagen zu müssen, für das einzigartige Opernerlebnis und wartete noch, bis die zwischen den Passanten in der Behrenstraße auf- und abtauchende Silhouette Markovs nicht mehr zu sehen war. Sein Blick fiel auf den riesigen Schriftzug *Eugen Onegin* an der Fassade der Oper, er stieß erleichtert Luft aus, ging ein paar Schritte und blieb dann wie erstarrt stehen, in einem sozusagen zweiten Fall von *freezing-like behaviour* des Abends. Ihm war wieder eingefallen, was Tschaikowskis Musik aus seinem Kopf gelöscht hatte. Er zog sein Handy aus der Tasche und wählte Tannenschmidts Nummer.

Die Nacht in Berlin ist eine der sichersten Gelegenheiten, sich nicht über den Weg zu laufen. Wer Freude daran hat, kann auf einem Stadtplan von Mitte die Routen nachzeichnen, die alle Beteiligten hier in den nächsten Stunden genommen haben, und es ist kein kleines logistisches Mirakel, wie es ihnen gelungen ist, gleich mehrfach die Bahnen zu kreuzen, ohne übereinander zu stolpern.

Tannenschmidt zum Beispiel hatte die Oper Richtung Hauptbahnhof verlassen, sich kurzerhand, die Wilhelmstraße passierend, entschlossen, zum *Reinhardts* abzubiegen, um dort die Ereignisse des Tages zu verarbeiten. Zur gleichen Zeit war Onkel

Wenzel unterwegs, er eilte, womöglich auf der anderen Straßenseite, von der Oper zum Hauptbahnhof und kam dort an, als Schill, seinem Zug aus Lychen entsteigend, den Hauptbahnhof Richtung Regierungsviertel verließ. Hier kreuzte er Markovs Irrweg, der ihn anstatt nach Hause zu einer Tankstelle in der Chausseestraße führte, aber er traf weder ihn noch, wenig später, Sandler, der nach dem Anruf bei seiner Chefin sich auch zum *Reinhardts* begeben hatte, wo Tannenschmidt, zu müde, den Tag zu beenden, einen Scotch nehmen wollte, sonst nichts.

Herr K., der sie wiedererkannt hatte, sagte anstelle einer Begrüßung:»Sie haben sich gar nicht verändert.«

»Oh«, sagte Tannenschmidt und erbleichte.

»Falls Sie wieder den Herrn Markov suchen, er ist nicht hier, sondern in der Oper.«

Die Kommissarin erwiderte, das könne sie bestätigen, sie käme gerade von dort.»Aber war er hier? Ist Ihnen etwas aufgefallen?«

»Nein, wie jeden Freitag, er saß mit den Freunden zusammen, es gab interessante Gespräche, und er trank seinen Rotwein.« Herr K. überlegte.»Einmal ist ein Glas umgefallen, aber ich glaube, das muss der Polizei nicht gemeldet werden, nicht wahr?«

»Ich glaube nicht«, sagte Tannenschmidt nachdenklich, bevor sie, in einer Mischung aus Gewohnheit und professionellem Zwang, weiterfragte.»Haben Sie zufällig gehört, worüber gesprochen wurde?«

»Nicht viel, Frau Kommissarin. Aber es ging um Dachdecker und Pottwale.«

Kurz überlegte Tannenschmidt, was für ein elaboriertes Gesprächsthema das gewesen sein könnte und welche Gemeinsamkeiten ausgerechnet Dachdecker und Pottwale haben sollten? Die Welt von ganz unten und die Welt von ganz oben vielleicht? Noch kürzer erwog sie, Herrn K. danach zu fragen. Doch sie entschied, die Problematik nicht weiterzuverfolgen, schließlich war es, erinnerte sie sich selbst, Feierabend, und sie war im *Reinhardts* und nicht im Dienst.

»Und um Schiffsuntergänge«, ergänzte Herr K.

Tannenschmidt äußerte sich nicht.

Das *Reinhardts* war fast leer zur nächtlichen Stunde. Abgesehen von der Kommissarin, die hinter einer Bodenvase mit Pfauenfedern Platz gefunden hatte, gab es noch ein Pärchen, am Tisch vorn am Fenster und sehr mit sich beschäftigt. Ein paar Stelen weiter trank ein Schauspieler, dessen Name Tannenschmidt nicht einfallen wollte, mit zwei ausgelassen kichernden Groupies Champagner, und in der Mitte, am großen Tisch unter dem Lüster, frohlockte eine Gruppe von Geschäftsleuten anscheinend über kommende Boni aus den Balkangeschäften. Der Pianist hatte sein Spiel beendet und saß, in sein Handy tippend, an der Ecke des Tresens vor einem Kaffee.

Als Sandler in dieser allseits zum Abschalten und Gute-Nacht-Sagen tendierenden Gesamtgemengelage eintraf, drehte er, etwas außer Atem und vor Aufregung sprühend, anderthalb Runden durch das Restaurant, ehe er Tannenschmidt entdeckte und, Meter von ihrem Tisch entfernt, loslegte.

»Frau Kommissarin, es ist alles ...«

Tannenschmidt schreckte hoch und hob die Hand. »Stop! Setzen Sie sich mal zuerst, Kollege. Was möchten Sie trinken?«

»Ich? Einen Kaffee, glaube ich. Also, es ist alles ...«

»Einen Kaffee«, unterbrach ihn Tannenschmidt wieder, »ohne Milch und Zucker, wie immer?«

»Ja«, sagte Sandler, und Herr K., der schon neben ihm aufgetaucht war, nickte.

»Sehr gut. Sie können gleich loslegen, Sandler. Wenn Sie angekommen sind. Wissen Sie, was mir heute Nachmittag Egon Omananda, der Typ vom Schweigekloster, erklärt hat? Er sagte: Ankommen ist leicht, da sein ist schwer. Die meisten Menschen wollen überall ankommen. Gefällt ihnen irgendwas, sagen sie, der kommt gut an, das kommt gut an, alles kommt gut an, was gut ankommt. Die ewige Ankommerei ist ein Problem. Verstehen Sie? Aber der Punkt ist: Erst nach dem Ankommen geht's überhaupt los. Erst danach ist man da.«

Sandler, inzwischen beruhigt, signalisierte Zustimmung. »Sie haben Scotch?«, fragte er mit einem Blick aufs Glas.

»So ist es«, bestätigte Tannenschmidt, »und jetzt Sie!«

Herr K. brachte den Kaffee und Sandler, erleichtert, mit seinen *breaking news* loslegen zu können, berichtete, wie ihm Markovs Versprecher die Augen geöffnet habe und dass Schills Code praktisch geknackt sei. *Egon O. erledigen* sei ein Fehler beim Abschreiben gewesen, sein Fehler. *Eugen O. erledigen* habe es selbstverständlich heißen müssen, *Eugen Onegin*, und damit könne nur die Übergabe des Briefes in der Oper gemeint gewesen sein, die ja auch stattgefunden habe.

Er wartete kurz auf eine erneute Unterbrechung seiner Chefin, aber die schaute ihn ruhig und aufmerksam an.

In dem Brief, wie sie wisse, werde ein Treffen vorgeschlagen, morgen oder heute um zwölf. Er sah auf die Uhr und präzisierte: Seit fünf Minuten heute um zwölf, und zwar, in der *Wellness-Oase-Fish-Spa*. Ob die Kommissarin eine Ahnung habe, was das sei?

»So eine Entspannungssache mit Aquarium und Gesängen von Fischen vielleicht?«

»Nein«, freute sich Sandler. »Das ist eine Fußreinigung mit kleinen Knabberfischen. Wusste ich auch nicht, bevor ich die Website aufrief. Man taucht die Füße in ein Becken, und dann kommen kleine Fische, und die säubern die Haut.«

»Das ist also gemeint, das ist der *Fuß Sex*«, sagte Tannenschmidt. »Gute Arbeit. Gut. Irgendetwas läuft hier. Das steht fest. Vielleicht ein Duell. Ein Duell der Seltsamkeiten. Ein Duell des rätselhaften Benehmens. Wir haben auf der einen Seite einen aus unbekannten Gründen durchgeknallten Psychiater und auf der anderen den Antiquar, der sich aus ebenfalls unbekannten Gründen auf Duelle spezialisiert hat. Wir haben zwei Briefe, die alles Mögliche sein können, Faschingsbriefe, Spaßbriefe, Rätselbriefe. Keine Ahnung, was für Hobbys sich die Leute ausdenken. Und wir haben Ihre Liste. Wissen wir jetzt, was als Nächstes passiert?« Sie schaute zu Sandler, der sein Notizbuch hervorgeholt hatte und blätterte. »Wir hatten *1. letzte Ölung, 2. weißes Hemd, 3. Egon* ... also: *Eugen O. erledigen, 4. Hl. Hitler* und *5. Fuß Sex.* Als Letztes steht da nur noch *6. Alarmanlage aus.* Infrage kommt da, in meinen Augen, nur ein Banküberfall, um sich Geld für die Waffen zu besorgen ... Oder ein Einbruch in eine Bundeswehrkaserne ... Was denken Sie?«

»Ist das Ihr Ernst, Sandler? Dann veranlassen wir gleich mal sofort die Überwachung der Banken und Bundeswehrkasernen im Großraum Berlin, oder? Und aller Herrenausstatter, denn Sie haben das weiße Hemd vergessen.« Sie wandte sich suchend um und bestellte bei Herrn K. noch ein Glas und eins für den Kollegen, der es brauchen könne. »Man sollte auch bei den Kirchen anfragen, was für letzte Ölungen in den nächsten Tagen eingeplant sind.«

Die Kommissarin schwenkte ihr leeres Glas.

Sandler rührte in seiner Kaffeetasse.

»Etwas Gutes hat die ganze Geschichte. Wir können sie beenden. Ob Schill eine Alarmanlage ausschaltet und ob es zum großen Duell der Knabberfische kommt – wir müssen es nicht wissen. Es geht uns nichts an. Und ich sage das nicht nur als Polizistin, ich sage es auch als Privatmensch, der möglicherweise zu viel getrunken hat oder möglicherweise zu wenig. Nehmen Sie Abschied von den Mysterien, Sandler! Um Rotweinflecken kümmert sich die Reinigung, und um die Knabberfische der Knabberfischer. Lassen Sie es! *Des Menschen Wille ist sein Himmelreich.* So ist es immer gewesen, mit Himmelreich oder ohne. Der Wille ist geblieben, der Wille zu irgendwas.«

Herr K. trat an den Tisch und servierte in schweren dickbodigen Kristallgläsern den Whisky. »Markov hat übrigens«, machte Sandler einen letzten Versuch, »nachdem Sie weg waren, angekündigt, sich einen Sekundanten nehmen zu wollen. Er sagte, es reicht.«

»In dem Punkt hat er nicht unrecht«, sagte Tannenschmidt.

Warum Markov nach dem Eklat in der Oper nicht gleich nach Hause ging, zwei Straßen weiter, kann nur psychologisch erklärt werden, nicht meteorologisch. Es war kalt und wurde immer kälter, er hatte seinen Mantel vergessen. Eine andere Erklärung, die sich anbietet, ist, dass in dem Mantel sein Wohnungsschlüssel steckte. Es trieb ihn in einem großen Bogen, vorbei am Brandenburger Tor, in den Tiergarten. Wollte er die Spuren verwischen, die von ihm, dem eingebildeten Toten in der Oper, zum ihm, dem anerkannten Psychiater, nach Hause führten? Hatte er das Gefühl, kein Zuhause mehr zu haben? Schließlich war er jetzt weiß Gott nicht mehr derselbe Oskar B. Markov, der dort wohnte und praktizierte, bevor er heute Abend wie ein kindischer Trottel vor aller Augen zusammenbrach. Und selbst wenn ... selbst wenn dieser Markov immer noch derselbe Markov sein sollte, muss die beschämende Wirkung in Betracht gezogen werden, die die Rache des frühen Traumas an seinem Überwinder hatte und die nicht nur Markovs Selbstbild oder das, was er dafür gehalten hatte, zerstörte, sondern auch seine professionelle Kompetenz. Dreißig strahlende Jahre Berufserfahrung hatten sich mit dem Knall eines Schusses in *Eugen Onegin* in dreißig Jahre Scharlatanerie verwandelt.

Vor sich hin flüsternd, fluchend, gestikulierend und vor allem frierend, geriet Markov im Tiergarten unversehens vor das sowjetische Ehrenmal und sah, nachdem er Stunden zuvor die Mündung einer Pistole auf sich gerichtet gesehen hatte, die Mündung einer Panzerkanone auf sich gerichtet. Entsetzt eilte er weiter. Er erwog, Constanze anzurufen, mitten in der Nacht, im Schweigekloster, wobei ihm einfiel, dass sie nicht rangehen würde, was wahrscheinlich besser war, für sie, aber auch für ihn. Musste sie erfahren, welcher Sturm der Peinlichkeiten in ihrer Abwesenheit ausgebrochen war? Nein, niemals, wenn es nach ihm ginge und wenn man außer Acht ließe, dass sie es früher oder später sowieso erfahren würde.

Etliche Passanten begegneten einem Mann, der mit sich selbst sprach und durch Moabit und Mitte taumelte, ein zerrissenes und blutverschmiertes Hemd an die Brust gedrückt.

An einer Tankstelle in der Chausseestraße aufkreuzend, bat er am Nachtschalter um einen Kaffee und, nachdem er ihn bekommen hatte, um einen Mantel, eine Decke, egal was, sagte er, Hauptsache es helfe gegen die Kälte.

»Einen Schnaps wüsste ich«, sagte der Verkäufer hinter der Luke, »aber sonst?«

Anschließend suchte er lange in den hinteren Regalen herum, währenddessen auf dem Flatscreen über der Kasse ein Laufband mit den Nachrichten der Nacht lief. Auf der *Costa Concordia* gingen die Rettungsarbeiten weiter. Eine zerbrochene Schaufensterscheibe bezeugte den *Einbruch in Herrenausstatter* am Spittelmarkt. Und dann sah Markov sich selbst, wie er, nur zum Teil verborgen unter Sandlers Jacke, durch das Gedränge aus der Oper geführt wurde, und die Schlagzeile *Festnahme: Durchgeknallter Psychiater sprengt Opernaufführung*, was zwar in der Sache nicht ganz zutreffend war, aber hinreichend niederschmetternd.

Der Verkäufer, mit einer Regenplane für Motorräder und einer Notfall-Rettungsdecke wieder zurück, empfahl Markov Letztere. Die nehme man immer, auch bei schweren Unfällen, um Unterkühlungen zu vermeiden. Die Folie habe zwei Seiten, eine goldene und eine silberne; die silberne sei die für innen, damit sei er *safe*. Markov entschied sich für die Rettungsdecke, die, wie er merkte, viel größer war als er, hüllte sich in sie ein und schritt davon.

Sein Weg war ziellos und, wenn man so will, ereignislos, aber nicht endlos. Ein paar Straßenecken von der Tankstelle entfernt, querte er, das kleine Eisentor beiseiteschiebend, den Uferweg beim Invalidenfriedhof und irrlichterte aufblitzend zwischen den Postamenten umher, den jahrhundertealten Gräberstätten der preußischen Generalität.

Zu Scharnhorsts mächtigem Hochsarkophag, umzäunt von einem Spalier aus gusseisernen Lanzen, bewacht von einem steinernen schlafenden Löwen, stellte Markov fest, hatte er keinen Zutritt. Die Kreuze derer von Rauch bildeten eine Abwehrkette, an der er nicht vorbeikam. Mitten auf einer Wegkreuzung schob sich ihm das Grabmal des Kommandanten von Kessel in den Weg.

Verschiedene Arten von Dunkelheit schienen in dem Augenblick um den Friedhof zu kämpfen. Oben der kalte Himmel der Stadt, ein vernebeltes Dunkelgrau, tauchte das Gelände in fahles Zwielicht. Die Stämme der Linden waren Adern, durch die schwärzeres Blut floss. Zwischen ihnen ragten die Monumente, Podeste und Kreuze aus dem Boden, kurze dicke und lange dünne Steine, ramponierte Kolosse mit kleinem Kopf, abgebrochene Gestalten, zusammengekauerte Reste, verbuckelte Hügel – eine skurrile Schattenparade in Schwarz.

Markov, die Formation abschreitend in seinem glitzernden Umhang, empfand den Friedhof weder als Friedhof noch als *Memento mori*, er sah in ihm vielmehr ein willkommenes Jenseits von Straßen und Menschen, einen Zufluchtsort. Er fühlte sich sofort wohl, und als er die Titel auf den Inschriften las, verspürte er einen bis dahin ungekannten Neid auf diese Menschen, die wussten, wer sie waren und wohin sie gehörten, sogar noch Hunderte von Jahren nach ihrem Tod. Auf einen *Rektor i.R.* konnte man sich verlassen, und einen *Generaloberveterinär* grüßte man gern im Vorbeigehen. *Königl. Kammerherr, General der Cavallerie, Rittmeister und Eskadronchef* – das waren vielleicht keine guten Charaktere, aber immerhin Charaktere. Zu schweigen vom *Obristen*. Unausdenkbar, dass der in die Lage geraten wäre, in die Markov geraten ist.

Er passierte Ernst Udets Grab, *des Teufels General*, dachte er, hatte sich also auch hier zurückgezogen. Bei einer Bank, die sich um den Stamm einer Linde bog, setzte er sich. Er war müde, er wollte jetzt nur noch Teil der Ruhe sein, die ihn umgab. Und da er, von oben bis unten verpackt in seine Rettungsdecke, tatsächlich nicht fror und es auch sonst nichts mehr zu tun oder zu bedenken gab, schlief er bald ein.

Geweckt wurde er eine Stunde später. Eine Frau im schwarzen Mantel, mit dunklem Haar und dunkler Sonnenbrille, beugte sich über ihn: »Herr Markov, was ist passiert? Was ist mit Ihnen?«

Ja, was war mit ihm? Und wer war die Frau, die ihn offenbar kannte? Auch er meinte, sie zu kennen, nur brauchte er eine Weile, um sich zu orientieren, außerdem verdeckte die Sonnenbrille ihr Gesicht. Nach einer Weile kam die Erinnerung zurück, er richtete sich auf, über die Folie streichend wie über ein zerknittertes Kleidungsstück.

»Sie sind die Frau mit dem Apfel? Die heute Vormittag in meiner Praxis war?«

»Ja, die bin ich.« Sie setzte sich neben ihn. »Hatten Sie einen Unfall? Sind Sie verletzt?«

»Ich bitte um Verzeihung: Wie war noch mal Ihr Name?«

»Jenny, Jenny Sibyll. Sagen Sie, soll ich einen Arzt rufen?«

»Nein, danke. Keine Sorge, mir geht's gut. Aber was machen Sie denn hier nachts?«

Frau Sibyll prüfte mit dem Handrücken Markovs Stirn, ob er womöglich fieberte. »Ich? Befolge Ihre Therapie. Zwanzig Kilometer vor dem Schlafengehen – wissen Sie das nicht mehr? Ich habe gerade die Hälfte geschafft.«

Markov erinnerte sich. »Richtig, jetzt weiß ich es wieder«, sagte er. »Sibyll ... Toller Name, Kompliment. Sie könnten hier begraben liegen, ich meine, vom Namen her. Sind Sie Künstlerin?«

»Nein, Kunstlehrerin.«

»Ich beneide Sie, das ist wenigstens ein handfester Beruf.«

»Wenn Sie meinen«, sagte sie. »Ich muss dann mal weiter.« Und fügte nach beiderseitigem betretenen Schweigen hinzu: »Verraten Sie mir vielleicht noch, warum Sie in eine Folie eingewickelt nachts im Invalidenfriedhof auf einer Bank schlafen?«

Markov nestelte an seinem goldenen Kostüm. »Ganz einfach, Schlüssel im Mantel vergessen.«

Sie nickte ihm aufmunternd zu.

»Mantel in der Oper vergessen.«

»Stimmt, Sie erzählten es, *Eugen Onegin*, nicht wahr?«

»Ja.«

»Ja und?«

»In der Oper Rotweinfleck auf Hemd vergessen.« Er öffnete die Folie und zeigte ihr die vermeintliche Schusswunde, was zur Folge hatte, dass sie sich vor Schreck die Hand vor den Mund hielt.

»Und dann vergessen, dass dort nicht scharf geschossen wird, und umgefallen.«

Sie hielt bestürzt die Luft an.

»Nicht nötig zu erschrecken«, sagte er, »die Notärztin hat meinen Tod nicht bestätigt.«

Sie lachte kurz nervös, immer noch hinter vorgehaltener Hand, einmal, zweimal, und danach musste sie wirklich lachen und hörte nicht mehr auf damit. »Das ist eine sehr komische Geschichte«, meinte sie, als sie sich wieder gefangen hatte, und so, wie sie es sagte, klang es wie Lob.

Markov hatte mitlachen wollen, war dann aber, wie zurückgesunken, verstummt. Tränen rannen ihm aus den Augenwinkeln. Die Folie raschelte in der Stille, die eintrat, wie metallisches Laub, und irgendwo in der Dunkelheit muss noch genug Licht gewesen sein, um ihr zerknittertes Gold gelb und rot aufblitzen zu lassen.

14 Himmlers Leopard

E IN LEICHTER HERBSTWIND *rauscht durch die alten Bäume, deren sterbende Blätter rot und golden aufleuchten im Schein der hell strahlenden Sonne.* Der Bericht im *Völkischen Beobachter* über die feierliche Beisetzung *unseres Kameraden und Mitarbeiters, Rittmeisters a. D. und SS-Hauptsturmführers* beginnt so, als hätte Strunk ihn selbst geschrieben, und zuzutrauen wär's ihm. Es wäre der letzte Husarenstreich eines Mannes, dessen Leben aus von ihm selbst bezeugten Heldentaten besteht oder, wie es richtig heißen muss, bestand. Denn er liegt im Sarg, den jetzt sechs bestahlhelmte SS-Männer gemessenen Gleichschritts, durch ein stummes Spalier erhobener Arme, über den Waldfriedhof von Hohenlychen bugsieren. *Die Fahne der SS, Mütze und Ehrendolch bedecken den Sarg, vor dem ein SS-Führer mit dem Ordenskissen schreitet* – und in der Mitte des Kissens liegt, in majestätischer Dreistigkeit, der *Orden der Eisernen Krone 2. Klasse.* Der Präsentiermarsch erklingt, der *Ehrensturm* präsentiert. Blitzende Degen, glänzende Helme, schwarze Fahnen, schwarze Uniformen.

An der Grabstelle hält SS-Obergruppenführer August Heißmeyer die Trauerrede. *Wir sind angetreten, um Roland Strunk aus unseren Reihen zu entlassen,* ruft er mit tonloser Stimme und spricht von den soldatischen Tugenden, in denen Strunk erzogen worden und denen er treu geblieben sei *bis zum letzten Atemzug.*

Karl Gebhardt, der Chefarzt, etwas weiter hinten stehend im Pulk der Trauergemeinde, war bei den letzten Atemzügen

Strunks dabei und könnte hier präzisierend ergänzen. Soldatische Tugenden im engeren Sinne kamen in den Fieberschüben weniger zum Zuge. Öfter fiel der Name *Irmgard*, und das war mit Sicherheit nicht der seiner Mutter. In anderen Wortfetzen warnte er vor einer *Bombe, die gleich hochgeht und ganz Europa von Asien abkoppelt*. Was Leute so von sich geben im Delir vor dem Tod.

Dann redet der stellvertretende Hauptschriftleiter des *Völkischen Beobachters* und SA-Gruppenführer Wilhelm Weiß, sein Nachruf, sehr dramatisch, sehr weihevoll, hebt an wie eine Livereportage. *Erschüttert stehen die Kameraden Roland Strunks an seinem Grabe.* Strunk, sagt er, sei mehr gewesen als ein Journalist, *denn überall, wo er war, setzte er als alter Soldat auch seine ganze Person ein. Er war eine Kämpfernatur und wurde so zum Vertreter jenes politischen Soldatentums, dessen Typ durch die nationalsozialistische Bewegung geprägt wurde.*

An dem Punkt seiner Ansprache passiert ein Kranichzug, vom Zenssee kommend, unheilvoll trompetend, den Himmel über dem Friedhofsgelände, doch keine der schwarzen Schirmmützen der Trauergemeinde hebt sich und kippt nach hinten, um den fliegenden Keil der Vögel in Augenschein zu nehmen, auch nicht die von Strunk, die auf dem Sargdeckel liegt.

Und so wie er lebte, ist er gestorben! In der Verteidigung seiner Ehre. Und so soll er auch in unserem Gedächtnis fortleben: Als ein untadeliger Ehrenmann und als tapferer Soldat des Führers.

Wilhelm Weiß gönnt dem Pathos seiner Worte noch ein paar Momente der Stille, die von den umstehenden Grabsteinen dankbar erwidert wird. Dann ertönt das *Lied vom guten Kameraden*, dann senkt sich der Sarg in die Gruft, dann feuert der *Ehrensturm* krachend drei *Ehrensalven* in die Luft.

Und dann passiert etwas, womit niemand gerechnet hat. Von hinten, wo die Zivilisten den schwarzen Prominentenauflauf beobachten, dringt Gemurmel nach vorn. Die Menge teilt sich, und es erscheint, das Gesicht mit einem Schleier verhüllt, die Witwe, Gerda Strunk, begleitet von zwei jungen Wehrmachtsoffizieren in silbergrauen Mänteln. Langsam geht sie, die einzige Frau, durch die Gasse schwarzer Uniformen bis zur Stelle, an der jetzt ein tiefes Loch klafft, in dem der Sarg vor einigen Augenblicken rumpelnd verschwunden war. Ihm nach in die Tiefe folgt jetzt ein Strauß roter Rosen, den sie mit einem leichten Schwung aus den Händen gleiten lässt. Kurz verharrt sie, bevor sie sich umwendet und entschwindet, den gleichen Weg zurücknehmend, den sie gekommen ist. Hinter ihr und ihren Begleitern schließt sich die Versammlung wieder, schweigend, ein dem Ernst der Situation angemessenes, gleichwohl gedämpftes Scharren der Stiefelsohlen nicht ganz unterdrückend.

Es folgen die Kränze, in der Reihenfolge ihrer Bedeutung, wie der *Völkische Beobachter* genau vermerkt. *Als Erster legte der Reichspressechef der NSDAP, SS-Obergruppenführer Dr. Otto Dietrich, einen Kranz des Führers, weiße Lilien, Chrysanthemen und Lorbeer, nieder. Dem Andenken eines bewährten Mitarbeiters widmete Reichsminister Dr. Goebbels einen Kranz, den sein Adjutant, Hauptsturmführer W.G. Müller, niederlegte. SS-Obergruppenführer Heißmeyer legte im Auftrag des Reichsführers-SS und Chefs der Deutschen Polizei Himmler einen Kranz nieder.* Zwanzig Kränze weiter und unten in der Zeitungsspalte wird vermerkt, dass *unter den vielen Kranz- und Blumenspenden ferner solche waren von dem Reichsjugendführer Baldur von Schirach,* dessen Adjutant Krutschinna Strunk erschossen hatte, *und vom Verein der ehemaligen Offiziere der österreichisch-ungarischen Wehrmacht,* deren pedantische, spitzfindige, kleinliche Ordensvergabebuchhaltung Strunks Bereitschaft zum Duell, möglicherweise, maßgeblich beförderte.

Beschlossen wird die Trauerfeier mit dem Abgesang einer Strophe des *Treuelieds der SS*; vielkehlig und einstimmig schallt sie über den Todesacker.

Wenn alle untreu werden, so bleiben wir doch treu:
Dass immer noch auf Erden für euch ein Fähnlein sey,
Ihr Lehrer teutscher Jugend, ihr Bilder bessrer Zeit,
Ihr uns zu Männertugend, zum Liebestod geweiht.

Ein paar Wochen vor dem Duell, in einem Akt der Selbstmystifizierung, hat Roland Strunk dem Tod schon einmal ins Auge geblickt, in Gestalt eines Traums, den er für die Einleitung zu einem *Buch seiner Abenteuer* notiert. *Der Traum vom Tode* ist der Text überschrieben, *in seiner eigenartigen Schwermut so ahnungsvoll und prophetisch,* dass der *Völkische Beobachter* ihn seinen Lesern nicht vorenthalten will.

In diesem Traum sehe ich mich durch eine große, gespensterhaft wirkende Stadt wandern. Häuser und Fenster sind leer. Nicht eine Menschenseele ist zu sehen; nicht einmal ein Hund bellt auf der Straße. Kein Vogel zwitschert in der Luft. Ich gehe zögernd durch diese ausgestorbenen Straßen, und der einzige Laut, der zu hören ist, ist das Echo meiner eigenen Schritte.

Ich weiß, dass ich zum Tode verurteilt bin. Und in der Tat komme ich vom Kriegsgericht. Man hat mir erlaubt, den Weg zum Hinrichtungsplatz allein zurückzulegen. Ich weiß, dass man mich aus irgendwelchen teuflischen Gründen allein gehen und dass man mir scheinbar freie Hand lässt. Wenn ich den Weg zur Linken einschlagen würde, könnte ich meine Freiheit zurückgewinnen und mein Leben retten. Doch ich weiß, mit tödlicher Sicherheit weiß ich es, dass ich mich selbst zwingen werde, das Exekutionskommando zu finden, das irgendwo in dieser Geisterstadt schon auf mich wartet.

Während ich weiterschreite, bin ich ganz erfüllt von der Vorstellung, wie schön das Leben sein kann; aber eine unbekannte Macht treibt mich meinem Schicksal entgegen. Je mehr ich fühle, dass ich mich meinem unbekannten Ziel nähere, desto heftiger wird der Kampf in meiner Brust. Dann mit einem Male steht mein Ziel vor

*mir: – ein hohes Backsteingebäude mit einem breiten Torweg in der
Mitte.*

*Mit verdoppelter Eindringlichkeit versuche ich mir klarzuma-
chen, dass jetzt noch Zeit wäre, von dannen zu gehen, um frei zu
werden. Aber während ich mir selbst zum letzten Mal inbrünstig
zur Flucht zurede, tragen mich meine Füße automatisch durch
das Tor.*

*Der erste Binnenhof – leer. Ein anderes Tor gähnt mir entgegen,
und ich weiß, dass, wenn ich dieses Tor durchschritten haben werde, mein Ende unwiderruflich da ist … Mein ganzes Wesen ist von
namenlosem Schrecken erfüllt. Die Grausamkeit des Sterbenmüs-
sens löscht alles Denken in mir aus, als ich das zweite Tor durch-
schreite.*

*Dort stehen sie: die Soldaten. Immer dieselben. Sie stehen, in
fremdartige Uniformen gekleidet, nicht in Reih und Glied, wie es
sich für ein Exekutionskommando geziemt, sondern schlendern ge-
mächlich umher, rauchen und unterhalten sich anscheinend über
mein Schicksal. Als sie wahrnehmen, dass der Verurteilte selbst es
ist, der sich ihnen nähert, wenden sie mir die Gesichter zu, und diese friedsamen Gesichter scheinen sagen zu wollen:*

»Hallo, da ist er ja. Wir wussten ja, er würde kommen.«

*Sie werfen ihre Zigaretten fort und stellen sich in Positur. Ich
lehne mich mit dem Rücken an die Wand und schaue in die Mündungen der Gewehre.*

Und dann ist der Traum aus.

Und dann wird er wahr, dieser Traum von der entspannten
Hinrichtung, zu der man geht, obwohl man es nicht müsste.

Mit Strunks Grab, einem mächtigen, hellen Granitklotz, auf
dem, in schwarzer Fraktur, sein Name, der SS-Rang, der k.u.k.
Rittmeister-Titel und die Lebensdaten stehen, wird das ganze
umliegende Gelände zu einem *Ehrenfriedhof* aufgewertet. In den
folgenden Jahren ist er Pilger- und Weihestätte für die immer
wieder durchziehenden Einheiten der SS.

Nach dem Krieg verlieren sich die Spuren, sowohl von dem Stein als auch von dem, was darunter liegt. Zunächst geht das Gräberbuch des Friedhofs verloren; eine kurze Notiz in der Neuauflage vermerkt: *vom Soldatenfriedhof umgebettet im Jahre 1945.* Aber in der Abteilung A II, wo Strunks Gebeine nach dem Umzug Platz finden sollten, sind sie nie angekommen. Als Nächstes verschwindet der Grabstein, den womöglich die nunmehr durchziehenden Einheiten der Roten Armee pulverisieren. Was bleibt, sind die Reste des Zementsockels, die ihn trugen und noch eine Zeit lang aus dem Boden ragen, bevor sie das Gras, das über alles wächst, überwuchert.

Verschwinden wird auch Gerda Strunk, deren letzter öffentlicher Auftritt eine Todesanzeige im *Völkischen Beobachter* ist, in der sie, *in tiefem Schmerz,* bittet, von Beileidsbesuchen abzusehen. Es heißt, sie habe bald darauf neu geheiratet, aber nie mehr über jene Vorfälle gesprochen, die nicht nur ihrem Leben eine verhängnisvolle Wendung geben sollten. Das Leopardenfell, ein ungeliebtes Erinnerungsstück, dürfte sie in den vielen Umzügen der nächsten Jahre begleitet haben. Im Sommer 1945, in jenen Tagen des Hungers und der Not nach dem Krieg, wird sie es als *Himmler's leopard* auf dem Schwarzmarkt im Tiergarten gegen zwei Stangen *Lucky Strike* eintauschen und das für ein sehr gutes Geschäft halten.

Für das, was mit dem Fell danach geschieht, gibt es weder Quellen noch Zeugen. Was es gibt, sind Indizien fragwürdigster Art, vermutlich eher ein Urteil über den erlaubend, der sie zusammenträgt, als über die Vorgänge, die sie erweisen sollen. Die Sache ufert aus, und zu ihrer Erklärung bieten sich Theorien an, die man nicht haben möchte. Carl Gustav Jung, der Psychoanalytiker, erfand in der Zeit, um die es hier geht, sein inzwischen fast vergessenes *synchronistisches Prinzip*; er meinte dabei Übersprungsphänomene von inneren zu äußeren Ereignissen, von den Sternen zur Erde und vom Traum in die Welt der Tatsachen. Ein Mensch denkt an einen Freund, einen Augenblick später klingelt das Telefon, und der Freund ist am Apparat. Oder zwei Liebende fallen übereinander her oder ein Wildschwein läuft einem nachts vors Auto oder die Polizei findet am Tatort das Daktylogramm eines Serientäters, und das alles geschieht synchron zu den Planetenbahnen von Venus und Mars, die sich am Himmel kreuzen. *Es handelt sich um das Auftreten zweier Ereignisse, die scheinbar in einem engen Zusammenhang zueinander stehen, ohne dass es dafür eine erkennbare kausale Erklärung gibt.* Als Beispiel schildert Jung einen Traum, in dem ihm eine Gestalt begegnete, welche die Flügel eines Eisvogels hatte. Nach dem Aufwachen zeichnete er die Figur, und während er das tat, erblickte er in seinem Garten einen sozusagen echten, vom Schicksal dort platzierten toten Eisvogel. Das konnte kein Zufall sein, das war Synchronizität, und seitdem geistert sie durch die Welt. Sie ist, mit anderen Worten, eine Erklärung für Dinge, für die es keine Erklärung gibt. Und wenn man jetzt noch wüsste, wovon Leoparden träumen, bevor sie erschossen werden, käme etwas mehr Licht in die Sache.

Sei's drum.

Dem Sergeanten Pete Jenkins, der das Fell erwirbt, dürfte es zunächst als eindrucksvolles Requisit gedient haben. Er zaubert es hervor, bei zahlreichen privaten Fotosessions mit freizügigen Berliner Eroberungen, und als er 1948 nach New York zurückkehrt, ist es Mitbringsel für seine Frau, die es zunächst mit Entzücken, dann mit Argwohn betrachtet. Ihr Mann, muss sie zur Kenntnis nehmen, scheint mit dem Fell besondere sexuelle Interessen zu verknüpfen, die darauf hinauslaufen, dass sie vollständig bekleidet darunterliegt, um ihn zu empfangen. Er nennt das, auch tagsüber, seine *nighttime surprise attack*. Einige Monate später sieht man sie, Mrs. Jenkins, in einem *Fury Shop* irgendwo zwischen der 27. und 30. Straße den Pelz gegen einen warmen Nerzmantel eintauschen, der in den folgenden Jahren zu ihrer unverhohlenen Zufriedenheit auch nachts am Garderobenhaken hängen bleibt.

Das Fell wandert für längere Zeit ins Lager, und es spricht einiges dafür, dass es Teil jenes Konvoluts ist, das kein Geringerer als Ben Kahn, New Yorks Pelzguru, aufkauft. Im Zuge des Leopardenfell-Booms in der High Society, der spätestens Ende der Fünfzigerjahre einsetzt, unternimmt Kahn alles, um sich die Bestände der Stadt zu sichern. Bei Durchsicht seiner Käufe bemerkt er sofort, dass er ein besonderes Exemplar an Land gezogen hat. An der Londoner Pelzbörse kosten Leopardenfelle damals nicht mehr als 50 Pfund, aber Qualität und Verarbeitung sind oft schlecht. Das deutsche Fell, von dessen Herkunft er nichts ahnt, ist sehr kurzhaarig, in der Farbe hell bräunlich bis rötlich, seidig glänzend, schön gemustert – ohne Zweifel handelt es sich dabei um einen der besonders wertvollen Somali-Leoparden. Er legt es beiseite für seine exklusive Kundschaft, die kommen wird, und sie kommt in Gestalt des Modedesigners Oleg Cassini, der damals für Jacqueline Kennedy die Kleider kreiert.

Man wird sich schnell einig, Geld spielt keine Rolle. Cassini macht die Entwürfe fertig. Aber bevor Jackie zur Anprobe erscheint, meldet sich der *Secret Service*. Es versteht sich, dass die First Lady der Vereinigten Staaten kein einziges Kleidungsstück überziehen kann, auch nicht probeweise, dass nicht zuvor gründlich überprüft wurde. Es ist reine Routine, niemand will eine Vergiftung der Präsidentengattin riskieren; auch sollten nach Möglichkeit keine Gerätschaften zum Abhören, Sprengladungen und so weiter ins Weiße Haus gelangen. Die Leute sind einfach auf der Hut.

Die Überprüfung zieht sich länger hin als gewöhnlich, schließlich erhält J. Edgar Hoover, der Direktor des FBI, einen geheimen Zwischenbericht. Bei der Durchleuchtung des Fells mit Ultraviolett-Lampen sind, für das normale Auge unsichtbare und auch ansonsten nicht auffallende, Spermaspuren nachgewiesen worden. Von wem sie stammen, wie alt sie sein könnten, bleibt unklar, aber Hoover, der die Kennedys für ihre Liberalität und Libertinage zutiefst verabscheut, weiß, dass er den Präsidenten und seine Gattin damit in der Hand hat. Endlich kann er den Mann abservieren; in gewisser Weise ist auch diese seit vielen Jahren bestehende und gewachsene Männerfeindschaft ein Duell.

Während er die Aushändigung der Pelze von Cassini genehmigt, beauftragt Hoover seinen Stab, zwei Strategien auszuarbeiten, die sich den Umstand zunutze machen, dass John F. Kennedy ein notorischer Frauenheld und Jackie notorisch eifersüchtig ist. Es ist eine *Win-win-situation.* Würde er dem Präsidenten die Information zuspielen, derzufolge der Pelz seiner Frau von oben bis unten mit Sperma besprenkelt und bespritzt sei, wären Scheidung, drohender Gesichtsverlust und sofortiger Rücktritt die zwingende Folge. Würde er hingegen die Präsidentin in Kenntnis setzen lassen, welche Dinge sich mit dem Kleidungsstück in ihrer Abwesenheit zugetragen hätten, wäre das Fundament dieser Ehe endgültig zerrüttet und der Präsident obendrein für die katholischen und evangelikalen Teile der Bevölkerung der Antichrist.

Gleichzeitig lässt Hoover mit Hochdruck die Provenienz des Pelzes ermitteln. Kahn wird einbestellt, der noch den Lieferschein aufbewahrt hat, ausgestellt von einem Pelzgeschäft in der 28. Straße. Dort wälzt man die Kassenbücher, und keine Woche nachdem die brisante Information eingegangen ist, stehen zwei Beamte des FBI in der Wohnung von Pete Jenkins und befragen den Mann. Der, in einem Anflug von Größenwahn, der dem längeren Umgang mit Alkohol und Arbeitslosigkeit geschuldet sein mag, wittert zunächst ein Geschäft und will den Beamten die gewünschten Informationen verkaufen. Nach einer achtundvierzigstündigen Inhaftierung verwirft er die Idee und gibt die gewünschte Auskunft, soweit er sie geben kann. Den Namen der Frau wisse er beim besten Willen nicht, aber dass sie ihm versichert habe, es handele sich um ein Fell, nein: *das* Fell Himmlers, das könne er beschwören.

Die Nachricht, bei aller Skepsis, die er ihr entgegenbringt, versetzt Hoover in namenloses Entzücken, in einen Glückszustand, der ernste Schluckbeschwerden hervorruft. Seit vielen Jahren hütet der FBI-Chef eine kompromittierende Akte mit Spitzelberichten aus dem Jahr 1941, betreffend eine Liaison John F. Kennedys mit der dänischen Nazispionin Inga Arvad. Ein Pelzmantel aber aus den Beständen des Reichsführers SS, überdies kontaminiert mit Unaussprechlichstem, mit dem die Präsidentengattin ungeniert in der amerikanischen Öffentlichkeit herumspaziert – das übersteigt sogar seine Vorstellungskraft.

In der Situation, weil er das, menschlich verständlich, so wenig fassen wie für sich behalten kann, macht er ein paar Anrufe, die er später nicht gemacht haben will. Einer der Anrufe erreicht Lyndon B. Johnson, den Vizepräsidenten, der sich bald nicht mehr daran erinnern wird, ihn entgegengenommen zu haben. Ein anderer geht zu einer bis heute unbekannt gebliebenen Dienststelle in Texas. Ein dritter Anruf gilt seiner Mutter, die allerdings bereits 1938 verstorben ist und dementsprechend nicht abhebt.

Erstaunlich bleibt, bei allem Hass und bei aller kriminellen Energie, wie viel Zeit verstreicht und wie lange die hochexplosive Konstellation scheinbar unbeachtet bleibt, bevor es knallt. Und so bezwingend Chronologie zu sein scheint, so einleuchtend sie klingt, so bezeichnend ist allerdings auch, dass am Ende das *corpus delicti*, das Fell, keine Rolle mehr spielt und für immer verschwindet.

Im Januar 1962 wird Jackie Kennedy zum ersten Mal im Leopardenfellmantel und mit ihrem *brand new leopard-skin pill-box hat* auf einer Straße in New York fotografiert. Weitere Fotos folgen, die um die Welt gehen: beim Staatsbesuch in Indien, im britischen Königshaus, in Rom beim Papst, was möglicherweise das

Foto gewesen sein könnte, das ein Foto zu viel gewesen ist. Am 22. November 1963, auf einer Wahlkampftour in Dallas, auf der sie ihn zum ersten Mal begleitet, neben ihm im offenen Wagen in die *Elm Street* einbiegend, wird John F. Kennedy mit zwei Schüssen, die von hinten seinen Hals und seinen Kopf durchschlagen, ermordet. Jackie Kennedy klettert im Moment des Schocks auf das Heck der Limousine, um etwas von der Hirnmasse ihres Mannes aufzusammeln, die dorthin gespritzt ist. Sie trägt an diesem Tag ein elegantes rosa Chanel-Kostüm, das auf den Bildern, die um die Welt gehen, besudelt ist mit dem Blut des Präsidenten.

15 *Die Chlamydien von Sparta*

WER AUF DER SÜDSEITE den Berliner Hauptbahnhof verließ, wie Schill es tat, konnte denken, der riesige Glaskäfer sei exklusiv für die deutsche Regierung, für die Politiker und Parlamentarier errichtet worden, die um die nächtliche Stunde allerdings längst die Büros und Sitzungssäle verlassen hatten. Die Fläche lag verwaist, ein paar Krähen umkurvten krähend die Laternen auf dem Gelände, das sich auf der einen Seite bis zum Bundeskanzleramt ausdehnte und auf der anderen vom Paul-Löbe-Haus mit seinen Abgeordnetenbüros, weiter hinten vom Bundestag sowie von dazugehörigen Funktions- und Verwaltungsgebäuden begrenzt wurde. Ein Kordon der Lieblosigkeiten war das, eine stupide Arena des Politischen, sich selbst genug, verpflichtet allein dem Ethos des Vorhandenseins. Wenn das das Zentrum der Stadt sein sollte, war es jedenfalls weitgehend vom städtischen Leben abgeschirmt, nicht einmal eine Lottobude oder einen Currywurst-Stand gab es; jede Form von Ablenkung, von Vergnügung war suspendiert, und im Grunde, dachte Schill, wäre hier der perfekte Austragungsort für ein Duell, in diesem Niemandsland vor hochsymbolischer Kulisse.

Schill angelte sich eine Zigarette aus der Tasche und entzündete sie. In seinem Trenchcoat, dessen Tasche der Stein aus Hohenlychen nach unten zog, stand er, mit solchen absonderlichen Dingen und Überlegungen im Kopf, neben der langen Taxischlange, die vor dem Bahnhof auf Kunden wartete. Der Fahrer des ersten Wagens hatte die Hoffnung, dass der Mann, der sich auf der menschenleeren Piste so rätselhaft ausdauernd umsah, irgendwann einsteigen würde, aufgegeben und tippte in sein Handy.

Im Zug, auf der Rückfahrt von Fürstenberg, war Schill die zugegebenermaßen vage Idee gekommen, sich in seiner vielleicht letzten Nacht einfach durch die Stadt treiben zu lassen und zu sehen, wohin es ihn verschlagen werde, aber jetzt wollte er am liebsten bleiben und den Platz sozusagen reservieren, denn eine bessere, eine verlockendere Stelle war schwerlich vorstellbar. *Washingtonplatz* hieß er auch noch, das klang nach Pulverdampf und Unabhängigkeitskrieg. Hier oder dort drüben, auf der schmalen Fußgängerbrücke über die Spree, morgen Nacht, um die gleiche Zeit – es wäre perfekt.

Es sprach nichts dagegen, fast nichts, abgesehen von der Prominenz des Ortes, die ihre eigene Durchschlagskraft entfalten würde. Wer konnte wissen, ob das Duell, wenn es wirklich im Schatten von Kanzleramt und Bundestag dazu käme, nicht als politisches Fanal gewertet werden könnte? Als Anschlag gegen die Demokratie, als Protestaktion für die Rückkehr der Adelsprivilegien, als Auftakt womöglich für einen Aufstand, in dem sich jeder, der eine Rechnung offen hatte, mit jedem schoss? Das war unbedingt zu vermeiden und zu verhindern. Das Duell, so wie Schill es sah, sollte und konnte nur außerhalb der Sphären des Politischen und Juristischen seine Existenzberechtigung wiedererlangen.

Zu bedenken zudem waren die vielen Überwachungskameras und Sicherheitsleute, die vor Ort vorhanden sein dürften. Sowieso war die Polizei eine unbekannte Größe in Schills Planung. Wie ernst nahm sie die Sache? Würde sie ihn verfolgen, sein Handy orten, seine Gespräche abhören? Das alles wusste Schill nicht, konnte er nicht wissen, zumal es die Polizei selbst nicht wusste.

Widrigkeiten waren das, mit denen sich Duellanten früherer Jahrhunderte nicht herumzuschlagen brauchten. Ach, was waren das für selige und seligere Zeiten! Die Herren Sekundanten trafen sich, verständigten sich im höflichsten Parlando auf Waffen, Ort und Uhrzeit, und im nächsten Morgengrauen brauste man in seiner Kutsche zum Stadtrand, um hinter einem Strauchwerk in aller Ruhe zu tun, was getan werden musste. Vermisste irgendwer die Polizei dabei? Wohl kaum. Gab es nicht einmal einen Berliner Polizeipräsidenten, der sich duellierte? Genau, Hinckeldey hieß er, erinnerte sich Schill jetzt, Karl Ludwig Friedrich von Hinckeldey, Mitte des 19. Jahrhunderts, es gab eine Intrige, ihn in ein Duell zu verstricken, zu dem er weder antreten wollte noch antreten durfte, denn es war ja explizit und ausdrücklich verboten. Von der Polizei, versteht sich, von ihm selbst, dem Polizeipräsidenten und preußischen Generalpolizeidirektor. Es ging ausnahmsweise um keine Frau, sondern nur um die lächerliche Eintrittskarte zu einer Festveranstaltung, die er nicht hatte, aber auch nicht hätte haben müssen, dennoch haben sollte, kein Mensch versteht das mehr. Berichten zufolge besann er sich auf einen Trick: Er stellte sich selbst außer Dienst, um die Privatperson Hinckeldey vor den Nachstellungen des Polizeipräsidenten Hinckeldey zu bewahren. Am Morgen vor dem Duell soll er eine Buttersemmel gegessen und zwei Gläser Rotwein getrunken haben. Am Ende traf er nicht, womöglich deshalb, sondern wurde getroffen. Noch heute steht, Schill war da und nahm es mit Genugtuung zur Kenntnis, an der Stelle in der Jungfernheide, wo Hinckeldeys Lunge durchschossen wurde, ein steinernes Gedächtniskreuz.

»Wissen Sie zufällig einen entlegenen Tunnel, in dem um die Zeit niemand unterwegs ist?«

Der Taxifahrer, ein in seinen Sitz wohnlich einquartierter Mann, mit Thermoskanne und Becher in Reichweite, hantierte gerade an zwei Handys gleichzeitig und schaute Schill, von dem die Frage kam, über die heruntergelassene Scheibe verständnislos an.

»*Wohin* wollen Sie?«, fragte er.

Schill beugte sich näher herunter und wiederholte die Frage. Der Mann kratzte sich am Kinn. »Ein entlegener Tunnel? Warum nicht?«

Ob aus purer Berechnung, seinem Fahrgast so viel Geld wie möglich abzunehmen, oder aus einem magischen Feeling für die Dinge, auf die es jetzt ankam – das Taxi fuhr und fuhr und fuhr zu dem am weitesten vom Stadtzentrum entfernten Tunnel, zum Spreetunnel in Friedrichshagen. Schill, als er hörte, wohin die Fahrt gehen würde, war sofort begeistert. Der Spreetunnel, keine Frage, war zweifellos ein duellwürdiger und, seiner unterirdischen Existenz zum Trotz, geradezu erhabener Ort. Unter der Spree gelegen, unter dem Fluss, lag er gleichsam auch außerhalb der Zeit, am Grund der Dinge, genau genommen sogar noch tiefer. Fast ärgerte er sich, dass nicht er selbst darauf gekommen war.

Sie würden dort, überlegte er, mit ziemlicher Sicherheit ungestört sein, falls nicht irgendwelche nachtaktiven Spaziergänger aufkreuzten, aber vor denen konnte man nirgendwo sicher sein. Der Tunnel war zudem, wenn seine Erinnerung an einen früheren Ausflug nicht trog, beleuchtet, und es gab, das war seine Vermutung, kein Handynetz dort unten.

Nach länglicher Fahrt, in immer kleinere Nebenstraßen einbiegend, in immer dunklere Viertel der Stadt, vereinzelte Vorposten des Waldes mal rechts, mal links der Straße passierend, gelangten sie zum Müggelseedamm, von dem eine Gasse abzweigte, von der aus es noch ein paar Schritte zu dem von hohen blattlosen Bäumen beschirmten Eingangsportal des Tunnels waren.

Schill bat den Fahrer zu warten, stieg die drei Treppenabsätze hinab und erreichte, an der Grenze zur Ehrfurcht, den Boden, am Anfang eines breiten, über hundert Meter langen, grün gekachelten, von Neonlampen erhellten Ganges. Kein Mensch war zu sehen. Es roch feucht und sogar etwas modrig, kleinere Rinnsale sammelten sich an den Seiten, und es war still, so still wie in einem Traum. Unsichtbar, lautlos glitten die Wasser der Spree über ihm, er meinte, es wäre ihnen ein Leichtes, seine Gedanken mitzunehmen, mitfließen zu lassen. Er stellte sich vor, und er wusste nicht, was dagegensprechen sollte, hier unten zu wohnen, unter dem Strom. Er hatte, plötzlich und unerwartet, das Gefühl, zu Hause zu sein.

Kein Netz meldete das Handy.

Feierlich drehte er sich zur Seite, hob den rechten Arm, auf eine nicht vorhandene Person am anderen Tunnelende zielend, und ließ ihn wieder sinken.

Zurück am Taxi, noch beseelt von der Epiphanie des Ortes, verspürte er keine Dringlichkeit, keine Notwendigkeit mehr, sich noch einmal zurück zu seiner Wohnung zu begeben. Er hatte dort nichts mehr zu tun und nichts mehr verloren, vorerst. Er war jetzt hier, und hier wollte er bleiben.

»Kennen Sie ein Hotel in der Nähe?«, fragte er, die Wagentür zuschlagend.

»Um die Zeit?« Der Fahrer drehte sich zu ihm nach hinten, damit Schill seine erhobenen Augenbrauen zur Kenntnis nehmen konnte.

»Wie spät ist es denn?«

»Halb zwölf durch, da kriegen Sie hier nichts mehr.«

Er drehte sich wieder nach vorn und ließ den Motor an. »Am Schloss höchstens, da ist ein großes Ding.«

»Am Schloss?«

»Schloss Köpenick, da könnte man's versuchen.«

»Warum nicht«, sagte Schill, »klingt gut.«

»Warum nicht«, sagte der Mann und wendete den Wagen, in der kleinen Gasse vor- und zurückstoßend und wieder losbrausend, dem Spalier der Straßenlaternen folgend, durch die Nacht.

Nachdem er das Foyer des *Pentahotels* betreten hatte, war Schill sich einen Moment lang nicht sicher, ob er nicht bereits, ohne es zu merken, der Welt abhandengekommen war, so unwirklich und bizarr wirkte, was er sah. Der Raum, eigentlich eine Halle, war ein fulminanter Mix aus Diskothek, Kirche, Zoo, Blockhütte, Hangar, Billardsalon, Kaminzimmer, Kino, Bibliothek und dem Atrium eines Kreuzfahrtschiffes – ein Themenpark praktisch aller Geschmacksrichtungen. Er ging zögernd, nach der Rezeption suchend, nach verschiedenen Seiten, basslastige Loungemusik waberte und wummerte ihm, eher undezent, entgegen. Wuchtige fellbespannte Ledersofas waren postiert um ausgestopfte Raubtierattrappen, Discokugeln hingen reihenweise von der Decke, nacktes Mauerwerk, kunstvoll zu vermeintlichen Ruinenresten arrangiert, diente als Kerzenaltar, aus einem Weinfass spross ein Bäumchen aus Alufolie empor, es gab riesige Spiegel mit goldverzierten Rahmen, es gab samtene rote Vorhänge, die sich im Wind von Ventilatoren wellten, und im flackernden Kunstlicht eines Kamins entdeckte Schill, der das erst für eine optische Täuschung halten wollte, Holz- und Steinnachbildungen, die illuminierten Exkrementen glichen.

Hier hatte ein Designer einen beeindruckenden, beeindruckend deprimierenden Drogentrip absolviert.

Das Foyer war keineswegs leer, viele Leute, Hauptstadttouristen, Pärchen, lümmelten noch in den Ecken und Nischen und saßen an der Bar, die wie eine Ölplattform in der Mitte dieses Ensembles ankerte, bestrahlt von überdimensionierten Vintage-Industrielampen.

Schill, ratlos, wandte sich an den schwarz gekleideten Barkeeper, um zu erfahren, wo die Rezeption sein könnte, und hörte, sie sei hier, er stünde davor und möge sagen, was man für ihn tun könne.

Das war, so ins Allgemeine gesprochen, die Frage, die unbeantwortbarste Frage schlechthin, die Schill in seinem aktuellen Daseinsabschnitt gestellt werden konnte, und seine Antwort beschränkte sich dementsprechend auf das Naheliegende, er suche, sagte er, ein Zimmer für die Nacht, nein, für zwei Nächte, und nochmals nein, reserviert habe er nicht.

Der Mann machte eine bedenkliche, wenig Hoffnung verheißende Miene und durchforschte länger den Computer, bis er dann doch erfreut nickte, erst zum Bildschirm, dann zu Schill, und ein Anmeldeformular aus der Ablage zog. »Sie haben Glück, 411 ist überraschend frei geworden. 85 Euro pro Nacht, wenn Ihnen das recht ist.«

Schill, ein wenig beängstigt, welcher innenarchitektonische Einfallsreichtum ihn im Zimmer erwarten würde, erwiderte, dass ihm das sehr recht sei, und dann folgten die Formalitäten, die Kreditkarte wurde erbeten, Schills Adresse wurde eingetragen, wobei der Mann an der Bar bei der Nennung des Wohnsitzes, Berlin, sich nicht wunderte, ebenso wenig übrigens bei Schills Bitte, ihm, dem spontan hier Abgestiegenen, eine Zahnbürste und einen Einwegrasierer, wenn möglich, zu überlassen. Erst als Schill, schon den Zimmerschlüssel in der Hand und über den Weg zu den Fahrstühlen informiert, beim gegenseitigen Bedanken zum Abschied noch eine letzte Frage einfiel, machte sich eine Irritation bemerkbar, eine verständliche, in Form eines Lächelns auf dem Gesicht des jungen Mannes.

Schill hatte, mit Blick auf dessen schwarzes Hemd gefragt, ob das Kleidungsstück zur Dienstuniform hier im Hause gehöre und ob ihm, falls das der Fall sei, womöglich eines davon, gegen Bezahlung selbstverständlich, überlassen werden könne.

»Wie? Verstehe ich Sie richtig? Sie meinen, Sie wollen mein Hemd kaufen?« Dabei richtete er seinen Zeigefinger erst auf Schill und dann auf seine Brust.

»Nein«, beruhigte Schill, »keine Sorge. Nicht *Ihr* Hemd, natürlich nicht, eines aus dem Haus.« Er beugte sich nach vorn und senkte die Stimme. »Ich will Ihnen Einzelheiten ersparen, plötzlicher Trauerfall in der Familie ...«

Die Erklärung hatte den Vorzug, dass sie gleich alles erklärte,

Schills spätes Eintreffen, ohne jedes Gepäck und Reiseutensilien, und sie bescherte ihm, obgleich er nicht beabsichtigte, davon Gebrauch zu machen, auch prospektiv gewisse Freiräume bei der Beurteilung seiner Person, jedenfalls schaltete der Mann an der Bar sofort vom Überraschungs- in den Verständnismodus, drückte sein Bedauern und sein Beileid aus, versprach Hilfe und auch Unterstützung seitens des Hauses, wobei er nichts versprechen könne, man werde sich in der *Hemdenfrage* bei ihm melden. Und falls ihm danach sei und er etwas benötige, die Bar sei rund um die Uhr geöffnet.

Was tun? Die alte Hotelzimmerfrage in Zeit und Raum erhob sich auch in diesem Raum, Zimmer 411, in dem Schill nach seinem Eintritt keine Sachen abstellen konnte, weil er keine hatte. Er war müde und aufgekratzt zugleich, warf sich im Mantel auf das Doppelbett und betrachtete eine Weile die Wand gegenüber, über die sich ein Muster aus braunen, hellbraunen und orangen Vierecken ausbreitete wie in einem Tetrisspiel. Ansonsten gab es auf den ersten Blick glücklicherweise keine weiteren Konfrontationen mit ausgefeilten Einrichtungsideen. Im Fernseher, den er einschaltete, zappte er durch die Kanäle und die Nachtstunde der Wiederholungen, Schlagershows, Wetterberichte, das Biathlon-Weltcupfinale, die Schlagzeilen des Tages. Er landete schließlich beim Teleshopping, wo drei sich gegenseitig vor Begeisterung ins Wort fallende Damen ein dreiteiliges Badezimmer-Set *Leopardenfell* mit WC-Sitz, Badteppich und Waschbeckenstöpsel offerierten, das alles für *unfassbare* 99,99 Euro, und Schill tippte schon die lange Nummer in sein Telefon, um sich mit einem letzten rätselhaften Kauf von der Welt zu verabschieden, als die Studiodeko wechselte und eine andere Dame erschien, die einen elektrischen Wäscheständer mit Gebläse für 139,99 Euro im Angebot hatte – ein Patt der Absurditäten, das Schill mit einer ihm nicht ganz erklärlichen Gebanntheit verfolgte.

Er muss dann eingeschlafen sein, denn er erwachte wieder. Im TV lief der Bericht von einer Massenkarambolage nach Blitzeis bei Böblingen, und er sah auf die Uhr auf seinem Handy, es war drei. Einen verpassten Anruf meldete das Display, von Onkel Wenzel, und eine Textnachricht, ebenfalls von ihm, in der stand: *Verehrter Herr Alexander, die Übergabe des Billetts ist gelungen nach Plan, aber es hat gegeben großes Spektakel nach Pause. Nachrichten einschalten unbedingt bitte! Weiteres Einzelnes morgen.*

Neugierig geworden, tauchte Schill wieder ein in das Kanalsystem des Fernsehens, deutlich schneller als zuvor hin und her zappend, keine Nachrichten nirgends. Punkt zwei war es, und irgendwo müsste es doch etwas geben, wenigstens im RBB, dem Stadtsender. Dort lief eine Talkshow, das Thema, das eingeblendet wurde, war *Nebensache Seitensprung*. Schill hörte noch das Schlusswort der Moderatorin, die sagte, dass die Runde, wenn sie eins gezeigt hätte, gezeigt hätte, wie schwierig es sei, zu reden, und wie schwierig aber auch, zu schweigen, und dass es verschiedene Arten des Redens und des Schweigens gebe, es komme eben darauf an. Ein Patentrezept sei nicht in Sicht, und das sei die vielleicht wichtigste Erkenntnis des Abends. Sie lächelte Schill breit und sinnlos freudestrahlend an.

Anschließend kam sie endlich, die Wiederholung der *Spätabendschau*. Die Spitzenmeldung, wie anders, war immer noch die Havarie der *Costa Concordia*, mit der wichtigsten Frage am Schluss, wie es den Deutschen unter den Passagieren gehe, speziell den Berlinern, und wie viele Berliner sich nach wie vor an Bord befänden? Interview dazu mit Society-Lady Natascha Silber-Sommerstein, die zu den ersten Geretteten in der Nacht vor Giglio gehörte. In eine Decke gehüllt, außer sich vor Angst, aber wohl auch vor Glück, in ein historisches Ereignis wie dieses persönlich involviert zu sein, sagte sie, das alles sei unfassbar, das glaube keiner, so etwas passiere doch nur im Fernsehen, habe sie gedacht, aber jetzt sei es wirklich passiert, sie zittere immer noch, nichts gegen die Italiener, alle hätten sie supernett aufgenommen, alle, die es geschafft hätten, doch da seien hundertprozentig noch Menschen im Schiff, Deutsche, Berliner, sie erreiche nur niemanden, ihr Handy, ihre kompletten Sachen habe sie an Bord zurücklassen müssen, unfassbar sei das, das glaube keiner.

Das war der Moment, in dem Schill den Fernseher auf stumm stellte, Angelegenheiten abwartend, die sich in Frankreich und Taiwan abspielten. Er sah ungeheuer langweilige Impressionen vom Neujahrsempfang des Bundespräsidenten, einen Bericht über den Pro-Kopf-Verbrauch an Lebensmitteln in Deutschland, 670 Kilo im Jahr, als Nächstes News über die Eröffnung der dritten Spur auf der Autobahn A2, über die Entschärfung eines Blindgängers aus dem Zweiten Weltkrieg, über eine Bilanz der Schäden des Orkans *Andrea* in Brandenburg – und wenn die Lautlosigkeit aller dieser Meldungen ihr nicht zu bestreitender Vorzug war, so enervierender und länger und sinnloser wirkten sie auf Schill, der sich zurück zum Spreetunnel sehnte, wo zu vermuten stand, dass er dort nicht nur kein Handynetz hatte, sondern auch keinen Fernsehempfang.

Ihr ganzes Leben, dachte er, studieren Menschen mit obskurem Fleiß die Nachrichten, als würden sie am Tag ihres Todes danach geprüft und abgefragt werden. Sehr komisch war das, sehr traurig aber auch.

Schließlich kamen sie, Bilder von einem Polizeieinsatz in Berlin, Blaulicht vor der Komischen Oper, eine Aufführung von *Eugen Onegin*, die kurzzeitig unterbrochen werden musste wegen – Schill hatte den Ton wieder angestellt – *Verdacht auf Schusswaffengebrauch*, der sich allerdings, betonte die Sprecherin, *nicht bestätigt* habe. Er sah, in einer verwackelten Handyaufnahme, einen Mann im Parkett, in dem er sofort Markov erkannte, auf dem Rücken liegend, mit einem roten Fleck auf dem Bauch, und Markov war es auch, der, als *mutmaßlich verwirrter Mann* tituliert, mit einer Jacke über dem Kopf durch die Menschenmenge nach draußen geleitet wurde. *Die Oper konnte nach dem Zwischenfall fortgesetzt werden. Die Ermittlungen dauern an.* Anschließend folgte das Wetter mit den Aussichten für morgen, das weiten Teilen Deutschlands Temperaturen um null Grad und überwiegend Sonnenschein versprach.

Die Lobby, oder wie immer die schillernde Räumlichkeit genannt werden wollte, hatte sich geleert, als Schill dort eintraf, um an der Bar, unter Zuhilfenahme eines Gins, die Aktion Markovs zu deuten oder, wenn das nicht gelänge, was zu erwarten war, wieder zu vergessen. Nur wenige Tische und Ecken waren noch besetzt. Ein älteres Paar, das schon länger keinen Gesprächsstoff mehr benötigte, saß sinnend bei Rotwein und Kerzengeflacker in der Bibliothek, bei der es sich um eine Säule handelte, um die herum man Bücher oder Buchrücken gereiht hatte und außerdem, in antiken Zeitungshaltern, laminierte Titelblätter der *New York Times*, von *Le Monde* und ein historisches *Extrablatt*. Am Billardtisch johlte noch ein Grüppchen Frauen, alle uniformiert im gleichen violetten T-Shirt, mit blinkenden Haarkränzen und Herzchen, die einen Junggesellinnenabschied feierten.

Die Musik, die leiser zu sein schien, störte Schill nicht mehr, der einen doppelten Gin bestellte, bei einem anderen Barkeeper als vorhin, und aus der Tasche seines Mantels, den er immer noch trug, den Stein aus Hohenlychen hervorholte und vorsichtig ablegte. Es war, vermutete er, ein ordinärer Feldspat, aber so genau kannte er sich nicht aus. Der Stein hatte die Größe einer halben Faust, etwas länglich und unrund, und wirkte, so rötlich, gelb und schmutzig, wie er auf dem blanken Lack des Tresens lag, wie der Botschafter einer anderen Welt, einer blutigeren, härteren, Schill würde sogar so weit gehen und sagen, einer echteren Welt.

Ein Mann hockte sich neben ihn und atmete aus.

»Sie sitzen auf meinem Platz, Kollege, macht aber nichts,

konnten Sie nicht wissen, ich war gerade draußen rauchen und habe mich da festgequatscht mit einem von den Mädels.« Er zeigte mit dem Daumen nach hinten. »Lilly, schon ziemlich hinüber. Sie kommen nicht drauf, was für ein bescheuertes Motto bei der auf dem T-Shirt steht!«

Schill schaute auf und sah einen Mittvierziger, ein großes Bier in der Hand schwenkend, dunkles Jackett, graues Shirt, kurzes helles Haar, ein weiches Gesicht mit müden Augen und einem Mund, der jetzt lächelte und leutselig Prost sagte.

»Guten Abend, ich wusste nicht, dass dieser Platz ...«

»... aber, aber! Das war nicht ernst gemeint. Es gibt doch Plätze genug. Ich kann jeden Platz hier haben, jeden Abend, jede Nacht.«

»Sie arbeiten hier?«

»Ich? Nein! Wie kommen Sie darauf? Ich wohne hier, seit drei Wochen. Es ist perfekt, und ich kann Ihnen eins sagen: Wenn Sie in der eigenen Stadt im Hotel wohnen, dann haben Sie es geschafft.«

Schill hob das Glas in seine Richtung und prostete ihm zu. »Dann sind Sie also einer derjenigen, die es geschafft haben?«

Uve, so hieß der Mann, Uve mit *v*, wie er betonte, aber alle würden ihn nur VW nennen, seines Nachnamens wegen, Wermut, wie das Getränk, jeder kenne Wermut, der Einzige, der es nicht kenne, sei er, jedenfalls nicht persönlich – also VW hatte es wirklich geschafft, nämlich von seiner Frau aus dem gemeinsamen Haus geworfen zu werden. Schill gratulierte ihm dazu ausdrücklich nicht, aber es war klar, dass er nicht umhinkommen würde, die ganze Geschichte zur Kenntnis zu nehmen, die VW in einem wahrlich virtuosen Vortrag und verwirrendem Endlospaket von Sätzen, dabei immer wieder von seinem Barhocker aufspringend und auf die andere Seite des einsamen Zuhörers wechselnd, jetzt darbot. Zu Beginn versuchte Schill noch, den Mann durch kurze Zwischenfragen zur Versachlichung seines Redeschwalls zu befähi-

gen, musste aber einsehen, dass das nur zu einer kontraprodukti-
ven Verlängerung und zu zusätzlichen Verschlingungen führte.
Und wenn nicht Lilly gewesen wäre und nicht ihre Freundinnen
von *Tussies on Tour*, wie auf den T-Shirts zu lesen war, wer weiß,
was da noch alles an kompromittierender Selbstauskunft, ja Selbst-
anschwärzung zur Sprache gekommen wäre.

Es gehe ihm nicht um das Haus, sagte VW mit Bestimmtheit, ein
Haus sei nur ein Haus, nicht einmal das, viel weniger sei es, im
Grunde sei es nur umbauter Dreck, was man sehe, wenn man ein
Loch in die Wand schlage, sofort sei alles dreckig, und da könn-
ten die Leute so oft, wie sie wollen, renovieren und ihre fleckigen
Wände weiß streichen, er bleibe dabei, übermalter Dreck sei das,
weiß gestrichener Dreck, sonst überhaupt nichts.

Hier ungefähr wollte Schill zum ersten Mal intervenieren, zustimmend übrigens, aber er kam nicht zu Wort.

Sicher sei es schön, ein Haus zu haben, zumal mit einer so
schönen und geliebten Frau wie der seinen, aber wenn er jetzt
daran denke, schaudere es ihn regelrecht, wenn er nur an den
Dreck unter den Fliesen denke, hinter den Wänden, über der
Decke, überall.

»Den Dreck kannst du nicht abwaschen, niemals, der Dreck
geht nie weg, aber was tat ich gerade, als sie mich fragte, vier Wochen sind es jetzt her? Ich räumte die Spülmaschine aus, und das
ist das Demütigendste, was du tun kannst in einem Haushalt,
Handlanger der Spülmaschine sein. Du verbeugst dich vor diesem Gerät, das muss man sich vorstellen, du musst dich verbeugen, um die Tassen wieder in den Schrank räumen zu dürfen.
Fehlt nur ein Teppich, damit du niederknien kannst und beten,
ein Dankgebet dafür, dass die Spülmaschine, der Gott der Spülmaschine, dich auserwählt hat, sie leer zu räumen. Ja, und genau
da, zu dem Zeitpunkt, fragte sie mich, beiläufig, ganz leise, ob ich
mal kommen könne, es gebe eine Sache, über die sie mit mir

sprechen wolle. Und ich wunderte mich schon, denn sprechen hätte sie ja auch gleich können, die Spülmaschine hätte sie bestimmt nicht unterbrochen. Aber gut, so setzten wir uns eben, ins Wohnzimmer, und als wir da saßen, sagte sie, sie sei in der letzten Woche beim Arzt gewesen. Und ich sagte: Schatz, was hast du? Und sie: *Nenn mich nicht Schatz!* Der Arzt habe ihr gesagt, sagte sie als Nächstes, sie hätte eine Geschlechtskrankheit. Und ich, keine Ahnung, was gespielt wird, völlig blind, naiv: Das tut mir aufrichtig leid, Baby. Wo hast du dir die denn geholt? Und sie wieder: *Nenn mich nicht Baby. Wo ich mir die geholt habe? Das frage ich dich.*«

Hier machte VW unerwartet eine kleine Pause, um einen Schluck Bier zu nehmen, aber Schill wusste auch nicht, was er dazu sagen sollte, abgesehen von Ausrufen wie *Ojemine!* oder *Wie delikat!*, die seiner Ansicht nach nicht zwingend an dieser Stelle getätigt werden mussten.

»Achtundvierzig Stunden gab sie mir, zwei Tage, um ihr zu erklären, woher sie die Chlamydien haben könnte. Sie hätte mit niemandem sonst geschlafen als mit mir, das könnte sie beschwören. Und dann fing sie an zu weinen und rannte nach oben, und ich saß auf dem Sofa, mit einer Salatkelle aus der Spülmaschine in der Hand, und verstand die Welt nicht mehr. Chlamydien? Ich kannte keine Chlamydien. Chlamydien, das klang wie aus einem bescheuerten antiken Drama, was weiß ich, *Die Chlamydien von Sparta*, ich hatte noch nie davon gehört. Sicher hatte ich, zweimal oder fünfmal, auf die Zahl kommt's ja nicht an, Gelegenheitskontakte, so würde ich es nennen, zu aushäusigen Bekanntschaften, ja Bekanntschaften, mehr war es nicht. Das hat überhaupt nichts bedeutet außer dem, was es in dem Moment bedeutet hat. Und es waren immer Bekanntschaften, die keiner kannte, verstehst du, die niemanden störten, weil sie so schnell vorbei waren, wie sie entstanden waren. Klar, du musst die Regeln einhalten, und eine Regel ist: immer mit Kondom. Und das kannst du glauben, das konnte ich schwören, klar, ihr gegenüber besser nicht, das hätte sie nicht verstanden, das wäre zu viel gewesen, aber vor Gott oder meinetwegen vor dem Gott der Spülmaschine oder vor sonst wem – jederzeit.«

Längst stand ein weiteres Glas mit Gin vor Schill, längst hatte der sich davon verabschiedet, den Eklat, den Markov in der Oper erzeugt hatte, zu enträtseln, denn VWs Ausführungen, wie er versuchte, herauszufinden, was Chlamydien seien, woher sie kämen, wie er Mediziner konsultierte, die ihm sagen sollten, welche Übertragungswege es gebe und ob es sein könne, dass man die sich rein zufällig einfange, auf der Toilette im Restaurant, im Nahverkehr oder beim Aus-dem-Fenster-Schauen – diese Ausführungen beanspruchten seine volle Aufmerksamkeit.

»Ich hatte es, schon nach vierundzwanzig Stunden hatte ich es herausgefunden. Diese Chlamydien sind meiner Meinung nach dafür, dass sie so schwerwiegende Anschuldigungen auslösen können, vollkommen unerforscht. Zecken, habe ich gelesen, können sie unter Umständen übertragen. Auch Handtücher, Fliegen, Whirlpools. Und noch besser: Unentdeckt können diese Bestien über Jahre, Jahrzehnte in deinem Körper schlummern. Damit kannst du dich theoretisch sogar vor deiner eigenen Geburt anstecken, wenn deine Mutter ... Nichts gegen deine Mutter, nur theoretisch: Wenn deine Mutter sie hat, dann überträgt sie sie auf dich, und über vierzig Jahre später stehst du da und musst Erklärungen abgeben.«

Während VW Schill beinahe umtanzte und unablässig besprach, tauchte ab und zu eine der Frauen vom Billardtisch an der Bar auf, um Getränke zu ordern, nicht ohne den beiden Disputanten verständnislose Blicke zuzuwerfen. Aber VW war noch nicht fertig, sondern gerade erst am entscheidenden Punkt seiner Darlegungen angekommen.

»Genau achtundvierzig Stunden später, auf die Minute, bin ich zu ihr, und wir saßen wieder im Wohnzimmer, ich ohne Salatkelle diesmal, darauf hatte ich geachtet, und weißt du was? Toll sah sie aus, sie wirkte ausgeruht und klar, als hätte sie eine Wellnesskur hinter sich. Und sie schaute mich an, so offen und ruhig, als hätte sie in keinen Menschen mehr Vertrauen als in mich. Ich hab ihr alles erklärt, den ganzen verdammten medizinischen Stand der Forschung von 2012 samt statistischen Erhebungen, welche Ansteckungswege wahrscheinlich und welche unwahrscheinlich sind. Auch dass diese Chlamydien Jahrzehnte im Menschen schlummern können, ohne dass jemand was merkt oder ahnt davon. Und weißt du, was sie dann gesagt hat, die Schlampe?«

»Ich nehme an«, sagte Schill, »da du jetzt hier seit drei Wochen im Hotel wohnst und nicht zu Hause, wirst du sie nicht überzeugt haben.«

»Falsch«, schrie VW, »ich war zu überzeugend! Mit unendlich trauriger, sanfter Stimme sagte sie zu mir, mit einer regelrechten Engelsstimme: *Ich habe nichts anderes von dir erwartet, Uve.* Uve! Sie hatte mich noch nie Uve genannt. Und weiter: *Hättest du mir gesagt, es tut dir leid, es ist passiert, in der und der Situation, ich hätte es verstanden, ich hätte versucht, es zu verstehen, bestimmt. Es wäre schwer gewesen, aber ich hätte es versucht, das kannst du mir glauben. Aber so? Hier mit medizinischen Forschungsergebnissen und Statistiken zu prahlen, das ist so schlecht, das ist so erbärmlich. Das ist so würdelos, merkst du das nicht? Ist dir das nicht selber peinlich? Schau mal, ganz ehrlich, kein Mensch, der nichts zu verbergen hat, macht in zwei Tagen einen Crashkurs über Ansteckungswege bei Geschlechtskrankheiten. Warum sollte er das tun? Er wird sagen, ich liebe dich, für mich gibt es nur dich. Mehr nicht. Mehr muss er nicht sagen. Mehr musstest du nicht sagen.* Und dann sagte sie: *Verlasse jetzt bitte unser Haus. Ich will dich nie wieder sehen.*«

Nach diesen Worten hatte VW sein Bier ausgekippt, und zwar in seinem Mund, und gerufen: »Jetzt brauch ich einen Schnaps. Einen Schnaps für alle!«

Schill, schwankend, ob er die schamlose Offenheit des eben erst aufgetauchten Gesprächspartners schätzen oder beanstanden sollte, konnte nicht leugnen, im Großen und Ganzen Verständnis für die Frau aufzubringen und sie sogar ein wenig zu bewundern für ihren Mut und Scharfsinn, aber er wusste auch, dass eine unparteiische Stellungnahme VW jetzt nur brüskieren und vor den Kopf stoßen würde. »Einen Vorteil hat die Situation, wie du sicher weißt: Du musst dich hier im Hotel vor keiner Spülmaschine verbeugen.«

»Das ist richtig, aber ehrlich gesagt, ich habe inzwischen sogar etwas Sehnsucht nach dem Ding. Eins kannst du wissen: Wenn ich wieder zurückkomme in das Haus, und das werde ich, dann werden andere Zeiten für die Spülmaschine anbrechen, ich werde ihr zeigen, wer das Sagen hat, ich werde sie leer durchlaufen lassen, das volle Programm. Den Luxus gönne ich mir, Normalprogramm, Automatikprogramm, Intensivprogramm, Hygieneprogramm und Hygieneplusprogramm. Leer. Und wenn ich einen guten Tag habe, kriegt sie einen Kaffeelöffel, und den schaue ich mir danach sehr, sehr genau an.«

In dem Moment wurden die beiden an der Schulter angetippt, Schill, der links saß, an der linken, und VW, rechts, an der rechten, und als sie sich umsahen, war da niemand, aber in der Mitte stand Lilly und prustete los und sagte: »Funktioniert. Wollte nur mal testen, ob ihr noch funktioniert.«

»Und wie wir funktionieren, Süße, wir funktionieren erst los! Sagt mir, was ihr trinkt, und ich werde das persönlich in die Hand nehmen.« VW breitete die Arme aus und fiel fast vom Hocker.

»Pass mal auf, dass ich nicht gleich was persönlich in die Hand nehme«, sagte Lilly mit gespielter Entrüstung, worüber auch immer.

»Und was ist mit dir?«, wandte sie sich an Schill. »Du siehst so aus, als könntest du auch mal einlochen – aber hey, nicht was du denkst, ich meine, beim Billard. Was ist denn das für ein komischer Stein neben dem Glas?«

»Das wollte ich dich die ganze Zeit fragen«, sagte VW. »Als ich dich sah, dachte ich, du sprichst mit dem Ding.«

»Vorsicht, nicht anfassen!« Schill nahm eine Serviette und wickelte den Stein darin ein. »Das ist ein geologisches Beweisstück.«

Die Braut, eine gewisse Bea, war verständlicherweise bereits vor Stunden nach Hause geflüchtet, aber die verbliebenen fünf *Tussies*, Frauen um die dreißig, aus entlegenen Städten zur Hochzeit angereist, hatten den Abend noch nicht abgehakt. Die Billard-Regeln wurden weitgehend außer Kraft gesetzt, es gab neue, für den Anlass besser geeignete, die hier nur unvollständig wiedergegeben werden können. Wenn die gelbe Kugel versenkt wurde, geschah noch das Unverfänglichste, alle hatten im Uhrzeigersinn ein Kleidungsstück zu tauschen, wobei es immer ein anderes sein musste, das weitergereicht wurde. Schill stand schnell ohne Mantel und Socken da, hatte dafür aber ein viel zu kleines Top sich über die Schulter gezwängt, und hinter seinem Gürtel klemmten Pumps. Bei der grünen Kugel sollte der Schütze oder die Schützin sich von der Person, die dem Loch am nächsten stand, die Kugel wieder durch die Kleidung von unten nach oben schieben lassen, selbstverständlich nur durch rein äußerliches Auflegen und Manövrieren der Hände, und man kann sich denken, dass die Kugel sich hierbei nicht immer physikalisch einwandfrei bewegte. Die rote Kugel, um auch das noch zu sagen, sorgte für eine Runde Tequila, den alle vom Körper des Verursachers oder eben der Verursacherin zu sich nahmen, von der Hand zwischen Daumen und Zeigefinger, von der Schulter an der Stelle, wo das Schlüsselbein an den Hals heranreicht, oder eben, das erwies sich als die von der Natur dafür vorgesehene Stelle, vom Bauchnabel.

Es zeigte sich, dass Billard ein farbenfroheres Spiel war, als man dachte, und selbst in dem Fall, wo keine Kugel in einem Loch landete, gab es eine Regel, von der zu wissen reicht, dass sie mit geschlossenen Augen unter dem Tisch befolgt werden musste. Für konstruktive Gespräche, versteht sich, blieb dabei wenig Raum, einerseits aufgrund der Dynamik der Vorgänge rund um den Tisch, andererseits infolge ausufernden Alkoholkonsums. Einmal aber, als VW und Schill eine Zigarette durchzogen draußen vor der Tür, wo die kalte Luft eine spontane Ernüchterung bewirkte, kam es zu einer unerwarteten Fortsetzung des Spülmaschinendramas.

»Warum«, fragte VW, »willst du eigentlich nicht wissen, wie die Geschichte weiterging?«

»Oh, ich dachte, die sei zu Ende, deine Geschichte. Vorerst wohnst du hier, das Weitere wird sich zeigen.«

»Du bist genauso naiv wie ich, Mann. Du musst wirklich aufpassen, dass du an keine zu schlaue Frau gerätst.«

Schill sagte, das sei gerade nicht seine Hauptsorge, und VW blies den Rauch aus und berichtete, dass ihm nach über einer Woche im Hotel plötzlich etwas aufgefallen sei.

»Weißt du, woran ich während des ganzen Theaters, denn ein Theater war es, und nichts als Theater … woran ich da keine Sekunde gedacht hatte, keine einzige? Wenn sie die von mir hat, diese Chlamydien, dann hat sie die ja von mir und dann habe ich sie auch. Verstehst du?«

»Sicher«, sagte Schill, »das ist nicht zu vermeiden. Du solltest einen Arzt aufsuchen.«

»Ich war beim Doc, zweimal.«

»Zweimal?«

»Der erste Abstrich war negativ, keine Chlamydien. Das kann nicht sein, dachte ich, das ist ein Fehler. Das ist unmöglich. Und dann haben wir das wiederholt.« Er warf seine Zigarette auf den Boden und machte ihr mit einer Drehbewegung des Schuhs den Garaus. »Der zweite Test war auch negativ.«

»Nein!«, sagte Schill.

»Definitiv«, sagte VW.

»Das heißt?«

»Das heißt, ich bin clean.«

»Du meinst, sie …? Du machst einen Witz?«

»Ein Miststück, kann ich dir sagen.«

»Was wirst du nun tun?«

»Ich? Ich gehe jetzt wieder rein.« Er schüttelte sich. »Die Welt ist kalt.«

Es war noch dunkel, aber nicht mehr ganz, als Schill endlich im Hotelbett landete, wenn auch nicht im eigenen, sondern in Lillys, die ein letztes idiotisches Spiel gewonnen hatte, in dem entscheiden durfte, wer die höhere Zimmernummer hatte, und das war sie. Ihre Entscheidung, über die, nebenbei gesagt, nicht weiter verabredet war, worauf sie sich eventuell beziehen könnte, lautete, dass Schill mit zu ihr kommen sollte. Er nahm es folgsam hin und lag jetzt neben der fremden Frau, die sofort eingeschlafen war und begnadet vor sich hin schnarchte.

In seinem Kopf fuhren die Begebenheiten des Tages Karussell: Hohenlychen, der Spreetunnel, der Kuseng von Dannenwalde, die Spülmaschine Gottes, Markovs Scheintod in der Oper. Zu sortieren und zu verarbeiten war das alles nicht mehr. Aber musste er das? War das wichtig? Konnte man nicht geschehen lassen, was geschah?

Das waren die Fragen, die im Halbschlaf über ihm kreisten, über denen er kreiste, knapp davor, sich zu übergeben. Ihm fehlte nichts, nicht einmal Constanze, denn er hatte sie vergessen, und er hatte sogar vergessen, dass er sie vergessen hatte. Zuletzt verirrten sich seine Gedanken, verstehe einer die Winkelzüge des Suffs, ausgerechnet zu jenen obskuren mit *Leopardenfell* bespannten WC-Sitzen aus dem Shoppingkanal im TV, bevor sie endgültig Teil der ewigen Kreisbewegung des Planeten wurden, der Sphärenharmonie, wie es bei den Alten hieß, in deren kosmischen Klängen jetzt ein verdoppelter Schnarchakkord einsetzte.

16 *Zwei Sekundantinnen*

D EM SCHILD VOR DER TÜR zufolge dürfen sich Hunde und
Fische nicht gemeinsam in diesem Ladengeschäft aufhalten,
vielleicht um die Gefahr einer zu starken gegenseitigen Kenntnis-
nahme zu verringern, vielleicht auch aus hygienischen Gründen,
weil manche Kunden, die mit nackten nassen Füßen dort sitzen,
nicht so begeistert sind, wenn neben den Doktorfischen, die an
ihnen knabbern, auch noch ein Hund mit unklaren Ambitionen
herumwuselt. Also saß Quiz, der Dackel, angeleint vor der *Wellness-Oase-Fish-Spa* in der Danziger Straße und bellte auf, als ein
junger Mann zum wiederholten Mal an das Schaufenster trat, um
hineinzuspähen. Bei dem mit Funktionsjacke und Turnschuhen
bekleideten Mann handelte es sich um den Polizeischüler, der,
von seinem gestrigen Draisinenausflug in Hohenlychen heimge-
kehrt, seit Punkt zwölf Uhr auftragsgemäß das Geschäft observier-
te. Sandler hatte ihm erklärt, es sei zwar wenig wahrscheinlich,
aber auch nicht völlig auszuschließen, dass es hier zur Verabredung einer Straftat komme, und ihn instruiert, sofort zu melden,
sollten zwei Männer auftauchen, die Verhandlungen führen, Briefe übergeben oder sonst einen Verdacht erregen. Aber alles, was
er sah, im hinteren Teil eines länglichen Ganges, mit parallel zu
den Wänden laufenden Sitzbänken, vor denen die großen gläser-
nen Wasserbecken standen, waren zwei Damen, ihre Füße in den
Aquarien badend und schweigend.

Der telefonische Bericht, den er Sandler darüber erstattete,
löste bei diesem eine akute akustische Blockade aus, die sich

durch ausgedehntes Schweigen bemerkbar machte, dem sich ein Dank an den Polizeischüler für seinen Einsatz anschloss, verbunden mit den besten Wünschen fürs Wochenende.

Die eine der beiden Damen, mit hochgebundenen Haaren und hochgekrempelten Leggins, war Palina Lorenzowa. Ihr gegenüber, im Kleid, aber mit ausgezogener Strumpfhose und einer dunklen Sonnenbrille im Gesicht, saß Jenny Sibyll, die Markov abgesandt hatte, das Unvermeidliche zu verabreden. Palina hatte sie direkt angesprochen, als sie den Laden betrat und sich umblickte, weil sie sich, infolge ihrer Aufgeregtheit, umblickte wie jemand, der sich etwas zu deutlich umblickt.

»Du kommst von Herrn Markov, ja?«

Jenny nickte verunsichert.

»Setz dich zu mir. Wir müssen sprechen.«

Gesprochen wurde aber zunächst nichts, denn das Eintauchen der Füße in die Wasserbecken, in denen jeweils Dutzende der kleinen Fische schwammen, erforderte alle Aufmerksamkeit. Bis auf ein gelegentliches *Huch* und *Hihi* war nichts zu hören. Wenn dreißig oder vierzig zierlichste Münder gleichzeitig an einem weiblichen Fuß entlanggleiten, saugen und zutzeln, dann ist das eine podologische Orgie, die bei beiden, die das hier zum ersten Mal machten, eine intensive Steigerung der Wahrnehmung bewirkte. Es darf vermutet werden, dass die Frauen sich im Vorfeld kaum eingehend mit Lebensweise und Verhalten der Garra-rufa-Fische, wie ihr biologischer Name ist, auseinandergesetzt hatten, sodass sie nicht sicher wussten, ob die sympathischen, sich um Fuß und Bein schlängelnden, aber letztlich unbekannten Wesen nicht womöglich noch in höhere Regionen emporwandern würden, und so verging eine Weile, bis der Kitzel und die Aufregung einem entspannten Behagen wichen, das, bevor ein Wort gefallen war, die Gesprächsatmosphäre, ihrer todernsten, nachgerade tragischen Veranlassung zum Trotz, in eine positive, ja lebensbejahende Richtung lenkte.

Einem Seufzer Palinas, in dem ein gewisses Bedauern mitschwang, nun zum sozusagen dienstlichen Teil des gemeinsamen Fußbades kommen zu müssen, folgte zunächst eine kleine pantomimische Interaktion. Sie legte den Zeigefinger auf die Lippen, zog das Handy hervor, schaltete es aus, wickelte es in Alufolie, die sie einer Handtasche entnahm, und legte es beiseite. Anschließend reichte sie die Folie Jenny, die das Gleiche machte. Als das geschehen war, zuckte Palina mit den Schultern und sagte:

»Du weißt, ich kenne dich nicht, du kennst mich nicht. Wenn jemand fragt, ich habe dich nie gesehen. Ich bin Palina.«

»Jenny«, sagte Jenny kopfschüttelnd. »Heute Nacht musste ich einen Mann aus so einer Folie auswickeln, jetzt wickle ich mein Telefon darin ein. Alles sehr mysteriös zurzeit.«

Palina winkte ab. »Nur zu unserer Sicherheit! Der Mann in der Alufolie war Markov? Was ist passiert?«

Jenny berichtete, wie sie Markov in der Nacht auf dem Invalidenfriedhof aufgefunden habe, in einem desolaten Zustand, und wie sie ihn mit Mühe überreden konnte, sich bis zum Morgen in ihre Obhut zu begeben. In ihrer Wohnung angekommen, sei er schnell eingeschlafen, so wie sie im Übrigen auch, bis, das müsse noch vor dem Morgengrauen gewesen sein, ein unablässiges Murmeln und Flüstern sie geweckt habe, das vom schlafenden Markov gekommen sei. Viel mehr als den Namen Constanze und das seltsame Wort Schweigeklo oder Schweigeklosett habe sie aber nicht verstehen können.

»Schweigeklosett ist russische Tradition«, unterbrach sie Palina, »auf dem Land haben wir überall *Derewinskij Tualet*, wie heißt das hier? Leises Örtchen.«

»Stilles Örtchen, ja. Aber Schweigeklosett? Keine Ahnung, wirklich nicht. Jedenfalls ist er, ich dachte, ich sehe nicht richtig, nach dem Aufstehen plötzlich vor mir mit gefalteten Händen auf die Knie gefallen.«

»Ah, er wollte dir einen Heiratsantrag machen?«

»So sah es aus. Aber nein, viel verrückter. Er sagte: *Ich werde heute Nacht einen Menschen erschießen.* Ich wusste nicht, was habe ich da gerade gehört. Wie? Was? Und dann sagte er: *Und wenn es dir nichts ausmacht, würde ich dich gern bitten, mir dabei zu helfen.* Er war ganz klar dabei, unheimlich klar, im Gegensatz zu mir. Er hat vielleicht Fieber, überlegte ich und befühlte seine Stirn, aber seine Temperatur war normal. Und er sagte, wieder ganz ruhig: *Ich weiß, du willst jetzt die Polizei rufen. Kannst du gern machen. Ich habe sie selbst gerufen, ich war auf der Wache, ich habe Anzeige erstattet. Glaub es oder glaub es nicht, aber wenn du denen meinen Namen sagst, die freuen sich nicht.*«

Palina hörte mit großen Augen zu, während die Fische unten im Becken kurz auseinanderstoben, denn sie hatte, vor Anspannung, mit den Füßen gewackelt.

»Okay, und dann gab er mir den Brief hier zu lesen, den er wohl gestern in der Oper bekam, und sagte: *Ich hab mir das nicht ausgedacht, bestimmt nicht. Es geht nicht anders. Wenn ich ihn nicht erschieße, erschießt er mich.*« Sie sprach weiter: »Ich habe ihn gelesen und überhaupt nichts verstanden. Was ist hier los, ich weiß es nicht. Am Ende habe ich zu ihm gesagt, ich würde ja was für ihn tun, wenn ich es verstehen würde. Er hat versucht, mir's zu erklären, aber schlau bin ich nicht daraus geworden. Seine jetzige Frau oder Freundin ist wohl die Ex des anderen Typen, wenn ich das richtig verstehe, und der ist offenbar auf einem krassen Trip und will sich unbedingt mit ihm duellieren. Und Markov macht das, obwohl er das nicht will, weil es angeblich kein Entkommen gibt. Es soll ein richtiges klassisches Duell sein, und dazu schickt jede Seite einen Sekundanten, also einen, der verabredet, wo und wie genau das Duell ausgetragen wird, und das soll ich für ihn machen, als Sekundant. Ich hab mir nur an den Kopf gefasst und gesagt, ich glaube das nicht, ich glaube das nicht, und er hat gesagt, wenn ich es nicht glaube, soll ich in die *Wellness-Oase-Fish-Spa* gehen, da seien der Sekundant der Gegenseite und vielleicht die Polizei, die das alles sowieso schon weiß, die den Brief auch gelesen hat, und dann würde ich ja sehen. Was soll ich sagen, jetzt bin ich hier, als Sekundantin, obwohl ich nicht mal weiß, ob es das gibt, eine weibliche Sekundantin.«

Sie hob langsam einen Fuß aus dem Wasser hervor, um zu sehen, ob die Fische mit auftauchen würden, aber einer nach dem anderen ließ im letzten Moment von ihr ab und verblieb unter der Wasseroberfläche, um sofort, als sie den Fuß wieder hineinsenkte, sich eine neue Stelle zu suchen und regelrecht abzuküssen.

»Den Brief kenne ich«, sagte Palina und entnahm ihrer Tasche eine Packung russisches Konfekt, öffnete sie resolut und schob sich, nachdem Jenny dankend abgelehnt hatte, eine Kirschpraline in den Mund, »Onkel hat ihn geschrieben, der sollte auch Sekundant sein heute, aber wir haben den Plan geändert, weißt du, wegen der vielen Polizei in Oper. Was da los war, ich weiß nicht. Der Onkel weiß auch nicht. Vielleicht weiß es Alexander, das ist der Freund der Freundin von Markov, ich meine Ex-Freund. Sieh mal, er war bei uns vor drei Tagen und hat seine Geschichte erzählt, viele Geschichten, lustige und traurige. Was soll ich sagen, er hat erzählt von Constanze, kurz zusammengefasst: Sie verschwunden, Erde leer. Ich verstehe das Gefühl, aber Gefühle gehen vorbei, Zeit kommt, Zeit vergeht. Jetzt will er ein Duell, aber sieh mal, bei uns in Russland trinken die Männer oder gehen zur Armee oder beides, das ist auch nicht die Lösung. Ich kann dir erzählen einen Fall, zwei Söhne von Bekannten, beste Freunde bei der Armee. Sie waren in der Gegend von Nowosibirsk vor zwanzig Jahren und wollten zusammen in Urlaub fahren nach Hause, aber es gab ein Manöver, leider, und nur einer durfte weg, und der sollte Bescheid sagen bei der Freundin vom Freund, warum er nicht kommt. Aber er hat nicht nur Bescheid gesagt, du verstehst. Der andere im Manöver hat davon erfahren, und dann hat er getrunken, Wodka, viel Wodka, und ist mit einer, wie heißt es, Faust von Panzer …«

»Panzerfaust?«

»… genau, und ist damit gefahren zur Wohnung des Freundes und hat dort gewartet, bis er raus muss und auf Toilette geht, *Derewinskij Tualet*, wie ich sagte vorhin. Und dann ist es passiert, er hat genau gezielt ins Herz von Holztür. Und am Ende vom Lied es sieht so aus: Einer war tot, der andere in der Strafkolonie, und ein großes Loch in der Toilette. Ist das besser? Ich würde sagen, nein. Besser ein Duell mit richtigen Regeln, wenn so eine Beleidigung passiert.«

Von der Seite, von der sibirischen Seite, hatte Jenny die Problematik noch nicht betrachtet, aber sie fand, nicht zu Unrecht, dass, verglichen mit diesem Vergleich, alles besser genannt werden konnte, was nicht mit dem Schuss einer Panzerfaust auf ein Schweigeklosett endet.

»Ich weiß nicht, ich finde das, wie soll ich sagen, außerordentlich problematisch. Das ist doch keine Beleidigung, wenn eine Frau einen Neuen hat, das ist doch der normalste Vorgang ever. Das passiert ständig. Ich hab lange in einer WG gewohnt, da gab's eine Mitbewohnerin, die hat jede Nacht einen anderen Typen abgeschleppt. Keiner von denen war je beleidigt, nicht dass ich wüsste. Gut, es war auch nicht der König von Albanien dabei, der hätte beleidigt sein können. Aber Markov, sorry, ist Psychiater, ich bin seine Patientin. Er tut mir ja leid. Wie gesagt, ich würde ihm gern helfen, aber dabei, sich sinnlos umbringen zu lassen? Und dieser Freund, Alexander sagst du, heißt er, dass der das nicht in Ordnung findet mit seiner Ex, das verstehe ich. Aber muss er ihn deshalb erschießen? Die haben sie doch beide nicht mehr alle. Wenn jeder so denken würde, dann wäre die eine Hälfte der Deutschen in Lebensgefahr und die andere im Knast.«

Palina nahm ein neues Stück Konfekt aus der Packung. »Was meinst du, soll ich Fischen machen Freude?«

»Um Gottes willen, nein. Ich weiß nicht, die sterben vielleicht.«

»Möglich, aber wir sterben auch, wenn wir zu viel Süßes essen.« Sie steckte sich das Stück in den Mund und schloss kurz die Augen. »Niemand braucht ein Duell zum Sterben. Das geht auch ohne.«

Jenny stimmte zu.

»Ich denke, Alexander und Markov brauchen das Duell nicht, um zu sterben, weißt du. Sie haben das nur vergessen, aber wenn es vorbei ist, werden sie es wieder wissen, ganz einfach. Man kann nicht reden vorher mit ihnen, nur nachher. Wir müssen sie machen lassen, und glaub mir, hinterher sie freuen sich, dass nichts passiert ist, und schütteln den Kopf über sich selber. Ich denke, jeder Mann will im Geheimen ein Held sein, und Held sein bedeutet todesmutig sein. Schon als Kind spielen sie Krieg und Indianer. Männer müssen immer kämpfen, sonst fehlt ihnen die Idee. Aber sage mir, wo können sie heute Held sein, wo todesmutig? Im Büro, wenn das Papier klemmt im Drucker? Oder wenn einer ihnen die Vorfahrt nimmt im Auto? Natürlich, sie machen Sport als Ersatz für den Kampf, aber so ein Wettrennen zur Dusche ist kein Kampf. Und wenn sie das gemerkt haben, fangen sie an zu trinken, und dann verlieren sie das Wettrennen zur Dusche und trinken noch mehr. So ist der russische Mann, aber ich sag dir, wenn du die Sprache tauschst, der deutsche Mann auch ...«

»... aber ...«

»... lass mich schnell noch eins sagen. Das Duell musst du dir vorstellen wie ein Spielzeug. Weißt du, so ein Holzgewehr für Kinder funktioniert auch nicht, es reicht aber aus zum Spielen. Oder wenn ein Mann kuckt Pornos, dann denkt er wirklich, die Frau mit großer Brust will ihn sofort haben. Ihn stört es nicht, wenn Frau nur aus Pixeln ist. Ich denke, es ist sogar besser für ihn, weil sie spricht nicht dazwischen.«

Jenny hatte einen Einwand und hätte beinahe vergessen, was sie sagen wollte, weil es immer mehr Einwände wurden und sie am Ende nicht mehr wusste, wo beginnen und wo enden. Die Männer, die sie kenne, sagte sie, seien vielleicht nicht so viele, aber sie seien alle erwachsen gewesen, hätten das Konzept des Erwachsenwerdens verstanden, und das heiße nun mal, dass man nicht alles haben kann, dass man mit seinen Schwächen umgehen kann und nicht immer die anderen verantwortlich macht, wenn etwas nicht so läuft, wie man denkt.

»Frustrationstoleranz heißt das, ganz einfach, das lernt man heute schon im Kindergarten. Ich meine, was soll ich sagen? Ich habe Schlafprobleme, aber ich weiß, jede Nacht geht vorbei. Das habe ich auch Markov gesagt, und weißt du, was er geantwortet hat? Seine Antwort war, dass er genau das ja befürchtet. Du hast recht, man kann nicht reden mit ihnen vorher. Aber hinterher auch nicht, weil sie dann tot sind.«

»Glaube mir, ich glaube nicht«, sagte Palina und packte das Konfekt wieder ein.

Das Bemerkenswerte an Fischen ist vielleicht, nicht nur an Garra-rufa-Fischen, dass sie auch die abgedrehtesten Debatten stumm und unbekümmert begleiten können und durch die ganze Art ihrer Existenz zeigen, dass es sehr wohl andere Interessensgebiete gibt als die Beteiligung an Gesprächen, und vielleicht ist das der tiefere Grund, warum in vielen Wohnungen Aquarien stehen. Gleichwohl klingelte jetzt ein Zeitschaltwecker, dreißig Minuten waren um, und eine Dame, die schon nach der Ankunft der beiden eine kurze Einweisung vorgenommen hatte, kam mit zwei Handtüchern und einer Pflegecreme um die Ecke. Auch die Fische, sagte sie, hätten ihre gesetzlich vorgeschriebenen Ruhepausen einzuhalten, man wolle doch vermeiden, gerade in verrückten Zeiten wie diesen, der Tierquälerei geziehen zu werden, das lieber nicht.

Anders als die maritime Belegschaft der *Wellness-Oase-Fish-Spa*, die sie verlassen hatten, verspürte Quiz ein lebhaftes Interesse, einbezogen zu werden und seine Meinung zu äußern, jedenfalls sprang er übermütig bellend um Palina herum und vor und zurück, während sie die Danziger Straße hinunterliefen, um noch irgendwo auf einen Kaffee oder Tee einzukehren. Unterwegs erklärte Palina Lorenzowa Jenny Sibyll, wie die ganze *Orga* ihrer Ansicht nach ablaufen sollte.

»Der Onkel hat telefoniert mit Alexander, das Treffen soll sein heute Nacht, ein Uhr nachts, nach Geisterstunde im Spreetunnel. Du kennst den Spreetunnel?«

»In Köpenick?«

»Genau. Der Tunnel hat zwei Seiten, eine ist nur Wald, die andere ist Friedrichshagen. Dort vor dem Eingang ist Sammelpunkt um eins. Wichtige Frage: medizinische Versorgung. Markov ist Psychiater, er hat eine Ausbildung, ich bin in der Krankenpflege gewesen. Hinter dem Wald ist gleich das Krankenhaus Köpenick. Wir haben alle Telefon.« Sie zog ein Aluminiumpaket aus der Tasche. »Nicht vergessen: ausschalten und einwickeln in Alufolie.«

Während sie sprach, beknurrte Quiz einen entgegenkommenden Schäferhund, pinkelte von drei Seiten an ein und denselben Straßenbaum und jagte eine Taube den Bordstein hinauf.

»Andere wichtige Frage: Waffen. Musst du dich nicht kümmern, kümmern wir.«

Jenny lachte auf und wusste nicht, ob sie sich dafür jetzt auch noch bedanken sollte.

»Alexander sagt: Entfernung fünfzig Meter, und jeder nur ein einziger Schuss. – Quiz!«

Quiz war in einem Hauseingang verschwunden, die Endlosleine klemmte zwischen der Tür, die sich gerade geschlossen hatte. Auf der anderen ertönte unbekümmertes Gebell, doch nichts passierte.

»Müssen wir warten, Jenny, Quiz macht das immer wieder. Soll er sehen, wie er wieder kommt durch Tür. Wenn lange dauert, musst du klingeln, am besten oben, damit keine unfreundlichen Gespräche unten.«

Sie schaute auf das Klingelschild und drückte irgendwo ganz oben, auf einen Knopf, neben dem *Gerstenberg* stand, und sprach weiter.

»Fünfzig Meter ist große Entfernung«, sie zeigte auf die Straße, »bis noch hinter Kreuzung, schätze ich. Kolenka, mein Mann, sagt, triffst du nicht, niemals, viel zu weit für Pistole. Also, keiner soll sterben, wir sind auf sicherer Seite, Problem auch gelöst, weißt du, ist wie Schießen in Luft.«

Jenny, einigermaßen fassungslos, mittlerweile aber auch belustigt angesichts der sich immer noch weiter drehenden Absurdität der Situation, wandte ein: »Und wenn jemand zufällig die Treppe herunterkommt, wird der eben erschossen, macht auch nichts.«

»Ich werde ganz bestimmt nicht die Treppe herunterkommen, damit Sie mich erschießen können«, meldete sich jetzt eine Stimme aus der Sprechanlage. »Ich rufe die Polizei.«

Palina und Jenny schaute sich erschrocken an.

»Herr Gerstenberg?«

Keine Antwort.

»Herr Gerstenberg, Hund ist im Haus, Quiz, und Tür ist zu, können Sie öffnen bitte?«, rief sie in leichter Panik, aber Herr Gerstenberg äußerte sich nicht mehr und rief womöglich gerade wirklich die Polizei. Wer konnte das wissen?

Palina zerrte energisch an der Schnur, was keine konstruktive Aktion war, denn sie konnte Quiz schlecht durch die verschlossene Tür ziehen. Der Hund bellte, es klang verärgert. Jenny blickte sich nach allen Seiten um und verspürte nicht wenig Lust, einfach wegzugehen und in ihr normales Leben zurückzukehren, aber sie hatte das Gefühl, Markov jetzt nicht im Stich lassen zu dürfen. Außerdem hatte ihr Palina gerade die Leine zum Halten übergeben, damit sie an der Haustür rütteln konnte, die allerdings so fest verschlossen blieb wie eine fest verschlossene Haustür.

Inzwischen begann Quiz dahinter, herzzerreißend zu jaulen, Palina redete beschwörend und vor allem, um den Ernst der Situation zu unterstreichen, Russisch auf ihn ein und drückte jetzt wahllos auf alle Klingelknöpfe des Hauses. Ein paar Straßen weiter schien sich eine Polizeisirene zu nähern, aber das musste nichts bedeuten, da in dieser Stadt sich irgendwo immer eine Polizeisirene nähert – musste nicht, aber konnte.

Aus der Sprechanlage bestürmte ein vielstimmiger Frage- und Antwortkatalog Palina, wer sie sei, Post für wen, was für Zeitungen, wann endlich die Pizza für Jakubowski komme, ein kleines Kind schrie Mama, und sogar ein Hund bellte wild im Hintergrund, aber das war Quiz, der das alles auf seine Weise kommentierte. Palina flehte, Quiz sei im Haus, jemand fragte, was für ein Quiz, Palina sagte, ein Hund an der Leine, und so ging es weiter, bis Jenny endlich mit dem durchaus unfreundlichen Ausruf *Ein Paket für Sie!* das Lösungswort gelang. Es summte, die Tür ging auf, Quiz stürmte heraus, an den beiden emporspringend, vorwurfsvoll und erleichtert bellend, wie es eben seine Art war.

Auf der anderen Straßenseite, schräg gegenüber, war eine Bäckerei mit ein paar Tischen, *Backhaus Tümmler*, wo sie sozusagen letzte Dinge besprechen wollten, Palina bei einem Cappuccino, Jenny bei Kräutertee, Quiz, unten am Tischbein festgemacht, bei einer Schale Wasser. Jenny stellte in einer kleinen spontanen Ansprache fest, sie werde bis zum Schluss versuchen zu verhindern, dass dieser Quatsch tatsächlich vollbracht werde, und Palina erwiderte, das sei sogar ihre Pflicht als Sekundantin, sie müsse beide Parteien zur Versöhnung mahnen – sie sagte: *stimulieren* –, das werde sie auch tun, und wenn es gelänge, umso besser. Auch war die Frage der Anfahrt zu klären, die, wie Palina meinte, individuell erfolgen könne, am besten mit dem Taxi, sie nehme das Auto, es ginge aber auch mit Bus oder Bahn, warum nicht, das wäre eine Weltneuheit, mit der Straßenbahn zum Duell zu fahren. Jenny ihrerseits erklärte, laufen zu wollen, schließlich habe Markov ihr das verschrieben, aber inzwischen glaube sie, er sei einer Behandlung sehr viel bedürftiger als sie, und verschreibe es ihm gern zurück.

»Das sind von Zentrum bis Friedrichshagen zwanzig Kilometer«, sagte Palina.

»Perfekt, das ist genau seine Strecke«, sagte Jenny.

Quiz sagte ausnahmsweise nichts.

Der Tag vor dem Backstubenfenster trübte sich ein; die Dunkelheit zog heran wie eine Ahnung, wie ein begründeter Verdacht, dass es mit diesem Januarnachmittag bald zu Ende sein könnte.

»Ich weiß nicht«, sagte Jenny nach einer Weile, »ich frage mich die ganze Zeit, was die Freundin der beiden dazu sagt. Ich weiß gar nicht, diese Constanze? Gibt es sie denn? Würde mich nicht wundern, wenn nicht. Ist sie im Urlaub? Kann sie gerade nicht sprechen? Was ist mit ihr?«

»Ja, Constanze heißt sie, hat Alexander gesagt. Das ist fast alles, was ich weiß. Und dass sie waren lange zusammen, über vier Jahre.«

»Und seit wann ist sie mit Markov zusammen?«

»Ein paar Wochen erst. Ich vermute, sie weiß nichts von dem Duell, denn sie würde sonst einschreiten sicher. Vielleicht hat Markov sie weggeschickt, auf Urlaub in der Südsee.«

»Zu wünschen wär's ihr ja«, sagte Jenny. »Oder es gibt sie gar nicht, wäre auch nicht verkehrt.«

Palina blickte auf die Uhr und erhob sich, was Quiz, der unter dem Tisch weiterschlafen wollte, ein mürrisches Knurren abverlangte.

»Viel Zeit wir haben nicht mehr«, sagte sie, »Constanze wird das Dasein genießen, hoffen wir mal, und sie wird angetanzt kommen, wenn alles vorbei ist.«

Sie zahlten und traten hinaus auf die Danziger Straße, wo das

Licht der Laternen schon brannte. Die Autos fuhren in entgegengesetzter Richtung. Das Rauschen des Verkehrs klang leider überhaupt nicht wie das Rauschen der Südsee oder des Mittelmeers.

»Wenn wenigstens Frühling wäre«, seufzte Jenny.

»Ach, deutscher Winter ist wie Frühling in Russland.«

Sie schauten beide hoch zum Himmel, in ein von den Lichtern der Stadt angeleuchtetes Grau.

»Mach die Augen zu, und du siehst mehr«, bemerkte Palina und schloss die Augen.

Jenny tat das Gleiche. Und für einen Moment standen sie, den Kopf halb erhoben, still, im Strom der Passanten.

17 Erfasst, umschlungen und verbrannt

IM FRÜHJAHR kommen Schwärme von Tiefffliegern über das Land, Artilleriegeschosse flattern durch die Luft, der Bahnhof von Hohenlychen wird in Brand geschossen. Die schöne Jahreszeit beginnt mit unschönen Szenen. In der Stadt verbarrikadiert man sich gegen die anrückende Rote Armee. Sämtliche Brücken, auch die kleinsten, unbedeutendsten, werden vermint, damit die Ostfront spätestens am Holzsteg über dem Mühlgraben zum Stehen kommt. Sogar Paddelboote und Angelkähne werden, bei Androhung des Kriegsgerichts, eingezogen, zur Freude vieler Fische der umliegenden Seen, für die im April 1945 herrliche Zeiten anbrechen.

Auch die Postbaracke der Heilstätten brennt, denn Karl Gebhardt, Chefarzt des SS-Lazaretts, hat den Befehl gegeben, sie anzuzünden. Eine dichte weiße Rauchsäule steht schief über dem Zenssee. Was dort in die Luft steigt und Wolke wird, sind gigantische Aktenbestände, darunter zahllose Patientenakten, die nicht in die Hände des Feindes fallen sollen. Dabei ist die von Alfred Rosenbergs Gelenkentzündung, die hier auskuriert wurde, so wie die von Rudolf Heß' Skiunfall und die von Albert Speers Erschöpfungstrauma nach einer Knieverletzung, die ihn 1944 monatelang in Gipsschalen mit Arnika-Umschlägen zwang. Die Körper fast aller Nazigrößen, die brennenden Akten bezeugen es, litten unter erstaunlicher Materialermüdung, und Gebhardt und seine Mediziner sicherten sich am Ende sogar Körperteile von KZ-Häftlingen, um Schäden am Volkskörper zu reparieren.

Im Feuer steht auch die Akte des SS-Obergruppenführers Reinhard Tristan Eugen Heydrich, der nie in Hohenlychen war. Gebhardt, nach dem Attentat auf Heydrich nach Prag beordert, konnte den von Granatsplittern Getroffenen nicht retten und geriet anschließend unter großen Druck, weil er sich geweigert hatte, Sulfonamide mit angeblich antibiotischer Wirkung zu verabreichen. Er war überzeugt, dass dies unwirksam geblieben wäre, und um den Beweis dafür anzutreten, testete er das untaugliche Mittel an knapp hundert Frauen aus dem KZ Ravensbrück. Ihnen wurden fachgerecht die Waden aufgeschnitten und die Muskeln zerquetscht. Dann nähte man Schmutz, Glasreste, Stoff und Holzsplitter in die Wunden ein und verabreichte Sulfonamide. Manche impfte man auch mit dem Eiter von Infizierten. Etliche der Frauen erlitten schwerste Infektionen und starben, Gebhardt war rehabilitiert, und die Spitze der deutschen Ärzteschaft, der er auf der *Arbeitstagung Ost der Beratenden Ärzte* seine *Forschungen* präsentierte, nahm es schweigend zur Kenntnis. Die Akten, wie man sagt, lügen nicht, allerdings brennen sie auch gut.

Militärisch ist Hohenlychen in den letzten Monaten des Krieges völlig unbedeutend, wenn man von einem Patienten absieht, der hier seit Januar das Bett in *Privatstation I* der Heilstätten hütet. Zwischen Massagen, die sein persönlicher Physiotherapeut, Medizinalrat Felix Kersten, ihm verabreicht, Kräutertees und weitreichenden astrologischen Erörterungen dirigiert er die gewaltigen Reste seiner Truppen, die im *Endkampf* um Berlin stehen.

Heinrich Himmler, Reichsführer SS und Chef der Deutschen Polizei, Reichskommissar für die Festigung deutschen Volkstums, Reichsinnenminister und Befehlshaber des Ersatzheeres, oberster Chef von Sicherheitsdienst und Gestapo, stellt sich krank. Vielleicht ist er krank, vielleicht ist er es immer gewesen, vielleicht fühlt er sich auch nur nicht gut. Wilhelm Wulff, sein Astrologe, schildert die letzten Tage in Hohenlychen als einziges Martyrium.

Er lebte ein elendes Dasein, hinter Blutakten und Blutkarteien in seinem Hauptquartier im Vorgeschmack der Hölle. Geschmäht und verachtet in aller Welt, von seinem Feinde Joseph Goebbels seit Jahren als Bluthund verschrien, zum gemeinsten aller Geschöpfe gestempelt, war er jetzt in Hohenlychen der Unglücklichste von allen.

Er versucht hier, seinen Kopf zu retten, und gleichzeitig jeden Verdacht, er würde das tun, von sich zu weisen. Ein aufreibendes Verfahren, leider nicht nur für ihn. Während er in geheimen Verhandlungen mit den Alliierten die Möglichkeiten sondiert, eine Teilkapitulation mit den Westalliierten zu erreichen, unterzeichnet er Anfang April den *Flaggenbefehl,* der verfügt, dass alle männlichen Personen eines Hauses, das eine weiße Fahne zeigt, zu erschießen seien. Während er mit Graf Folke Bernadotte, dem Vizepräsidenten des schwedischen Roten Kreuzes, über die Überlassung von skandinavischen und jüdischen KZ-Häftlingen verhandelt, befiehlt er, bei der Räumung von Konzentrationslagern und Gefängnissen keine Häftlinge lebend zurückzulassen. Während er von seinem Astrologen in langen aberwitzigen Sitzungen alle Konstellationen prüfen lässt für seine Aussichten, sich nach Süddeutschland abzusetzen, gehen die Todesmärsche aus dem KZ Ravensbrück durch die Wälder bei Hohenlychen, greifen Tiefflieger die Kolonnen an und explodieren Brücken, erhängen oder erschießen sich Leute, in Panik vor der Rache der Befreier, oder nehmen reihenweise Gift. Wie Spielfiguren sterben in den letzten Wochen und Tagen des längst entschiedenen Krieges Millionen Menschen, damit Heinrich Himmler noch ein paar Tage Zeit gewinnt für sein nacktes Überleben.

Aber nackt überleben wird er nicht, nackt wird er sterben.

Als alles zu spät und alle anderen, Hitler, Bormann, Goebbels, Göring, Heß und Kaltenbrunner, längst tot oder verhaftet sind, kommt seine Stunde. Er versucht, sich mit wenigen Getreuen über Norddeutschland zu Fuß Richtung Harz durchzuschlagen, wo er hofft, unterkriechen zu können. Zwei Kassetten mit Geld, Gold und Juwelen, die er dabei hat, muss er unterwegs vergraben, und am Ende wird er nichts mehr bei sich tragen als schlecht gefälschte Papiere, die auf den Namen *Heinrich Hitzinger* ausgestellt sind, eine falsche Augenklappe, dank derer er nicht richtig sieht, nasse Stiefel, und nicht zu vergessen die Phiole mit Zyankali in seinem Mund, an der er die ganze Zeit herumlutscht. Als er verhaftet wird, am 21. Mai in der Nähe von Meinstedt bei Bremervörde, bleibt seine Identität noch verborgen, aber nach der Überführung ins Camp Kolkhagen enttarnt er sich, aus Eitelkeit oder weil er es einfach nicht erträgt, *nicht* Heinrich Himmler zu sein. Es kommt zu Leibesvisitationen und entwürdigenden Inspektionen der Körperöffnungen, die der Ex-Reichsführer SS über sich ergehen lässt, sich mit den Händen an eine graue Armeedecke klammernd, die um die Hüfte geschlungen ist. Zuletzt kommt Himmlers Mund an die Reihe, Himmlers Zunge, Himmlers Zahnlücke. Der Arzt Captain Clement Wells, der ihn untersucht, umstanden von sechs Geheimdienstoffizieren und Wachleuten, entdeckt dort einen kleinen Gegenstand mit blauem Kopf und will ihn sofort mit seinem Finger entfernen. Das ist der Moment, in dem Himmler zubeißt und die Kapsel zerdrückt.

Sofort stürzen zwei, drei Leute hinzu und ringen ihn nieder. Man versucht, den Kiefer zu öffnen und die Zunge festzuhalten. Als das nicht gelingt, wird seine Zunge mit Nadel und Faden durchbohrt und herausgezogen, um so Schluckbewegungen zu verhindern. Himmler stirbt nackt, an den Beinen kopfüber gehängt, das Gesicht in einer Wasserschüssel und, wie ein Augenzeuge zu Protokoll gibt, *seufzend und stöhnend wie ein Schwein.*

Selten wird erwähnt, dass in Kriegszeiten auch die Dinge, die wir Gegenstände nennen, stark in Mitleidenschaft gezogen werden,

ohne allzu viel Mitleid zu erregen. Gegenstände, die treue Diens-
te leisten, Gegenstände, die keine Stimme haben und sich nicht
wehren können. Brennende Häuser, demolierte Wohnungen,
zertrümmerte Kaffeeservices, gesplitterte Uhrengläser gelten als
zwar bedauerliche, aber letztlich unvermeidbare Nebenwirkun-
gen größerer Katastrophen und werden mehr oder weniger prag-
matisch hingenommen und abgehakt.

Hohenlychen, nachdem Himmler und seine Mannschaft am
27. April 1945 zu ihrer Flucht über die *Rattenlinie Nord* aufgebrochen, nachdem Gebhardt mit der Familie und den Schäferhun-
den geflüchtet, nachdem die Verwundeten evakuiert und die Soldaten verlegt worden sind, bleibt nicht lange unverwüstet. Erst
kommen die zurückweichenden Truppen der lettischen Waffen-
SS, die alle Türen eintreten und mitnehmen, was sie gebrauchen
können, bevor sie weiterziehen. Später sind es in der Gegend her-
umirrende Flüchtlingsgruppen und versprengte Soldaten, die
sich bedienen. Dabei gehen die Fenster zu Bruch, die Vorhänge
werden abgerissen, die Wäsche verschwindet. Schubladen werden aufgerissen, Lampen abgeschlagen, überall liegen irgendwelche Papiere verstreut. Mitgenommen wird, was ins Gepäck passt:
Schreibmaschinen, Fotoapparate, Ferngläser, Füllfederhalter, Ra-
dios, Bestecke. Nachdem das sehr gründlich erledigt ist, tauchen
die Einwohner der Stadt auf; mit Handwagen und Säcken bewaffnet, gehen sie auf Raubzug im Lebensmittellager. Zucker, Soda,
Mehl werden ausgekippt, der Boden ist übersät mit zerschlage-
nen Gläsern und Flaschen. Den Rest besorgt die Rote Armee, die
zwei Tage später eintrifft und Hohenlychen besetzt. Sie plündert
und zerstört die Einrichtungen oder das, was von ihnen übrig ist.
Operations- und Röntgeneinrichtungen werden teils demoliert,
teils demontiert. Aus der Helenenkapelle entfernt man Altar und
Orgel, um das Gebäude als Treibstofflager zu nutzen.

Innerhalb von Stunden und ohne dass es zu nennenswerten
Kampfhandlungen kommt, verwandelt sich das eben noch mus-

terhaft aufgeräumte SS-Lazarett in ein wüstes Schlachtfeld. Die Stadt Lychen brennt bis auf die Grundmauern ab, angesteckt von den zurückweichenden Deutschen oder von voranstürmenden Russen oder von beiden.

Unversehrt bleibt nichts, fast nichts. Nur ausgerechnet in der auf Befehl von Gebhardt angezündeten Postbaracke, in der auch Munition, Schuhe, Decken, 4.000 Stück Kernseife, 200 nagelneue Radioapparate in Rauch aufgegangen waren, findet sich bei Aufräumarbeiten, die zwei Wochen später beginnen, unter der Asche eine Offizierskiste der SS. Sie ist mit zwei schweren Schlössern verriegelt. Ein Sergeant und zwei Soldaten bringen sie zum Stadtkommandanten, Hauptmann Michail Rodionowitsch Schtschepin, einem dreißigjährigen kahlköpfigen Mann mit rabiatem Aussehen und waagerechten Augenbrauen, der die Kiste erst sprengen lassen will, aber dann, eingedenk des Fundorts, brisante Akten vermutend, die Öffnung anordnet. Zum Vorschein kommt tatsächlich eine an den Rändern leicht verkohlte, mehrseitige Akte, unter ihr eine weitere; außerdem findet man eine Kassette mit Orden und Ordensspangen, einen einzelnen Kinderpantoffel sowie zwei deutsche Pistolen, in ölige Lappen gewickelt.

Nachdenklich betrachtet Schtschepin das seltsame Sammelsurium der Gegenstände, dann lässt er den Divisionsdolmetscher kommen, Sergeant Wladimir Petrowitsch Wenzel, der übersetzen soll, um was es sich hier handelt. Wenzel, von schmächtiger, gebeugter Gestalt, die Haare schon grau meliert, eine schwarze Brille vor den Augen, war vor dem Krieg Oboist im Sinfonieorchester von Saratow, wurde bei Kriegsbeginn dann zunächst als verdächtiger Russlanddeutscher nach Kasachstan deportiert, später zur Armee eingezogen; er setzt sich auf die Kiste und überträgt ins Russische, was er liest.

Protokoll. In der Ehrenangelegenheit SS-Hauptstuf. Roland Strunk – Obergebietsfrh. Horst Krutschinna, trat heute der ge-

mischte Schiedhof, der im Einvernehmen mit dem Reichsführer-SS und dem Reichsjugendführer gebildet wurde, in nachstehender Besetzung zusammen.

Es folgen Namen und Dienstränge, bei denen Schtschepin aufhorcht, dann die Stellungnahmen von Strunk und Krutschinna zu den Vorgängen rund um das Leopardenfell, schließlich der Beschluss des Schiedhofs, die *Ehrenangelegenheit* auszutragen *durch Zweikampf mit der Waffe.*

In der Zwischenzeit hat sich Schtschepin eine Papirossa angezündet, und der Dampf der *Belomorkanal* schwebt parallel zu seinen Augenbrauen durch den Raum, während er die *Skizze des Kampfplatzes* studiert.

»So sind die Faschisten. Bevor sie zum Duell gehen, machen sie eine Zeichnung vom Kampfplatz. Was ist los mit denen, verstehst du das, Wolodja?«

»*Ordnung ist das halbe Leben*, heißt ein Sprichwort. Die Deutschen haben für alles einen Plan und Regeln. Das siehst du ja zum Beispiel am Hitlergruß.«

»Was ist mit dem Hitlergruß? Machen sie da auch eine Zeichnung, bevor sie den Arm heben?«

»Nein, aber der Winkel muss exakt sein, exakt 135 Grad. Dann triffst du den toten Punkt.«

Schtschepin versteht nicht, und Wenzel erzählt, wie er Anfang 1943 nach Stalingrad bei Verhören von deutschen Kriegsgefangenen gedolmetscht habe und wie ein hoher SS-Offizier, den Namen wisse er nicht mehr, irgendwann angefangen habe, von einem Spiel zu berichten, das eine Zeit lang hinter der Front bei der Hinrichtung von Partisanen Mode gewesen sei. Sie hätten mit erhobenem rechten Arm vor dem Erschießungskommando Aufstellung nehmen müssen, wobei dem, der den Arm am längsten hätte halten können, die Begnadigung versprochen worden sei.

»Verfluchtes Faschistenpack«, sagt Schtschepin.

»Zwanzig Minuten sind schon sehr lang, kaum einer schafft

mehr. Und natürlich haben sie den Letzten auch erschossen, weil er die Unverschämtheit besessen hat, den Hitlergruß zu zeigen.«

Wenzel entzündet ebenfalls eine *Belomorkanal*, bläst den Rauch nach oben und schüttelt den Kopf. »Den toten Punkt triffst du genau bei 135 Grad. Der SS-Mann hat erzählt, dass sie das erforscht haben, auf Befehl von Göring. Das Problem war, dass Hitler die Paraden mit erhobenem Arm abnehmen konnte, manchmal über drei Stunden lang, ohne zu ermüden und abzusetzen. Die anderen schafften das nicht, Göring, Goebbels, Himmler, die mussten den Arm immer wieder sinken lassen, und sie ärgerten sich darüber und empfanden das als, wie soll ich sagen, unmännlich, als menschliche Schwäche, und sie befürchteten, dass ihnen das als Respektlosigkeit ausgelegt werden könnte, und sie konnten sich das auch nicht erklären. Also kam die Sache in Gang, sie haben tatsächlich etwas herausgefunden. Bei 135 Grad wird ein Nerv blockiert in der Schulter, das heißt, du merkst da nichts mehr.«

Er steht auf und hebt leicht hin- und herschwenkend den Arm, um den Punkt zu finden, Schtschepin tut im Sitzen das Gleiche.

»Aber die Rechnung ging nicht auf«, fährt Wenzel fort. »Weil keiner herausfindet, herausfinden kann, wo genau diese 135 Grad sind, wenn kein Winkelmesser zur Hand ist, verstehst du. Und wenn du sie nicht genau triffst, dann kannst du es vergessen. Bei der nächsten Parade standen sie wieder da, den Arm mal so, mal so angehoben, immer mit einem anderen Armwinkel, aber es half nichts, es war alles wie immer.«

Schtschepin flucht vor sich hin. »Ich hoffe, sie haben diesen SS-Mann genauso umgelegt wie er unsere Partisanen.« Dann widmet er sich den Pistolen, wiegt sie, eine nach der anderen, in der Hand, zielt mit ihnen, piffpaffpuff machend, albern in die Luft, wirft sie dann zurück in die Kiste und sagt:

»Deutsche Pistolen – von wegen deutsche Qualität, wie es immer heißt. Wir hatten nach Kursk ein Waffendepot erobert, alles nagelneu, inklusive Munition. Aber wir freuten uns nur kurz, weil, wenn du die Dinger nicht ständig putzt, hast du ein Problem. Die sind speziell gemacht für den Putzfimmel, den die Deutschen haben. Drei Leuten von uns sind sie um die Ohren geflogen, eine Riesenschweinerei. Das ist, wie wenn du eine Handgranate in deiner Hand zündest. Verfluchte Faschisten. Im Putzen sind sie spitze. Hätten nur mehr aufeinander schießen sollen wie die beiden hier. Wäre uns viel erspart geblieben.«

Wenzel stimmt rauchend zu, Schtschepin zieht den kleinen Pantoffel hervor.

»Weißt du, was das hier bedeutet?«

»Nichts Gutes«, sagt Wenzel.

Eine Weile wird kein Wort gesprochen, auch die Kiste schweigt.

»Bring die Waffen ins Lager, wo die anderen liegen, die wir beschlagnahmt haben, Wolodja! Die Akte geht zum Stab. Mit dem Rest mach, was du willst.«

Wladimir Petrowitsch Wenzel, der spätere Vater von Onkel Wenzel und noch spätere Großvater von Nikolai Lorenz, tut, wie befohlen, das heißt, nicht ganz. Die Akte kommt nie im Stab an und auch sonst nirgendwo. Die Pistolen nimmt er an sich als persönliches Souvenir; nach dem Krieg dienen sie ihm als viel bewunderte und im Familien- und Freundeskreis herumgereichte Beweistücke für die Schauergeschichte zweier sich duellierender SS-Männer. Mit Roland Strunks Orden, am Boden der Kiste blinkend wie Karnevalsblech, haben die Kinder am *Masleniza*, dem russischen Karneval, großen Spaß.

Später überlässt er das Konvolut dem Museum des Vaterländischen Krieges in Wolgograd, wo es einige Jahrzehnte unbeachtet lagert bis zum Ende der Sowjetunion. Ab dann ist die Kiste erst einmal verschollen, bis im Jahr 2000 ein anonymer Sammler aus Österreich sie mehreren deutschen Museen zum Kauf anbietet, ohne Erfolg.

Horst Krutschinna bekommt von alldem nichts mit, und es darf angenommen werden, es hätte ihn, wenn er es mitbekommen hätte, auch nicht besonders interessiert. Seit jenem 18. Oktober 1937, kurz nach sieben, nimmt seine Laufbahn die schlimmste Wendung. Er wird zwar nicht weiter bestraft, wenn man von einem kurzen Hausarrest absieht, den Hitler verhängt, aber er muss die Hitlerjugend verlassen und Zivilist werden. Das bedeutet, er muss fast sogar richtig arbeiten.

Er kommt unter bei den Hermann-Göring-Werken in Braunschweig, und da er, abgesehen von zwei Semestern Deutsch, Geschichte und Philosophie in Königsberg, nichts gelernt hat, wird er dort Personalchef, wie später in Linz.

Von seinem Privatleben ist nichts bekannt, möglicherweise ist es nicht vorhanden. Gerda Strunk sieht er nicht wieder, und was immer sich in jener verhängnisvollen Nacht auf dem Leopardenfell zugetragen haben sollte, es scheint nicht von Dauer gewesen zu sein.

Als der Krieg beginnt, meldet er sich freiwillig zur Front. Auch hier hat er das Privileg, ungezählte Kugeln an sich vorbeirauschen zu sehen. 1944 wird er Fallschirmspringer und springt in britische Gefangenschaft. Hier verliert sich vorerst seine Spur, er taucht erst über zwanzig Jahre später wieder auf, in den Memoiren seines einstigen Chefs, des Reichsjugendführers und späteren Reichsstatthalters und Gauleiters von Wien, Baldur von Schirach.

Das Buch heißt *Ich glaubte an Hitler*, Schirach hat es geschrieben während seiner zwanzigjährigen Haftzeit im Kriegsverbrechergefängnis Berlin-Spandau, die er wegen der erwiesenen Beteiligung an den Deportationen von Juden absitzt. Bis zu seinem Lebensende nennt er sich einen *anständigen Antisemiten* und behauptet, nichts davon gewusst zu haben; und es ist richtig, er hat ein Alibi, er sitzt, während er den Wiener Hauptbahnhof für den Abtransport sperren lässt, in der Opernloge. Die Eliminierung von 60.000 Juden aus Wien, wird er trotzdem sagen, sei sein *Bei-*

trag zur europäischen Kultur gewesen. Schirachs letzte Worte, als er 1974 an Herzversagen in einer Pension an der Mosel stirbt, werden sein: *Was war mit mir?* Er weiß es nicht, nicht einmal das, und auch sonst nichts.

In seinen Memoiren fabuliert er, sein einstiger Adjutant, Krutschinna, sei *kurz nach dem Krieg auf sehr tragische Weise ums Leben* gekommen. *Als ein glühender Träger bei einer Stauung von der Walzstraße sprang und sich wie eine Spirale um seinen Körper legte, verbrannte Krutschinna buchstäblich bei lebendigem Leib.* Die Darstellung befeuert einige Legenden in den Jahren danach, von einem *Gottesurteil* ist die Rede, von einer *Vollendung des Dramas.* Ein Augenzeuge will gesehen haben, wie in einem westdeutschen Stahlwerk *ein Besucher von einem aus dem Ofen schießenden Stahlband erfasst, umschlungen und verbrannt wurde. Sein Name war Krutschinna.*

Im Prinzip ist das auch richtig, ließe sich sagen, nur geschah das nicht 1945, sondern erst 1953, und es war kein glühender Träger und kein aus dem Ofen schießendes Stahlband, das Krutschinna traf, sondern die Deichsel eines Lkw-Anhängers, den er mit ein paar Leuten zur Seite schieben wollte, und demzufolge verglühte und verbrannte er nicht bei lebendigem Leib, er wurde regelrecht erschlagen, als beim Rangieren ein Rad blockierte und das schwere Eisen herumschnellte. Es zerriss ihm mit einem furchtbaren Schlag den Unterleib.

Die Rache der Gegenstände ist unerforschlich. Er liegt in Travemünde begraben.

18 *Surprise, surprise!*

Constanze hatte in der Nacht wach gelegen, den eigenen Atemzügen nachlauschend und denen ihrer beiden Bettgenossinnen, die sie noch nicht einmal dem Namen nach kannte, und den durchaus aufwühlenden, unerhörten Erlebnissen nachspürend, die der Tag im Schweigekloster ihr beschert hatte. Ein Wechselbad der Gefühle war das gewesen, Schock und Gegenschock, Blick in den Abgrund und Blick aus dem Abgrund zurück.

Nach der unerwartet tief greifenden, wahrlich bewusstseinserweiternden Meditation des Nachmittags war sie, noch ganz im Bann des Ereignisses, über den Hof zum grell erleuchteten Speisesaal getaumelt, wo sie das Schweigen der anderen beim Abendbrot jetzt unter neuen Aspekten wahrnahm, unter beunruhigenden Aspekten. War es nicht denkbar, dass sie alle bei der *Session*, bei der sie gerade mitgemacht hatte, eingeweiht und beteiligt gewesen waren? Das wäre ein überraschender, von ihr so nicht erwarteter *Switch* der gemeinsamen meditativen Arbeit und Versenkung, dessen Tragweite und Konsequenzen sie im Moment noch nicht überschaute. So unschuldig und in sich gekehrt, wie sie am langen schmalen Tisch sich gegenübersaßen, die Reissuppe löffelnd und jeden Blickkontakt vermeidend, dürften die Leute kaum sein. Viel naheliegender war doch, dass sie nur so taten, als sei das alles nicht wahr, als hätten sie nichts damit zu tun. Viele von ihnen machten ja das Schweigeseminar nicht zum ersten, sondern schon zum zweiten oder dritten Mal. Allmählich ahnte sie, worin die Faszination dieser an und für sich doch eher zähen und mühseligen Arbeit der Selbstbeobachtung bestand und auf welche Sorte Wechselbeziehung zwischen Körper und Geist es dabei ankam.

Sie konnte nichts essen, so aufgewühlt war sie, und mit Bangigkeit und angsterfüllter Vorfreude sah sie der letzten Meditationssitzung des Tages entgegen, die für den Abend anberaumt war, zwei Stunden erneut im Lotussitz. Sie wusste zwar nicht, wie sie das schaffen sollte und wie sie jetzt weiter meditieren sollte – weiter wohin? – und was passieren würde, wenn es wieder passierte, aber sie vertraute jetzt einfach der Erfahrung der Kursleiter und der anderen sozusagen Mitmeditierenden, die wissen dürften, was sie tun.

Umso erstaunter war sie, nachdem sie sich auf ihrem Platz zurechtgesetzt hatte, aufrecht, mit geschlossenen Augen, die Decke um die Hüfte geschlungen, als in der ersten halben Stunde nichts dergleichen geschah, obwohl sie mit großer Offenheit wieder, und diesmal sogar von sich aus, das Arsenal jener Dinge und Gerätschaften aufrief, die ihr Stunden zuvor so viel Lust und Pein verschafft hatten. Jetzt nur peinlichstes Befremden über sich selber, Scham und Verstörung. Es war geradezu pervers, in welchem Ausmaß die Perversion ausblieb. Das Einzige, was sich zuverlässig wieder bemerkbar machte, waren kolossale Schmerzen an Knien und Oberschenkeln, am Rücken und jetzt auch im Kopf.

Hinzu kam: Wenn sie richtig hörte, hörte sie nichts, auch in der Nachbarschaft war, nach den Atemgeräuschen, dem Geräusper und Geschniefe zu urteilen, gerade keine wie immer knapp unterdrückte sexuelle Ausschweifung im Gange. Das spürte sie, das kannte sie jetzt, denn das hatte sich vor rund zwei Stunden bei ihr doch anders angehört.

Während sie dies alles verarbeitete und verkraftete und nicht wusste, ob sie froh darüber sein sollte oder deprimiert, bemächtigte sich ihr, langsam, aber unabweisbar, eine neue Erkenntnis, die ihre Sichtweise auf das Schweigen ringsum noch einmal erheblich revidierte. Was nämlich, wenn sie die Einzige gewesen war, die hier in halluzinösen Sadomaso-Praktiken schwelgte? Und was, wenn alle anderen das genau mitbekommen hatten? Ihr vermeintlich leises Stöhnen und Seufzen, ihren fliegenden Atem, die verräterischen, kaum zu verhehlenden Aktivitäten und energetischen Protuberanzen ihres Körpers? Wo, wenn nicht hier, inmitten von gezielt um sie herum schweigenden Menschen, musste das auffallen? Keine Frage, sie war entdeckt worden, sie musste entdeckt worden sein. Wo sonst als in einem Schweigekloster mussten die Geräusche einer, wenn auch nur in Gedanken fragwürdig mit sich selbst interagierenden Person wahrgenommen werden? Von etwa hundert Leuten, die seit Tagen nebeneinander schweigen und nichts sonst als schweigen, überhören nur die wenigsten den *Big Bang* einer Frau, die mitten zwischen ihnen sitzt.

Surprise, surprise!

Was soll man dazu sagen?

Und obwohl Schweigen, exzessives Schweigen gerade jetzt die vielleicht einzig angemessene und verständlichste Reaktion gewesen wäre, verließ sie kurzerhand, nachdem ihr dieses unerfreuliche Aha-Erlebnis in allen seinen Dimensionen zuteilgeworden war, mit gesenktem Blick die Halle und begab sich auf ihr Zimmer, und dort lag sie seitdem und starrte in die Dunkelheit. Dort blieb sie liegen, als die beiden Frauen eintrafen, mit denen sie sich die Unterkunft teilte, und dort wartete sie auf das Ende der Nacht.

Schwere Stunden später, nach einem deprimierend langen und dennoch befreienden Gewaltmarsch von Triebel in die nächste Stadt, an der Seite der kaum befahrenen Landstraße, auf der sie in der Frühe wie ein dunkler Schatten aus dem Nebel in die Welt zurückgekehrt war, saß sie, frierend und durchnässt, im Hauptbahnhof von Hof und wartete auf den Zug nach Berlin. Sie war einigermaßen überwältigt und, aus ganz anderen Gründen als im Schweigekloster und auf ganz andere Weise, sprachlos. Die grelle Buntheit der Farben, die flimmernden Bildschirme und die Reklame, die an jeder Ecke aufblinkte, waren nach den drei Tagen Entzug im Kloster ein optisches Spektakel, das sie fast an die Grenze der Aufnahmefähigkeit brachte. Als eine Frau mit leuchtend rot bemalten Lippen und schwarz getuschten Wimpern sich zu ihr setzte auf die kleine Bank, konnte sie sich nicht losreißen von dem Anblick, bis die sich zu ihr drehte und fragte, wo das Problem sei.

Es war alles zu viel. Allein die kleinen Post- und Glückwunschkartenständer im Zeitungskiosk, vor denen sie eintretend kurz verweilt hatte, erschienen ihr wie babylonische Türmchen des Weltwissens. *Ohne Regen keine Blumen* las sie als Erstes, um sich sogleich bei dem Gedanken, ob das Gegenteil vielleicht auch stimmen könnte, in komplexen gedanklichen Verwirrungen zu verstricken. Überwältigend war das vielstimmige Gemurmel der Leute, das sich in der imposanten, hochgewölbten Bahnhofshalle ausbreitete, dazu kamen die um die Säulen hallenden Stimmen der Lautsprecher und, gleich neben ihr, ein unermüdliches Dideldö von zwei Spielautomaten, die in der Ecke standen und konfus blinkten, zum Klangzauber des Realen beigesteuert.

Hatte sie eben noch, auf dem Weg vom Kloster zum Bahnhof, mit dem Abbruch des Kurses gehadert, sich im kontroversen Selbstgespräch Willensschwäche vorhaltend und eine dem Ernst des Daseins offenbar nicht gewachsene Frivolität, verspürte sie nun eine neue lebensbejahende Frische und, nicht zu wenig, Appetit. Der Geruch von Kaffee und aufgebackenen Croissants, der aus dem Bahnhofsimbiss zu ihr drang, befand sie, wäre Grund genug gewesen, dem Kloster mit seinem schwitzigen und vermufften Odeur den Rücken zu kehren.

Die Bahnhofsuhr über dem Portal zeigte neun Uhr am Morgen, sie kaufte ein üppiges Frühstück sowie Zeitung und Ladekabel, denn der Akku ihres Handys hatte sich gleich nach Inbetriebnahme verabschiedet, und kurze Zeit später schaute sie aus dem Fenster des Zuges, der nach Berlin fuhr, hinaus in die kalte, ihr aber sehr entgegenkommende Landschaft.

Fünf Stunden dauerte die Fahrt, die sie vor allem verschlief, ab und zu hochschreckend bei Zugdurchsagen. In der Zeitung las sie den Bericht von der Havarie der *Costa Concordia*, mit naivem Erstaunen darüber, dass die großen Kreuzfahrtschiffe unserer Zeit überhaupt noch in der Lage waren, untergehen zu können; das hatte sie, warum auch immer, nicht mehr für möglich gehalten. Für sie, die schon immer geneigt war, alles sehr persönlich zu nehmen, zu deuten und auf sich zu beziehen, war das Unglück, so wie es in der Zeitung stand, bei allem gebotenen Mitgefühl für die Betroffenen, ein Willkommensgruß, ein Zeichen dafür, dass das richtige, wahre, echte Leben, zu dem leider Gottes auch derartige Tragödien gehörten, jetzt wieder begänne. Wie viele dachte sie beim Thema Schiffsuntergänge sofort an die *Titanic*, Symbol einer kühneren, glamouröseren Epoche, in der Ruhm und Romantik mehr zählten als alles andere und in der man auch Kollisionen mit Eisbergen in Kauf nahm als Ausgleich für spätere herzzerreißende Verfilmungen.

Wie gern wäre sie dabei gewesen, wie froh war sie, nicht dabei zu sein, und wie schön wäre es, wenn jetzt nicht auch noch ein Zugunglück hinzukäme, zumal sie mit dem alten, viel zu großen und zerschlissenen Parka, der schwarzen Jogginghose und den Wandertretern, die schmutzverkrustet auf dem Boden des Abteils standen, denkbar ungünstig für Pressefotos gekleidet war. Ganz abgesehen von ihrer Frisur, die keine mehr war, seit sie vor Tagen die Haare auf dem Kopf verknotet und nicht mehr beachtet hatte.

Das waren so ihre Gedanken während der Fahrt, mehr oder weniger auf den Punkt gebracht.

Ein paar Mal hatte sie versucht, Markov zu erreichen, aber

sein Handy war ausgeschaltet, und er rief, anders als es seine Art war, nicht zurück. Umso besser, so würde sie ihn eben überraschen. Sie freute sich schon, seine Pläne für den Abend, falls er sie hatte, über den Haufen zu werfen und durch ihre Pläne zu ersetzen. Gibt es etwas Schöneres, fragte sie sich, als in einem Zug zu sitzen, der durch die winterlichen Weiten rast, hin zu einem Menschen, den man liebt? Ja, das gibt es, lautete ihre Antwort: Noch schöner ist, in einem Zug zu sitzen, der durch die winterlichen Weiten rast, hin zu einem Menschen, den man liebt – wenn man zuvor drei verdammte Tage und Nächte in einem Schweigekloster gehockt hat.

In Berlin angekommen, begab sie sich zur ihrer Wohnung, nahm dort, nachdem sie Jogginghose und sonstigen Inhalt des Rucksacks in den Müllsack geschüttet hatte, als wäre sie aus einem Seuchengebiet zurückgekehrt, ein ausgedehntes Bad in *Luxus Wolkenseifen Badeschaum*, den es wirklich gab und den ihr Alexander einst, lange her, geschenkt hatte, mit den Worten übrigens: *Über den Wolken muss die Seife wohl grenzenlos sein,* und kleidete sich anschließend mehrfach an und wieder um, bis sie, im schwarzen, spitzenbesetzten Etuikleid, in schwarzen Strümpfen und roten, mit dem Rot des Lippenstifts kongenial korrespondierenden Lederstiefeln, sich ausreichend verrucht und verrückt verpackt fand, um sich Markov als das Geschenk zu präsentieren, das sie gern für ihn sein wollte.

Das Haus verlassend kehrte sie noch einmal um. Sie tauschte den langen Kaschmirmantel, den sie sich übergeworfen hatte, wieder ein gegen den Parka aus dem Müllbeutel, zu Dokumentationszwecken, wie sie sich sagte, aber natürlich auch, um den Überraschungseffekt zu erhöhen. Und lief dann um die paar Ecken, die sie von Markov entfernt wohnte, die kalte Winterluft der Stadt einatmend und dampfend wieder ausstoßend.

Zu Hause war er nicht.

Die Wohnung, die sie nach erfolglosem Klingeln aufschloss, fand sie leer und aufgeräumt. Es sah nicht so aus, als wenn Markov hier übernachtet hätte, und wenn er hier nicht übernachtet hatte, musste er anderswo übernachtet haben. Und da er nicht, überlegte sie weiter, bei ihr übernachtet hatte, wie er es manchmal tat, kam nur eine sozusagen aushäusige Variante in Betracht, und je länger sie, ziellos in der Wohnung herumlaufend, darüber nachdachte, umso weniger gefiel ihr das.

Eifersüchtig war sie nicht, noch nicht, aber beunruhigt. Sie erinnerte sich, ein paar Wochen war es her, zu Anfang ihrer neuen Beziehung, an ein längeres Gespräch über Eifersucht, im *Reinhardts* war das gewesen, nachdem sie bemerkt hatte, wie seine Blicke immer wieder den Nachbartisch suchten, wo zwei junge hübsche Frauen kichernd residierten. Von ihr ironisch zur Rede gestellt, hatte er ihr da in seiner unnachahmlichen Art, immer nah am Weltwissen und von niemandem so überzeugt wie von sich, zu verstehen gegeben, Eifersucht für eine in seinem Fall unnötige Begleiterscheinung zu halten. Sie könne, sagte er zu ihr damals, eifersüchtig sein oder nicht eifersüchtig sein, er liebe sie völlig unabhängig davon. Eifersucht, so wie er sie sehe, sei kein Symptom, dem ein mangelhaftes Selbstbewusstsein zugrunde liege, auch keine wie immer berechtigte oder unberechtigte Vorahnung, dass der Partner in seinen Gefühlen nachlasse. Er betrachte sie vielmehr als einen zärtlichen Gruß, der lediglich etwas verrutscht sei, gleichsam verrückt, in eine Schiefheit, eine angstbesetzte Schiefheit, von der man befürchte, dass sie einiges, wenn nicht alles in Rutschen bringen könne. Sie müsse sich das vorstellen wie ein Bild, wie ein schiefes Bild.

Sie stellte es sich vor, fand aber nicht heraus, was er damit sagen wollte.

»Nenn mir ein Gemälde, irgendeins, ich beweise es dir«, sagte er.

»Ein Gemälde?«

»Ja, such dir eins aus!«

»Okay«, sagte sie, »mein Lieblingsbild: *Schatten auf dem Meer bei Pourville* von Monet.«

Er war erstaunt. »Ich dachte immer, das ist *Landstraße mit Birken* von Paula Modersohn-Becker?«

»Nein, das war es. Bis Monet kam, in der Hamburger Ausstellung. Ich dachte, es wurde mal Zeit für eine neue Liebe, weißt du?« Sie zog seinen Kopf heran und küsste ihn.

»Gute Idee«, sagte er, »sehr gute Idee. *Schatten auf dem Meer bei ...?*«

»*... bei Pourville.* Wenn ich nur wüsste, was du mir jetzt schon wieder erzählen willst.«

»*Schatten auf dem Meer bei Pourville* – beschreib es mir.«

Sie beschrieb es ihm, wie sich ein Bild beschreiben lässt, auf dem nur Meer zu sehen ist, Wasser, Wellen, ins Blaue, Türkise, Grüne, Gelbe schwappend, oben rechts, am Horizont, eine angedeutete unscharfe Steilküste und ansonsten dieser große Schatten, ins Bild ragend und die Wasseroberfläche in ein Dunkleres tauchend. Markov freute sich sehr dabei und nickte bei allem, was sie sagte, zustimmend.

»Ausgezeichnet. Wunderbar, meine Liebe. Und jetzt stell dir vor, das Bild hängt schief. Ein wenig nur, aber man sieht es eben.«

»Ja. Ich stell's mir vor.«

»Wirklich?«

»Ja, wirklich. Und? Was soll das jetzt beweisen? Sprachen wir nicht von Eifersucht?«

»Wir sprechen von nichts anderem. Du wirst mir recht geben, schau's dir an. Das Bild, so schief, wie es hängt, ändert sich nicht. Kein bisschen. Das Meer wird nicht herauslaufen, kein Tropfen. Nicht einmal der Schatten wird wechseln. Und wenn du den Kopf neigst, gerade so schräg wie das Bild, ändert sich auch nichts. Dann ist nur die Wohnung schief, das Haus, aber glaube mir, es wird nicht umfallen. So ist das mit der Eifersucht. Sie ändert nichts. Sie ist nur eine Schieflage im Kopf.«

»Ich verstehe«, sprach sie gedehnt und nicht ohne Anerkennung. »Aber du hast etwas nicht bedacht. Ein Bild, das schief hängt, brauchst du nur anzustupsen, schon ist es wieder gerade. So leicht ist das mit der Eifersucht, begründet oder unbegründet, nicht.« Sie wies mit dem Kopf zum Nachbartisch, wo die beiden Kichernden naturgemäß nicht ahnten, was für hoch elaborierte Gedankengänge sie angeregt hatten.

»Da irrst du dich«, sagte Markov, »das ist genau das Problem. Ein Bild, das einmal schief hängt, hängt nie wieder gerade. Man kann es versuchen, wie du sagst, rechts ein Stupser oder links ein Stupser, es wird nicht gelingen. Kann sein, ein anderes Bild hängt daneben, und alles, was passiert, ist, dass das jetzt auch in den Verdacht gerät, nicht mehr gerade zu hängen. Selbst wenn es gelingt, angenommen, in dem seltenen Fall, es wieder geradezurücken – ein Zweifel, eine Erinnerung, eine Sorge, dass es vielleicht doch wieder schief sein könnte, bleibt. Und wird nie mehr verschwinden.«

Das *Reinhardts* war bis auf den letzten Patz besetzt, als Constanze eintraf, aber sosehr sie auch suchte, hinter den Säulen und Vasen, in den Nischen, Markov war nicht da. Herr K. eilte mehrfach schulterzuckend an ihr vorbei, und bugsierte sie schließlich zu seinem Platz an der Bar, wo er sie fragte, ob es den Überwurf, den sie da trage, auch zu kaufen gebe? Sie verneinte. Das sei ihre Schweigeuniform gewesen, erklärte sie und zog den Parka aus, den Herr K. mit reichlich übertriebener Galanterie entgegennahm.

Als er das nächste Mal vorbeikam, servierte er ihr einen Champagnerkelch, der gehe aufs Haus, sagte er, sie bedankte sich und nahm einen Schluck, den ersten Alkohol nach Tagen, die ihr im Nachhinein wie Jahre erscheinen wollten.

»Kommt Markov auch«, fragte Herr K., »oder ist er gestern Abend in der Oper doch erschossen worden?«

»Ich weiß nicht, ich suche ihn noch«, sagte Constanze, die Bemerkung mit der Oper für einen Witz haltend, den sie nicht verstand. »Wovon sprichst du? Ich komme gerade aus dem Schweigekloster, weißt du. Ich bin noch schwer von Begriff.« Während sie redete, wanderten ihre Augen über die Köpfe der Gäste im Saal.

»Wie? Du weißt nicht? Die ganze Stadt spricht davon.« Herr K. beäugte Constanze misstrauisch, doch er konnte in ihrem Gesicht keine Anzeichen eines Jokes entdecken. Also drehte er sich um, suchte etwas, beugte sich schließlich hinunter und kam wieder nach oben mit einer Zeitung in der Hand, die er Constanze reichte.

»Hinten musst du lesen«, sagte er nur und eilte fort an einen Tisch.

Constanze blätterte sich durch das Boulevardblatt. Auf der letzten Seite fand sie, unübersehbar, die Schlagzeile *Showdown in der Oper. Mann im Publikum angeschossen. Inszenierung unterbrochen. Alles zum ungewöhnlichen Polizeieinsatz in der Komischen Oper.* Darunter sah sie mehrere Fotos. Auf einem lag Markov auf dem Rücken, mit ausgebreiteten Armen, einen großen Blutfleck auf dem Bauch, und darunter stand: *Der Mann in Reihe 10 hat einen großen roten Fleck auf dem Bauch.* Auf einem anderen Bild kümmerte sich ein Team von Sanitätern und Helfern um ihn. Auf dem dritten wurde er mit einer Jacke auf dem Kopf durch eine Menschenmenge bugsiert.

Sie griff, ohne hinzusehen, nach dem Glas und trank es aus.

Es begann und es endete wie eine normale Opernaufführung. Zwischendurch irre Szenen, die in keinem Textbuch stehen. Freitagabend in der Komischen Oper. Ausverkauftes Haus, Besucher aus dem Umland, Touristen aus aller Welt. Auf dem Spielplan: Eugen Onegin von Pjotr Tschaikowski. Mitten in der Aufführung knallt ein Schuss. Es ist die berühmte Duellszene zwischen Lenski und Onegin. Als sich der Pulverdampf verzieht, liegt ein Mann reglos am Boden. Nicht auf der Bühne, sondern im Publikum. Chaos im ganzen Haus, die Lichter gehen an, die Aufführung wird unterbrochen. Die Besucher verstopfen die Notausgänge, einzelne laufen schreiend durch die Reihen. Eine 56-jährige Bankkauffrau erleidet einen Schock. Das Eintreffen von Notarzt und Polizei wird erschwert durch Tumulte in den Gängen. Dann die überraschende Wende: Der Tote hat keinen einzigen Kratzer. Und er ist auch nicht tot. Quicklebendig steht er auf und lässt sich von der Polizei aus dem Saal geleiten. Bei seiner Abführung ertönen Buhrufe, Pfiffe und Applaus. Frage an Intendanten Barrie Kosky: War das geplant? »Absoluter Schwachsinn«. Christoph B. aus Zehlendorf, seine Frau schenkte ihm die Opernkarten zum 65. Geburtstag: »Im ersten Moment dachte ich, was ist hier los? Das toppt die Oper.« Die Berliner Kriminalpolizei geht von der Tat eines verwirrten Einzelgängers aus. Zu Motiven und Identität des Mannes gibt es keine offiziellen Angaben. Durchgesickert ist, dass es sich um den bekannten Berliner Psychiater Oskar B. Markov handelt. Nach längerer Unterbrechung konnte die Aufführung fortgesetzt werden.

Falls es verschiedene Größen von Ratlosigkeit gibt, die von Constanze hatte Übergröße. Weder konnte sie glauben, was sie las, noch hielt sie für möglich, das Markov tatsächlich damit zu tun haben könnte. Herr K., den sie eindringlich befragte, was er wisse, was er gehört habe, was er denke, konnte wenig zur Aufklärung beitragen. Beim gestrigen Mittagstischkolloquium, sagte er, sei Markov wie immer gewesen. Später am Abend seien Polizisten gekommen, die gleichen wie schon vor drei Tagen, und hätten Fragen gestellt.

»Die gleichen wie vor drei Tagen?«

»Ja, da waren sie auch hier, am frühen Abend, mit Blaulicht, und stellten ein paar allgemeine Fragen, wer er so ist, was er so tut, die Sorte ... Ich habe eine Karte.« Er hob die Kasse an und holte eine Visitenkarte hervor. »Hier … du kannst sie behalten. *Eva Tannenschmidt / Oberkommissarin / Kriminalpolizei Berlin* usw. Angenehmer Typ, obwohl Polizistin. Hat in der Nacht ein paar Scotch eingenommen.«

»Weißt du, wie das klingt?«, fragte sie.

Herr K. wusste es nicht.

»Das klingt nicht gut, überhaupt nicht gut.«

Was ebenfalls nicht gut klang, genauer gesagt, völlig klanglos blieb: eine Türklingel in der Jablonskistraße. Neben Schills Namen hatte vor nicht so langer Zeit der Ihre gestanden, Kamp, sie wusste noch, wie sie ihn abgekratzt hatte, mit dem Schlüssel, den sie anschließend zusammen mit dem Abschiedsbrief auf dem Küchentisch zurückließ. Nach jenem furchtbaren *Jagdausflug*, wie sie ihn nannte, war das gewesen, jener *Nahtoderfahrung*, wie Markov das später klassifizierte, als er ihr darlegte, dass Schill, sei er nun ihr Freund oder nicht, sie dort im Wald aufgegeben, ja geopfert habe für sein egozentrisches, inzwischen wohl hochgradig toxisches Spinnertum. Sicher, der Jäger habe damals nur in die Luft geschossen, aber jeder Schuss, der abgegeben werde, sei ja im Grunde zunächst ein Schuss in Luft, so lange nämlich, bis die Kugel einschlage. Und wie jeder wisse, dehne sich die Zeit aus, wenn das passiere, manche sähen ihr Leben noch einmal vorüberziehen, andere sähen sich selbst noch weiterleben in der Zukunft, das alles in Bruchteilen von Sekunden. Das Schlimmste sei natürlich die Ungewissheit, er nannte es die *transzendentale Ungewissheit*, ob die Kugel noch unterwegs sei. Möglicherweise schlage sie Jahre später erst ein, gefühlte Jahre später, wenn sie verstehe, was er meine. Und wenn er daran denke, verstehe er ihre Schlaflosigkeit, er persönlich würde da auch nicht gut schlafen können.

Sie klingelte erneut. Nichts war zu hören, kein Laut.

Sie klopfte an die Wohnungstür, erst leise, dann lauter.

Stille.

Eine Etage weiter oben tat sich etwas, jemand kam heraus und die Treppe herunter.

»Frau Kamp! Das ist ja eine Überraschung. Sie waren so lange nicht hier. Wollen Sie zu Herrn Schill?«

»Guten Abend, Frau Eberlein«, rief Constanze, den Tränen nah, aber erleichtert, jemanden anzutreffen, der eventuell helfen könnte, »Gott sei Dank sind Sie da, sagen Sie, wissen Sie zufällig, wo Alexander sein könnte?«

Nein, das könne sie nicht sagen, sagte Frau Eberlein, der Tasche ihres blau karierten Kittels, den sie immer trug, ein Tempo entnehmend, um sich zu schnäuzen. Was um Himmels willen sei denn passiert, sie sei ja ganz aufgelöst, ob sie nicht heraufkommen wolle, es sehe aus, als könne sie eine Stärkung gut gebrauchen.

So saßen sie oben in der Küche, an einem kleinen Tisch am Fenster, auf dem eine Fernsehzeitung lag und ein Topflappen. Frau Eberlein setzte Wasser auf und nahm eine angebrochene Packung Weinbrandbohnen vom Fensterbrett, neben der ein länglicher dünner Kaktus zurückblieb.

Sie wisse gar nicht, warum sie hier sei, erklärte unterdessen Constanze, sie sei hier mehr oder weniger automatisch gelandet, sie wundere sich selbst, sie habe sich einfach von ihrem Gefühl leiten lassen, einem unguten Gefühl, um ehrlich zu sein. Mit Alexander, das sei kein Geheimnis, habe sie nichts mehr zu tun seit der Trennung, könne sie nichts zu tun haben, ganz einfach darum, weil sie sonst nie geschafft hätte, sich von ihm zu lösen. Außerdem sei sie jetzt ja zusammen mit Markov, besser gesagt, Oskar.

»Aber jetzt ist er weg, zu Hause ist er nicht, ans Telefon geht er nicht, ich habe überall gesucht, die Polizei hat auch nach ihm gesucht, und hier ist er auch nicht.«

»Wer, Schätzchen? Sprichst du von Alexander oder dem neuen Freund von dir? Ich bin eine alte Frau, ich komme da nicht mehr mit.« Frau Eberlein platzierte zwei Tassen mit blauem Zwiebelmuster auf dem Tisch.

»Ich spreche von beiden. Sie sind weg.«

»Beide sind weg«, sagte Frau Eberlein. »Und bevor ich's vergesse: Bei Herrn Schill war auch Polizei, gestern, nein vorgestern. Zweimal sogar.«

Der Wasserkessel pfiff schrill auf.

»Wieso das denn?«, fragte Constanze, doch Frau Eberlein, während sie Wasser in die bauchige Kanne mit Hagebuttenteebeuteln goss, sang leise vor sich hin: »*Sinnend sitz ich auf dem Sessel / An dem knisternden Kamin, / Kochend summt der Wasserkessel / Längst verklungne Melodien.*«

»Das gefällt mir nicht«, sagte Constanze.

»Wie? Sagen Sie das nie einer ehemaligen Deutschlehrerin, dass Ihnen Heine nicht gefällt.«

»Nein, nicht das Gedicht. Die Polizei. Das gefällt mir nicht.«

»Das verstehe ich, Schätzchen. Zwei Männer, hat meine Mutter gesagt, das gibt immer Ärger. Fast immer. Mit einer Ausnahme vielleicht.«

»Und die wäre?«, fragte Constanze.

»Sie haben den gleichen Namen. Da kommt nichts durcheinander. Meine Mutter hat zweimal geheiratet, meinen Vater Erwin, der im Krieg geblieben ist, und dann später noch einen Nachkriegs-Erwin, meinen Stiefvater. Das war vielleicht Zufall, kann sein, aber sie hat immer nur von einem Erwin gesprochen, und da ich viel zu klein war, als er starb, kannte ich auch nur den einen, der für mich wie ein Vater war, wie mein Vater, ein Gesamt-Erwin, wenn du so willst.«

Constanze, der einfiel, in der Tat Oskar ein paar Mal Alexander genannt zu haben, sehr peinlich, aber generös übersehen von Markov, war etwas überfordert von der Aufgabe, das Verschwinden sowohl ihres Freundes als auch Ex-Freundes und das Auftauchen der Polizei mit der Erwin-Saga in Verbindung zu bringen.

»Verrückte Sache«, sagte sie.

Frau Eberlein goss den roten, wie verdünntes Blut in die Tassen schießenden Hagebuttentee ein: »Und das Verrückteste ist: Wenn du dir Fotos ansiehst von den beiden, die sehen sich unheimlich ähnlich.«

»Das kann man von Markov und Schill nicht sagen. Der eine kommt eher nach Ihrer Teekanne hier, der andere«, Constanze blickte sich um, »nach dem Kaktus am Fenster.« Und dann brach sie, überwältigt von der sinisteren Profanität des Vergleiches, von der sie, als sie ihn zog, kurz dachte, das sei vielleicht das Letzte, das von den beiden bleibt, schluchzend zusammen.

Frau Eberlein entnahm ihrem Kittel ein weiteres Tempo und holte auch, in Ermangelung anderer Tröstungsoptionen, die Weinbrandbohnenpackung wieder hervor. »Ja, so ist das manchmal. Nehmen Sie mal eine von den Pralinen, glauben Sie einer alten Frau, ein süßer Schnaps kann Ihnen jetzt nicht schaden.«

Aber Constanze reagierte nicht. Sie zog ihr Handy aus der Tasche und wählte zum x-ten Mal Markovs Nummer, zum x-ten Mal erfolglos.

»Schätzchen, wenn ich Sie wäre, würde ich mir überlegen, was ich jetzt um diese Uhrzeit noch tun kann. Es gibt doch nur zwei Möglichkeiten. Entweder Sie legen sich schlafen. Morgen geht die Welt ja nicht unter, sondern weiter. Oder Sie rufen die Polizei.«

Tannenschmidts Telefon war spezialisiert darauf, zu den unmöglichsten Zeiten zu klingeln, und Samstag, am späten Abend, war zweifellos eine dieser von ihm bevorzugten Zeiten, weshalb sich die Oberkommissarin nicht wunderte, als der Anruf kam. Sie wunderte sich eher über die Anruferin, eine Frau Eberlein aus der Jablonski, die erklärte, in Wahrnehmung ihrer Verantwortung als Nachbarin für eine andere Person anzurufen, die leider gerade nicht sprechen könne, da hier in ihrer Küche festsitzend und bitterlich weinend. Es handele sich um Frau Kamp, die Ex-Freundin von Herrn Schill und Freundin von einem Herrn Markov oder umgekehrt. Beide Herrschaften seien momentan vom Erdboden verschluckt mit der von Frau Kamp vermuteten Absicht, sich größeren Dummheiten zu widmen. Sie wäre ihr, der Kommissarin, sehr verbunden, sie käme her, um ihr bei der Betreuung der armen Frau unter die Arme zu greifen. Sie könne einen lauwarmen Hagebuttentee in Aussicht stellen, gern aber auch eine Tasse frisch gebrühten Kaffees.

Eine halbe Stunde später war Tannenschmidt da, wenn auch aus überwiegend menschlichem Interesse denn fachlichem, unterwegs Fragen der Desertation aus Schweigeklöstern bedenkend. Constanze Kamp hatte sich, auch in Erwartung der polizeilichen Unterstützung, so weit beruhigt, dass sie sprechen und berichten konnte, was sie nach ihrer Rückkehr aus Triebel heute Nachmittag in Erfahrung gebracht habe.

Tannenschmidt, von Frau Eberlein mit einer Tasse heißen Kaffees versorgt, hörte sich das alles an und sagte, wenn die Polizei bei allen erwachsenen Männern, die am Abend nicht zu Hause sind und woanders übernachten, ermitteln wolle, dann müssten vor jeder dritten Wohnung der Stadt Wachposten patrouillieren. Letzten Endes aber sei das Nichtzuhausesein ein Teil der abendländischen Kultur, mit der wir uns im Großen und Ganzen arrangiert hätten. Dann zog sie den Brief aus der Tasche, den Schill an Markov geschrieben hatte, und fragte, was sie davon halte.

Constanze Kamp las, zunehmend erblassend.

»Wo soll das sein? Wo ist das? Wir müssen sofort dorthin!«

»Tja, genau das wissen wir nicht. Halten Sie das denn für ernst gemeint?«

»Hundert Prozent, hundert Prozent ernst. Von wann ist das denn? Warum haben Sie mich nicht früher kontaktiert?«

Frau Eberlein, die dem Dialog mit großer Aufgeschlossenheit folgte, erkundigte sich, ob sie auch einmal einen Blick auf den

Brief werfen könne. Während sie las, schilderte Tannenschmidt in nüchternen Worten, was alles unternommen worden war, um irgendein belastbares Delikt zu ermitteln oder einen Anfangsverdacht zu erhärten, und wie ergebnislos sämtliche Bemühungen verlaufen seien, unter anderem auch ihr Besuch am gestrigen Tag im Schweigekloster, wo sie gehofft hatte, sie, Frau Kamp, anzutreffen und um Auskunft bitten zu können. Sie bedaure, man könne nichts machen, selbst wenn man wollte, denn man wisse nicht, was.

Constanze tauchte das Gesicht ins Papiertaschentuch.

Frau Eberlein gab den Brief zurück und bemerkte lakonisch, das seien ja alles bestenfalls Ankündigungen, interessant werde es doch erst, wenn die Sekundanten in Erscheinung träten – was denn aus denen geworden sei? »Auf diese Sekundanten scheint Herr Schill ja, weiß der Teufel, warum, großen Wert zu legen.«

»Na ja, da gab es noch einen zweiten Brief, der Markov gestern in der Oper übergeben wurde«, sagte Tannenschmidt. »Da wurde ein angeblicher Treffpunkt der Sekundanten genannt, heute Mittag um zwölf, in einer Wellness-Oase für Fische oder mit Fischen, ich weiß es nicht genau. Stellen Sie sich vor, wir haben einen Mann dorthin geschickt, für alle Fälle, damit uns da niemand durch die Lappen geht. Aber es war wieder nichts. Der Mann hat keine Sekundanten gesehen, nur zwei Frauen, die da ein Fußbad nahmen.«

»Was heißt hier nur zwei Frauen?«, empörte sich Frau Eberlein. »Sie sitzen zufällig mit zwei Frauen in meiner Küche.«

Die Kommissarin richtete sich langsam auf, mit einem merkwürdig verblüfften, bestürzten, ahnungsvollen Ausdruck im Gesicht, holte ihr Telefon aus der Tasche, wog es eine Weile in der Hand und steckte es wieder ein.

19 Facetten der Schwärze

IM HINBLICK auf eine spätere Verfilmung und Fragen der Bildkomposition wäre es zweifellos schöner und spektakulärer gewesen, wenn die Kontrahenten, also Markov und Schill, den Tunnel zum Showdown jeweils von dem gegenüberliegenden Eingang betreten hätten, der eine von der Friedrichshagener, der andere von der Köpenicker Seite kommend, langsam die Treppen hinunterschreitend und, dort angelangt, im hohl tönenden Echo der eigenen Schritte, weitergehend, sehr dramatisch weitergehend, langsam aufeinander zu, bis die verabredete Distanz erreicht wäre und – nein, es hat keinen Zweck, sich auszumalen, was doch nicht geschah. Es kam anders und musste anders kommen. Denn einerseits hätte ein so genau durchgeplanter, fein justierter Ablauf mehr Kooperation erfordert, als die Beteiligten aufzubringen in der Lage waren, vermutlich sogar einige Probeläufe, und andererseits war ja als Sammelpunkt von den beiden Sekundantinnen die Friedrichshagener Seite bestimmt worden, wo dann auch, pünktlich um ein Uhr in der Nacht, ein kleines Grüppchen von Leuten wie zufällig beieinanderstand, auf feindselige Weise schweigend und in verschiedene Himmelsrichtungen starrend.

Es ist sowieso kein kleines Wunder, dass die Veranstaltung, wenn man das so nennen will, überhaupt anberaumt werden konnte, den Widerständen von fast allen Beteiligten und sogar Nichtbeteiligten zum Trotz – zumal jetzt ein weiteres Problem zu lösen war: das der Qualifizierung. Denn anders als in den Duellen früherer Epochen, wo praktisch jeder Handgriff saß, wo jeder der Beteiligten wusste, was zu geschehen hatte, und von sich aus ganz selbstverständlich mitwirkte, waren hier und heute, abgesehen von Schill, keinerlei Vorkenntnisse und Erfahrungen zu erwarten. Wohlwollend könnte man einwerfen, dass auch in jenen ferneren Vergangenheiten manches improvisiert, Hals über Kopf arrangiert werden musste. Aber man hätte die Leute nachts im Schlaf wecken können, sie hätten gewusst, wie ein Degen zu führen und eine Pistole zu halten war. Das wurde nicht in der Schule gelehrt, aber in der Schule des Lebens, und wer, nur zum Beispiel, bedenkt, allein wie viele Dichter, denen die Begeisterung für das Kriegs- und Waffenhandwerk kaum nachzusagen ist, sich in Duellen fochten und schossen, der ahnt, wie alltäglich und gewohnheitsmäßig das Handwerk des zivilisierten Tötens und Getötetwerdens einst gehandhabt wurde.

Wie anders der Personenkreis, der sich hier am Tunneleingang eingefunden hatte! Ein Antiquar, dem sich über der Lektüre von Duellbüchern der Gegenwartskontakt gelockert hat. Ein Psychiater, in einem bedenklichen Stadium der Durchgedrehtheit. Eine Patientin, paradoxerweise ihren Arzt betreuend. Drei russische Spätaussiedler, ein Hausmeister, eine Hausfrau und ein Exilpianist im Ruhestand, hier mehr oder weniger als dubioser Pistolenverleih mit Anhang aufgestellt. Und nicht zu vergessen Quiz, der Dackel, der unkritisch um die versammelten Schuhe und Hosenbeine wuselte und bisweilen ein Stöckchen, das Palina in die Nacht schleuderte, mit großer Einsatzbereitschaft apportierte.

Quiz war es auch, der, unbekannterweise, Thema in der Küche von Frau Eberlein war. In ihrem Beisein und dem von Constanze Kamp, die stumm am Küchentisch saßen und die Telefonate verfolgten, hatte Tannenschmidt Sandler angerufen, Sandler hatte den Polizeischüler angerufen, dann alles wieder umgekehrt – neue Erkenntnisse: null. Das heißt, nicht ganz. Die Personenbeschreibung der beiden Frauen in der *Wellness-Oase-Fish-Spa* passte zwar auf alle Einwohnerinnen der Stadt, die zwei Füße hatten, aber ein Detail hatte der Polizeischüler nachzutragen: einen angeleinten Hund vor dem Geschäft, einen Dackel.

Die Kommissarin, aber auch Frau Eberlein und Constanze, reagierten auf diese Neuigkeit mit Unverständnis. Die Kommissarin nahm es noch am sportlichsten, denn sie hatte sich mittlerweile an Nachrichten ohne Alarmierungspotenzial gewöhnt. Constanze hingegen drohte in einen erneuten Kollaps abzugleiten.

»Ein Dackel, ein Dackel, was soll ich mit einem Dackel?«, sagte sie immer wieder.

Frau Eberlein sah es nüchterner. »Wenn der Dackel die einzige Spur ist, die wir haben, brauchen wir den Dackel. Können Sie nicht, Frau Polizeikommissarin, ihre Leute ausschwärmen lassen? So viele Dackel werden um diese Uhrzeit«, sie schaute auf ihr Küchenradio, »um eins nicht in Berlin unterwegs sein.«

Tannenschmidt verzog ihr Gesicht zu einer faltenreichen Grimasse. »Das wäre die erste Dackelfahndung der Polizeigeschichte. Und sicher ein Eintrag im Lexikon. Und sicher nicht mit meinem Namen, das schwöre ich Ihnen.«

Als Erstes waren Palina, Nikolai und Onkel Wenzel eingetroffen. Sie hatten ihren Transporter im Halteverbot der Zufahrt zum Tunnel stehen gelassen und waren, angeführt von Quiz, zum Ufer der Spree gelaufen, die schwarz und kalt vorüberfloss. Schill, einem Taxi entstiegen, war kurz danach in ihren Halbkreis getreten. Er nickte ernst, beinah dienstlich in die Runde und holte eine Schachtel Zigaretten aus der Tasche seines Trenchcoats, die er reihum anbot.

Alle griffen zu und standen rauchend in der Nacht.

Zuletzt erschien Markov, der tatsächlich von der anderen Tunnelseite kam, immer noch im rehbraunen Anzug vom Vortag, immer noch mit Rotweinfleck auf dem Hemd. Quiz bellte kurz auf, mehr zur Begrüßung als zur Abwehr des Ankömmlings. An Markovs Seite lief Jenny Sibyll, die ihre Sonnenbrille trug.

Man begrüßte einander mit einem denkbar knappen Kopfnicken.

Sibyll wollte etwas sagen. Aber bevor sie sprechen konnte, legte Palina einen Finger auf die Lippe. Sie holte ihr Telefon hervor und wickelte es in Alufolie ein. Nikolai und der Onkel folgten, Sibyll ebenfalls. Markovs Handy befand sich noch in seinem Mantel, und der hing in der Operngarderobe. Auch Schill suchte, aber konnte es nicht finden, denn sein Gerät lag in Lillys Zimmer im *Pentahotel*, wo er es vergessen hatte.

»Da unten sitzt übrigens ein Mann«, sagte Jenny und zeigte Richtung Treppe, »ich glaube, er ist betrunken.«

»Darum können wir uns später kümmern, kein Problem«, sagte Palina. »Aber zu Beginn würde Onkel Wenzel gern das Wort ergreifen.«

Onkel Wenzel, mit langem Pelzmantel und voluminöser Pelzmütze, ehrwürdig und bizarr, wie ein Abgesandter der Weltduellkommission wirkend, stellte sich etwas gerade, räusperte sich und begann: »Ich will machen kurz. Mein Vater war im Krieg gegen Deutsche. Er sagte: Jeder Schuss gewesen guter Schuss. Kein Schuss gewesen zu wenig. Aber besser gewesen wäre, Deutsche hätten geschossen Deutsche. Ich glaube, nein, ich weiß, er nicht meinte Jahr 2012. Ich glaube, Krieg ist vorbei heute. Duell, man kann sagen, ist Krieg im Kleinen. Ich glaube, auch Zeit von Duell ist vorbei. Deshalb will ich Sie, Alexander, aufrufen zu Versöhnung mit Ihnen, Herr Markov. Im Gespräch mit Wort man kann finden Antwort, im Gespräch mit Kugel nicht mehr.«

Er trat einen Schritt zurück, und die Blicke der Anwesenden richteten sich auf die beiden Kontrahenten. Ein Windzug fuhr durch die seltsame Gruppierung, als wollte er das Geschehen beschleunigen. Schill stand starr, mit geschlossenen Augen, Markov, schwer atmend, blickte von einem zum anderen.

»Ich«, nahm als Erster Markov das Wort, »habe nichts gegen Gespräche, im Gegenteil. Gerade wenn es darum geht, Aggressionen abzubauen, bewusste oder unbewusste, sollte man ...«

»... sollte man bitte diesem Geschwätz schnell ein Ende bereiten«, unterbrach ihn Schill mit gepresster Stimme, ohne ihn anzusehen. Er schien sich sogar von ihm wegzudrehen in Richtung des dunklen Flusses, als gäbe es jetzt gerade da Interessantes zu entdecken. Aber da waren nur schwarze Punkte, eine Schar Enten, die ziellos durchs Ufergewässer trieben. Mehr murmelte er dann, als er sagte: »Tut mir leid, Onkel, ein Krieg ist erst dann zu Ende, wenn der nächste beginnt.«

Palina wartete kurz. Sie schaute in die Runde, ob noch eine Wortmeldung vorliege. Das war nicht der Fall.

»Gut. Ausdiskutieren könnt ihr später. Wir haben keine Zeit zu verlieren. – Kolenka?«

Ihr Mann nickte.

»Nikolai hat Pistolen und Patronen, Jenny und ich machen jetzt die Auswahl. – Onkel?«

Der nickte ebenfalls.

»Du bleibst hier vor dem Eingang und passt auf, dass keiner stört.«

Und so geschah es.

Wenn Tannenschmidt dachte, die sich bei Constanze anbahnende Endlosschleife des Kummers nicht weiter betreuen zu müssen, war das verständlich. Sie bedankte sich bei Frau Eberlein für den Kaffee, aber der war noch etwas eingefallen.

»Heute habe ich einen Dackel gesehen«, sagte sie sinnend, »oben in der Danziger, er bellte wie verrückt in einem Hausflur. Kann Zufall sein, Kommissarin, aber Zufälle sollte man nicht unterschätzen. Vor Kurzem habe ich etwas in der Zeitung gelesen, die Geschichte einer alten Dame, die aufgegriffen wurde, am Reichstag oder Kanzleramt, ich weiß nicht mehr genau. Die lief

339

dort immer um das Haus und wollte da rein, hatte aber keine Papiere und konnte auch nicht sagen, wie sie heißt und wer sie ist. Sie war völlig dement, die Arme, ohne Gedächtnis. Na ja, sie machten eine Vermisstenmeldung oder so was, mit dem Foto von der Frau, niemand meldete sich. Schließlich kam jemand auf eine, ich muss sagen, brillante Idee. Die Frau hatte ein Portemonnaie dabei, so eins mit einem Fensterchen für Fotos, und dort war aber kein Foto ihres Mannes, auch nicht ihrer Kinder, sondern eins von ihrem Hund. Und als sie das veröffentlichten, da, kann ich Ihnen sagen, klingelten die Telefone heiß und sie fanden gleich mehrere Leute, die sie kannten und sagen konnten, wer sie war.«

»Superlehrreiche Geschichte«, sagte die Kommissarin und versuchte, nicht ironisch zu klingen.

»Genau«, bestätigte Frau Eberlein, »aber ich fürchte, Sie wissen nicht, was das Lehrreichste daran war. Der Hund war schon lange tot.«

Constanze, die sich einen anderen Verlauf des Dialogs gewünscht hätte, schluchzte auf und holte wieder ihr Handy hervor, um Markovs Nummer zu wählen. »Aber«, sagte sie, den Hörer am Ohr, zu Tannenschmidt, »könnten Sie nicht sein Handy orten lassen? Dann wissen wir wenigstens, wo er ist.«

»Richtig, das könnten wir. Aber nur mit richterlichem Beschluss. Oder bei Gefahr im Verzug.«

»Was ist denn bitte Gefahr im Verzug?«, fragte Constanze verbittert nach.

»Bei Gefahr für Leib und Leben.«

Constanze überlegte nur kurz. Dann stand sie auf und lief zum Küchenfenster, wo sie den dort stehenden Kaktus vorsichtig in die Hand nahm und auf den Küchentisch bugsierte. »Gehe ich recht in der Annahme«, sagte sie mit festerer Stimme, »dass Sie den Brief mit der Duellforderung und auch das Sekundantentreffen«, sie verbesserte sich, »das Sekundantinnentreffen als keine Gefahr für Leib und Leben ansehen?«

»Daran besteht ja wohl kein Zweifel«, antwortete Tannenschmidt, ohne ihre Aktivitäten bemerkenswert zu finden.

»Gut«, sagte Constanze, öffnete das Fenster und sprang mit einem Ruck aufs Fensterbrett. In ihrem schwarzen Kleid mit den roten Stiefeln sah sie sehr theatralisch aus, und sehr theatralisch klang ihre Stimme: »Bleiben Sie auf Ihrem Stuhl sitzen, Frau Kommissarin. Kümmern Sie sich nicht, ich werde springen. Glauben Sie mir. Es ist nicht Ihre Schuld, Sie sind nur zufällig dabei. Das wird Frau Eberlein bestätigen, danke für den Tee! Wenn Sie nur bitte, Frau Eberlein, den anderen Polizisten, die gleich kommen werden, sagen würden, dass ich mich aus dem Fenster gestürzt habe, weil Kommissarin Tannenschmidt – unbedingt sitzenbleiben, Frau Kommissarin! –, weil sie nicht für nötig hielt, eine Handynummer zu lokalisieren. Sagen Sie, sie habe ausdrücklich gesagt, es bestehe keine Gefahr für Leib und Leben.« Mit den Worten rückte sie weiter nach draußen auf den Sims und schwang ein Bein entschlossen ins Freie.

Die Pistolenauswahl erfolgte ein paar Meter seitwärts, unter dem trüben, aber vorhandenen Lichtschein einer Laterne, zu der Nikolai, hinter ihm Palina und Jenny, jetzt hinüberging. Seiner alten Plastiktüte mit der *Hallo Umwelt*-Beschriftung entnahm er ein Paket, in Zeitungen gewickelt, nicht größer als ein Kinderschuhkarton. Er ging in die Hocke, um das Papier auf dem Boden auszubreiten, und als das getan war, lagen nebeneinander, in schwarzem Glanz, zwei Pistolen. Die Frauen beugten sich zu ihnen herab, als würden sie eine zwar erwartete, aber doch überraschende Lieferung begutachten.

»Keine Ahnung, ich kenne mich damit nicht aus«, sagte Jenny. »Funktionieren die denn?«

»Das wirst du hören. Auf linker Seite ist die Parabellum 08, Kaliber neun Millimeter, und das rechts eine Walther PPK, die hat Kaliber 7,65.« Nikolai hob eine Zeitung an, eine russische Zeitung, und las das Datum: »*12. Mai 1945 … Nastojastscheje nemez-koje Katschestwo …*, alte deutsche Qualität. Ihr könnt jetzt aus-wählen und betrachten, aber ich habe bessere Idee.«

Nikolai sah zu Jenny und Palina.

»Sie kennen sich nicht mit Waffen aus, Palina auch nicht. Richtig?«

Beide nickten.

»Dann weiß ich eine gute Notlösung: Wir machen eine Aus-losung. Einverstanden?«

Und da sie einverstanden waren, flog ein Geldstück in die Höhe, drehte sich blitzend im Laternenlicht wie ein metallisches Insekt, über dem vor Freude überrascht aufbellenden Quiz, der tippelnd seinen Flug verfolgte, und landete auf Nikolais Hand-rücken, Zahl nach oben.

Zahl hatte Jenny. Sie zeigte ratlos auf die rechte Waffe. Es war die Walther.

»So, das war ein leichter Teil von der Übung«, sagte Nikolai, »komplizierter Teil kommt jetzt.« Und ging, mit den beiden Pisto-len in der Hand schlenkernd, gefolgt von den Damen, zurück zu den anderen.

Die Standortabfrage ergab für Markovs Handy die Komische Oper und für Schill ein Hotel in Köpenick. Das verriet Tannen-schmidt Constanze Kamp aber erst, nachdem sie vom Fenster wieder heruntergeklettert war.

»Erpressen kann ich nämlich auch … Köpenick und Mitte, das wäre dann ein Duell mit ballistischen Raketen, das die beiden vorhaben«, sagte sie, als sie wieder am Küchentisch saß.

»So spät in der Oper«, rief Constanze, »da stimmt etwas nicht. Wir müssen bitte sofort hin!«

In der Tat war das ungewöhnlich, aber zwei Anrufe später, ei-nem von Tannenschmidt in der Oper und einem vom Nachtpor-tier der Oper, der außer Atem nach einem längeren Fußmarsch zur Garderobe wieder zurückrief, war auch das Rätsel gelöst. »Mantel mit Handy hängt hier, könnense abholen kommen«, hatte er geschnauft.

»Ich bitte um Verständnis, meine Damen, aber ich verabschiede mich«, sagte Tannenschmidt. »Ich bin jetzt über zwanzig Jahre bei der Polizei, und ich kann sagen, bisher war ich immer froh, wenn eine Straftat, ein Verbrechen ungeschehen blieb. Es gibt nichts Befriedigenderes, als zu ermitteln, dass es nichts zu ermitteln gibt. Hier, in diesem Fall, mit den Herren Schill und Markov, hätte ich mir aber sehr gewünscht, wenn einer der Beteiligten wenigstens ein Ei gestohlen hätte oder schwarzgefahren wäre, was weiß ich. Das wär's gewesen. Wissen Sie, wie ich mich fühle, in jeder Hinsicht? Ich fühle mich unzuständig.«

Sie stand auf, nahm ihren Mantel und schickte sich zum Gehen.

»Aber Markov ...«, flehte Constanze.

»Ich fühle mich unzuständig, und ich erkläre mich für unzuständig«, sagte Tannenschmidt, und die Tür fiel hinter ihr, sehr nachdrücklich, ins Schloss.

Quiz, die alte Zeitung, die auf dem Boden liegen geblieben war, beschnüffelnd, als suchte er immer noch die Münze, bellte immer wieder mal in die Stille, wohingegen Schill, Markov und der Onkel, sich in einem schiefen Dreieck gegenüberstehend, die Zeit damit verbrachten, sich nicht zu äußern. Das ist leichter gesagt als getan. Man kann sich vorstellen, dass eine ganze Reihe von Erörterungen im Raum stand, sie alle zumal mit einer in Gesprächen nur selten anzutreffenden Dringlichkeit. Und die Zeit für Erörterungen lief ab, und sie lief ab vor allem deshalb, weil nichts erörtert wurde. Ein einziges Wort hätte ausgereicht, ein Wort wie *Quatsch* vielleicht, ein *Nein, mir ist das leider zu blöd, ich gehe nach Hause*, an und für sich keine große Sache – aber es blieb unausgesprochen, und es ist schwer zu verstehen, warum.

Die Welt ist voll von Worten, die nicht gesagt werden müssten, aber trotzdem ununterbrochen gesagt werden – hier war es einmal andersherum.

Weltfremde Vorstellung, aber wenn in dem Augenblick ein Reporter am Schauplatz des Geschehens gewesen wäre, um die beiden am Tunneleingang abzupassen und nach ihren Motiven zu befragen, nach ihren Gefühlen, nach einem Tipp, wie das Duell zwischen ihnen ausgehen würde, sie hätten wohl nur stotternd und achselzuckend irgendetwas Banales geantwortet. Constanze – welche Constanze? Beleidigung – welche Beleidigung? Das alles lag weit hinter ihnen, unendlich weit, unbegreiflich. Sie waren hier, ganz einfach weil es keinen Sinn mehr hatte, woanders zu sein. Vielleicht hätten sie gesagt, es sei ein langer Weg gewesen hierher, jetzt gelte es nach vorn zu schauen und nicht zurück.

Schill war versunken in die Betrachtung des Wassers, dessen unermüdlicher Tanz mit dem Licht der Laternen ihn beruhigte. Er war abwesend, sich wegträumend in dieses Flirren und Blinken, das immer neue Facetten der Schwärze kreierte.

Markov, in berechtigter Vorahnung ungünstiger Entwicklungen, neugierig und ohnmächtig zugleich, betrachtete das alles als eine weitere unbegreifliche Volte seines Schicksals, als weiteren Akt einer Posse, bei der seine Mitwirkung zwar leider unvermeidlich, seine Mitsprache aber nicht erwünscht war.

Was in Onkel Wenzel vorging, drang aufgrund der großen Tschapka, die er trug, nicht nach außen. Er pendelte mit auf dem Rücken verschränkten Armen hin und her, schien allerdings keineswegs aufgewühlt zu sein, sondern strahlte wie ein alter Trainer am Spielfeldrand Vertrauen und Zuversicht aus und glaubte fest, kraft seines immensen Erfahrungsschatzes, dass sie das Ding schon schaukeln würden.

Und während Nikolai sich anschickte, den Duellanten die Pistolen zu erklären, wie sie zu spannen waren, wo sie gesichert und entsichert wurden, stiegen Palina und Jenny die Treppen hinunter in den Tunnel, um den Betrunkenen zu verscheuchen und die fünfzig Schritte Distanz auszumessen, die vereinbart waren.

Die Geisterstunde in der Küche in der Jablonskistraße, nach Tannenschmidts Abgang, verlief schweigsam und niederschmetternd. Frau Eberlein suchte Halt an einer Weinbrandbohne. Constanze saß starr im Stuhl und sagte leise: »Es tut mir leid, Frau Eberlein, mit dem Fenster eben. Glauben Sie mir, ich wollte das gar nicht. Es ist passiert.«

»Kenn ich, Schätzchen, kenn ich.«

»Aber irgendwo muss er doch jetzt sein, mitten in der Nacht, ich versteh's nicht.«

»Männer«, sagte Frau Eberlein, »sind immer irgendwo. Meistens da, wo sie nicht sein sollten. Das muss was Genetisches sein bei denen.«

Eine kleine Pause mit großer Stille entstand.

»Hör mal, wenn du so fest überzeugt bist, dass er und Alexander sich gerade duellieren, dann ist es doch ganz einfach. Wie die Kommissarin vorhin sagte: Sie werden sich nicht mit Raketen duellieren. Also ist der eine beim anderen oder der andere bei dem einen. Wer auch immer jetzt wer ist von den beiden.«

»Alexander«, rief Constanze, »in Köpenick. Ich ruf ihn an.«

Es folgte ein Telefonat, dass durch laute Hintergrundmusik erschwert wurde. Eine Unbekannte schrie ins Telefon, die Party sei mega, und ein paar schreiend vorgebrachte Fragen und Antworten später ergab sich, dass die Frau Lilly hieß und sich auf einer Hochzeit befand und dass Alexander, der Süße, auf den sie besser mal achten solle, wenn es nicht bereits zu spät sei, sein Telefon bei ihr gelassen habe. Wo er sei? Das würde sie, Constanze, nicht glauben, sie glaube es auch nicht. Er habe ein schwarzes Hemd angezogen und gesagt, er müsse zu einer Beerdigung, mitten in der Nacht. Wie krass sei das denn: sie auf einer Hochzeit, er auf einer Beerdigung?

»Wo?«, schrie Constanze. »Wo ist diese Beerdigung?«

»Das hat er mir natürlich nicht gesagt«, schrie Lilly zurück und fügte, den Marschrhythmus unbekannter Dance-Bässe überschreiend, hinzu: »Tut mir leid, wenn das jemand von Ihnen ist … Herzliches Beileid.«

Das Neonlicht unter der geweißten Decke und das aseptische Türkis der Kacheln verhalfen dem Tunnel, man kann es nicht leugnen, zum Charme einer Pathologie, einer sehr lang gestreckten, für einen immensen Bedarf projektierten Pathologie. Der Mann, halb saß er oder lag er auf der linken Seite, an die Wand gelehnt, schlief fest. Die feuchten dunkelroten Fliesen des Fußbodens, über die an manchen Stellen ein kleines Rinnsal floss, hatten ihn nicht daran gehindert, hier ein Nickerchen einzulegen. Er trug eine schwarze Lederjacke mit weißem Kunstpelzfutter. Sein Schädel, mit den kurz rasierten Haaren kantig wirkend, hing schief und berührte fast die Schulter. Um die dreißig Jahre alt dürfte er sein und stockbesoffen.

Palina ging etwas um ihn herum und erwog, den Mann einfach liegen zu lassen. »Ich glaube, er ist auch nicht mehr Zeuge als ein Stein in der Wand«, sagte sie zu Jenny. »Problem nur, wenn doch.« Sie berührte vorsichtig sein Bein mit den Schuhspitzen.

In dem Moment kam Quiz angelaufen, hocherfreut über ein neues Abenteuer, und beschnüffelte den Betrunkenen, vor allem die linke Jackentasche, in die er bellend und wühlend weiter vorstoßen wollte, was dazu führte, dass der Mann erwachte und erschrocken hochfuhr.

Palina ging gleich in die Offensive. »Junger Freund, wer sind Sie eigentlich? Wie heißen Sie?«

»Zerber«, antwortete der perplex und verwirrt, sich weiter aufrichtend, »Hannes Zerber – wieso? Was ist denn passiert?«

»Das frage ich Sie, Herr Zerber! Es ist Nacht, und Sie schlafen mitten auf der Schießanlage! Sind Sie komplett verrückt?«

»Schießanlage, hä?« Er blickte sich unsicher um. »Ist das nicht der Tunnel.«

»Ganz genau, der Tunnel der Schießanlage. Wie kommen Sie hier rein, frage ich mich. Wenn der Hund Sie nicht gefunden hätte, Sie könnten tot sein. Gleich beginnt wichtiges Experiment.«

Der Mann hatte große Mühe, sich zu orientieren, er blickte zur Seite und nach oben und versuchte aufzustehen. »Was für ein beschissenes Experiment?«

»Experiment mit magischer Kugel«, antwortete Palina. »Sie kennen den Mord an John Kennedy?« Sie wartete seine Antwort nicht ab. »Bei Kennedy war Folgendes: Eine Kugel kam von hinten, ging durch Kopf und Hals, flog dann eine Kurve im Auto zurück zum Bein und weiter quer durch Hand in den Aschenbecher und zurück. Insgesamt sieben Mal durch den Körper rein und wieder raus, oder sechs Mal – was sagst du, Jenny?«

Jenny sagte, sie müsse noch einmal nachzählen, Quiz bellte immer noch, und der Mann, sich an der Wand abstützend, machte tatsächlich Anstalten zum Gehen.

»Ich glaub's echt nicht«, sagte er zurückweichend.

»Glaube oder nicht, bei Kennedy hat es auch keiner geglaubt, tot er ist trotzdem.« Palina beugte sich herab und zog auf der Höhe, wo der Mann eben noch reichlich ahnungslos geschlafen hatte, einen Strich mit Kreide. »Der erste Schütze muss stehen hier.«

Tannenschmidt war kein großer Fan des Gefühls, etwas übersehen zu haben, aber das Gefühl hatte sie jetzt. Sie saß unten im Wagen und wartete – sie wusste nicht, worauf. Die Straße lag leer und unverlockend vor ihr. In den meisten Fenstern brannte kein Licht, nur oben, in der Küche von Frau Eberlein, war es hell. Eben saß Constanze Kamp dort auf dem Fensterbrett, und wenn sie noch ein bisschen verrückter gewesen wäre, noch ein bisschen verzweifelter, als sie war – sie könnte jetzt tot auf dem Pflaster liegen. Es überraschte sie immer wieder neu, wie wenig genügt, einen Menschen aus dem Konzept zu bringen, selbst wenn er kein Konzept hatte. Sie schaltete den Polizeifunk ein. Wie andere Leute Fußballergebnisse verfolgen oder die Staumeldungen, hörte sie manchmal gern zu, welche Delikte zurzeit in der Stadt verfolgt wurden. Bei einem *021er*, das war Banküberfall, oder *025er*, Zechprellerei, oder *096er*, häuslicher Streit, hatte sie das zumindest für einen Polizisten eigenartige, beruhigende Gefühl, dass die Welt noch da sei, dass das Leben, so wie es nun einmal ist, stattfinde. Ein *048er* war schlecht, das war Suizid.

Zehlendorf meldete gerade einen *075er*, einen Exhibitionisten.

Tannenschmidt schaute noch einmal hoch zum Fenster und erinnerte sich, wie sie unter dem Fenster von Frau Xaverstein gewartet hatte, bei dem Einsatz auf der Polizeischule, und dachte an ihren nächsten Angehörigen, der jetzt ihr nächster Angehöriger war, den Antennenwels, der einsame Runden drehte bei ihr zu Haus. Sie holte ihr Handy heraus und schaute in das ausdruckslose Gesicht des Fisches.

So entging ihr, dass ein Taxi am Haus hielt und mit Constanze Kamp, die schnell eingestiegen war, davonbrauste.

Es sieht so einfach aus, mit einer Pistole zu schießen, aber in Wahrheit ist es ein Kuddelmuddel. Verschluss öffnen, Sicherungshebel verstellen, Magazinauswurf betätigen, Patronen einlegen, spannen, sichern, Verschluss schließen – Nikolai Lorenz erklärte, demonstrierte, wiederholte, aber weder Markov noch Schill waren in der Lage, die drei, vier Handgriffe in der richtigen Reihenfolge zu absolvieren. Fast, aber nur fast wäre es dabei zu einem Gespräch zwischen beiden gekommen, zu einem spontanen Wortwechsel, als Markov anmerkte, wenn das so kompliziert sei, jemanden zu erschießen, könnte man ihn auch gleich am Leben lassen. Schill, gerade weit genug entfernt stehend,

lachte auf, es klang aber wie ein Hüsteln, und er verkniff sich, zu
antworten, aus Zeitgründen, wie er sich sagte.

Am Ende machte es Nikolai selbst. Er befüllte die beiden Magazine mit jeweils einer Patrone, ihr Messing glänzte wie Gold-
stücke in seiner Hand. Dann sicherte er und spannte den Hahn
der Walther, sicherte und spannte den Verschluss der Parabellum.
Geräusche waren das, die in den Ohren aller sehr entschlossen
und sehr endgültig klangen.

Im Innern des Tunnels, unter dem Wasser, das nicht zu hören
war, so lautlos und dezent schlich es über ihn hinweg, gab es einen grundsätzlichen Disput zwischen Jenny und Palina. Jenny,
die die ganze Zeit geglaubt und gehofft und gewünscht hatte, es
handele sich hier nur um eine zwar bizarre, letzten Endes aber
harmlose Freakshow, war sich dessen im resoluten Fortgang der
Vorbereitungen alles andere als sicher, und nachdem die letzte
Kreidemarkierung gezogen war, sagte sie zu Palina, dass sie als
Sekundantin zurücktreten müsse, ihr gehe das alles zu weit.

»Klar, du musst zurücktreten«, sagte Palina, die Kreide beisei-
tewerfend und Quiz, der ihr nachjagen wollte, festhaltend, »wir
alle müssen zurücktreten, Schuss viel zu laut, verstehst du?«

Jenny schüttelte den Kopf. »Ich meinte, Abstand nehmen.«

»Sicher musst du«, sagte Palina.

»Nein, ich mache nicht mehr mit, verstehst du nicht? Das ist
doch Wahnsinn. Die werden sich erschießen. Was soll das? Ich
dachte, das ist nur Theater, nur ein, zugegeben, abgefahrenes
Rollenspiel, was weiß ich.«

Ihre Stimme echote in mehreren sich überschlagenden Schlei-
fen durch den Tunnel.

Palina legte ihre Hand auf Jennys Arm. »Ist es auch, ist es ganz
genau. Ich gebe dir recht. Nikolai hat Vorkehrung getroffen.
Denkst du, wir schießen echt in Tunnel? Nein, unecht ist echt genug, glaube mir.«

Jenny schien stark überfordert mit dem neuen Wissensstand. »Wie? Was? Das ist gar nicht? Du meinst?«, stammelte sie. »Alles nur Fake?«

»Sie kriegen nur Platzpatronen. Kein Wort darüber, bitte«, sagte Palina und zischte sogar etwas, denn die drei Männer waren mittlerweile unten an der Treppe angelangt und liefen auf sie zu.

Und Jenny, hinter ihrer Sonnenbrille, überaus schwankend, ob sie glauben konnte, was sie eben gehört hatte, und ob das, wenn es denn stimmte, nicht ein noch viel haarsträubenderes Manöver war, eine Scheinerschießung, deren Folgen ganz unabsehbar sein würden, und ob es nicht die allergrößte Katastrophe wäre, wenn sie das alles, jetzt, in diesem Moment, auffliegen ließe, lächelte ihnen verlegen entgegen.

Constanze, die den Taxifahrer mit einem Vortrag, betreffend Gefahr im Verzug, und einem Hundert-Euro-Schein dazu gebracht hatte, zahllose Verkehrsregeln zu überschreiten, stürzte fast aus dem noch rollenden Taxi in die Lobby des *Penta*. Sie rannte geradewegs durch die Partylandschaft zur Bar, um den Weg zur Rezeption zu erfragen und, als sie erfuhr, die Bar sei die Rezeption, sich dringend beim Barkeeper nach dem Verbleib von Herrn Schill zu erkundigen. Es gehe um eine äußerst wichtige, äußerst persönliche Angelegenheit, unübertrieben um Leben und Tod.

»Ich weiß«, sagte der Mann, so behutsam es beim durch die Halle hallenden Musikpegel ging, »er ist bei einer Beerdigung.«

»Nachts? Was soll das für eine Beerdigung sein?«

»Witzig, das habe ich ihn auch gefragt. Er hat gesagt, es handele sich um eine *Nachtbeerdigung*.«

»Ja, natürlich«, beherrschte sich jetzt Constanze, »und wissen Sie, wo? Auf welchem Friedhof?«

»Nein, tut mir leid«, antwortete der Barkeeper, »aber warten Sie. Er hat das hier vergessen.« Er zog aus einer Ablage den Stein hervor und reichte ihn Constanze.

»Ein Stein?«, bemerkte sie und drehte ihn in der Hand hin und her.

»Vielleicht braucht er das ja«, sagte er.

»Vielleicht braucht er das ja«, sagte sie.

»Er hat vorhin ein Taxi bestellt. Zum Spreetunnel.«

»Zum Spreetunnel?«

»Zum Spreetunnel.«

»Vorhin? Wann war vorhin?«

»Vor einer Stunde ungefähr.«

Von der Friedrichshagener Seite aus gesehen, stand Markov vorn an der Markierung, Schill etwa fünfzig Schritte dahinter. Sie standen nicht genau in der Mitte, sondern etwas seitlich, damit Platz war für den kleinen Pulk mit den Sekundantinnen und Nikolai, der zwischen den Kontrahenten, aber ausreichend versetzt zur Schusslinie, an der gegenüberliegenden Wand Aufstellung nahm.

Beide hatten es tatsächlich geschafft, ihre Waffe zu entsichern, Schill die Parabellum und Markov die Walther; sie hielten sie nun nicht ganz waagerecht gegeneinander gerichtet.

Schill, der seinen Mantel Palina zugeworfen hatte, im schwarzen Hemd, zur Seite gedreht, genau zielend, sozusagen mit Tunnelblick; Markov, eher frontal stehend, etwas breitbeinig, beinahe gelangweilt, mit einer provozierenden Lässigkeit, die zu sagen schien, dass er das Ganze schnell hinter sich bringen wolle, um zu wichtigeren Dingen zurückzukehren oder, im Fall des Falls, auch nicht, das sei dann eben so.

Zu den Details, die erwähnt werden sollten, zählt, dass alle Beteiligten, zweifellos ein Novum in der Duellgeschichte, gelb leuchtende Ohrstöpsel aus Schaumstoff von Nikolai erhalten und sich in die Ohren gestopft hatten. Bei Markov hingen sie rechts und links heraus, was ihn so albern aussehen ließ, wie er das auch fand.

Im Anschluss vernahm niemand mehr etwas. Selbst wenn

noch Worte gefallen sein sollten, entscheidende Worte womöglich, letzte Worte, sie blieben ungehört.

Nikolai hob den Arm, das war das verabredete Zeichen.

Onkel Wenzel war oben geblieben, zusammen mit Quiz, der zusammengerollt bei seinen Füßen lag und hechelnd die Nacht beäugte. Als der Schuss fiel, ein donnernder Knall, stand er kerzengerade und still, während ein Schwarm aufgeschreckter Enten, im angrenzenden Müggelsee, mit wildem Geflatter aufflog und Beschwerde führend das Weite suchte.

Der schnellste Weg vom *Penta* zum Tunnel war der durch den Müggelforst zur Köpenicker Seite, das Taxi brauchte nur zehn Minuten. Es hielt mitten im Wald, an einem schmalen Weg, der in einem Bogen, vorbei an unbeteiligten Kiefern und schwarzem Gestrüpp, leicht bergab zum Ufer führte. Dort stand Constanze plötzlich vor dem Tunneleingang mit seinem unbeleuchteten, schlichten Portal. Eine Treppe führte steil nach unten. Grünliches Licht schimmerte in der Tiefe, und von unten stieg Qualm auf.

Auf der anderen Seite der Spree löste sich eine schwankende Silhouette vom Geländer, Zerber, der Betrunkene, der es nicht weit aus dem Tunnel geschafft hatte und der jetzt, durch den Knall des Schusses halbwegs nüchtern geworden, meinte, irgendetwas tun zu müssen. Hatte da jemand gerufen? Es kam ihm Russisch vor. Er brauchte eine Ewigkeit, um sich sicher aufzurichten, stolperte irgendwann nach vorn Richtung qualmende Tunnelöffnung und sagte immer wieder den Satz: »Ich glaub's echt nicht.«
    Auf dem Boden entdeckte er die zurückgelassenen Zeitungen, beugte sich zu ihnen hinab und ging, nicht ganz freiwillig, neben ihnen zu Boden. Schwer zu sagen, ob er sich hier weitere Informationen erhoffte oder einfach nur Zeit überbrücken woll-

te, jedenfalls las er mit höchster Konzentration, aber ohne jede Kenntnis der kyrillischen Buchstaben, die Neuigkeiten vom Mai 1945.

Einige Minuten später hielt er inne, kramte sein Telefon hervor und wählte den Notruf: »Kommen Sie schnell! Die russische Mafia hat gerade den Spreetunnel gesprengt.«

Ein paar Straßen weiter fuhr ein Transporter mit vier Leuten und einem Hund mit überhöhter Geschwindigkeit Richtung Stadt. Es herrschte, nach Tumult, Geschrei und Gekreisch kurz zuvor, gespenstische Ruhe, die Ruhe nach dem Schock.

Nachdem Schill abgedrückt hatte, war die Parabellum in seiner Hand explodiert. Teile der Waffe waren wie Geschosse durch den Tunnel geflogen. Die Explosion löste Steine und Putzbrocken aus der Decke, die Schill unter sich begruben.

Ihm blieb nur ein kurzer weißer Blitz, um zu beurteilen, ob er seine Mission als erfüllt betrachten konnte oder nicht. Sehr klar und sehr hell sah er noch Markovs versteinertes Gesicht, das er ihm gönnte, und dann sah er nichts mehr.

Palina, die als Erste zu sich gekommen und durch den Qualm herangehumpelt war, genügte ein kurzer Blick. Schills Körper lag unter dem Schutt. Onkel Wenzel packte sie von hinten und zerrte sie weg, ebenso wie Jenny, die weiter vorn kniete, wo Markov liegen musste; Markov, der so, wie er stand, umgefallen war und wie tot auf dem Rücken lag und aus dem Ohr blutete. Nikolai ging um ihn herum, russische Flüche ausstoßend, nach den Pistolen Ausschau haltend oder nach dem, was die Explosion von ihnen übrig gelassen hatte. Irgendwo im Qualm war auch Quiz bellend verschwunden, es dauerte, bis er wiederauftauchte, in seinem Maul die Reste einer Hand, die er neben dem Haufen, unter dem Schill lag, ablegte, treuherzig mit dem Schwanz wedelnd.

In einer Seitenstraße, in der Nähe der Alten Försterei, bremste der Transporter und blieb stehen.

Am unteren Treppenabsatz des vernebelten Tunnels sah und hörte Constanze nichts. Der Geruch des Pulverdampfs sagte ihr, dass sie zu spät gekommen war. Langsam, den Kragen ihres Parkas vor Mund und Nase haltend, schob sie sich vorwärts. Als sie zur Stelle kam, wo Schill gestanden hatte, erkannte sie eine Hand neben dem Schuttberg. Sie kippte zur Seite und tastete sich an den kalten und nassen Fliesen der Wand weiter.

Am anderen Tunnelende wollte sie ins Freie rennen, Markov hinterher, der überlebt haben musste, aber aus irgendeinem Grund drehte sie wieder um und lief zurück, den Schritt beschleunigend, dessen Hall sie verfolgte. Erst jetzt erblickte sie einen schmutzigen rehbraunen Fleck im Nebel, der sich, in näherer Entfernung, als Markov herausstellte. Der Fleck starrte zur Tunneldecke und reagierte nicht.

Nachdem er wieder zu sich gekommen war, war alles weiß und still. Er ging davon aus, dass er jetzt wirklich tot war, und nahm es mit Erleichterung zur Kenntnis. Das Letzte, woran Markov sich erinnerte, war der Blitz, bevor er abdrückte. Lächerlich, wie Schill in seinem schwarzen Hemd sich hingestellt hatte, um auf ihn zu zielen. Wem wollte er damit etwas beweisen? Was wollte er damit erreichen? Tja, das spielte jetzt keine Rolle mehr. Das war nun einmal ein Privileg des Totseins, dass einem ein paar Dinge egal sein konnten. Wo war eigentlich sein Mantel? Ihn fröstelte, und er musste sich doch sehr wundern, dass Tote, obwohl sie tot waren, froren.

Wohin der Transporter jetzt fahren sollte, wusste niemand. Onkel Wenzel, immer noch mit der riesigen Fellmütze auf dem Kopf, saß verstört am Steuer. Neben ihm hielt sich Nikolai die Schulter, die unter der zerfetzten Jacke blutete. »*Nastojastscheje nemezkoje Katschestwo* ...«, murmelte er.

Palina und Jenny, hinter ihnen auf den Sitzen, waren ebenfalls verletzt. Palina presste ein blutiges Taschentuch auf den Oberschenkel. Jenny hatte ein Splitter am Hals gestreift, sie zitterte am ganzen Körper.

»Lasst mich aussteigen, bitte«, sagte sie und öffnete die Tür, »ich gehe den Rest zu Fuß.« Sie nickte den anderen noch zu, als würde sie sich für den interessanten Ausflug bedanken, und stieg dann aus, mit blutverschmierten Händen eine dunkle Sonnenbrille aus der Tasche nestelnd, die sie sich im Gehen über die Augen schob.

Tannenschmidt, in ihrem Wagen, musste kurz eingenickt sein. Sie schreckte hoch und orientierte sich. Sie stand immer noch in der Jablonskistraße. In der Küche von Frau Eberlein brannte kein Licht. Es war halb zwei, im Polizeifunk herrschte munterer Betrieb. Ein *080er* in Charlottenburg wurde durchgegeben, das war Falschgeld. Hatten wir lange nicht, dachte Tannenschmidt. Mitte meldete einen Betrunkenen, *064*. Dann kamen in sich überschlagender Folge ein *121er*, ein *045er* und ein *107er*.

Die Oberkommissarin lächelte, aber nur sehr kurz.

Schusswaffengebrauch, Sprengstoffanschlag und eine Leiche. In Köpenick.

029 wurde geschrien, sie brauchten Verstärkung.

Als sie am Tunnel eintraf, zusammen mit dem dazu beorderten Sandler, war schon der übliche Gerätepark aufgebaut: Etliche Polizeiwagen, Scheinwerfer, Flatterband und die Spurensicherung. Ein Sarg wurde gerade in den Leichenwagen geschoben. Auf der Treppe kam ihnen eine Trage entgegen, auf der Markov mit geschlossenen Augen lag. Sie bedeutete Sandler, den Sanitätern zu folgen, und stieg weiter hinab, sehr langsam, denn sie wusste, dass hier nichts mehr eilte.

Unten angekommen, schritt sie über Kreidemarkierungen, die über den Boden liefen, hier und da standen Täfelchen mit Nummern. Über der Stelle, wo Schill gestanden hatte, klaffte ein großes Loch in der Decke, und ein Mitarbeiter, der den Explosionskrater dokumentierte, bemerkte: »Wer immer in diesem Tunnel einen Raketenstart vorhatte, muss ein ziemlich kühner Typ gewesen sein.«

»Bedauerlich nur, dass er offenbar selbst mitgeflogen ist«, antwortete Tannenschmidt. Dann bückte sie sich und klaubte das grünliche Bruchstück einer Kachel aus dem Schutt.

20 *Einfachste Dinge*

DIE SPÄTERE AUSWERTUNG der Aussagen und Spuren vom
Tatort erzeugte eines jener unerfreulichen Puzzles, bei dem
kein Teil zum anderen passte. Es gab zwei Zeugen, aber sie bezeugten vor allem unverständliches Zeug. Tannenschmidt und
Sandler, drei Tage danach im Büro sitzend, trugen noch einmal
alles, was sie wussten oder vielmehr nicht wussten, für den Abschlussbericht zusammen. Bereitwillig hatte die Kommissarin
dem jüngeren Kollegen die Federführung überlassen; zu groß
war ihre Sorge, erneut irgendetwas zu übersehen oder nicht ernst
genug zu nehmen. Sandler trug vor.

»Also, Hannes Zerber ist der Einzige, der die ganze Zeit am
Tatort war, vor der Tat, während der Tat und nach der Tat. Er hat
ausgesagt, dass die beiden Männer im Tunnel Frauen gewesen
seien, genauer gesagt, russische Frauen, die russisch auf ihn ein-
geredet hätten. Sie hätten ihn vor einem wichtigen Experiment
mit einer magischen Kugel gewarnt. Die Messung seiner Blutal-
koholkonzentration ergab 2,2 Promille.«

Er unterbrach, zu Tannenschmidt herübersehend, die zustimmte.

»Spricht er Russisch?«, fragte sie.

Sandler verneinte. »Befragt nach den russischen Zeitungen
von 1945 in seinem Besitz, erklärte er, sie am Eingang gefunden
zu haben.«

»Was sagen Sie dazu?«

»Ich denke, die russische Spur hilft uns nicht weiter.«

»Das denke ich auch.«

»Unsere andere Zeugin ist Constanze Kamp. Sie stand bei der Vernehmung unter Schock. Zu den Vorgängen im Tunnel konnte sie nichts sagen, weil sie zu spät dort eingetroffen war. Es ist unklar, warum sie überhaupt in der Nacht nach Friedrichshagen aufgebrochen ist. Sie hat erklärt, einen Hinweis auf eine Nachtbeerdigung erhalten zu haben. Das wird sowohl von einer Nachbarin, Frau Eberlein, als auch vom Portier des *Pentahotels* bestätigt. Unsere Nachforschungen dazu ...«, er schaute wieder zu Tannenschmidt, die das grüne Kachelbruchstück aus dem Tunnel zwischen ihren Fingern hin und her drehte, »... führten aber nicht weiter.«

»Das überrascht mich nicht«, sagte sie.

»Und dann ist da noch Oskar B. Markov. Das müssen Sie berichten, den haben Sie vernommen.«

Die Kommissarin referierte den aktuellen Stand. Markov stehe unter Mordverdacht und befinde sich in Untersuchungshaft. Noch. Anfangs habe er auf keine Frage reagiert, bis sich herausstellte, dass er infolge der Explosion ein Knalltrauma erlitten hatte. Schriftliche Aussagen verweigere er auf Anraten seines Anwalts, eines Mannes namens Paschke, der inzwischen die unverzügliche Freilassung seines Mandanten fordere. Bei einer Museumswaffe, die nur mit Platzpatronen geladen war, könne der Mordverdacht nicht länger aufrechterhalten werden.

Tatsächlich hatte die Spurensicherung kein Projektil und auch keine Einschussstelle im gesamten Tunnel finden können, dafür aber zwei Platzpatronenhülsen. Eine wurde mit Sicherheit aus jener Walther PKK abgefeuert, die bei Markov gefunden wurde; Schmauchspuren an dessen Hand sowie Fingerabdrücke auf der Waffe bestätigten dies. Die andere Hülse befand sich in der Nähe des zweiten Schützen, Alexander Schill, außerdem Überreste einer Parabellum, die nach Ansicht von Fachleuten aus dem Ersten Weltkrieg stammt. Waffensprengungen bei so alten Waffen, erklärten sie, seien eine große Gefahr, da Rost, Schmutz, Veränderungen in der Mechanik und das Fehlen von Originalmunition *ungewollte Explosionsereignisse* begünstigten.

»Wissen Sie, was ich denke, Sandler?«

»Was denken Sie, Kommissarin?«

»Ich denke, wir haben zwei erwachsene Männer, die sich nachts in einem Tunnel getroffen haben, um dort mit Platzpatronen aufeinander zu feuern. Das ist die Wahrheit, denn erfinden kann man das nicht.«

»Irgendeine Idee, warum sie das tun sollten?«

Tannenschmidt überlegte und sagte, dass sie sich das natürlich auch gefragt habe. »Erst sagte ich mir: Sie sind nicht mehr jung und brauchen den Kick. Aber ein gespielter Kick, tut mir leid, ist keiner. Ich weiß es nicht, Sandler. Nehmen Sie den Antennenwels.« Sie wies auf das Porträt an der Wand. »Warum vererbt ein Mensch, eine Frau, alles, was sie hat, einem Fisch? Warum? Oder: Warum sucht ein Mann einen Brief, den er verlegt hat, im Blumentopf unter den Wurzeln einer Efeutute?« Sie sah Sandler an. »Warum veranlassen Sie beim Staatsschutz, Informationen über Hitler beim Fußsex zu sammeln? Sorry, sagen Sie's mir!«

Sandler senkte den Kopf.

»Ich schätze, die Frage *Warum?* führt nicht so weit … Oder zu weit, sie führt heute zu weit … Mal angenommen, die Frage ist falsch. Mal angenommen, die richtige Frage lautet *Was spricht dagegen?*«

»Mal angenommen, die richtige Frage lautet *Was spricht dagegen?*«

»Ja. *Was spricht dagegen?*«

Man könnte die Frage im Raum stehen lassen, denn dort steht sie nun einmal. Aber befriedigend oder erhellend ist das nicht, und so ist nicht überraschend, dass die Ermittlungen der Polizei noch eine ganze Weile weitergingen, in alle Richtungen, in alle Himmelsrichtungen sogar.

Das betraf die Herkunft der Waffen, die mysteriös blieb. Bei der Hausdurchsuchung in Schills Wohnung stieß man allerdings auf eine Sammlung von Material, die er speziell zum Duell in Hohenlychen zusammengestellt hatte. Als Sandler es durchsah, erkannte er, dass 1937 in Hohenlychen genau die gleichen Pistolen verwendet worden waren wie im Spreetunnel. Die Übereinstimmung elektrisierte ihn verständlicherweise, und es kam noch einmal Bewegung in die Sache, die immerhin erst im fernen Wolgograd versandete, dort aber endgültig.

Auch Tannenschmidt hing der Ausgang des *Unfallgeschehens*, wie es im Polizeijargon hieß, lange nach. Sie besuchte ein paar Tage nach Schills Tod, aus rein persönlichem Interesse, wie sie sagte, die *Wellness-Oase-Fish-Spa* in der Danziger Straße, wo die zwei Sekundantinnen, wenn es sie gab, sich getroffen haben sollten. Die dort tätigen Garra-rufa-Fische küssten ihr die Füße, aber ansonsten war ihre Auskunft, betreffend andere Kundschaft, unergiebig.

Sogar Frau Eberleins nächtlicher, zugegeben skurriler Vorschlag einer Dackelfahndung wurde in den Nachermittlungen aufgegriffen, wobei herauskam, dass die von ihr geschilderte Vermisstenmeldung für die am Reichstag mit Demenz aufgegriffene Frau aktenkundig war. In irgendeiner Hinsicht zielführend war sie aber nicht.

Noch aus der Untersuchungshaft gab Markov der *Berliner Abendpost* ein Interview, in dem er der Berliner Polizei schwere Vorwürfe machte. Unter der Überschrift *Zum zweiten Mal tot* zeichnete er sich als Opfer eines Wahnsinnigen, der ihn, Markov, als Geisel in ein zurückliegendes Jahrhundert habe verschleppen wollen. Trotz mehrfacher Bitten um Personenschutz und einer Anzeige sei er einem eifersüchtigen, weltfremden Stalker als Zielscheibe überlassen worden. Der Zeitungsbericht war Anlass für eine Frau namens Lilly, ein Handy auf dem Revier abzugeben, das Schill bei ihr vergessen hatte. Die Auswertung der Daten ergab erstaunlich wenig Daten. In der fraglichen Zeit wurden nur zwei Anrufe getätigt; eine Nummer führte zu einem deutschrussischen Pianisten, der aussagte, in dem Gespräch sei es um eine Sammlung von Briefen von Leo Tolstoi gegangen, um eine Ausgabe von 1926. Der zweite Anruf stammte von Constanze Kamp; das war der, der sie von der bevorstehenden *Nachtbeerdigung* in Kenntnis setzte und veranlasste, Hals über Kopf nach Köpenick zu rasen.

Kamp, die sich schnell erholt hatte, und Markov heirateten übrigens bald nach seiner Entlassung. Er soll, von Kopf bis Fuß in Hechtgrau diesmal, bei der Zeremonie sein Hörgerät vergessen und das entscheidende *Ja* in einer Lautstärke intoniert haben, die weit über die konkrete Fragestellung hinaus das gesamte Dasein zu bejahen schien.

Ein trostloser Rasenflecken, in einem selbst für diese Jahreszeit trostlosen Zustand, das war die anonyme Urnengemeinschaftsgrabstelle auf dem Waldfriedhof Oberschöneweide, wo Schill drei Wochen nach dem großen Knall die letzte Ruhestätte fand. Ein dunkler, nasser, kalter Tag beschränkte das Gedenken auf das Allernötigste, und da es sich hier, in Ermangelung von Angehörigen, um eine sogenannte *Bestattung von Amts wegen* handelte, war auf Trauerfeier und Grabredner verzichtet worden. Zwei Friedhofsmitarbeiter eilten mit Urne und Spaten über die mit Pfützen übersäte Fläche; die Beisetzung hatte einige Gemeinsamkeiten mit der Beseitigung eines Maulwurfshügels.

Zwei Frauen und ein Mann gaben dem Toten das Geleit: Frau Eberlein, Schills einstige Nachbarin, unter einer Regenhaube, neben ihr Tannenschmidt, die Kommissarin, mit durchnässten, strähnigen Haaren, einen Strauß Gerbera bereithaltend, und unter einem Schirm, der sie alle knapp überdachte, Jan Vogler, der Freund. Sie verfolgten das sinistere Geschehen, das sie in der pragmatischen Beiläufigkeit, in der es stattfand, betroffen machte.

Als die Friedhofsmitarbeiter weg waren, erklärte Vogler, er wisse zwar immer noch nicht, was Alexander damals gemeint habe, als er *romantisch* genannt werden wollte. »Aber das hier ist es wahrscheinlich nicht.«

Frau Eberlein ereiferte sich, dass sie sich früher nicht habe ausmalen können, dass bei Beerdigungen einmal sogar am Stein gespart werde. »Und dabei war Alexander quasi ein Freund der Steine. Er hat sie ja gesammelt. Und jetzt hat er selber keinen.«

Tannenschmidt griff in die Tasche ihres Regenmantels und holte das Kachelstück hervor. In der einen Hand die Blumen, in der anderen den Stein haltend, stand sie reglos, bevor sie sagte: »Ich glaube ja, die Wiese muss unbedingt so kahl und leer bleiben, wie sie ist. Dahinten war ein Schild, auf dem steht: Das Niederlegen von Gegenständen oder Grabbeigaben ist laut Friedhofsordnung ausdrücklich nicht gestattet.«

»*Ausdrücklich nicht* gestattet? *Nicht* gestattet reicht doch«, protestierte Frau Eberlein.

Eine Gruppe von Leuten in dicken Pelzmänteln, zwei Männer und eine Frau, näherte sich zögernd dem tristen Rondell, einen Hund an der Endlosleine, der missmutig hinterhertrottete. Sie sahen sich um, und als sie alles gesehen hatten, bogen sie kurz vor der Wiese ab und verschwanden in andere Bereiche des Friedhofs.

»Das Kachelstück können Sie gern mir überlassen. Das gebe ich zu seiner Sammlung«, sagte Frau Eberlein und fügte nach einer Pause, an die Rasenfläche gewendet, hinzu: »Lieber Alexander, ich weiß nicht, ob Ansprachen hier auch verboten sind, aber ich habe ja Polizeischutz dabei.« Tannenschmidt nickte. »Ich habe nicht so viel zu sagen. Offenbar hast du das gewollt oder in Kauf genommen, ich weiß es nicht. Aber ich muss feststellen, wenn ich mir das hier anschaue, ist eigentlich alles andere besser als das. Hättest du mich nicht um Rat bitten können? Ich hätte dir geraten: Lass es sein. Alle hätten dir das gesagt, doch wahrscheinlich hätte dich das nur darin bestätigt, dass du im Recht bist. So einer warst du nun einmal, ich kenne dich. Wenn die ganze Menschheit in eine Richtung unterwegs ist, dann war das für dich der Beweis, dass der Weg der falsche sein muss. Und es stimmt ja, man kann das so sehen. Aber zur Wahrheit gehört, sehr weit bist du auch nicht gekommen, nicht wahr? Sieh dich um! Ich meine, zum Umdisponieren ist es zu spät. Du musst jetzt damit leben ...« Ein Regenstoß riss Voglers Schirm herum, er kämpfte mit der Böe; es sah aus, als würde er sich gegen einen unsichtbaren Gegner verteidigen. »...würde ich am liebsten sagen. Es ist übrigens nicht in Ordnung, dass deine alte Nachbarin bei so einem Scheißwetter zu deiner Beerdigung antanzen muss, um Selbstgespräche mit der Luft zu führen. Ich meine, du hättest dir eine bessere Jahreszeit und einen besseren Friedhof aussuchen können ...«, Frau Eberlein wartete kurz, weil ein orangener Minikipper hinter ihnen scheppernd den Weg passierte, »... wenn das Leben schon umsonst ist, muss der Tod nicht gratis sein.«

Mit Antwort aus der Tiefe rechnete keiner, aber die kleine Gruppe wartete noch etwas ab. Die Rasenfläche vor ihnen verwandelte sich zusehends in ein Feld aus deprimierendem Matsch. Dann wandte sich die Alte zum Gehen, gefolgt von Vogler und der Kommissarin, die ihr den Vortritt ließen. Nach ein paar Schritten stoppte sie noch einmal und raunte nach hinten: »Wissen Sie, ich bin sonst nicht so schrecklich pädagogisch. Aber diese Toten kapieren die einfachsten Dinge nicht.«

Der Rest der Prozession verlief weitgehend stumm. Beim Verlassen des Friedhofs bemerkte Tannenschmidt, dass sie die Blumen noch bei sich trug. Sie sah sich kurz um, aber da war weit und breit niemand, der Anstoß nehmen würde, und so bettete sie den kleinen Strauß, sanft und pietätvoll, in den Grünschnittcontainer beim Ausgang.

Personenverzeichnis

A ALEXANDER SCHILL – Antiquar
B BLUMENTHAL –Heimatforscher
C CONSTANZE KAMP – Geliebte von A und O
D DAME, ALTE – Zugreisende
E EGON OMANANDA – Vorstand Schweigekloster
F FRAU EBERLEIN – Nachbarin von A
G HERR GERSTENBERG – Hausbewohner
H HERR HENSEL – Hauptwachtmeister
I IRINA MEERBUSCH – Auktionatorin
J JENNY SIBYLL – Patientin
K HERR K. – Chef des *Café Reinhardts*
L LILLY – Junggesellin
M Mittagstischkolloquium – Gesprächskreis im
Café Reinhardts
(HERIBERT LENZEN – Immobilienmakler, WERNER KLAUS
PASCHKE – Anwalt, KONSTANTIN VON SCHLACK – Zoologe,
SILVIE SCHUMANN – TV-Moderatorin, NATASCHA SILBER-
SOMMERSTEIN – Society-Lady, DR. SCHWENDTNER –
Psychiater, ROSA WEISS – Galeristin)
N NIKOLAI LORENZ – Hausmeister, Militariahändler
O OSKAR B. MARKOV – Psychiater, Schlafcoach
P PALINA LORENZOWA – Frau von N
Q QUIZ – ein Hund
R ROMY – Polizeischülerin
S ULF SANDLER – Assistent von T
T EVA TANNENSCHMIDT – Oberkommissarin
U UVE WERMUT, genannt VW – Hotelgast

V JAN VOGLER – Freund von A
W WENZEL, Wenzeslaus Wladimirowitsch – Onkel von N
X XAVERSTEIN – Optikerin
Y Y-MANN – Krimineller
Z ZERBER, HANNES – Betrunkener

Personen der Zeitgeschichte

1937

HORST BENDER – SS-Hauptsturmführer, *Schiedhelfer*
KARL FRANZ GEBHARDT, SS-Standartenführer, Chefarzt der
    Heilstätten Hohenlychen
ERNST-ROBERT GRAWITZ – Chef des SS-Sanitätsamtes,
    Reichsarzt der SS
AUGUST HEISSMEYER – SS-Obergruppenführer, Chef des
    SS-Hauptamtes
RUDOLF HESS – Reichsminister ohne Geschäftsbereich,
    Stellvertreter des Führers
HEINRICH HIMMLER – Reichsführer SS
RICHARD HINGST – SA-Sonderbeauftragter, Bürgermeister
    von Lychen
ADOLF HITLER – Führer und Reichskanzler
HEINZ-HUGO JOHN – Obergebietsführer, *Sekundant*
FRIEDRICH WILHELM KRÜGER – SS-Obergruppenführer,
    Inspektor der Wach- und Grenzeinheiten, *Unparteiischer*
HORST KRUTSCHINNA – persönlicher Adjutant Baldur von
    Schirachs, Obergebietsführer
BERNHARD KUIPER – Architekt
HERBERT VON OBWURZER – Major der Wehrmacht, *Sekundant*
OTTO REICH – SS-Standartenführer und Kommandeur der
    SS-Totenkopf-Standarte 2 »Brandenburg«
LENI RIEFENSTAHL – Filmregisseurin
BALDUR VON SCHIRACH – Reichsjugendführer

WALTER SCHMITT, Obergruppenführer, Chef der
   SS-Personalkanzlei, *Schiedmann*
ERNST SCHULTE STRATHAUS – Amtsleiter für Kunst- und
   Kulturfragen in der Parteizentrale der NSDAP
GERDA STRUNK – Ehefrau von Roland Strunk
ROLAND STRUNK – Sonderberichterstatter des
   Völkischen Beobachters, SS-Hauptsturmführer
ERNST UDET – Generalmajor der Luftwaffe
ERICH UETRECHT – Leiter des Hauptarchivs der NSDAP
WILHELM WEISS – SA-Gruppenführer, stellvertretender
   Hauptschriftleiter des *Völkischen Beobachters*
FRITZ WIEDEMANN – Hauptmann a. D., Adjutant Adolf Hitlers

1945
MICHAIL RODIONOWITSCH SCHTSCHEPIN – Hauptmann,
   Stadtkommandant Lychen

1963
OLEG CASSINI – Modeschöpfer
J. EDGAR HOOVER – Direktor FBI
LYNDON B. JOHNSON – Vizepräsident
BEN KAHN – Pelzhändler
JACQUELINE KENNEDY – First Lady
JOHN F. KENNEDY – Präsident

*Die kursiven Passagen der historischen Kapitel entstammen
Selbstzeugnissen, Autobiografien, Protokollen, Aktennotizen,
Zeugenaussagen, Zeitungen und zeitgenössischen Berichten.*

Für A. & a.
& C.

Der Autor dankt für

Archivrecherchen:
Clara Heinrich, Eberhard Kaulich

Fachberatung, Tipps, Ideen, Auskünfte:
Mario Albrecht, Tilo Berge, Christina Borgmann-Gerstenberg,
Ralph Gerstenberg, Martin Laaß, Anika Mellin, Nataliya Rumak,
Eva Salmang, Bert Sander, Dirk Scholz, Stefan Schwarz,
Simone Unger

© Verlag Antje Kunstmann GmbH, München 2022
Umschlaggestaltung: Heidi Sorg und Christof Leistl,
Titelbild: Rudi Hurzlmeier
Typografie und Satz: frese-werkstatt.de
Druck und Bindung: CPI – Clausen und Bosse, Leck
ISBN 978-3-95614-481-3